트렌드 코리아 2025

미래의창 홈페이지: www.miraebook.co.kr
블로그: blog.naver.com/miraebookjoa
유튜브 채널: 미래북TV
제휴 및 기타 문의 : ask@miraebook.co.kr

2025 대한민국 소비트렌드 전망

트렌드 코리아 2025

김난도
전미영
최지혜
권정윤
한다혜
이혜원
이준영
이향은
추예린
전다현

미래의 창

SNAKE SENSE

뱀처럼 예민한 감각이 필요한 시대, 무엇을 지키고 무엇을 바꿀 것인가?

지키느냐 바꾸느냐

세상을 살아가는 방식은 두 가지로 나눌 수 있다: '지키다' 또는 '바꾸다'.

굳이 말하자면, 일본은 지키는 쪽이다. 자기에게 주어진 소임役을 지키려 애쓴다. 대기업 간부를 지내던 아들이 회사를 그만두고 낙향해서 아버지가 경영하던 작은 식당을 이어받아 지키는 일이 흔하다. 그래서일까? 일본에는 100년, 200년 동안 가업을 지켜온 노포老舗가 흔하고, 평생 한 가지 업에만 몰두해온 장인이 많다.

반면에 우리나라는 바꾸는 쪽이다. 소도시의 작은 식당 사장님께, "이 가게 아드님이 물려받아서 오래오래 지속되면 좋겠다"고 덕담을 건네면 뭐라고 대답할까? 아마도 "무슨 소리야? 우리 아들 대기업 간 부인데! 자식들은 이런 일 하지 않게 하려고 내가 평생 식당 하면서 이 고생했어"라고 대답하는 분이 훨씬 많을 것이다.

그렇다면 지키는 것과 바꾸는 것, 어느 쪽이 더 바람직할까? 양쪽 모두 세상을 사는 소중한 덕목이므로, 어느 쪽이 낫다기보다는 일장 일단이 있다고 보는 것이 정확할 것이다. 하지만 굳이 대답을 해보자면, 아날로그 시대에는 '지키다'가, 디지털 시대에는 '바꾸다'가 중요하다.

1980년대 말까지 일본은 세계를 호령했다. 미국의 상징인 뉴욕 맨해튼의 엠파이어 스테이트 빌딩을 매입하기도 하며, 세계 최강국 미국의 턱밑까지 치고 올라갔다. 그 바탕에는 자기 업을 대대로 지켜온 장인들이 버티고 있는 세계 최고 수준의 제조업이 있었다. 다른 나라에는 수많은 부품을 깎고 다듬고 조립하는 일본 장인의 손길을 능가할 수 있는 기업이 많지 않았다. 과거 우리가 들어왔던, "한 우물을 파라", "구르는 돌에는 이끼가 끼지 않는다" 같은 수많은 금언이 아날로그 경제에서는 잘 지키는 것이 경쟁력이었음을 보여준다.

디지털 시대에는 얘기가 다르다. 디지털 개념이 등장한 이후, 인터넷·스마트폰·플랫폼·인공지능 등 하루가 다르게 기술적 진보를 거듭하는 지난 30여 년의 변화를 상기해보라. 이런 격변의 시기에는 누가 더 잘 바꾸느냐가 경쟁력의 핵심이다. 하지만 잘 지켜온 일본은 변화가 더디다. 아직도 팩스를 보내고, 도장을 찍는다. 이메일을 보내

팩스가 잘 도착했는지 확인한다든지, 도장을 없애보자고 했더니 '도장 찍는 로봇'을 개발했다는 에피소드가 우리로서는 잘 납득이 가지 않는다. 아날로그 경제에서 최고의 미덕이었던 '잘 지킴'이 디지털 시대에는 발목을 잡는 격이다.

하지만 대한민국은 부지런히 바꿨다. "산업화는 늦었지만 정보화는 앞서가자"는 구호 아래 디지털화에 박차를 가했으며, 새로운 비즈니스 모델로 전환하는 데 주저하지 않았다. 그 결과 아득하게만 느껴졌던 한일 간의 격차는 좁혀졌고, 일부 지표는 이제 한국이 앞선다. 2024년 대한민국의 1인당 국민총소득GNI이 3만 6,194달러로 일본보다 401달러 앞섰다. 가구당 순자산 역시 18만 6,100달러로 일본보다 3,500달러 많다.[1]

문화적으로도 마찬가지다. 1990년대까지만 해도 일본 대중가요는 힘이 셌다. 국내에는 수입이 금지된 엑스재팬X-Japan의 노래를 숨어서 듣는 젊은이가 많았다. 하지만 지금은 블랙핑크와 BTS를 위시한 K-팝의 위세가 J-팝을 능가한다. 어떻게 이런 변화가 가능했을까? 상대적으로 탄탄한 내수시장을 가진 J-팝은 여전히 CD 발매 위주의 아날로그 시장을 지키는 데 연연할 때, 우리 뮤지션은 유튜브를 발판으로 세계 무대를 직접 두드리는 등 다양한 변화를 모색했다.

물론 국력에는 다양한 측면이 있고 경제나 문화에도 여러 지표가 있으므로, 호들갑 떨 일은 아니다. 하지만 이러한 역전의 한 배경에는 지킴과 바꿈의 문제가 있다. 대중가요 생태계가 CD에서 디지털 음원 · 유튜브 플랫폼으로 바뀌듯, 브라운관 TV가 LCD · LED · OLED로, 내연 자동차가 전기 자동차로, 만화책이 웹툰으로, 산업마다 그 '판'이 근본부터 바뀌는 시장에서, 우리 기업들은 끊임없는 혁신으로 세계적 수준으로 도약할 수 있었다. '바꾸는' 것에 주저하지 않은 결과다.

나라와 기업만의 문제가 아니다. 개인도 마찬가지다. 코로나 사태 이후, 우리를 둘러싼 환경은 더욱 빠르게 바뀌고 있다. 결국은 이러한 트렌드 변화를 누가 어떻게 대응하느냐에 따라, 서서히 주저앉을 수도 혹은 빠르게 도약할 수도 있다. 우리가 반드시 '지켜야' 할 소중한 것들이 많겠지만, 불가피하게 한쪽을 선택해야 한다면, '바꾸다'를 선택해야 하는 시대를 우리는 살게 됐다.

더 나은 내일을 꿈꾸지 못하는 시대의 소비트렌드

"나만 이렇게 힘든가요?"

요즘 가장 자주 듣는 질문이다. 나라 경제는 나쁘지 않다고 하는데, 장사는 잘 되지 않고 사는 게 너무 팍팍하다. 높은 환율에 힘입어 수출이 경제지표를 지탱하고 있을 뿐, 내수경기는 매우 좋지 않다. 경기가 나쁜 것은 비용상승의 문제가 크다. 인건비는 치솟고 있는데,

고금리로 이자 비용이 높고, 고환율로 수입물가가 비싸며, 코로나 시기 앙등한 부동산의 여파로 임대료도 내리지 않는다. 소비자의 지갑이 닫힐 수밖에 없는 여건에서 직격탄을 맞은 것은 자영업이다. 국세청 자료에 따르면 2023년 100만 명이 폐업신고를 했다. 이는 관련 통계를 작성하기 시작한 지난 2006년 이후, 수도 가장 많고 증가폭도 제일 크다.[2] 이처럼 자영업자들이 폐업을 하는 가장 큰 이유는 매출 감소 때문이며, 매출이 감소하는 것은 당연히 소비심리가 위축됐기 때문이다.

그렇다면 2024년 하반기와 2025년의 경제는 어떻게 전개될까? 좀 나아질까? 안타깝게도 개선될 기미는 보이지 않는다. NH투자증권 백찬규 연구위원의 전망에 의하면, 2025년은 크게 성장하지도 그렇다고 크게 하락하지도 않는, 지금의 불황 심리가 지리하게 유지되는 '밋밋한' 한 해를 맞게 될 것으로 보인다. 세계 경제를 끌고 가는 미국 경제의 주요 지표를 보면, 성장률·실업률·소매판매·산업 생산 등 관련 지수들이, 좋게 표현해서 안정적이고 정확히는 횡보하는 모습을 보여준다. 큰 성장의 모멘텀이 보이지 않는 것이다. 그렇다고 예기치 못한 경제위기가 닥칠 가능성도 그리 높지 않다. 경제공포지수나 리스크지수들 역시 큰 움직임이 없다.

우리나라 경제도 비슷한 상황을 맞게 될 것으로 보인다. 큰 성장의 모멘텀도 없고 급박한 위기의 징후도 보이지는 않는다. 지금처럼 일부 수출 산업이 호조를 보이며 국가 경제의 기본을 유지하는 가운데,

소비 침체의 불경기는 답답하게 계속될 것이라는 의미다. 뭔가 가파른 경기회복을 기대하는 분들에게는 죄송한 말씀이지만, 이 큰 희망도 절망도 없는 정체가 계속될 것 같다. 더군다나 홀수 해는 대체로 밋밋한 편이다. 올림픽이나 월드컵 같은 큰 스포츠 이벤트도 없다. 국내에서도 경주에서 APEC 정상회의가 열리는 것 외에는 선거도 없고 행사도 많지 않다. 경제적으로 답보하는 가운데 정치·사회적으로도 이렇다 할 변곡의 계기는 없을 전망이다.

지지부진한 침체가 계속되는 시기의 트렌드는 어떨까? 변동성이 강한 해에는 트렌드의 방향성이 위든 아래든 명확하다. '머니러시(2022년)'처럼 전 국민이 투자의 열기에 들뜨거나, '오피스빅뱅(2023)'처럼 조직문화가 근본부터 바뀐다. 그러니 우리도 '거침없이 피보팅(2021)' 하며 대담하게 대응해야 한다. 하지만 이렇게 답답하게 정체가 계속되며 내일에 대한 기대가 높지 않은 시기에는, '현재'의 '자잘한' 움직임이 중요해진다. 그렇다고 트렌드가 움직이지 않는 것은 아니다. 기술이나 인구구조는 멈추지 않고 변화하기 때문에, 그에 따른 트렌드의 도도한 변화는 계속된다. 정체기의 소비트렌드를 파악할 때에는 이 두 맥락을 고려해야 한다.

'옴니보어' 소비의 등장

이번 『트렌드 코리아 2025』의 10대 키워드를 세 가지 맥락으로 간략히 요약하고자 한다. ① 벼리가 되는 트렌드, ② 경제적 정체 상황에서 비롯된 미시적 트렌드, ③ 인구·기술·환경적 변화에서 촉발되는 거시적 트렌드가 그것이다.

그물의 위쪽 코를 꿰어놓은 줄을 '벼리'라고 한다. 어부들은 이 벼리를 잡아당겨 그물을 오므렸다 폈다 하며 고기를 잡는다. 그래서 벼리는 '일이나 글의 뼈대가 되는 줄거리'라는 의미도 함께 가지고 있다. 〈트렌드 코리아〉 시리즈는 매년 10대 키워드를 제시하면서, 항상 첫 키워드는 벼리 역할을 하는 트렌드로 선정해왔다. 분초사회(2024)·평균실종(2023)·나노사회(2022)·소확행(2018) 등이 그 예다. 올해의 첫 키워드는 **'옴니보어'**다. 요즘 소비자들은 나이·세대·성별·소득·지역 등 소속된 집단의 일반적 특성에 따른 소비를 하지 않고, 자신만의 라이프스타일·개성·취향에 따른 소비를 한다. 소비행태의 집단 간 격차는 줄어들고 개인 간 격차는 늘어난다. 얼핏 당연한 현상 같지만, 옴니보어는 우리가 소비자와 시장을 보는 고정관념을 송두리째 바꿔놓을 수 있는 트렌드라는 점에서 벼리 키워드가 되기 충분했다.

정체되는 경제 상황 속에서 관찰되는 소비자 행동의 작은 변화들을 '미시적 트렌드'라고 부른다. 『트렌드 코리아 2025』에서는 미시적 트렌드들이 유독 두드러진다. 큰 행복을 꿈꾸기보다 무탈한 하루에 만족하며(**#아보하**), 그러다 보니 내게 해가 없는 작고 귀여운 것들을 선호하고(**무해력**), 자기계발에서도 전면적 혁신을 통해 큰 성장을 꿈꾸기보다 작은 포인트 하나라도 끌어올리려 한다(**원포인트업**). 이런 미세한 변화에 대응하기 위해서는, 커다란 '한 방'보다는 피자판에 토핑을 얹듯 고객이 원하는 작은 차별점을 하나씩 쌓아가는 것이 필요하다(**토핑경제**).

경기는 정체한다 하더라도, 매년 기술·기후·인구·시장이 초래하는 구조적 변화는 멈추지 않는다. 오히려 더 빨라지고 있다. 이런 환경적 여건 변화에 의한 경향성은 '거시적 트렌드'다. 인구와 문화의 국제적인 이동성이 커지면서 '한국적 K'의 개념이 변화하는 **'그라데이션K'**, 기후 변화로 삶의 방식은 물론이고 산업과 정책마저 바꾸도록 만들고 있는 지구온난화 시대의 **'기후감수성'**, 가상 기술에 대한 반작용으로 나타나는 소비자의 감각 경험 선호에 따른 **'물성매력'**, 기술의 어포던스affordance를 높이기 위해 인간화되는 **'페이스테크'**, 시장 생태계가 갈수록 개방화하며 함께 진화해나갈 수 있는 경향성을 지적한 **'공진화 전략'**이 2025년에 선보이는 거시적 트렌드다.

SNAKE SENSE, 뱀의 남다른 감각

2025년은 을사乙巳년 푸른 뱀띠 해다. 뱀은 배腹와 움動이 합쳐진 말로, 배로 움직이는 동물이라는 뜻이다. 배로 기어가는 긴 형태와 독성 때문인지 뱀은 오랫동안 두려움의 대상이었다. 뱀을 보면 왠지 징그럽다. 아담과 이브의 이야기에서 보듯, 간악한 이미지도 강하다. 반면 뱀에게는 숭상의 측면도 있다. 새끼를 많이 낳기에 풍요와 다산의 상징이며, 꿈에 뱀이 나오면 재물이나 자녀를 얻을 징조라고 해석한다. 치유력을 가진 존재여서 의술 관련한 상징에 빠지지 않고 등장한다. 성서에도 "뱀처럼 지혜로워라"라는 표현이 있듯이, 뱀은 현명한 존재로 여겨져 왔다. 우리 문화에서 뱀은 재물을 지켜준다. 구렁이를 업이라고 부르며 집안의 부富를 지켜주는 존재라고 믿었다. 이처럼 뱀은 이중적 존재다.

뱀은 환경 적응력이 뛰어난 동물이다. 자기 몸이 커지면 허물을 벗고, 날이 추워지면 동면을 한다. 구태舊態를 미련 없이 버리고 떠난 자취를 보면, 뱀은 죽지 않고 영원히 살지도 모른다는 불사不死의 이미지를 자연스럽게 갖게 된다. 이런 특성은 환경 변화가 상수가 된 현대사회를 살아야 하는 우리에게도 시사하는 바가 크다. 트렌드가 격변하는 시대에 죽지 않고 살아남으려면, 환경 적응과 자기 혁신, 이 두 가지가 핵심이라는 것이다. 즉, 껍질을 벗는 고통을 감수하고서라도 늘 성장해나가야 하고, 추워지면 추워지는 대로 더워지면 더워지는 대로 환경 변화에 민감하게 대응해야 한다.

적응과 혁신을 실천하기 위한 첫 단계는 환경 변화를 민감하게 감지하는 일이다. 그래서인지 보기와 다르게 뱀은 매우 발달한 감각기관을 가지고 있다. 뱀은 후각이 예민하다. 혀를 날름거리는 이유는 먹이의 냄새를 수집하기 위한 것이다. 열을 감지할 수도 있고 미세한 땅의 진동이나 세밀한 공기의 흐름을 느껴 먹이의 존재를 파악할 수도 있다. 뱀의 눈은 크고 무서운데 이 역시 어둠 속에서도 먹이를 잘 볼 수 있도록 눈동자가 발달한 탓이다. 한 마디로 감각기관을 총동원해 환경 변화를 감지하고 먹이를 찾아내는 능력이 뱀의 비범함이다.

우리도 마찬가지일 것이다. 대응이 어려운 격변의 시대를 살고 있지만, 감각과 직관을 총동원해 변화를 감지하고 새로운 먹거리를 탐색해나가야 한다. 그러기 위해서는 뱀이 가진 예민한 감각이 절대적으로 필요하다. 녹록지 않은 2025년을 살아가기 위해서는 뱀snake처럼 섬세한 감각sense이 필요하다는 취지에서, 올해의 영문 키워드 두운은 'SNAKE SENSE'로 정했다. 뱀처럼 날카로운 감각으로, 새로운 기회를 잡아채자.

올해의 표지색은 초록과 오렌지의 '그라데이션'으로 골랐다. '그라데이션K'라는 키워드가 있기도 하고, 뱀이 가진 공포와 숭상의 이중성은 상반된 특성의 공존을 의미하는 그라데이션과도 잘 맞았기 때문이다. 한쪽 끝의 초록은 우리가 감수성을 높여야 할 자연에서, 다른 쪽 끝의 오렌지는 귀엽고 무해한 것에서 모티브를 얻었다.

감사의 말씀

해를 거듭할수록 〈트렌드 코리아〉 시리즈의 출간을 도와주는 분들이 늘어나고 있다. 각 분야의 전문가들이 빛나는 혜안을 나눠주셨고, 다양한 경험을 가진 일반 소비자들이 FGD(집단면접)와 개별 인터뷰를 허락해주셨다.

탄탄한 빅데이터 분석을 통해 키워드의 타당성을 높여주신 신한카드 문동권 사장님과 신한카드 빅데이터연구소, 온라인 버즈의 추세를 파악하는 소셜 분석을 통해 트렌드 가설을 꼼꼼하게 분석해주신 코난테크놀로지 김영섬 대표님과 데이터 사이언스 사업부, 앱과 소매시장의 사용자 행태 분석 및 실시간 데이터를 제공해주신 와이즈앱·리테일·굿즈 차양명 대표님과 시장분석사업부의 이시내 연구원과 한지수 매니저, '대한민국 10대 트렌드 상품'을 선정하는 과정에서 까다로운 조사를 신속하고 정확하게 실시해준 마크로밀엠브레인에 특별한 감사의 말씀을 드린다. 매년 이맘때면 충실한 자료로 차년도의 국제 경제를 분석해 정확하게 전망해주시는 NH투자증권 백찬규 연구위원께도 깊이 감사한다.

내부에서 도움을 주신 분도 많다. 여러 가지 행정일과 교정 작업을 도맡아준 김영미 연구원, 아름다운 프레젠테이션 파일을 제작해준 문지수 연구원, 영문판인 〈Consumer Trend Insights〉를 감수해주시는 미셸 램블린Michel Lamblin·나유리 교수, 영문 키워드 선정에 아이디어를 제공한 윤효원에게 감사한다. 10대 상품 조사 및 트렌드 분석 기초자료 조사를 위해 헌신적 노력을 보여준 전다현·김나은·백지훈 연구원, 중국 트렌드 관련 자료를 모으는 데 수고해준 고정 연구원에게 감사한다. 마지막으로 출간을 허락해주신 미래의창 성의현 대표님과 직원 여러분께도 변함없는 신뢰의 마음을 전하고 싶다.

• — •

개인적인 느낌이겠지만, 요즘 주변에 의기소침한 사람들이 많다. 청년이든 중년이든 나이를 불문하고 그렇다. 꼭 취직이 어렵거나 사업이 힘들어서만은 아니다. 기대는 높아졌는데, 현실은 녹록지 않아서 그런 것 같다. 우리가 매일 들여다보는 스마트폰 너머에는 멋진 것들로만 가득한데, 내 하루하루는 비루하기 짝이 없다. 옛날보다 삶의 수준은 더 나아졌는데 마음이 오히려 더 침울해진 것은 바로 이 때문이다. 우리는 비교를 너무 많이 한다.

이 이야기가 자신에게도 해당한다고 생각하는 독자가 있다면, 이 책의 '#아보하'와 '원포인트업' 키워드가 전하는 숨은 의미를 다시 한번 전달해드리고 싶다. 사실 소셜미디어에서 보는 누군가의 삶은 잔뜩 과장된 것이다. 내가 부러워하는 그 사람 역시 내 게시물을 보며 열등감을 느낀다. 현대는 서로가 서로를 선망하며, '만인 대 만인의 열패감'을 유발하는 이상한 시대다. SNS를 많이 하지 않더라도 마찬가지다. 우리는 누구도 강요한 적 없는데, 끊임없이 누군가와 비교하며 높은 기대를 이룰 수 없음에 괴로워한다.

비교를 멈추고 '나의 작은 일상'에 집중해야 한다. 이 풍진 세상에서 별일 없이 하루를 보냈다면, 그것만으로도 우리는 잘 하고 있는 것이다. 작은 일상은 소중할뿐더러, 힘도 세다. "진정한 고귀함은 남보다 잘 하는 것이 아니라, 과거보다 나아지는 것"이라고 했다. 거창할 필요 없다. 오늘 하루 어제보다 조금 괜찮았던 작은 '원포인트'가 있었다면, 그걸로 의미있다. 늦지 않았다. 뒤처지지도 않았다. 산을 옮기고 싶거든 호미질을 시작하라.

유례없는 무더위로 '기후감수성'을 절감했던 2024년 9월,

2025년을 맞는 여러분의 호미질에 작은 계기가 되기를 바라며

대표저자 김난도

CONTENTS

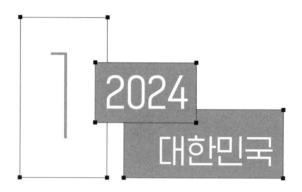

2

2025 트렌드

2025년 10대 소비트렌드 키워드

Savoring a Bit of Everything: Omnivores 옴니보어

소비의 전형성이 무너진다. 집단의 차이는 줄고, 개인의 차이는 늘고 있다. 옴니보어는 원래 '잡식성雜食性'이라는 의미지만, 파생적으로 "여러 분야에 관심을 갖는다"는 뜻도 가지고 있다. 옴니보어 소비 현상은 나이와 성별, 소득, 인종에 따른 경계와 구분을 지우고 완전히 새로운 소비시장을 만들어가는 중이다. 고정관념이 사라진 시대, 모든 전제는 원점에서 다시 시작된다.

Nothing Out of the Ordinary: Very Ordinary Day #아보하

불행한 것은 싫지만 너무 행복한 것도 바라지 않는다. 험한 세상, 오늘 하루 무사히 넘어간 것에 감사하며, 내일도 오늘 같기를 바라는 마음. 특별히 좋은 일이 없어도, 행복한 일이 찾아오지 않아도, 안온한 일상에 만족한다. #아보하. 대한민국 행복 담론의 새로운 패러다임이 열리고 있다.

All About the Toppings 토핑경제

같은 도우라도 토핑이 다르면 이름과 가격이 달라진다. 같은 신발, 같은 가방이라도 무엇으로 어떻게 꾸미느냐에 따라 세상에 둘도 없는 나만의 것이 된다. 토핑경제에서는 소비자가 자신의 창의성을 발휘할 수 있는 여지를 남겨야 한다. 당신의 상품은 아직 미완성이다. 고객이 토핑을 더해줄 때까지는.

Keeping It Human: Face Tech 페이스테크

누구나 먼저 얼굴을 본다. 기술도 마찬가지다. 무생물인 기계에 표정을 입히고, 사람의 얼굴과 표정을 정확하게 읽어내며, 사용자마다 각자의 얼굴을 만들어주는 '페이스테크'가 뜬다. 생성형 AI 만능시대, 앞으로는 사람의 감정을 읽고 대응하는 능력을 갖춘, 최대한 '인간적으로' 다가오는 기업과 상품이 선택받을 것이다.

Embracing Harmlessness 무해력

작고 귀엽고 순수한 것들이 사랑받는다. 이들의 공통점은 해롭지 않고, 그래서 자극이나 스트레스를 주지 않으며, 굳이 반대하거나 비판할 생각이 들지 않는다는 것이다. 사방이 나를 공격해오는 것만 같은 험한 세상, 작고 귀엽고 연약한 존재는 그 자체로 힘을 갖는다. 무해하기 때문에 가지는 힘, 즉 '무해력'이다.

SNAKE SENSE

Shifting Gradation of Korean Culture 그라데이션K

단군의 자손, 단일민족, 단일문화의 개념이 서서히 옅어지고 있다. 외국인 인구 비중이 5%에 육박하는 한국은 이제 '다문화 국가'다. K-팝, K-푸드, K-드라마 열풍 속에서 "진정으로 한국적인 것은 무엇인가?"에 대한 답은 찾기 쉽지 않다. 세계화와 로컬화가 서로 빠르게 섞이면서 지금 K는 0과 1사이에서 그라데이션이 진행중이다.

Experiencing the Physical: the Appeal of Materiality 물성매력

디지털이 아무리 발달하고 AI 로봇이 우리의 일상이 된다고 해도, 우리는 엄연히 물질의 세계에 살고 있다. 사람들은 보고, 만지고, 느끼고 싶어 한다. 콘텐츠와 브랜드, 기술이 발달할수록 소비자들은 체화된 물성으로 경험하고자 하며, 그 기억을 더 오래 간직한다. 지금, 당신의 상품에는 물성의 매력이 필요하다.

Need for Climate Sensitivity 기후감수성

역대급 무더위가 삼켜버린 2024 대한민국. 기후변화의 문제는 언젠가 다가올 수도 있는 미래가 아니라 당장 해결해야 할 '현존하는 위험'으로 급부상했다. 기후 문제에 능동적으로 대응하고 그 해결을 위해 적극적으로 실천하는 '기후감수성'은 이제 우리의 삶을 송두리째 바꿔놓고 있는 뜨거워진 지구에서 살아남기 위한 필수 덕목이다.

Strategy of Coevolution 공진화 전략

상생을 도모하는 자연 생태계의 공진화에 비즈니스의 해결책이 숨어있다. 상호연결성이 높아진 오늘날의 경제에서는 업종은 물론이고 다른 산업과도 긴밀한 연계를 통해 공동 성장을 도모해야 한다. 삼성전자와 현대자동차가 협력하고, 애플은 오픈AI와 손을 잡는다. 적과 나를 구분하지 않는 상생의 진화 전략. 공진화에 주목하라.

Everyone Has Their Own Strengths: One-Point-Up 원포인트업

요즘 직장인들은 위대한 인물을 롤모델 삼아 장기적인 노력을 기울이는 것이 아니라, 자기가 잘할 수 있는 일을 찾아 실천하며 조금씩 성취감을 쌓아가고자 한다. 이처럼 지금 도달 가능한 한 가지 목표를 세워 실천함으로써, 나다움을 잃지 않는 자기계발의 새로운 패러다임이 '원포인트업'이다. 1퍼센트의 변화면 충분하다. 지금 나만의 밸류업을 시작하자.

Don't Waste a Single Second: Time-Efficient Society

Rise of 'Homo Promptus'

Aspiring to Be a Hexagonal Human

Getting the Price Right: Variable Pricing

On Dopamine Farming

Not Like Old Daddies, Millennial Hubbies

Expanding Your Horizons: Spin-off Projects

You Choose, I'll Follow: Ditto Consumption

ElastiCity. Liquidpolitan

Supporting One Another: 'Care-based Economy'

1

2024 대한민국

DRAGON EYES

DRAGON EYES

초효율주의

경기가 좋지 않은 시기의 소비자들은 자신의 자원을 되도록 효율적으로 사용하고 싶어 한다. 2024년 역시 예외가 아니었다. 시간·돈·정보·노력 등 주어진 자원을 생활·업무·쇼핑에서 더욱 생산적으로 사용하려는 노력이 다양하게 관찰됐다. 그중에서도 시간 자원의 효율적 활용이 가장 두드러져, 시간의 가성비, 즉 '시성비'를 추구하는 **'분초사회'** 트렌드가 전반적으로 확산됐다. 2023년 마크로밀엠브레인이 20~50대 1,000명을 대상으로 한 '시간 절약 서비스 관련 U&A User&Attitude 조사'에 따르면, "현대사회에서 가장 큰 자원은 시간이라고 생각한다"고 응답한 사람은 82.4%, "시간이 곧 돈이라고 생각한다"에 동의한 사람은 77.7%였다. 전반적으로 시간을 중요한 자원으로 받아들이는 태도가 더 강해졌다고 볼 수 있다. 이러한 경향은 소셜빅

분초사회 시간이 돈보다 귀한 희소자원으로 거듭나면서, 시간 효율성을 극도로 높이려는 경향이 강해졌음을 설명하는 말. 분초사회에서 우리는 시간의 가성비를 위해 돈보다 시간을 중시하고, 시간의 단위를 조각내며, 일단 결론부터 확인한 후 일을 진행한다.

『트렌드 코리아 2024』, pp.132~155

시성비 언급량 추이

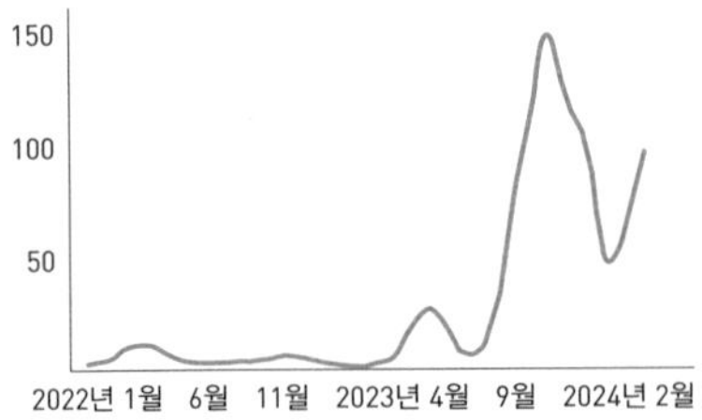

※ 분석 채널: 뉴스, 블로그, 커뮤니티, 카페 등
출처: 코난테크놀로지

데이터 분석에서도 드러난다. 코난테크놀로지에 따르면 '시성비' 언급량은 2023년 하반기 이후 급증했다.

나아가 AI가 본격적으로 일상생활에 들어오기 시작하면서 일과 생활 전반의 효율성이 크게 증가했다. 신한카드 빅데이터연구소에 따르면 주요 생성형 AI 서비스의 유료 이용 건수는 매월 꾸준히 늘어나, 2024년 5월에는 전년 동기 대비 약 185% 증가했다. 신한카드에서 소셜 분석한 생성형 AI가 사용되는 맥락을 살펴보면 더 흥미롭다. 업무와 학습의 효율성뿐만 아니라, 아이디어를 얻고 일상적인 대화를 나누기 위해 AI를 사용하는 등 사용 범위가 확장되고 있다. 관련 감성어로는 '웃기다', '성장하다', '재밌다' 등의 단어 순위가 전년 대비 상승했다.

2024년은 시간을 효율적으로 관리하고 싶은 소비자의 니즈와 AI라는 강력한 수단이 만나 초효율주의의 서막을 알린 해였다. 시장에는 새로운 수요가 등장했고, 기업들은 이에 발빠르게 대응했다. 자신의 소중한 자원을 초효율적으로 사용하기 위해 나타난 다양한 변화의 모습들을 일상·업무·쇼핑 영역에서 살펴본다.

AI 서비스 유료 이용 건수 추이

※ 분석 대상: 주요 글로벌 AI 서비스 6곳
출처: 신한카드 빅테이터연구소

일상의 효율화

"시성비의 본질은 '시간이 없어서'보다 '시간을 허투루 쓰지 않기'다."[1]

돈만큼이나 시간이 소중해진 한 해였다. 권이현 칼럼니스트의 표현처럼, 우리는 시간을 허투루 쓰지 않기 위해 시간 사용의 밀도를 높였다. 가장 대표적인 현상은 요약 콘텐츠의 증가다. 코난테크놀로지에 따르면 2022년 상반기에 비해 2024년 상반기에 콘텐츠 요약에 대한 언급량이 약 31% 증가했다. 관련 감성어로는 '빠르다', '편리' 등의 증가율이 높게 나타나, 주로 시간 절약을 위해 콘텐츠 요약 서비스를 이용한 것으로 분석된다.

방대한 내용을 빠르게 보고 싶은 니즈는 AI를 만나 요약 서비스 시장을 더욱 성장시켰다. 2023년 12월 카카오톡은 'AI 기능 이용하기'라는 옵션을 선보였다. 다양한 기능 중 돋보이는 것은 대화 요약이다. 여러 사람들이 있는 채팅방에서 안 읽은 대화가 있을 경우, 대화 전체를 보지 않아도 요약 기능을 사용해 내용을 파악한 후 자연스럽게 대화에 참여할 수 있다. '릴리스 AI'도 화제였다. 릴리스 AI는 유튜브 영상을 요약하는 것은 물론이고, 웹사이트나 PDF 파일 등도 요약이 가능하다. 다양한 콘텐츠를 간편하게 요약해주는 기능 덕분에 출시 7개월 만에 누적 가입자 수 18만 명을 달성했다.[2] 이외에도 네이버의 자회사인 스노우가 선보인 '코얼리Corely'와 영상을 1분 내외의 숏폼으로 요약해주는 비브리지의 '딥클립DIPCLIP' 등이 시장에서 주목을 받았다.

요약을 넘어 콘텐츠 빨리 감기 소비도 증가했다. 틱톡·숏츠·릴스 등 SNS의 패러다임이 숏폼으로 옮겨가면서 음악도 전개가 빨라졌다. 특히 Z세대 중심으로 원곡을 1.5배속, 2배속 등 빠른 속도로 감상하는 것이 새로운 문화로 떠오르며 '스페드 업' 버전이 인기를 끌었다. 스페드 업은 특정 노래의 속도를 원곡에 비해 120~150%가량 빨리 돌려 듣는 2차 창작물을 말한다. 아이돌 시장에서 이전에 발매한 곡을 스페드 업 버전으로 재해석하는 것은 필수로 자리 잡았다.[3]

스크린에서도 숏폼 영화가 주목을 받았다. 2024년 7월 개봉한 영화 〈밤낚시〉는 전기차를 몰고 다니는 정체불명의 남자가 충전소에서 겪는 기이한 사건을 그린 미스터리 스릴러물로, 13분 안팎의 짧은 러닝타임이 화제를 모았다. 약 한 달 동안 상영된 〈밤낚시〉의 관객은 모두 4만 6,000여 명으로, 업계에서는 흥행에 성공한 것으로 평가하고 있다.[4] 주목할 점은 〈밤낚시〉를 관람한 관객이 다른 영화도 함께 보는 파급효과다. CGV 자체 분석 결과에 따르면 '밤낚시'의 관객 5명 중 1명은 다른 영화도 관람한 것으로 나타났다. 극장가에서는 앞으로도 숏폼 콘텐츠가 소비자를 극장으로 불러모으는 역할을 할 것으로 기대하는 분위기다.

출처: CGV

숏폼 영화의 등장을 알린 〈밤낚시〉. 13분 안팎의 짧은 영화가 극장에 걸렸다. 영화를 보러 극장에 간 사람 5명 중 1명은 다른 영화도 같이 관람하는 파급효과를 낳기도 했다.

대기시간을 줄여주는 예약 및 웨이팅 앱은 생활 속 깊숙이 들어왔다. 신한카드 빅데이터연구소의 분석결과 2024년 식당·병원 등 예약 서비스의 예약금 지불 이용 건수는 2022년 대비 약 115%, 2023년 대비 약 8% 증가했다. 맛집에서 줄서는 시간을 아껴주는 원격 웨이팅 앱 '캐치테이블'이나 '테이블링' 등은 이제 현대인의 필수 앱으로 자리 잡았다. 광역버스 좌석 예약 앱도 등장했다. 버스 공유 플랫폼 위즈돔은 광역버스의 실시간 이동 경로를 확인하고 좌석을 예약할 수 있는 모바일 앱 '미리MiRi'를 운영한다. 앱에서 자주 탑승하는 노선을 설정해두고, 이용할 날짜와 시간의 버스 좌석을 예약한 뒤, 휴대폰으로 요금을 납부하면 편리하게 이용 가능하다. 통계청에 따르면, 수도권 거주자의 평균 출퇴근 시간은 83분이라고 한다.[5] 이처럼 출퇴근 시간이 오래 걸리거나 장거리 등교를 하는 사람들이 버스 대기시간과 이동시간을 예측할 수 있게 돕는 서비스다.

분초사회 소비자들의 시간을 아껴주는 캐치테이블, 테이블링, 미리 같은 예약 및 웨이팅 앱이 인기다.

업무의 효율화

시간의 효율을 극대화하려는 움직임은 일터에서도 예외가 아니었다. 2024년은 AI의 등장으로 업무 생산성을 높일 수 있는 방안에 대한 논의가 한층 활발했다. 일하는 방식은 빠르게 변화했고 사람들은 이에 적응하기 위해 바빴다.

AI 기술이 급속도로 진화하면서 개인 차원에서 업무에 도움을 받을 수 있는 서비스도 쏟아졌다. '퍼플렉시티Perplexity'로 보고서 초안을 만들고, '미드저니Midjourney'와 '스테이블 디퓨전Stable Diffusion'으로 기획안의 의도를 잘 표현해줄 수 있는 이미지를 생성하고, '딥엘DeepL'로 비즈니스 영어를 자연스럽게 구사하는 것은 자연스러운 풍경이 되었다.[6] 2024년 한국 마이크로소프트가 링크드인과 함께 진행한 '업무동향지표Work Trend Index 2024'에 따르면 전체 근로자 4명 중 3명은 직장에서 AI를 활용 중이고 6개월 전부터 AI를 사용한 비율도 46% 증가한 것으로 나타났다.[7] 다양한 AI 툴을 적재적소에 적용할 수 있는 **'호모 프롬프트'**의 역량이 중요해진 것이다.

기업들도 AI를 활용한 업무 효율화에 적극적인 행보를 보였다. 대표적으로 신한카드는 2018년부터 AI 기반의 '로봇 프로세스 자동화RPA'를 도입했다. 초기에는 대단위 업무 프로세스에만 적용했으나 직원들이 개별 업무에 직접 활용할 수 있도록 범위를 확장해왔다. 이러한 노력에 힘입어 2023년 한 해에만 연간 76억 원의 비용과 14만 시간을 절약했다고 한다.[8] 동원그룹은 2024년 3월 오픈 AI의 거대언어모델LLM 'GPT-4'에 그룹 내부 문서를 연동한 '동원GPT'를 도입했다. 일반 챗GPT와 다르게 사내망에서만 작동하고 입력한 정보가 외부 AI 훈련에 쓰이지 않도록 제한한 것이 특징이다. 외국인 선원을 위한 언어별 안전 교육 자료 제작, 회의록 분석 등에 활용하고 있다.

업무 효율을 위해 생성형 AI를 자체 개발한 경우도 있다. 삼성전자는 '삼성 개발자 콘퍼런스 코리아 2023'에서 생성형 AI 모델 '가우스'를 소개하면서 사내 시스템에 접목해 생산성을 향상시키고 용도를 확장할 것이라고 선언했다. 가우스는 삼성전자 내부 업무 지원을

호모 프롬프트 "인공지능 서비스를 자유자재로 사용할 수 있는 'AI 리터러시'가 높은 사람"이라는 의미다. 프롬프트는 인간이 컴퓨터에 명령어를 입력하는 공간을 의미하는데, 인공지능 관련해서는 질문 혹은 명령어라는 의미를 가진다. 프롬프트의 수준에 따라 대답의 완성도가 크게 달라지는 AI의 특성을 반영해, 2024년 이후로 개인의 경쟁력은 인공지능 활용에 달려있다는 점을 강조한 키워드다.

『트렌드 코리아 2024』, pp. 156~181

위해 머신러닝 기술을 기반으로 개발된 생성형 AI로, 텍스트를 생성하는 언어 모델, 코드를 생성하는 코드 모델, 이미지를 생성하는 이미지 모델 등 3가지로 구성돼있다.

AI를 직원처럼 활용하는 사례도 증가했다. 인공지능 카피라이팅 시스템 '루이스'는 현대백화점에 정식으로 입사한 사례다. 현대백화점 영업전략실 커뮤니케이션팀 소속으로, 직위와 사번도 있다. 주로 광고 카피, 판촉행사 소개문 등 마케팅 문구 제작 업무를 맡는다. 2주간 커뮤니케이션팀 등 관련 부서 120여 명의 테스트를 거쳤는데, 행사 브랜드와 주제, 계절 등 핵심어를 입력하면 10초 안에 제목과 본문으로 조합된 문구를 내놓는다. 루이스 도입 후 통상 2주가 걸리던 광고 문안 작성 업무 시간이 평균 3~4시간 이내로 줄었다고 한다.[9] SK텔레콤은 AI 직원 '나법카'를 도입했다. SK 자금팀에는 법인카드

출처: 현대백화점

현대백화점 AI 카피라이팅 시스템 '루이스'. 현대백화점 영업전략실 커뮤니케이션팀 소속으로 직위와 사번도 있으며, 마케팅 문구 제작 업무를 맡고 있다.

사용이나 한도에 관한 단순 질문이 하루에 20~30건씩 들어왔는데, 사내 직원들이 부서 메신저에 나법카 사원을 검색해 문의하면 자동으로 답변해준다. SK텔레콤에서는 '나법카' 외에도, 보도자료 초안을 만들어주는 '나피알PR' 사원, 여론조사 가상번호 업무를 맡는 '송사업' 사원까지 20여 명의 AI 직원이 일하고 있다.[10] 이러한 사례들은 AI를 직접 실무에 투입한 사례로, 향후 AI가 수행하는 업무의 범위가 늘어날 것으로 보인다.

쇼핑의 효율화

쇼핑에도 효율화의 바람이 불었다. 틈새 시간을 활용해서 콘텐츠를 소비하는 행태가 쇼핑으로 확장되면서 '숏핑(숏폼+쇼핑)' 시장이 커졌다. 숏핑은 네이버쇼핑과 같은 기존의 쇼핑 플랫폼에 숏폼 콘텐츠가 추가되거나 유튜브 쇼츠, 인스타그램 릴스, 틱톡과 같은 SNS에 쇼핑 기능이 더해지는 형태로 나눌 수 있다. '숏핑'의 인기는 수치로도 확인된다. 네이버쇼핑은 쇼핑용 짧은 소개 영상인 '숏클립'을 2022년 처음 도입했는데, 2023년 전년 대비 거래액이 1,254% 증가했다.[11] 2024년 3월에는 블로그·뉴스 등에 흩어져 있던 짧은 영상 서비스들을 모두 '클립'으로 통합하고, 영상 속 마음에 드는 장소나 상품을 네이버 스마트플레이스나 스마트스토어에서 '숏핑'할 수 있는 기능도 추가했다. 또한 카카오스타일이 운영하는 스타일 커머스 플랫폼 지그재그ZIGZAG도 48시간만 노출되는 숏폼 '스토리'에 상품 태그 기능

을 도입하는 등 숏폼을 중심으로 한 개편을 선보였다.[12]

홈쇼핑 업계에서도 숏폼은 뜨거운 이슈였다. 특히 AI가 적극적으로 도입되었다. 신세계라이브쇼핑은 'AI 숏츠' 기능을 도입해 화제를 모았다. AI 숏츠는 기존의 20~60분 분량의 방송 화면을 AI가 분석해 자동으로 1분가량의 숏츠 콘텐츠로 제작해주는 기능이다. 긴 영상을 전부 보지 않고 편집된 콘텐츠만 확인할 수 있기 때문에 소비자 입장에서는 쇼핑 시간을 보다 절약할 수 있다.[13] 현대 H몰도 앱을 대대적으로 개편하면서 '숏딜short deal'을 강화했다. 숏딜은 TV홈쇼핑과 모바일 라이브 커머스 방송에서 시청률이 높았던 구간을 분석한 뒤 숏폼으로 자동 제작하는 AI 기술을 활용해 명품·뷰티·식품 등 사용자 관심도가 높은 카테고리의 상품을 1분 이내로 소개하는 콘텐츠다.[14]

시간을 효율적으로 관리하는 차원에서 상품 탐색 시간을 줄여주

출처: 신세계라이브쇼핑, 네이버쇼핑

●●● 틈새 시간을 활용해 콘텐츠를 소모하는 행태가 쇼핑으로 확장되면서 온라인 쇼핑과 홈쇼핑 업계도 숏폼을 도입해 숏핑을 즐기는 소비자를 공략하고 있다.

는 서비스도 주목받았다. 편의점 업계에서 **'득템력'** 마케팅이 증가하면서, 인기있는 제품의 재고를 수시로 확인하는 소비자들이 늘었다. 주요 편의점 브랜드에서는 앱을 통해 인근 점포의 상품 재고를 확인할 수 있는 조회 서비스를 제공하고 있다. 2024년 두바이 초콜릿이 선풍적인 인기를 끌면서 CU가 유통업계 최초로 두바이 스타일 초콜릿을 선보였는데, CU의 자체 커머스 앱인 포켓CU의 실시간 검색어 Top 10에 두바이 초콜릿 관련 검색어가 1위부터 6위까지 모두 휩쓸었다.[15] 지그재그는 AI 기반 검색 서비스 '직잭렌즈'를 선보였다. 직잭렌즈는 이미지를 분석해 지그재그 내 유사한 형태·색상·패턴을 가진 상품을 찾아주는 서비스로, 서비스 시작 이후 20대 초반 이용자의 클릭 수가 빠르게 증가한 것으로 나타났다. 20대 소비자들이 핀터레스트나 인스타그램 같은 이미지 기반 SNS를 통해 패션 정보를 얻는다는 점에서 착안해, 고객의 취향에 맞춰 쇼핑의 편의성을 높인 것이 성공으로 이어졌다고 볼 수 있다.[16]

효율성의 측면에서 시간 절약만큼 중요한 것은 실패를 줄이는 것이다. 리테일 업계에서는 당도 선별 기술을 적용하여 소비자들의 실패 없는 쇼핑을 지원하고 있다. 롯데마트는 AI 선별 시스템을 도입해 업계의 관심을 받았다. 특히 'AI 선별 수박'이 일반 수박보다 2배

득템력 경제적 지불 능력만으로는 얻기 어려운, 희소한 상품을 얻을 수 있는 소비자의 능력을 '득템력'이라고 한다. 즉, 돈만 있다고 해서 내가 원하는 물건이나 서비스를 구매할 수 없다는 것으로, 정보·시간·정성·인맥·운 등 다양한 요소들을 통해 희소한 상품을 '구매'가 아닌 '획득'하는 능력을 말한다. 『트렌드 코리아 2022』, pp. 220~245

더 많이 팔리면서 화제를 모았다. 기존에 사용했던 비파괴 당도 선별은 정확도가 떨어져 선별사의 검수 작업이 추가로 필요했던 것에 비해 AI 선별은 정확도가 높고 내부 상태까지 판별할 수 있다. AI 선별 시스템 도입 이후 판매된 수박 당도에 대한 고객불만 접수도 2023년 동기 대비 50%가량 줄었다고 한다.[17]

중고시장에서도 AI의 효율성이 빛난다. 중고 거래 플랫폼 당근은 AI를 활용해 사기 의심 거래를 판별한다. 경찰청 사이버 범죄 신고 시스템에 등록된 사기 발생 패턴, 사기 이력이 있는 이용자 전화번호와 계좌번호 등의 데이터를 연동하여 AI를 통해 분석한 후 의심되는 거래가 발생하면 소비자에게 주의 문구를 띄워준다. 중고나라는 카카오톡 챗봇을 통해 판매자의 사기 이력을 간편히 확인할 수 있도록 했다.[18] AI 기술이 발전할수록 중고 거래 시장의 치명적인 약점으로 꼽히는 '신뢰' 문제를 보완할 수 있을 것으로 예상된다.

향후 전망

요한 하리의 『도둑맞은 집중력』에 따르면 미국인들은 1950년대보다 훨씬 빠르게 말하고, 20년 전보다 10% 더 빨리 걷는다고 한다.[19] 현대인의 삶의 속도는 점차 빨라지고 있다. 시간을 효율적으로 쓰고 싶어 하는 분초사회 트렌드가 확산될수록 이러한 라이프스타일은 가속화될 것으로 보인다. 그렇다면 향후 초효율시대의 모습은 어떻게 전개될까?

우선 사람들의 라이프스타일 속도가 빨라지는 것에 대응해 공공 영역에서도 변화가 나타나고 있다는 점을 지적할 수 있다. 2024년 1월 적색 신호의 잔여 시간을 숫자로 표시해주는 '적색 신호 잔여 시간 표시 신호등'이 서울 시내에 본격적으로 설치되기 시작했다. 무단 횡단 예방과 교통사고 발생 감소 효과가 있어 미국·일본·독일 등 선진국에서도 속속 도입하고 있는데, 보행자 입장에서는 신호등을 기다리면서 느끼는 답답함을 해소할 수 있다.

다음으로, 시간의 효율화는 결국 비용의 최적화로 이어진다는 측면에서 시간 사용에 대한 재정비가 필요할 것으로 보인다. 특히 기업에서는 자사의 시간 효율성을 점검하고 소비자의 시간을 효율적으로 디자인하는 노하우가 경쟁력으로 이어질 수 있다. 최근 미국에서는 드라이브 스루를 이용하는 고객의 대기시간을 단 몇 초라도 줄이려는 경쟁이 치열하다. 컨설팅 업체 인터치 인사이트는 패스트푸드점 평균 식사 비용이 10.35달러임을 감안해, 주문 후 음식이 나오는 시간을 5초씩만 줄여도 매장당 연 8,210달러(약 1,100만 원)를 더 벌 수 있다고 분석했다. 더불어 한 번에 주문을 정확하게 알아듣게 되면 손님이 주문을 반복해 말하지 않아도 돼 평균 대기시간을 15초 줄일 수 있다고 덧붙였다.[20] 이는 시간이 곧 수익과 연결된다는 의미다. 이에 따라 미국의 유명 외식 체인업체인 치폴레·맥도날드·타코벨 등은 모바일 주문을 통해 대기시간을 줄이는 방법을 점차 고도화하는 중이다.

마지막으로 초효율화 시대에 빠르게 도입되는 AI로 인해, 인간의 역할에 대한 사회적 논의가 활발히 이뤄지고 있다. 2023년 9월 매경미디어그룹이 주최하는 제24회 세계지식포럼에서 아닌디아 고즈Anindya Ghose 뉴욕대학교 스턴경영대학원 석좌교수는 AI가 인간에 비해 암묵적 지식이 떨어진다고 평가하며 현재는 인간의 판단 능력이 AI보다 훨씬 뛰어나다고 지적해 주목을 받았다. 암묵적 지식이란 경험과 학습을 통해 쌓인 지혜로, 인간이 가진 복합적인 판단 능력을 말한다.[21] 아닌디아 고즈 교수에 의하면 AI를 활용하되 좋은 판단을 위해서는 인간이 필요하다. 다시 말해 인간은 복합적인 인과적 추론의 역할을 담당하게 된다는 뜻이다.

AI 시대에 대체되지 않을 인간의 능력에 대한 궁금증이 커지는 가운데, 한국은행 고용분석팀에서 내놓은 'AI와 노동시장 변화' 보고서가 화제가 되었다. 보고서에 따르면 전체 일자리의 12%(341만 개)가 AI 기술에 의해 대체될 가능성이 높은 것으로 나타났는데, 특히 대표적인 고소득 직종으로 분류되는 의사·회계사·변호사 등이 큰 타격을 받을 것으로 조사돼 직업에 대한 고정관념을 흔들었다.[22] 비슷한 시기에 영국 《이코노미스트》는 블루칼라에 대한 재평가 논의를 조명했는데, 인공지능이 고도화하더라도, 블루칼라가 수행하는 육체노동·돌봄 등은 AI에 의해 대체될 가능성이 낮다는 분석이었다.[23] 이처럼 초효율 시대에 AI의 활용범위가 점점 넓어지면서 직업의 지형도에도 변화의 조짐이 나타나고 있다.

> "시간의 가속화는 삶이 바빠짐으로써 충만하다는 착각을 불러일으킨다. 그러나 이 소용돌이는 허무를 낳고 수없이 마음을 다잡아보아도 그날이 그날처럼 되풀이되는 일상에는 균열조차 일어나지 않는다."[24]

프랑스의 소설가이자 철학자인 파스칼 브뤼크네르Pascal Bruckner는 현대경제가 기술의 발달로 효율주의를 달성하고자 했지만 과연 우리가 '생산성의 시대'를 살고 있는지 반문한다. 현대인은 모두 바쁘지만 빠르게 반복되는 일상이 곧 '잘 살고 있음'을 의미하지는 않는다. 비즈니스 영역에서 시간과 비용의 최적화는 반드시 달성해야 하는 과제지만, 개인적 차원에서는 잠시 멈추고 사색할 수 있는 여유의 시간도 필요하다. 성찰의 순간이 곧 인간만이 가질 수 있는 판단력을 확보하는 생산의 시간이기 때문이다. 궁극적으로 잘 살기 위한 라이프스타일은 무엇인가? 효율인가 성찰인가? 진지한 고민이 시작됐다.

DRAGON EYES

불황기 생존 전략

미국을 중심으로 세계 경제에 'R Recession(경기 침체)의 공포'가 몰아닥친 한 해였다. 물가 상승, 자국 중심의 공급망 재편, 주요 산업의 더딘 회복 등 경제 하락의 조짐이 시장 곳곳에서 나타났다. 이름을 알 만한 기업이 휘청거리고, 자주 가던 동네 가게가 문을 닫았다. 2024년 8월 통계청이 발표한 2분기 지역경제동향에 따르면, 전국 17개 시도 중 충남과 충북을 제외한 15개 시도에서 소매판매가 전년 동기 대비 대폭 감소했다.[1] 눈앞에 보이는 불경기 신호 앞에서 사람들의 마음은 더없이 불안해졌다.

심리적 불안은 경제 주체들의 활동을 위축시켜 악순환을 낳는다. 기업은 미래에 대한 투자보다는 현재에 집중하며 비용 절감에 몰두한다. 소비자는 언제 닥칠지 모를 위기 상황에 대비해 지갑을 더욱 꽁꽁 싸맨다. 이런 악순환을 극복하기 위해서는 역설적이지만 작은 수요라도 일으켜 새로운 기회를 모색해야 한다. 『트렌드 코리아 2024』에서는 기업이 자사의 핵심 역량을 바탕으로 상품이나 브랜드를 유연하게 확장하는 활동을 **'스핀오프 프로젝트'**라 명명했다. 영화나 예능 프로그램에서 원작 캐릭터와 상황을 빌려 새로 만든 파생 작품을 '스핀오프spin-off'라고 하는데, 기업 활동에도 이런 기민한 스핀오프가 필요하다는 의미를 담았다. 2024년, 한국 기업들은 어떤 스핀오프로 돌파구를 찾았을까? 위기를 기회로 만든 사례를 살펴보며 앞으로 다가올 경기 침체를 현명하게 대비하자.

가격 스핀오프

2024년, 가성비 높은 초저가 상품이 인기를 끄는 '불황형 소비'가 두드러졌다. 신한카드 빅데이터연구소의 분석에 따르면, 2024년 1~5월 중국 초저가 앱 이용 건수는 전년 동기 대비 3.4배 증가했다. 주요 구매층인 4050세대가 다른 세대에 비해 초저가 앱 사용 비중이 상대적으로 높은 것으로 나타나, 시장 전반에서 가격민감도가 크게

스핀오프 프로젝트 콘텐츠 산업에서 '특정한 원작에서 파생되어 나온 작품'을 지칭하는 '스핀오프' 개념을 브랜드, 기술, 조직 관리 등 다양한 영역으로 확대 적용한 단어. 사업을 확장하고 결합하며 유연하게 변화시키는 일련의 프로젝트 활동을 뜻한다.

『트렌드 코리아 2024』, pp. 288~315

중국 초저가 종합몰 월평균 이용 건수 변화

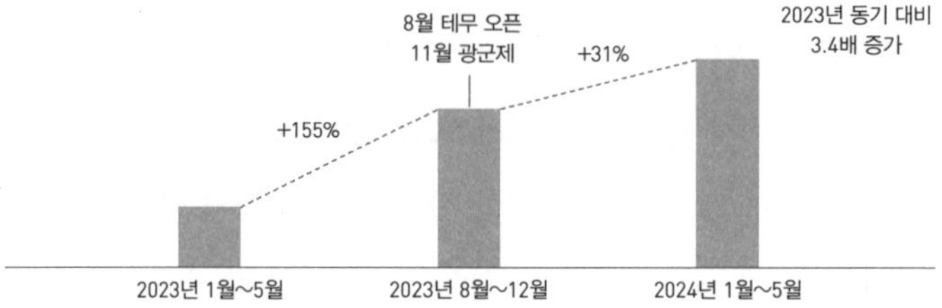

중국 초저가 앱 이용 고객 연령대 비중

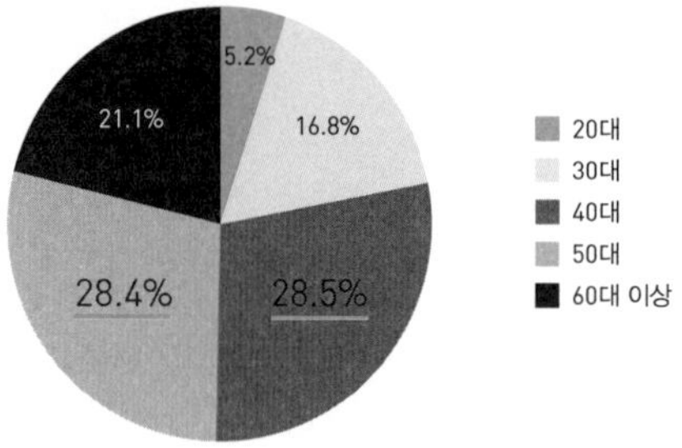

※ 2024년 1~5월, 신한카드 이용 건수 기준
※ 분석 대상: 알리, 테무 등 중국 초저가 사이트
출처: 신한카드 빅데이터연구소

상승했음을 짐작할 수 있다.

최저가에 민감하게 반응하는 소비자의 마음을 사로잡고자, 기업은 ① 제품과 서비스의 가격을 조건·시간·대상에 따라 바꾸는 **'버라이어티 가격 전략'**과 ② 판매 단위를 쪼개거나 상품 용량을 변경해 소비자가 지불해야 하는 기준 가격을 바꾸는 '가격 프레이밍 전략'을 구사했다.

조건·시간·대상에 따라 변동하는 버라이어티 가격 전략

커피 가격이 '코스피 주가지수'와 연동되어 매주 바뀌는 카페가 있다. 바로 서울 강남구 삼성동에 위치한 '웍스프레소'다. 이 카페는 매주 코스피Kospi 마지막 거래일의 종가를 기준으로 커피 가격을 변경한다. 예를 들어, 지난 금요일 종가가 2,478.56이었다면, 다가오는 주의 에스프레소와 아메리카노 가격은 1원 단위를 절삭한 2,470원으로 책정된다.[2] 커피 가격이 오른다 해도 코스피가 올라간 셈이니 기분 좋게 커피를 마실 수 있다. 코스피가 내려가면 마음이 쓰리지만, 커피 가격도 덩달아 떨어지기에 약간의 위로가 된다.

금융권에서도 '조건'에 따라 가격이 변동하는 사례가 등장했다. 가입자가 여행 중 사고를 당하지 않고 무사 귀국할 시 보험료의 10%를 환급해주는 조건부 보험도 출시돼 화제를 샀다. 카카오페이손해보험이 2023년 6월 선보인 조건부 해외여행보험 상품은 출시 10개월 만인 2024년 4월, 가입자 100만 명을 돌파했다.[3] 해외여행을 가면서 여행자 보험이 아깝다고 생각한 적이 한 번이라도 있는 사람이라면 이런 보험 상품이 반가울 것이다.

'시간'에 따라 가격을 변경해 좋은 반응을 이끌어낸 기업도 있다. 2024년, 편의점 업계에서는 소비기한이 임박한 제품을 특정 시간대

버라이어티 가격 전략 오늘날에는 같은 상품이라 할지라도 언제, 어디서, 누가, 어떻게 사느냐에 따라 가격이 천차만별로 '버라이어티'하게 달라질 수 있으며, 공급자와 유통자는 가격 책정을 '전략적'으로 고려할 수 있다.

『트렌드 코리아 2024』, pp. 212~239

출처: 카카오

사고 없이 무사 귀국 시 보험료 일부를 환급해주고, 학생증으로 다양한 할인 혜택을 받을 수 있는 금융상품이 인기다.

에 할인 판매하는 전략을 펼쳤다. GS25의 '마감할인'은 자사 전용 앱에서 소비기한이 임박한 제품을 최대 45% 할인된 가격에 판매하는 서비스다. 소비자는 할인된 가격으로 제품을 구매할 수 있어 좋고, 기업은 신선식품 폐기를 줄일 수 있어 이롭다. 이런 장점으로 인해, GS25의 경우 2024년 3월 마감할인 상품 매출이 2023년 12월과 비교해 무려 670% 늘어나는 성과를 보였다.[4]

'대상'에 따라 가격을 다르게 책정하는 사례도 확대됐다. 2023년 5월, 대학생을 대상으로 카카오가 선보인 디지털 '톡학생증'은 출시 1년 만인 2024년 5월, 가입자 수가 100만 명을 넘어섰다. 이 학생증만 있으면 스타벅스·맥도날드·다이소 등 인기 브랜드의 할인 혜택을 누릴 수 있고, 각종 어학원과 인터넷 강의 수강료도 최대 50% 할인된다.[5] 롯데하이마트는 2024년 2월, 예비 대학생·대학생·대학원생·교직원을 대상으로 할인 혜택을 제공하는 캠퍼스 폐쇄몰 '에듀몰'을 신규 오픈했다. 대학 이메일 등으로 최초 1회 인증을 하면, 노트북·태블릿 등 학습용 IT 기기와 자취생 필수품인 밥솥, 전기주전자 등을 최대 30% 할인해준다.[6]

기업의 가격 변동 전략을 역으로 활용한 소비자도 등장했다. 폴센트·콕콕·호시탐탐·지니알림·역대가 등은 쇼핑몰 속 특정 상품의 판매 페이지를 저장해두면, 실시간으로 가격 변동 추이를 추적해 알려주는 앱이다. 제품별 가격 변동 폭을 그래프로 제공하는가 하면, 소비자가 설정해둔 최저가 밑으로 제품 가격이 떨어지면 알람을 보내주기도 한다.[7] 가격 변동에 따라 최적의 구매 타이밍을 알려주는 것이다. 그야말로 뛰는 기업 위에 나는 소비자가 있는 셈이다.

단위를 변경해 부담을 줄이는 가격 프레이밍 전략

경기 불황으로 인해 2024년, 한국 소비 시장에서는 '소용량' 열풍이 강하게 불었다. 판매 단위를 줄이는 '소용량' 전략은 한 번에 지불해야 하는 가격의 부담을 줄여주므로 알뜰한 **'체리슈머'**의 지갑을 열기 쉽다. 최근 뷰티 부문을 강화하고 있는 다이소는 이런 흐름에 불씨를 당겼다. 3ml짜리 클렌징폼 5개들이 세트, 2ml짜리 에센스 6개들이 세트 등 용량을 줄이고 패키징을 최소화해 판매 가격을 낮춘 화장

체리슈머 구매는 하지 않으면서 혜택만 챙겨가는 소비자를 '체리피커cherry picker'라고 부르는데, 여기서 진일보하여 한정된 자원을 극대화하기 위해 다양한 알뜰소비 전략을 펼치는 소비자를 의미한다. 『트렌드 코리아 2023』, pp. 196~221

품을 적극적으로 선보였다. 2024년 7월, 화장품 브랜드 '달바'에서도 비건 선크림을 1ml씩 체험해볼 수 있는 뷰티 키트 '트래블 에디션'을 출시해 화제가 됐다.[8] 식품 시장에서도 '소용량'이 대세로 떠올랐다. 편의점 CU는 2024년 5월, 편의점 업계 최초로 1,000원 중반대의 150g 소포장 1인분 쌀을 출시했다. 그동안 편의점에서 판매하는 쌀의 최소 용량은 1kg이었는데, 이보다 훨씬 작은 단위로 판매를 시작한 것이다.[9]

반대로 '대용량' 전략으로 승부를 본 브랜드도 있다. 음료 시장이 대표적이다. 2024년 6월, 파리바게뜨는 신제품 '빅아아(빅 사이즈 아이스 아메리카노)'의 누적 판매량이 출시 한 달 만에 100만 잔을 돌파했다고 밝혔다.[10] 스타벅스 코리아에서도 대용량 음료 판매 비중이 꾸준히 증가하고 있다. 기본 사이즈인 톨 사이즈(355ml) 음료는 2020년 59%에서 2023년 51%로 감소한 반면, 대용량인 그란데 사이즈(473ml)는 같은 기간 27%에서 32%로 증가했다.[11] 고물가로 인한 소비자의 가성비 추구 성향이 유난히 더웠던 2024년 여름의 날씨와 잘 맞아떨어진 결과다.

소비자가 지불하는 가격 단위를 조정해 구매 부담을 줄인 전략도 유효했다. 시몬스가 운영하는 '시몬스페이'는 침대를 최대 24개월 무이자 할부로 구매할 수 있는 프로그램이다. 2024년 경기 불황 속에서 대부분의 기업이 무이자 할부 서비스를 축소한 것과 달리, 시몬스는 오히려 무이자 할부 서비스를 더 공격적으로 제공한 것이다. 마케팅도 "하루 커피 한잔 값으로 프리미엄 침대를 소유할 수 있다"는 콘셉트에 집중했다.[12] 소비자가 지불하는 가격의 단위를 바꿔 침대라는 고가 상품에 대한 심리적 부담을 낮춘 전략이다.

콘텐츠 스핀오프

2024년 경기 침체 속에서도 콘텐츠 업계는 스핀오프 전략을 전가의 보도처럼 활용하며 꾸준히 성장했다. 콘텐츠 기업은 자사의 성공 IP(지식재산권)를 바탕으로 업종을 넘나들며 성공 모델을 확대했는데, 이 같은 시도는 침체에 빠진 소비 시장에 잠시나마 활력을 불어넣었다. 나아가 콘텐츠와 전혀 상관없는 일반 기업들 역시 자사의 기업 캐릭터를 자산화하며 새로운 비즈니스 모델을 모색했다.

OSMU 전략으로 시장을 확대하는 콘텐츠 업계

콘텐츠 업계는 하나의 자원을 다양한 방면으로 활용하는 OSMU One Source Multi-Use 전략을 바탕으로 스핀오프를 실천했다. 2024년은 웹툰과 웹소설을 원작으로 하는 드라마가 쏟아진 한 해였다. 2024년 상반기에 방영된 tvN의 〈내 남편과 결혼해줘〉, 넷플릭스 오리지널 시리즈 〈살인자ㅇ난감〉, 〈닭강정〉, 〈선산〉 등은 물론, 하반기 방영 예정인 〈정년이〉, 〈조명가게〉, 〈스터디그룹〉, 〈지옥 2〉 등은 모두 웹툰과 웹소설을 원작으로 하는 작품이다. 반대로 인기 드라마가 웹툰, 웹소설로 다시 제작되기도 했다. 소설 원작의 ENA 드라마 〈유괴의 날〉은 2024년 하반기 웹툰으로도 연재될 예정이다. 2022년 인기리에 방영됐던 드라마 〈이상한 변호사 우영우〉 역시 애니메이션 버전이 일부

공개돼 소비자의 기대를 모으고 있다.[13]

어린이 애니메이션도 콘텐츠 스핀오프의 중심에 있다. 2020년 3월부터 KBS 2TV를 통해 방영된 TV 애니메이션 작품 〈캐치! 티니핑〉(이하 〈티니핑〉)은 2024년 화제의 콘텐츠로 급부상했다. 〈티니핑〉에는 1기부터 4기까지 총 100가지가 넘는 '티니핑' 캐릭터가 등장하는데, 각 캐릭터의 감정이나 상태에 따라 이름이 다르다. 캐릭터가 많기 때문에 스핀오프하기에도 유리하다. 예를 들어, 사랑의 감정을 대표하는 캐릭터인 '하츄핑'이 등장하는 영화 〈사랑의 하츄핑〉은 2024년 8월 개봉 이후 한 달도 지나지 않아 90만 명이 관람했다. 이종업과의 협업도 활발하다. 햄버거 및 치킨 프랜차이즈 맘스터치는 '사랑의 하츄핑 세트'를 출시해 음식과 함께 다양한 굿즈를 판매했으며, 제과업체 뚜레쥬르는 다양한 종류의 티니핑 케이크를, 커피 프랜차이즈 메가MGC커피는 '사랑의 하츄핑 랜덤 피규어' 6종을 선보였다.[14]

콘텐츠 시장은 게임 산업에까지 영향력을 확대하고 있다. 넷마블이 2024년 5월에 출시한 웹툰 기반 액션 RPG 게임 '나 혼자만 레벨업: 어라이즈'는 출시 한 달 만에 1,000억 원의 매출을 기록했다. 웹소설·웹툰 IP의 게임화 중 역대급 성공적인 사례로, 향후 게임 시장에서 콘텐츠 IP의 활약에 큰 기대감을 불어넣었다. 카카오게임즈의 자회사 오션 드라이브 스튜디오 역시 인기 웹소설 〈검술명가 막내아들〉을 기반으로 PC·콘솔 게임을 개발하고 있다.[15]

콘텐츠 IP를 활용한 굿즈 시장도 한 단계 진화하고 있다. 그동안 한국 콘텐츠 시장이 선보인 굿즈는 일시적으로 판매하는 한정판이 대부분이었다. 팬덤이 강한 콘텐츠를 중심으로 식품·패션·스포츠 등 이업종과 콜라보레이션해 이벤트성 굿즈를 판매하는 식이었다. 그런데 최근 들어 미국의 디즈니 스토어처럼 자체 오리지널 굿즈를 상시적으로 판매하는 스토어들이 문을 열고 있다. 2023년 12월, 넥슨은 공식 IP 온라인 스토어 '넥슨에센셜'을 선보였다. 메이플스토리, 바람의 나라 등 넥슨이 보유한 라이선스 제품 및 콘텐츠를 하나의 브랜드숍에서 판매하여 생태계를 구축한 것이다.[16] 네이버 웹툰 역시 2024년 6월, 공식 굿즈 브랜드인 '웹툰프렌즈 오리지널스'를 출시했다. 유료 콘텐츠 시청이 전체 매출 중 약 80%를 차지하는 현재의 사업 구조를 향후 IP 사업 중심으로 다변화하겠다는 전략이다.[17]

콘텐츠로 신사업 발판을 마련하는 일반 기업

콘텐츠 업체가 아닌 일반 기업들도 자사의 '기업 캐릭터'를 자산화하고 있다. 유통, 통신 등 비非콘텐츠 업계에서는 그동안 기업 캐릭터를 주로 소비자가 기업에 친밀감을 느끼도록 하는 마케팅 수단 정도로만 활용했다. 그러나 이제 이 기업 캐릭터가 수익을 창출하는 비즈니스 모델로 진화하고 있다. 기업 캐릭터가 콘텐츠로 활용될 때는 본래의 기업 색채를 완전히 지운다. 기업 이름 등은 어디에도 노출하지 않고, 오직 IP 자체의 매력으로 승부를 거는 셈이다.

롯데홈쇼핑에서 선보인 '벨리곰'이 대표적인 사례다. 2022년 이후 지금까지 '벨리곰'이 굿즈 판매 등 자체 캐릭터 사업만으로 벌어들인 누적 매출액은 200억 원을 넘어섰다. 사업 영역도 계속해서 확장하고 있다. 2024년 8월에는 서울 롯데월드 어드벤처에 벨리곰을 활용한 체험플레이샵 ‘벨리곰 미스터리 맨션’을 오픈해 테마파크까지 진출했다. 벨리곰이 사라지자 그를 찾아 나선다는 콘셉트의 일종의 방탈출 게임형 상설 체험 공간으로, 사람들은 벨리곰이 사는 집의 복도·침실·주방 등을 직접 돌아다니며 콘텐츠를 경험한다.[18] 모바일 퍼즐 게임 ‘벨리곰 매치랜드’도 출시를 앞두고 있어 게임 산업에까지 스핀오프를 확산할 계획이다.[19]

통신사인 LG U+가 만든 캐릭터 ‘무너’ 역시 자사를 홍보하는 캐릭터의 역할을 벗어나 신사업으로 성장하고 있다. 무너 캐릭터를 활용한 굿즈 판매, 식음료 기업과의 협업 등 2021년부터 2024년 8월까지 무너 IP만으로 벌어들인 매출은 약 40억 원에 달한다.[20] 최근에는 해외시장 공략에도 적극적이다. 2023년 11월과 2024년 4월, 일본 오사카에서 두 차례에 걸쳐 무너 팝업스토어를 진행했다. 2024년 5월, 미국 라스베이거스에서 열린 ‘2024 라이선싱 엑스포’에 참가한

출처: 롯데홈쇼핑, LG U+

롯데홈쇼핑의 벨리곰과 LG U+의 무너. 일반 기업의 캐릭터도 개성 만점 IP로 사랑받으며 수익을 올리는 시대가 왔다.

데 이어, 8월에는 일본 도쿄 시부야에서 대규모 팝업을 선보이기도 했다.[21]

비즈니스 스핀오프

2024년, 기업들은 자사의 핵심 역량을 바탕으로 신사업을 추진했다. 자사가 보유한 사업 영역을 확장해 새로운 사업을 펼치는 '업종 스핀오프'뿐만 아니라, 기존 상품의 콘셉트를 유지하면서 고객층을 변경해 시장을 확대하는 '타깃 스핀오프'도 활발하게 진행됐다.

업종 스핀오프

식품 특화몰로 사업을 시작한 '컬리'는 2022년 '뷰티컬리'를 런칭한 데 이어 2024년 2월, 빈폴·구호·코텔로 등 삼성물산 패션 부문의 브랜드를 입점시키며 '패션컬리'로 거듭났다. 컬리의 주요 고객층이 3040 여성이라는 점에 착안해, 이들이 관심 있는 분야인 뷰티와 패션 영역으로 사업을 확대한 것이다. 자사의 핵심 경쟁력인 '큐레이션' 역량을 바탕으로 업종을 스핀오프한 사례다.

국내 중소 가전 업계는 '식품 시장'으로 스핀오프했다. 주방 가전을 사용할 때 식품이 함께 들어간다는 점에 주목한 것이다. 과채류 착즙기를 판매하는 '휴롬'은 2024년 6월, 누구나 손쉽게 채소·과일 주스를 만들 수 있도록 지원하는 '주스키트'를 출시했다. 휴롬을 이용하기 전 과일을 씻고 자르는 수고를 덜 수 있도록 세척 과일을 소분해 키트로 만든 것이다. 밥솥으로 유명한 '쿠첸'은 잡곡을 판매한다. 2022년 농협양곡과 공동 개발해 첫선을 보인 '121 건강잡곡' 시리즈다. 밥 소믈리에가 곡물별 특징에 따라 쌀과 잡곡을 적정 비율로 배합한 것이 특징인데, 2023년 4분기 판매량이 전 분기 대비 38%나 늘었다.[22]

수익 정체기에 도달한 이동통신사 역시 핵심 경쟁력을 바탕으로 스핀오프를 진행하고 있다. SK텔레콤은 AI를 활용한 신사업에 집중한다. 반려동물을 대상으로 한 디지털 헬스케어 사업이 대표적인 사례다. '엑스칼리버X Caliber'는 인공지능 기반 반려동물 진단 보조 솔루션으로, 호주를 시작으로 반려동물 최대 시장인 북미에 이어 2024년 7월 동남아시아 주요 국가에까지 진출했다.[23] LG U+는 사내벤처 육성으로 스핀오프를 진행하고 있다. 2024년 8월 기준, 사내벤처로 시작해 분사한 스타트업은 '디버(물류 관리)', '위트레인(헬스 PT 중개 플랫폼)', '아바라(자동차 탁송 중개)', '플레이몽키(키즈 콘텐츠)' 등 총 8개에 이른다.[24]

타깃 스핀오프

2024년은 타깃을 변경해 사업 확장을 시도한 기업들이 두드러진 한 해였다. 특히 저출산·고령화의 영향으로 유아동 제품을 주력으로 하던 기업들이 성인을 타깃으로 한 스핀오프를 시도했다. 유제품 시장이 대표적이다. 매일유업은 분유를 생산하던 충남 아산공장을 성인용 단백질 브랜드 '셀렉스'를 생산하는 라인으로 전환했다. 칼슘이 부족해 골다공증이 우려되는 성인을 위한 분유도 새롭게 출시했다.

남양유업도 단백질 브랜드 '테이크핏'의 라인업을 확대하고 있다.

영유아 상품을 대표하던 기저귀 시장도 이제는 성인을 타깃으로 상품군을 확장하는 중이다. 이미 성인용 기저귀 시장은 어린이용 제품 규모를 넘어섰다. 식품의약품안전처에 따르면, 2022년 국내 성인용 기저귀의 생산 및 수입량은 어린이용 제품 공급량의 약 1.8배에 달했다. 이에 유한킴벌리는 성인용 기저귀 브랜드 '디펜드'의 라인업을 요실금 전용, 성인 남성 전용 등으로 다변화하여 수요 확보에 나서고 있다.[25]

학생을 위한 학습지 시장도 고령층을 공략한다. 2024년 7월, 대교는 시니어 전용 인지강화 프로그램 '브레인 트레이닝'을 출시했다. 그동안 청소년을 위한 학습지 사업을 전개하며 축적한 전국 인적 네트워크를 시니어를 위한 일대일 방문관리 학습 서비스로 스핀오프한 것이다.[26] 인지기능검사를 활용해 개별 테스트 후 맞춤형 프로그램을 진행하고, 전문병원의 교수진 등 전문가 그룹이 만든 콘텐츠를 활

출처: 에치와이

반려견용 음료에 '왈'이라는 이름이 붙었다. 사람이 먹는 '윌'의 재미난 스핀오프다.

용해 주차별 두뇌훈련 커리큘럼을 제공한다.

사람을 대상으로 한 상품을 반려동물 타깃으로 스핀오프한 사례도 등장했다. 에치와이(한국야쿠르트)는 사람이 마시는 유산균 음료 '윌'을 반려견용으로 스핀오프하여 '왈'을 출시했다. 두 제품은 제품명에 유사한 자음을 사용한 데다, 제품 디자인과 색상, 글씨체 등도 유사하게 표현해 재미를 선사한다. 오랜 사업으로 긍정적인 이미지를 쌓아온 '윌'의 브랜드 가치를 '왈'로 확산시켰다는 점도 인상적이다.

향후 전망

위기 상황에서 기업은 '위험 관리'와 '기회 모색' 중 어디에 더 집중해야 할까? 정답은 '둘 다'이다. 위험에 대응하면서 동시에 다가올 기회를 준비해야 한다는 의미다.[27] 스핀오프 전략은 엄청나게 큰 혁신은 아니지만, 위기를 극복하는 작은 돌파구가 될 수 있다는 점에서 더욱 중요하다. 기업과 소비자, 모두에게 유리한 스핀오프 전략을 실천하기 위해서는 어떤 점에 유의해야 할까?

첫째, 가격 차별 전략을 실천할 때 정보가 부족한 소비자가 피해를 보지 않도록 주의해야 한다. 일부 온라인 쇼핑몰에서는 자주 구매하는 제품을 장바구니에 담아둔 후 결제할 때보다, 새롭게 검색할 때 제품 가격이 내려가는 경우도 있다. 2024년에는 한 유명 가수의 콘서트 온라인 티케팅 가격이 처음 가격의 5배에 달하는 200만 원대로 인상되어 논란을 부른 사건도 있었다. 소비자의 이익을 해치는 가격 차별 전략은 소비자의 이탈을 부르고 심하면 규제의 대상이 될 수 있다.

둘째, 인기 콘텐츠를 중심으로 사업을 확장하는 전략은 기업뿐만 아니라 국가 차원에서도 상당히 고무적이다. 그간 해외 선진국이 디즈니·마블·스타워즈·슬램덩크 등의 '슈퍼 IP'를 중심으로 글로벌 시장을 공략할 때, 한국은 이를 소비하는 시장에 불과했다. 하지만 이제 입장이 바뀌었다. 한국도 드디어 글로벌 IP의 공급 국가가 될 수 있다. 관건은 '영속성'이다. 콘텐츠의 원래 무기인 다양성을 바탕으로 소비자가 싫증을 느끼지 않고 지속적으로 해당 콘텐츠에 팬덤을 갖게 할 수 있을 때, 콘텐츠의 수명도 지속될 것이다.

셋째, 기업은 업종과 타깃을 확대하는 비즈니스 스핀오프를 활용해 빠르게 변화하는 외부 환경에 적응해야 한다. 다만 비즈니스 스핀오프 전략이 소비자의 기대에 부합하는지 늘 고민해야 한다. '수요 없는 혁신'이나 '변화를 위한 변화'만을 좇는 기계적인 스핀오프는 오히려 소비자에게 혼란만 불러일으킬 뿐이다. 예를 들어, 페이스북은 메타버스로의 사업 확대를 외치며 사명을 '메타Meta'로 변경했지만, 소비자는 페이스북의 스핀오프가 구체적으로 어떻게 실천됐는지를 전혀 체감하지 못한다.[28] 스핀오프 전략의 시작과 끝은 반드시 소비자를 향해야 한다는 사실을 명심해야 한다.

DRAGON EYES

지리한 정체의 시간을 보내는 방법

서문에서 2024년 대한민국은 높은 환율 덕에 수출이 경제지표를 지탱하고 있을 뿐, 내수경기는 그다지 좋지 않았다고 지적했다. 내년에 크게 좋아질 것이라는 희망도 보이지 않고, 그렇다고 IMF나 리먼사태 급의 경제위기가 발생할 것 같지도 않다. 그저 지금의 불황 심리가 답답하게 이어지는 지리한 정체의 시간이 계속되고 있다. 내일은 오늘보다 나아질 것이라는 희망이 사라진 정체의 시대에, 사람들은 무엇을 하며 시간을 보냈을까?

제일 먼저 생각할 수 있는 것이 자극을 추구하는 것이다. 어쩌면 당연하다. 단조롭고 밋밋하니까 자연스럽게 자극적인 것을 찾게 된다. 두 번째는 그 반대다. 평온하고 안정적인 것을 찾는다. 자극 추구와 모순되는 것 같지만, 이것도 당연하다. 앞으로 설명하겠지만 자극적인 것들이 지나치게 극단적으로 흐르면서, 일상을 이완하고 진정시키려는 반작용 역시 커진 것이다. 세 번째는 완벽한 모습을 과시하고 싶어 하는 '육각형' 추구다. 현대인은 대부분의 시간에 SNS를 하며 보내는데, 최근 한국 소셜미디어의 가장 중요한 열쇳말은 육각형 인간이다. 자극을 찾고, 평온을 추구하고, 또 더 완벽한 나를 자랑하면서, 대한민국은 그렇게 정체의 시간을 버텨나갔다.

자극 추구

놀이하는 인간이라는 의미의 호모 루덴스Homo Ludens라는 말이 있듯이 인간은 재미를 좇는 존재다. 재미있는 일에 몰두하며 즐거움을 느낄 때 분비되는 신경전달물질이 '도파민'인데, 이에 착안해서 『트렌드 코리아 2024』에서는 도파민을 그러모으는farming 행동을 **'도파밍'**이라고 이름 붙였다. 2024년에는 유난히 도파민이라는 단어가 자주 등장했다. 그냥 "재밌다"고 해도 될 것을 "도파민 뿜뿜"이라고 표현하는 식이다. 2024년, 한국인들은 어떤 자극을 통해 도파밍을 추구했을까? 입맛의 변화부터 살펴보자.

도파밍 사람들이 더 다양한 활동에서 재미를 추구하며, 재미와 한시도 떨어지길 원하지 않는 소비 행태를 일컫는 말이다. 도파밍은 즐거움을 가져다주는 도파민이 분출되는 행동이라면 다양한 시도를 마다하지 않는 노력을 뜻한다.

『트렌드 코리아 2024』, pp. 240~261

자극적인 맛에 중독되다

'매운맛 좀 본' 한국인이 늘었다. 한국인이 원래 매운맛을 좋아하긴 했지만, 김치를 물에 씻어 먹던 어린아이들마저 매콤한 음식에 빠져들고 있다. 매운맛을 견디고 즐길 줄 아는 '맵부심(매운맛+자부심)'이라는 표현도 자주 쓰인다. 2024년 4월 유통 업계의 발표에 따르면, 편의점 CU에서 판매하는 매운맛 상품의 매출 증가율은 2021년 15.6%에서 2022년 21.3%, 2023년 27%로 최근 몇 년간 지속적으로 상승한 것으로 나타났다. GS25 역시 '핫', '스파이시', '매운'이라는 단어가 들어간 상품의 전년 동기 대비 매출이 2023년 1분기에는 38.2%, 2024년 1분기에는 26.5%로 각각 증가했다고 밝혔다.[1]

이러한 인기에 힘입어 식품 기업들은 더 자극적인 매운맛 제품을 잇달아 출시했다. 오뚜기는 2024년 1월 글로벌 핫소스 브랜드 '타바스코TABASCO'의 신제품으로 '타바스코 스콜피온 소스'를 선보였는데, 이 소스는 매운맛을 측정하는 '스코빌 지수'에서 최대 33,000SHU를 기록하며, 기존 타바스코 핫소스 제품에 비해 10배가량 더 매운 것으로 알려졌다. 타바스코 스콜피온 소스는 크라우드펀딩 플랫폼 와디즈를 통해 먼저 단독 공개됐는데, 2024년 1월 26일부터 2월 5일까지 진행된 펀딩에는 총 802명이 참여했으며, 목표 금액의 5,078%에 달하는 25,392,000원이 모여 성공적으로 펀딩을 마쳤다.[2]

단맛도 함께 떴다. 과일에 달달한 설탕 코팅을 입힌 '탕후루'는 2023년 한 해를 장악했던 간식거리라고 해도 과언이 아닌데, 그 뒷자리를 '망고 **사고**'가 새롭게 잇고 있다. 망고 사고는 코코넛 밀크에 망고·연유·**사고 펄** 등을 넣어 만든 홍콩의 대표 디저트다. 2023년

8월, 틱톡의 유명 인플루언서 '젼언니'의 망고 사고 먹방 영상이 폭발적인 조회 수를 기록하며 그 인기가 시작됐다. 이 열풍은 딸기 사고, 키위 사고 등 다양한 과일 사고 콘텐츠로 이어졌고, 식품 업계도 이를 반영해 2024년 상반기에 관련 신제품을 다수 출시했다. 티 음료 브랜드 공차는 작고 조그만 사고 펄을 모티브로 한 4종의 '미니펄' 신메뉴를 선보였으며, 달콤왕가탕후루는 홍콩식 사고 디저트를 재해석한 '달콤사고' 음료 3종을 출시했다.

사고sago와 사고 펄sago pearl

'사고sago'는 사고 야자나무에서 추출한 녹말을 말한다. 인도네시아 · 말레이시아 · 브루나이 등 동남아시아 지역에서 생산되고 남태평양 지역에서 주식으로 먹는다. 주로 펄pearl 형태로 만들어 먹는데, 이를 '사고 펄'이라고 한다.

최근에는 카이막 · 크나페 · 라바삭 등 극강의 달콤함으로 유명한 중동 디저트가 새로운 붐을 일으키고 있다. 그중에서도 두바이 초콜릿의 인기는 대단했다. 2023년 말, 아랍에미리트의 인플루언서 마리아 베하라가 SNS에 올린 '픽스 디저트 쇼콜라티에Fix Dessert Chocolatier'의 초콜릿 ASMR 먹방 영상이 큰 화제를 모으며 두바이 초콜릿이 유명세를 타기 시작했다. 중동 전통 면인 카다이프와 피스타치오 소스가 어우러진 '캔트 겟 크나페 오브 잇CAN'T GET KNAFEH OF IT' 제품은 압도적인 비주얼과 독특한 식감으로 큰 호응을 얻었다. 2024년 8월 기준으로 마리아 베하라의 영상은 틱톡에서 약 7,400만 회의 조회 수를 기록했으며, 두바이 초콜릿 관련 콘텐츠가 쉴 새 없이 업로드될 정도로 전 세계는 두바이 초콜릿 신드롬에 빠졌다. 이에 맞춰 두바이 초콜릿을 재해석해 출시한 제품들도 큰 화제를 모았다. 2024년 7월 CU는 두바이 스타일 초콜릿을 출시해 초도 물량 20만 개를 완판한

출처: BGF리테일, 세븐일레븐

'두바이 초콜릿'은 극강의 달콤함으로 열풍을 일으키며 편의점에 출시되자마자 완판 행진을 이어갔다.

데 이어, 두 달도 지나지 않아 100만 개 이상 판매를 기록했다.[3] 세븐일레븐이 2024년 8월 사전 예약 판매를 통해 선보인 두바이 카다이프 초콜릿은 단 5분 만에 매진됐으며, 정식 출시된 후에도 점포 물량이 입고 직후 완판되는 등 폭발적인 반응을 얻고 있다.[4]

자극적인 콘텐츠에 열광하다

지상파 TV가 콘텐츠 시장을 독점하던 시절에는 인기 드라마들이 지나치게 전개를 질질 끈다는 비판이 있었다. 하지만 다양한 플랫폼에서 수많은 콘텐츠가 무한 경쟁을 벌이는 요즘은 사정이 다르다. 일단 전개가 무척 빠르다. 예를 들어, 2024년 상반기 최고의 화제작이었던 tvN의 드라마 〈눈물의 여왕〉은 남녀가 뒤바뀐 신데렐라 스토리로서 재벌 3세 '홍해인(김지원 분)'과 시골 이장 아들 '백현우(김수현 분)'의 사랑 이야기다. 사내 커플이 알콩달콩 달콤한 연애를 하다가, 여주인공이 재벌 3세라는 것을 알게 되고, 둘은 결혼식을 올리지만, 3년 만에 이혼을 결심하게 되는데, 그 순간 여주가 암으로 3개월 시한부 판정을 받는다. 웬만한 16부작 드라마의 5~6회쯤에 나오는 내용이 단 1회에서 숨 가쁘게 펼쳐진다. 이후로도 신데렐라·시한부·재벌가·기억상실·삼각관계 등 그동안 '막장'이라고 비판받았던 요소들을, 박진감 넘치고 뻔하지 않게 풀어내 시청자들을 끌어모았다. 〈눈물의 여왕〉은 최종회에서 24.9%의 시청률로 tvN 역대 드라마 최고 시청률을 달성했으며, 글로벌 넷플릭스에서 누적 시청시간 3억 7,320만 시간을 기록하는 등 전 세계적인 돌풍을 일으켰다.[5]

〈눈물의 여왕〉의 성공은 속도감 있는 전개로 인물 간의 복잡한 관계나 사건의 인과에 과하게 몰입하지 않고도 쉽게 즐길 수 있어 시청자들의 흥미를 유발했기 때문이라고 분석된다.[6] 이런 드라마를 '뇌빼드'라고 부른다. 뇌빼드란 '뇌를 빼놓고 봐도 되는 드라마'라는 뜻으로, 개연성이 낮아 설득력이 약해도 아무 생각 없이 즐길 수 있는 드라마를 말한다. 뇌빼드 작품은 전개 속도가 빨라 시청자들에게 쾌감을 선사하고, 자극적인 요소를 적극 활용하기 때문에 소위 '도파민 드라마'라고도 불린다.[7] 남편과 친구의 불륜으로 고통받다 죽음을 맞이한 여주가 숨을 거두는 순간 10년 전으로 회귀해 둘에게 복수한다는 내용의 〈내 남편과 결혼해줘〉, 의문의 기계에 들어갔다가 닭강정으로 변해버린 딸을 되돌리기 위한 아빠의 분투를 그린 넷플릭스 오리지널 드라마 〈닭강정〉 등이 2024년 '뇌빼드'의 계보를 이었다.

사회의 불확실성이 워낙 커진 탓일까? 과학적으로 검증되지는 않았지만 부담 없이 즐길 수 있는 '샤머니즘' 콘텐츠도 인기를 끌었다. 2024년 2월에 개봉한 〈파묘〉는 한국인에게 친숙한 풍수와 무속신앙을 주요 소재로 삼아, 무당·풍수사·장의사가 묘를 이장하면서 겪는 기이한 사건을 다루는 영화다. 특히 영화의 전반부와 후반부가 완전히 다른 방식으로 전개되는 구조는 극적인 긴장감을 극대화했고, 개봉 31일 만에 1,000만 관객을 돌파하는 저력을 보이며 극장가에 활기를 불어넣었다.[8] 〈파묘〉의 흥행은 그동안 비주류 장르로 여겨졌던 샤머니즘과 오컬트의 진입장벽을 낮춰 대중화에 기여했다는 평가를 받았으며, 이로 인해 촉발된 샤머니즘에 대한 대중의 관심은 다양한 무속 관련 콘텐츠로 이어졌다.[9]

요즘 젊은이들이 운세·행운 등에 관심이 많다 보니('전망편-#아보하' 참조), 짝짓기 프로그램에까지 무속인이 등장했다. 2024년 6월 방영된 SBS의 연애 리얼리티 프로그램 〈신들린 연애〉가 대표적인 사례다. 〈신들린 연애〉는 무당·역술가·타로마스터 등의 직업을 가진 MZ세대 점술가들의 출연으로 방송 전부터 큰 화제를 모았다. 뛰어난 스펙을 가진 젊은 점술가들이 주어진 운명과 자신의 마음 사이에서 사랑을 찾는다는 설정 때문이다. 연애와 점술, 이질적이지만 참신한 소재의 조합으로 안방에 신선한 자극을 선사한 〈신들린 연애〉 첫 방송은 분당 최고 시청률 2.3%(닐슨코리아, 수도권 기준)을 기록하며 동시간대 지상파 예능 프로그램 중 1위를 달성했다. 키워드 트렌드 랭킹 서비스인 랭키파이rankify의 발표에서도 〈신들린 연애〉는 〈나는 SOLO〉를 제치고 2024년 7월 1주차 연애 예능 프로그램 순위 1위에 오르기도 했다.[10]

자극적인 콘텐츠의 집합소, 유튜브에서는 극단적으로 모험적인 챌린지에 도전하는 콘텐츠도 여럿 등장했다. 챌린지 전문 유튜버 중에는 '7일 동안 개 사료만 먹기', '100시간 동안 잠 안 자기' 등 극한의 상황을 주제로 한 콘텐츠를 선보여 화제와 우려를 동시에 불러일으킨 채널도 있다. 참신함과 무모함 사이를 아슬아슬하게 오가는 이런 콘텐츠는 사고 위험에 대한 우려에도 불구하고 대부분의 영상이 100만 조회 수를 넘기며 새로운 시장으로 발돋움하는 중이다. 자극적인 콘텐츠들이 높은 조회 수를 기록하는 것은 순간의 즐거움에 집중하며, 가볍고 즉각적인 쾌감을 추구하는 **'펀슈머'**라는 새로운 소비 집단이 등장했기 때문이다. 펀슈머들은 말 그대로 재미있으면 그만이다. 그 재미에는 특별한 이유가 없다. 어쩌면 '그냥'이 가장 큰 이유인지도 모른다. 이러한 트렌드로 인해 맥락이 필요 없는 재미에 대한 니즈가 사회 전반으로 확산되면서, 무근본의 즐거움이 네티즌의 도파민 분비에 일조했다.

펀슈머 Funsumer

'재미fun'와 '소비자consumer'의 합성어로, 제품 구매 과정에서 얻는 재미와 즐거움을 중시하는 소비자를 의미한다. 가성비나 가심비보다는 '가잼비'를 추구하는 소비자가 바로 펀슈머라고 할 수 있다.[11]

이완 추구

자극이 넘쳐나는 SNS 환경에 피로감을 느끼는 움직임도 나타나기 시작했다. 최근에는 'SNS 피로증후군'이라는 신조어가 젊은 세대를 중심으로 퍼져가고 있다. 이는 SNS를 사용하면서 과다한 정보와 자극에 의해 느끼는 피로감을 의미하는데, 이러한 피로감을 극도로 느끼게 될 경우 'SNS 탈출'로 이어지기도 한다.[12] 실제로 이미지 기반

SNS의 사용률은 점차 줄어드는 추세다. 빅데이터 분석 플랫폼 모바일인덱스에 따르면 국내 스마트폰 이용자의 인스타그램 모바일 월간활성이용자MAU는 2023년 12월 2,192만 명에서 2024년 3월 2,142만 명으로 감소했다. 페이스북의 월간활성이용자 역시 2023년 12월 1,020만 명에서 2024년 3월 958만 명으로 매달 역대 최소치를 경신했다.[13]

'SNS 피로증후군'을 느끼는 미국과 영국의 Z세대 사이에서는 '덤폰Dumb Phone'이라고 불리는 휴대폰이 인기다. 이는 스마트폰과 달리 전화, 문자메시지, 음악 재생 등 제한적인 기능만을 갖춘 구형 피처폰이다. Z세대들은 '덤폰'을 사용함으로써 디지털 라이프를 적극적으로 통제하고 있다.[14] 자극을 피하고자 스마트폰과 멀어지려는 움직임도 발견된다. 한시도 눈을 떼기 어려운 스마트폰의 유혹에서 벗어나기 위한 노력이다. 집에서 스마트폰을 사용하지 못하도록 하는 '스마트폰 잠금상자'를 일부러 구입해 사용하는 사람들도 있다. 부수지 않는 한, 미리 설정한 시간이 끝날 때까지 열리지 않는다고 한다.[15] 휴대전화 화면을 흑백으로 바꿔 영상 시청을 줄이는 사람, 하루 스마트폰 사용량을 공유하며 온라인 접속 시간을 관리하는 '스크린 타임' 챌린지에 도전하는 사람들도 등장했다.

심지어는 조회 수가 곧 인기의 척도인 인플루언서 사이에서도 자극을 최소화하는 '무언의 콘텐츠'가 등장했다. 틱톡커 '캐시@itscassiethorpe'는 가방·의류·신발 등 패션 아이템을 소개하는 인플루언서다. 그런데 최근 제품 설명이나 배경음악 없이 가방을 열어 보이거나 만지는 모습만으로 영상을 제작해 화제가 됐다. 지퍼를 여닫는 소리 등 일상적인 소음 외에는 어떤 소리도 들리지 않는 이 독특한 콘텐츠는 소개된 지 20일 만에 640만 회가 넘는 조회 수를 기록했다. 소리 없이 책을 소개하는 인플루언서도 있다. '스테파니@stephreadsalot'는 틱톡의 독서 커뮤니티에서 '침묵의 책 리뷰Silent Book Review'를 가장 먼저 시작했다. 마음에 드는 책일 경우에는 환한 표정을, 마음에 들지 않는 책일 경우에는 찡그린 표정을 짓는다. 흥미로운 점은 이런 침묵 콘텐츠가 일반적인 콘텐츠보다 조회 수가 훨씬 높다는 사실이다.[16]

이완과 안정 하면 떠오르는 종교, 불교가 요즘 젊은이들 사이에서 힙하다. 대한불교조계종 사회복지재단이 주최하는 미혼 남녀 만남 템플스테이 '나는 절로' 프로그램이 대표적이다. 이 프로그램은 2012년에 '만남 템플스테이'라는 이름으로 처음 시작됐지만, 10년 가까이 반응이 미미했다. 그러다 2023년, 인기 연애 예능 프로그램인 〈나는 SOLO〉에서 차용한 '나는 절로'로 이름을 바꾸면서 뜨거운 관심을 받게 됐다. 진행 방식과 세부 프로그램 일정도 요즘 트렌드에 맞게 개편한 덕분에, 2023년 11월에 새롭게 운영한 '나는 절로' 1기는 150:1의 경쟁률을 기록하며 대성공을 거두었다.[17] 2024년 8월에 열린 5기에는 총 1,501명이 지원하여 프로그램 사상 역대 최고 경쟁률을 기록했고, 총 6쌍의 커플이 탄생해 역대 최고 성사율인 60%를 달성하는 성과를 거두기도 했다.[18] 이러한 '나는 절로'의 성공에는 '자만추(자연스러운 만남 추구)'가 가능하다는 점이 크게 작용했다는 평가가 주를 이룬다. 직업·학벌·집안 등의 조건을 수치화해 비슷한 점수대의 사람을 소개받는 인위적인 만남이 아닌, 진정성이나 결혼 및

출처: 대한불교조계종 사회복지재단

불교 사찰에서 이루어지는 미혼 남녀 만남의 장 '나는 절로'. 자연스러운 만남을 추구하는 트렌드와 맞물리면서 성공을 거두었다.

종교에 대한 가치관 등을 자연스럽게 나누며 호감을 쌓을 수 있다는 점이 긍정적인 반응으로 이어진 것이다.[19]

집에서 아무 일도 하지 않고 그냥 썩겠다는 극단적인 경향도 관찰됐다. '침대에서 썩는다'는 뜻의 '베드로팅Bed-rotting'은 최근 틱톡에서 1,500만 조회 수를 기록할 정도로 인기 단어인데, 말 그대로 침대에 가만히 누워있기, 침대에서 넷플릭스 보기, 침대에서 야식 먹기 등이 해당된다.[20] '의도적으로 아무것도 하지 않는 것'을 뜻하는 네덜란드어인 '닉센niksen'이라는 말도 '휘게', '라곰'에 이어 새롭게 주목받고 있다.[21]

육각형 추구

소셜미디어는 현대를 살아가는 사람들이 새로운 욕망을 갖도록 자극하는 대표 장치다. 사람들은 이미지와 짧은 동영상으로 타인의 삶을 엿보며 욕망의 크기를 키워가기 때문이다. 2024년 대한민국 네티즌들은 소셜미디어에서 어떤 욕망에 가장 몰두했을까? 바로 **'육각형 인간'**이었다. 『트렌드 코리아 2024』에서 제안했던 육각형인간 키워드는 웹 검색량과 구글 트렌드점수를 합산해 산출하는 트렌드지수 서비스인 랭키파이의 2024 트렌드 키워드 트렌드지수에서 수차례 1위에 올랐다. 육각형인간 키워드에 대해 남성은 23%, 여성은 77%의 선호도를 보여 남녀 차이가 극명했던 것도 주목을 끈다.[22] 〈육각형 인간〉이라는 이름의 전시회도 열렸다. 부산 서면미술관은 "완벽한 사회적 육각형 인간이 되는 것보다 중요한 것은 무엇일까? 스스로가 행복한 삶을 찾아가는 것은 그 자체로 아름다운 여정이 아닐까?"를 자문하는 예술가 7인의 전시회를 개최했다.

육각형인간이란 여섯 가지 혹은 그 이상인 복수의 기준을 전부 충족했을 때 붙일 수 있는 이름이다. 하지만 소셜미디어에서는 무엇보다도 외모가 중요한 기준이 된다. 경제 미디어 〈어피티〉가 2024년 6월 2030세대를 대상으로 실시한 설문조사에 따르면, 10년간 외모

육각형인간 외모·학력·자산·직업·집안·성격·특기 등 모든 측면에서 완벽하기를 선망하는 사람들의 경향성을 일컫는다. 『트렌드 코리아 2024』, pp. 182~211

에 대한 사회적 인식 변화에 대해 'SNS로 인해 외모지상주의가 심화되었다'고 응답한 비율이 50.6%로 전체 응답자의 과반수를 차지했고, 잘생기거나 예쁜 외모가 사회적으로 혜택을 받는다고 생각하는 MZ세대는 무려 98.1%에 달하는 것으로 나타났다.[23]

이상적인 외모에 대한 선호가 사회적으로도 커지면서, 기존에 전혀 고려하지 않던 부위로까지 성형수술이 확장되고 있다. 최근 해외 틱톡에서는 눈동자 색을 바꾸는 시술 영상이 크게 화제가 됐다. 각막에 색소를 주입하는 '각막색소침착술'을 전문으로 하는 프랑스 기업 '뉴컬러플라크New Color FLAAK'의 공식 틱톡 계정에 올라온, 수술 전후 환자의 모습을 담은 '아이 컬러 체인지Eye Color Change' 영상이 바로 그것이다. 이 시술은 짙은 갈색이나 검은색 등 어두운 색을 가진 홍채에 파란색·초록색·회색 같은 밝은 색소를 인위적으로 주입하여, 색소의 강도와 음영을 조절함으로써 타고난 눈동자 색을 영구적으로 바꾸는 것이다. 원래는 외상성 홍채 치료 등 눈 재건을 목적으로 개발됐지만, 요즘 들어 미용 목적으로도 사용되고 있다.[24] 2024년 1월 뉴컬러플라크가 업로드한 '각막색소침착술'을 받은 한 남성의 영상은 틱톡에서 약 6,500만 조회 수(2024년 8월 기준)를 기록할 정도로 폭발적인 반응을 얻으며 세계인의 이목을 끌었다. 아직은 "받아들이기 힘들다", "많이 위험해 보인다" 등 부정적인 반응에도 불구하고 각막색소침착술을 받는 영상 대부분이 수백만 회에서 많게는 수천만 회의 조회 수를 달성하며 뜨거운 관심을 받고 있다.[25]

아름다운 외모를 위한 노력에는 이제 남성들도 뒤지지 않는다. 각진 턱을 선망하는 미국 Z세대 남성들을 중심으로 날카로운 턱선을 만들기 위한 껌 씹기가 유행하는 것이 대표적이다. 실제로 틱톡에서는 미국 Z세대가 일정 기간 동안 매일 껌을 씹으며 턱의 변화를 관찰하고 껌 씹기 전후의 모습을 비교하는 영상을 쉽게 찾아볼 수 있다. 이러한 유행에 힘입어 '남성적인 턱선을 만들어 주는 껌'으로 홍보하는 껌 브랜드가 10대 사이에서 인기를 얻고 있다. 그중 '죠라이너 Jawliner'는 껌을 씹는 행위를 '트레이닝'이나 '운동' 등으로 표현하고, 자사의 껌 제품을 '얼굴 운동용 껌facial fitness chewing gum'으로 홍보하고 있다. 10대에게 껌 씹기를 장려해 화제가 된 죠라이너는 18~25세 구매자가 전체의 60%를 차지하며, 최근에는 미국 유명 Z세대 인플루언서와 협업을 진행하며 Z세대 사이에서 입지를 공고히 했다.[26]

완벽한 외모에 대한 열망은 '큰 키 만들기'로도 이어졌다. 특히 자녀의 키 성장에 대한 부모세대의 관심이 높다. 신한카드 빅데이터연구소에 따르면, 2023년 대비 청소년 키 성장 관련 업종의 이용 건수가 성장클리닉에서 13.7%, 줄넘기 교육기관에서 26.5% 증가했다. 특히 줄넘기 교육기관보다 상대적으로 결제 금액이 높은 성장클리닉의 건당 이용 금액이 14.6% 증가한 것으로 나타나, 고가임에도 불구하고 자녀의 키에 대한 부모들의 투자와 욕구가 더욱 커졌음을 알 수 있다.

향후 전망

"여러분 한 사람 한 사람이 모두 미디어 회사입니다."[27]

세계적인 베스트셀러 작가이자 디지털 마케팅 전문가 '게리 베이너척Gary Vaynerchuk'의 유명한 말이다. 바야흐로 개인이 운영하는 소셜미디어가 호령하는 세상이 도래했다는 뜻이다. 모든 사람이 걸어 다니는 콘텐츠 기업이 된 지금, 콘텐츠의 범람 속에서 사람들의 시선과 관심을 끌기 위해 콘텐츠는 점점 더 자극적으로 진화하는 중이다.

각종 소셜미디어를 통해 전달되는 지나친 자극을 무조건적으로 수용하는 태도를 경계하는 주의력이 필요하다. SNS는 우리에게 즐거움과 정보를 제공하지만, 이를 과하게 받아들이면 정신적 피로를 초래하는 양날의 검임을 항상 유념해야 한다. 쾌락과 재미를 좇고, 완벽을 추구하게 만드는 SNS 세상 속에서, 오히려 중요한 것은 온전한 '나' 자신과 나의 일상을 지키는 일일 테니 말이다.

D R A G O N E Y E S

시그니처의 힘

고금리와 고물가가 시장의 예상보다 길어지면서 소비 심리가 얼어붙은 한 해였다. 가계가 실질적으로 구매할 수 있는 능력을 계산한 1인당 '실질 가계총처분가능소득PGDI'이 2023년 2,301만 원으로 전년도에 비해 1.2% 감소하였다. 글로벌 금융위기 직후인 2009년에 0.4% 하락한 이후 14년 만에 처음으로 감소한 것이다.[1] 이처럼 지갑 사정이 좋지 않다 보니 소비자들이 "현재의 행복을 위해 돈과 시간을 아끼지 않는다"는 'YOLOYou Only Live Once'족이 아니라, "꼭 필요한 것 하나만 있으면 된다"는 'YONOYou Only Need One'족이 되고 있다는 얘기도 나오고 있다.[2]

주머니 사정은 여의치 않은데 사고 싶은 물건은 끊임없이 쏟아져 나온다. 이럴 때일수록 소비자들은 실패를 피하기 위해 가장 확실한 선택지를 찾는다. 바로 '시그니처'가 힘을 발휘하는 순간이다. 연예인이나 인플루언서 같은 '사람'이 곧 시그니처가 되어 선택에 확신을 주거나, 자주 찾는 '플랫폼'이 선택지를 좁혀주기도 한다. 국내 관광지도 마찬가지였다. 해외여행·실내쇼핑몰·팝업스토어 등 나들이의 대체재가 넘쳐나는 상황에서 자기만의 확실한 시그니처가 있는 지역이 소비자를 불러모았다. 구체적으로 소비자들은 어떤 시그니처에 이끌렸을까? 앞으로 나만의 시그니처를 만들기 위해서는 어떤 점을 고려해야 할까? 차례로 살펴보자.

사람이 곧 시그니처

2024년 2월, 서울 성수동에 30석 규모의 독특한 극장이 문을 열었다. '무비랜드'라는 이 극장은 주 4일(목·금·토·일)만 영업을 하고 상영 횟수도 하루 3회뿐이다. 무엇보다 최신작을 걸지 않는 것이 큰 특징이다. 그런데도 관객들은 일반적인 티켓 값보다 다소 높은 가격을 지불하고 이곳을 찾는다. 왜 그럴까? 바로 상영작 때문이다. 아니, 정확히 말하면 상영작을 선정하는 '사람' 때문이다. 무비랜드는 매달 상영작을 선정하는 한 명의 큐레이터를 정한다. 예를 들어, 4월에는 '빠더너스'로 활동하는 코미디언 문상훈이 '웃음'에 대해 생각해볼 수 있는 영화를 5편 추천했다. 이제는 영화 관람조차 '최신작이라서' 혹은 '유명하기' 때문에 선택하기보다는 내가 좋아하고 신뢰하는 인물의 제안을 따르는 **'디토소비'**를 하는 것이다.

디토소비 상품, 정보, 선택지의 과잉 속에서 소비자들이 정보 탐색, 대안 평가 등 제대로 된 구매 의사결정 과정을 모두 생략하고 특정 대리체proxy가 제안하는 선택을 '나도ditto' 하고 구매하는 것을 말한다. 과거 스타에 대한 맹목적 따라 하기와는 달리, 나와 맞는 대상을 찾는 주체적 추종에 가깝다. 『트렌드 코리아 2024』, pp. 316~343

최화정·고현정·하정우 등 개인 SNS를 시작한 유명 연예인의 일상이 화제를 모았다. 특히 "맛있으면 0칼로리"라는 유행어를 만든 방송인 최화정은 '안녕하세요 최화정이에요'라는 개인 유튜브 채널을 개설했는데 "먹는 것에 진심"이라는 그의 명성답게 영상에서 소개하는 레시피마다 주목을 받았다. 처음으로 올린 '오이김밥' 영상은 조회 수가 225만을 넘겼으며(2024년 9월 기준) 소비자들의 관심이 높아지자 GS25에서는 이를 상품화한 '통오이김밥'을 이벤트성으로 한정 판매했다. 하루에 1,000개씩 5일 동안 예약 판매했는데 판매 개시 후 2시간 만에 품절된 것으로 알려졌다.[3] 그의 선택을 믿은 디토소비자들이 몰려들면서 채널을 개설한 지 세 달 만에 이 채널은 구독자 60만 명을 넘기며 사람이 곧 시그니처임을 입증했다.[4]

유명 배우뿐만 아니라 인플루언서를 디토하는 소비도 확대되고 있다. 특히 인플루언서가 직접 만든 브랜드를 신뢰하는 2030 소비자들이 늘어나고 있는 모양새다. 예를 들어, 인스타그램 팔로워 60.9만인 인플루언서 '피버@feve__r'가 2024년 2월 론칭한 패션 브랜드 '파르벵FARVEN'은 두 차례 팝업스토어를 열었는데 입장을 위해서는 영업시간 전부터 미리 줄을 서야 할 만큼 인기가 높았다. 이런 현상을 두고, 트렌드 미디어 캐릿Careet은 2030 젊은 소비자들이 명품이나 대형 브랜드보다 자신의 라이프스타일이나 가치관과 맞는 인플루언서의 브랜드를 자신의 추구미(지향하는 스타일이나 이미지)로 여기는 경향이 나타나고 있다고 분석했다.[5] 이러한 인플루언서 브랜드는 의류뿐만 아니라, 잡화·남성뷰티·스포츠웨어·식음료에 이르기까지 영역을 확장하고 있다.

이에 따라 인플루언서가 창출하는 새로운 시장이 주목받고 있다. 골드만삭스에 따르면, 글로벌 크리에이터 관련 시장 규모는 2024년 한 해 동안 약 2,500억 달러 규모로 추정되며 3년 후인 2027년에는 4,800억 달러 규모로 약 2배 성장할 것으로 전망된다.[6] 인플루언서가 기성 제품을 광고하는 것을 넘어 직접 제작하고 판매하는 개별 브랜드로서 수익을 창출하는 시장이 커지고 있기 때문이다. 국내에서도 인플루언서가 창업한 기업이 투자 유치를 받는 사례가 다수 등장하고 있다. 예를 들어, 구독자 242만을 자랑하는 뷰티 유튜버 이사배 RISABAE는 '투슬래시포TWO SLASH FOUR'라는 화장품 관련 기업을, 구독자 259만의 IT테크 유튜버 잇섭ITSub 역시 라이프스타일 브랜드 '게트리Getri'를 운영하는 '오드엔티odd.nt'를 창업했다(구독자 수는 모두 2024년 9월 기준).[7]

소비자들이 보다 쉽게 공감할 수 있는 마이크로 인플루언서의 중요성이 커지면서 브랜드를 대표하는 앰버서더도 변화하고 있다. 헤지스골프는 브랜드의 일반인 앰버서더 '헤지스타HAZZYSTAR'로 골프 인플루언서와 30, 40대 일반인을 선정했다. 선정 기준은 골프와 패션을 중시하며 SNS 팔로워가 1만 이상으로, 선정된 앰버서더의 직업은 아나운서·치어리더·간호사 등 매우 다양하다. 2024년 1월부터 시작된 헤지스타 2기를 운영한 결과, 주요 매장 3곳(롯데백화점 본점, 롯데백화점 잠실점, 신세계백화점 경기점)의 1~5월 사이 매출이 전년 대비 20% 증가하는 성과를 거두었다.[8]

디토소비의 영향은 국경도 넘는다. 해외에서 인기를 얻은 디저트들이 SNS를 타고 국내 소비자들 사이에서 화제가 됐다. 대표적인 것이 '두바이 초콜릿'이다. 아랍에미리트의 유명 인플루언서인 마리아 베하라가 SNS에 올린 영상을 통해 소문이 난 '두바이 초콜릿'은 두바이의 디저트 업체 '픽스 디저트 쇼콜라티에Fix Dessert Chocolatier'가 만든 제품 중 하나로 초콜릿 안에 피스타치오 크림과 중동 지역에서 즐겨 먹는 얇은 국수 '카다이프'가 들어 있어 바삭한 식감이 특징이다. 두바이 초콜릿이 전 세계적으로 화제를 모으자 국내 편의점 업계에서 관련 상품을 출시했는데 CU의 '두바이 스타일 초콜릿'은 입고되자마자 하루 만에 초도 물량 20만 개가 완판될 정도로 인기를 끌기도 했다.[9]

플랫폼이 곧 시그니처

온라인 쇼핑 플랫폼 간 경쟁이 치열한 가운데, 소비자들은 품목에 따라 전문화된 플랫폼을 선택하는 경향이 강해졌다. 시장분석 서비스 와이즈앱·리테일·굿즈의 분석에 따르면 패션 전문몰 앱의 월평균 설치자 및 사용자 모두 2023년 이래 꾸준히 증가하는 양상을 보였다. '옷은 ○○에서', '식료품은 ○○에서'처럼 자신의 선택을 보다 편

패션 전문몰 앱 설치자 및 사용자 분기별 월평균 추이

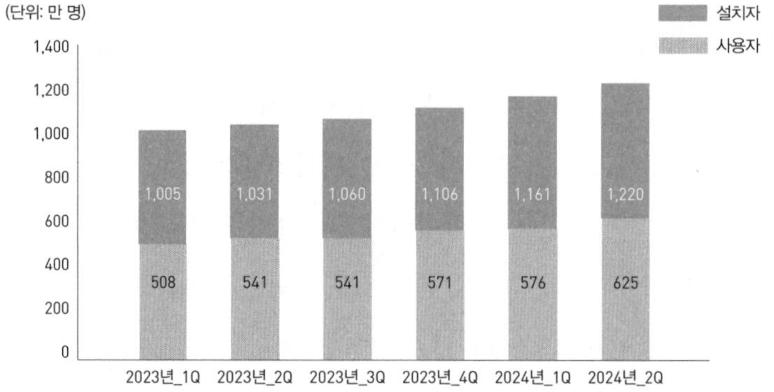

※ 에이블리, 무신사, 지그재그 평균
출처: 와이즈앱·리테일·굿즈

리하게 만드는 플랫폼을 모아 자신만의 쇼핑 포트폴리오를 구성하는 것이다. 이에 따라 소비자의 선택을 돕는 차별화된 콘텐츠로 경쟁력을 갖추거나 특정 라이프스타일에 맞춤화된 쇼핑 경험을 제공하는 플랫폼이 소비자의 쇼핑 포트폴리오에 자리 잡았다.

큐레이션이 가장 중요한 분야인 패션 영역에서는 소비자들에게 매력적인 콘텐츠를 제공하는 플랫폼의 전략이 돋보였다. '에이블리'는 '매거진' 코너를 통해 2023년 한 해 동안 158건의 자체 콘텐츠를 제작한 것으로 알려졌는데, 월평균 180만 명이 콘텐츠를 이용하며 2023년에 처음으로 흑자 전환에 성공했다. 특히 크리에이터의 스타일을 보여주는 '인플루언서' 콘텐츠는 콘텐츠 발행 후 평균 주간 거래액이 전주 대비 154% 증가하고 있어 1020세대 이용자들의 디토 소비에 직접적으로 작용한다고 평가받는다.[10] 'W컨셉'은 브랜드에 집중하여 '브랜드위키'라는 콘텐츠를 선보였다. 브랜드위키에는 신진 디자이너 브랜드의 이름과 뜻에서부터 설립 배경, 디자이너의 철학, 대표 상품 등 브랜드에 대한 깊이 있는 정보 등이 소개된다.[11] 이러한 콘텐츠들은 각 플랫폼이 단순히 상품을 구매하는 채널이 아니라 소비자들이 믿고 선택할 수 있는 디토의 대상이 되는 데 큰 역할을 했다.

동일한 패션몰이더라도 특정 집단에 특화된 쇼핑 경험을 제공하는 것도 유효했다. 패션 전문몰 '퀸잇'은 주 사용자 층인 50대 여성의 특성에 맞춰 모바일에서 한 화면에 노출되는 제품 수를 8개에서 3~4개로 대폭 줄이고 사용경험을 개선했다. 무엇보다 개인별 추천 알고리즘을 강화하여 사용자의 선택 편의성을 높이자 구매전환율이 월간활성화 이용자 수의 30~40%에 이를 정도로 증가했다.[12]

지역만의 개성이 곧 시그니처

지방 소멸의 위기가 국가적 사안으로 떠오른 가운데, 각 지역에서는 사람들을 끌어모을 수 있는 **리퀴드폴리탄**으로 거듭나기 위해 지역의 시그니처를 만들려는 노력을 아끼지 않았다. 특히 지역색이 묻어나는 먹거리와 축제, 기업이 협업한 브랜드 공간을 통한 경험이 소비자들이 해당 지역을 방문할 이유를 제공했다.

리퀴드폴리탄 직역하면 액체liquid도시politan라는 뜻으로, 지역만이 가진 독특한 문화적 자본으로 사람들을 불러모으고 다양한 사람들의 시너지가 흘러넘치는 도시의 유연한 변화를 지칭하는 표현이다. 리퀴드폴리탄을 만들기 위해서는 대규모로 '짓는' 것이 아니라 창의적인 주체들을 '잇는' 것으로써, 다양성을 포용하고 끊임없이 가능성을 실험하는 것이 중요하다. 『트렌드 코리아 2024』, pp.344~371

먹거리로 시그니처 만들기

여행에서도 명확한 테마가 중요해지면서, 해당 지역에서만 먹을 수 있는 유명 빵집을 찾아 시그니처 메뉴를 사먹는 '빵지순례' 여행이 인기다. 가장 유명한 곳은 단연 대전의 '성심당'이다. 대표 메뉴인 '튀김소보로'뿐만 아니라 재료를 아끼지 않는 가성비 제품으로 유명한 '딸기시루·망고시루·무화과시루' 등의 케이크 제품은 출시될 때마다 전국에서 소비자들이 대전을 찾아오는 오픈런 열풍을 일으키기도 했다. 인터넷에서는 오로지 성심당 빵을 구매하려고 대전을 방문하는 사람들을 위해 근처에서 즐길 수 있는 맛집과 소품숍 등을 공유하는 여행기를 쉽게 찾아볼 수 있다. 이러한 빵지순례 여행객을 잡기 위해 대전 동구청에서는 대전 원도심 지역의 동네 빵집 58개를 소개하는 '빵지순례 지도'를 제작하기도 했다. 지도에는 각 빵집의 위치와 대표 메뉴를 귀여운 일러스트로 그려넣어 여행객들로부터 호응을 얻었다.

빵지순례의 인기에 기존 베이커리 브랜드도 지역 특화 매장을 선보였다. 파리바게뜨는 제주 송당 동화마을에 콘셉트 특화 매장을 내면서 마을 분위기에 어울리도록 개방감 있는 통창과 식물을 활용하

출처: 대전광역시 동구청

대전 동구에서 발행한 빵지순례 지도. 귀여운 일러스트로 여행객들의 호응을 얻었다.

여 자연친화적인 인테리어로 꾸몄다. 또한 해당 매장에서만 판매하는 한정 메뉴로 제주 특산물인 오메기떡을 통째로 넣은 '꺼멍빵' 등과 함께 제주를 방문한 사람들이 기념품으로 많이 사가는 '마음샌드'의 또 다른 버전인 '몽생이(제주 방언으로 '망아지')샌드'를 판매한다. 소비자들은 "전국의 모든 파바 중 가장 예쁜 곳이 아닐까?" 하는 반응과 함께 제주에서만 판매하는 몽생이샌드를 기념품으로 구매하기 위해서라도 제주 송당 동화마을점을 일부러 방문해야 할 곳으로 추천하기도 했다.

지역 특색으로 시그니처 만들기

각 지역의 특색 있는 축제도 입소문의 힘으로 소비자를 모았다. 양평 용문산 산나물축제는 14회째를 맞이하며 봄 축제의 시그니처로 자리매김하고 있다. 산채 튀김이나 막걸리 슬러시 같은 지역 특산물을 활용한 음식은 다양한 연령대의 소비자가 즐기기에 적합했고, 무엇보다 축제에서 종종 문제시되는 '바가지 논란' 없이 '착한' 가격이 화제였다. "산채비빔밥이 7,000원"이라는 문구와 함께 방문객이 찍은 음식 사진이 온라인에 널리 퍼지며 2024년에 산나물축제를 찾은 방문객 수는 전년 대비 30% 증가한 13만 명으로 집계됐다.[13]

신생 축제도 지역의 이미지를 바꾸고 있다. 경북 구미시는 차별화된 콘텐츠 발굴을 위해 '낭만축제과'라는 부서를 신설하고 첫 번째 시도로 '라면축제'를 개최했다. 구미에 농심라면 생산 공장이 위치하고 있다는 점에서 착안한 이 축제는 공장에서 '갓 튀긴 라면'을 판매하거나 독특한 레시피의 이색라면을 판매하여 호응을 얻었다. 2023년 11월 2회째 개최한 라면축제는 통신사 빅데이터를 활용한 분석 결과, 방문객 수가 2022년 1.5만 명에서 2023년 8만 명으로 증가했으며 축제 전후의 소비 금액도 17.2% 증가하는 성과를 거두어, 라면축제가 구미의 새로운 시그니처로 자리 잡을 수 있다는 가능성을 보여줬다.[14]

기업도 지역의 시그니처 경험을 마련하고자 했다. 경기도 이천에 위치한 복합문화공간인 시몬스 테라스는 2018년부터 연말이면 잔디마당에 8m 높이의 대형 트리를 설치하여 연말연시 인증샷 명소로 유명하다. 그 덕분에 2023년 1월에는 티맵 기준 수도권 복합문화공간 중 가장 많은 사람이 방문한 곳이 됐다. 여기에서 한발 더 나아가 시몬스는 2023년 12월 '크리스마스 마켓' 행사를 기획하여 이천 지역 상인들을 중심으로 마켓을 조성하고 방문객에게 체험거리를 제공하여 인근 지역의 시그니처 공간 역할을 하고 있다.[15]

현대백화점 부산점은 고급품을 주로 다루던 기존의 백화점이 아니라 지역 맞춤형 도심 복합몰인 '커넥트현대'로 재단장된다. 브랜드 측면에서는 다이소·이케아 등 대중적인 이미지를 자랑하는 업체를 입점시켜 누구나 부담 없이 찾을 수 있도록 하고 지하에는 부산에서 유명한 디저트 가게 '버터레코드', 떡볶이 가게 '다리집', 해운대에 본점을 둔 딤섬 전문점 '딤타오' 등 부산의 특색이 살아있는 시장 콘셉트를 도입했다. 이러한 변화는 과거 백화점의 전형적 모습을 다시 그대로 복사하는 것이 아니라 지역 특성과 트렌드에 맞게 생태계를 진화시킨다는 점에서 관심을 받고 있다.

향후 전망

소비자가 원하는 대로 자유롭게 빵과 재료를 선택할 수 있는 '메이드 투오더made to order' 방식으로 유명한 샌드위치 브랜드 '써브웨이'는 2024년 2월, 따로 재료를 고르지 않아도 되는 베스트 조합 완성 메뉴 '썹픽' 3종을 선보였다. 소비자들이 모든 것을 직접 결정해야 하는 주문 과정이 부담스러워 미리 어떻게 주문할지 검색해보고 매장에 들어간다는 이야기가 나오자 내놓은 해결책이다. 일종의 시그니처 메뉴인 '썹픽'이 출시된 후 주문 과정에서 걸리는 시간도 짧아져 소비자 경험이 개선됐다는 반응을 얻고 있다. 이와 같은 시그니처의 제안은 소비자의 취향과 선택권을 제한하지 않으면서도 디토소비를 돕는 유용한 전략이다. 그렇다면 향후에는 어떤 것을 더 고려해야 할까?

첫째, AI 기술을 적절히 활용한다면 소비자에게 더욱 효과적인 제안이 가능하다. 최근 쇼핑 플랫폼 기업은 고도화된 AI 기반 추천 기술을 기반으로 가시적인 성과를 거두고 있다. 컬리는 소비자들이 장바구니에 담은 상품을 기준으로 "함께 구매하면 좋은 상품들이에요"라는 팝업창을 띄워 장바구니에 담겼던 다른 상품을 추천하는 기술을 테스트 중이다. SSG닷컴은 자사의 이미지 상품 검색 서비스인 '쓱렌즈'에 자체 개발한 멀티모달 AI를 더하여 이미지뿐만 아니라 이름·브랜드·세부 특징 등이 포함된 텍스트 정보까지 편리하게 검색 가능하도록 개선했다. 네이버는 자사의 생성형 AI인 '큐Cue:'를 쇼핑·장보기 기능과 연동했다. 이제까지 사용자가 검색 결과를 기반으로 쇼핑을 하기 위해서 별도의 탐색 과정을 거쳐야 했다면, 앞으로는 레시피를 검색하면 바로 장보기 서비스로 구매 가능한 물품까지 검색 결과에 노출되는 것이다.[16]

둘째, 무분별한 추종으로 나타나는 디토소비는 주의할 필요가 있다. 앞서 언급한 두바이 초콜릿을 포함하여 SNS를 중심으로 특정 디저트가 짧고 강하게 유행하는 현상이 이어지고 있다. 망고 사고, 크루키(크로아상+쿠키), 요아정('요거트아이스크림의 정석') 등 다양한 디저트가 점점 더 짧은 주기로 유행하면서 식음료 업계에서는 유행하는 아이템이 무엇인지 빠르게 파악하고 마케팅에 활용하는 것이 중요해졌다. 그런데 유행의 주기가 지나치게 짧아지면서 피해가 발생하기도 한다. 최근 몇 년간 유행했던 탕후루의 경우 열기가 수그러들면서 폐업이 이어지고 있다. 행정안전부에 따르면 2023년 한 해 동안 폐업한 탕후루 매장은 72개였는데 2024년 폐업한 탕후루 매장은 2024년 7월 20일 기준으로 196곳에 달해 향후 자영업자들의 피해가 예상된다. 디토소비가 중요한 소비 형태로 부상하고 있으나 그 대상이 지속적인 가치를 갖는지에 대해서는 구매를 하는 소비자도 이를 사업에 활용하는 사업자도 검토가 필요하다.

마지막으로 지역의 시그니처 또한 지속가능성을 염두에 두어야 한다. 일본의 지역재생 사례를 연구한 다나카 데루미田中輝美 박사는 『관계인구의 사회학』이라는 책을 통해 관계인구의 '양'을 늘리는 것뿐만 아니라 '질'도 중요시해야 한다고 말한다.[17] 대전시가 빵 구매를 제외하고는 방문객의 체류가 이어지지 않음을 고민하듯, 관계인구가 유입되는 것을 넘어서 지역에 유의미한 변화로 이어질 수 있는 생태계를 구축해야 한다. 이를 위해서는 일시적인 처방을 넘어 로컬 특성에 맞춘 새로운 비즈니스 모델이 필요하다. 시그니처를 통해 해당 지역을 선택할 이유를 만들었다면 그곳에 머무르고 살게 하는 로컬의 다음 단계를 구상할 때다.

DRAGON EYES

요즘가족

익숙했던 가족의 모습이 빠르게 변하고 있다. 최근 한국 사회에서 가장 두드러지는 변화는 집안에서 일어난다. '정상 가족'이라는 틀을 벗어난 다양한 형태의 가족이 등장하고, 가족 구성원 간의 역할과 관계도 새롭게 정립되고 있다.

가장 눈에 띄는 것은 '요즘아빠'가 늘어나고 있다는 점이다. 가부장적인 모습에서 벗어나 육아와 가사에 적극적으로 참여하는 **'요즘남편 없던아빠'**(이하 요즘아빠)들은 자녀와의 정서적 교감을 중요시하며, 친구 같은 아빠, 멘토 같은 아빠로서 새로운 역할 모델을 제시하고 있다. 이에 여러 기업에서도 '요즘 부모' 직원들에 대한 정책을 마련하고, 쇼핑이나 여가에 있어서도 이들의 앞선 욕구를 충족시키기 위한 움직임을 보인다.

요즘남편 없던아빠 3040 밀레니얼세대 남성들의 가정생활 및 성 역할 가치관에 일어난 극적인 변화를 설명하는 말. 스스로 외모와 경제력을 갖추고 가사 노동을 적극적으로 분담하는 '요즘남편', 기성세대에게는 낯설기 그지없는 육아 마인드를 갖춘 '없던아빠'들이 속속 등장하고 있다. 『트렌드 코리아 2024』, pp.262~287

또 하나의 눈에 띄는 변화는 '반려' 개념의 확대다. 반려동물이 이미 가족 구성원으로 자리 잡은 가운데, 반려가전·반려로봇 등 새로운 형태의 반려 관계도 등장했다. 이들은 단순한 소유물이 아닌, 정서적 교감과 위로를 나누는 존재로서 현대인의 삶에 깊숙이 스며들고 있다.

마지막으로 '돌봄'이 더 이상 가족만의 책임이 아니라는 인식이 폭넓게 자리 잡는 중이다. 고령화, 1인 가구 증가 등 사회 변화에 따라 돌봄의 필요성은 커지고 있지만, 나노사회 및 분초사회를 살아야 하는 가족들이 감당하기 어려운 경우가 많다. 이에 따라 돌봄 서비스 시장이 빠르게 성장하고 있으며, 사회적 돌봄 시스템 구축에 대한 논의도 활발하게 이루어지고 있다. 2024년 한 해 동안 우리 사회에 다양한 변화와 새로운 기회를 동시에 제공한 '요즘가족'에 대해 살펴보자.

우리 아빠가 달라졌어요

YTN은 2024년 6월 말부터 방영된 프로그램 〈다큐24〉의 첫 회를 '당신은 요즘아빠인가요?'라는 주제로 시작했다. 육아에 더 많은 시간을 할애하기 위해 직장을 그만두고 창업을 한 아빠, 회사 내 어린이집 덕분에 아이와 함께 출근할 수 있게 된 아빠, 육아휴직 중에 육아의 즐거움을 발견한 아빠 등 육아에 적극적으로 참여하는 '달라진 아빠'들의 다양한 모습을 조명하여 호평을 받았다. 프로그램에 출연한 아빠들은 육아에 참여하면서 아이들을 더 잘 이해하고 사랑하게 됐다고 입을 모았다. 육아가 자신의 삶에도 긍정적인 영향을 미친다고 이야기하기도 했다. 그래서인지 육아휴직을 선택하는 남성의 수는 꾸준히 증가하는 추세다. 전체 육아휴직자 중 남성의 비율은 2023년 28.0%[1] 에서 2024년 상반기에는 32.3%까지 상승하며[2] 역대 최고치를 기록했다.

흥미로운 것은 아내와 남편이 육아휴직을 사용하는 패턴이 조금씩 다르다는 점이다. 여성의 경우 자녀가 1세 미만인 경우, 주로 출산휴가에 붙여서 육아휴직을 사용하는 반면 남성은 자녀가 만 6~7세일 때, 즉 초등학교 입학 무렵에 육아휴직을 사용하는 경우가 가장 많았다.[3] 집중적인 '육아'가 필요한 영유아기 이후에도 학업 등에 대한 '보살핌'이 필요한 학령기에 아빠의 역할이 커진 것이다. 이제 아빠들은 가족과 단순히 같이 있는 것을 넘어, 그 시간에 충실하며 최선을 다하고자 한다. 2024년 상반기 인구보건복지협회가 실시한 설문조사에 따르면, '내가 생각하는 요즘아빠'를 대표하는 키워드로 꼽힌 것은 공동육아(26.6%), 자녀시간(15.7%), 놀이(15.1%) 등이었다.[4] 아빠들이 자녀와 적극적으로 함께하고 놀아주는 것을 중요히 생각하게 됐음을 보여주는 결과다.

아이들과 함께 뛰어놀며 즐거운 시간을 보내고 싶은 아빠들은 키즈카페로 출동했다. 신한카드 빅데이터연구소에 따르면, 전국 주요 키즈카페 450곳의 결제 건수, 금액, 건당 금액 모두 2020년에 비해 2024년에 증가했다. 특히 남성 고객의 이용 증가율이 눈에 띄게 늘었는데, 결제 건수는 남성이 150%, 여성이 137% 증가했고, 금액은 남성이 164%, 여성이 140% 증가했다.

아빠로서 용돈을 주는 역할에 그치지 않고 소비를 통해 아이들의 소비생활에 신경을 쓰는 모습도 보여준다. CU가 2023년 9월에 출시한 간편결제 서비스 'CU머니'는 패밀리 기능을 통해 부모가 미리 충전한 금액으로 자녀가 자유롭게 결제할 수 있도록 하면서도, 고열량·고지방·고카페인이 함유된 특정 식품의 구매를 제한하는 기능을 제공하고 있다. 이를 통해 부모는 멀리 떨어진 곳에서도 자녀의 식습관을 관리하고 함께 식사하는 느낌을 공유할 수 있다. 이러한 기능은 한집안에서 같이 밥을 먹는 사람들의 집합을 뜻하는 '식솔'의 의미를 되새기게 한다.

달라진 아빠들은 신기술·신제품을 육아와 가정생활에 활용하는 데도 적극적이다. CJ온스타일이 2024년 3월 모바일 라이브커머스로 진행한 '베이비 앤 키즈 페어'의 3040 남성 구매 비중은 2022년 7%에서 2024년 22%로 세 배 이상 증가했다.[5] 육아용품의 실질적 사용자인 아빠들이 직접 제품을 선택하는 경향이 뚜렷해졌음을 의미한다. 특히 3040 남성들이 가장 많이 구매한 품목은 유아차였다. 전체 구매자를 기준으로 가장 많이 구매한 품목이 기저귀인 것과는 달랐다.[6] 주말 신도시 복합쇼핑몰에 가면 흔히 볼 수 있는 '유아차 끄는

유아차를 직접 구매하는 3040 남성 비중이 늘어나고 있다. 요즘아빠들의 새로운 소비 풍속도다.

아빠'들이 본인이 사용할 유아차를 직접 구매한 셈이다.

이처럼 요즘아빠들은 직장과 가정 모두에 최선을 다하며 일과 삶의 균형을 직접 실천하고 있다. KB경영연구소가 통계청의 조사를 분석한 바에 의하면 남성의 일과 가정생활에 대한 우선순위 변화는 일과 가정의 '양립'을 추구하는 행태로 보편화됐다. 일을 우선시하는 남성은 2013년 63.8%에서 2023년 39.9%로 크게 감소했고, 가정을 우선시하는 남성은 2013년 8.3%에서 2023년 16.5%로 두 배 가까이 증가했다. 동시에 일과 가정의 양립을 추구한다고 답한 남성은 2013년의 27.9%에서 2023년 43.6%로 가파른 증가를 보이며, 대세로 자리 잡았다.

요즘아빠의 등장은 단순히 가족 내 역할 변화에 그치지 않고, 사회 전반에 걸쳐 다양한 변화를 불러일으킬 것이다. 많은 기업이 변화하는 아빠들의 니즈를 파악하고 이를 충족시키는 제품과 서비스를 개발하고 있으며, 조직문화 또한 더욱 가족 친화적인 방향으로 변화할 것으로 보인다. 요즘아빠들의 노력과 사회적 지원이 함께 어우러지면서, 요즘가족의 모습은 새로운 전기를 맞고 있다.

새 식구들을 소개합니다

반려伴侶란 짝이 되는 동무라는 뜻이다. 예전에는 결혼 상대를 점잖게 부르는 단어로 사용돼왔다. 최근에는 함께 사는 강아지나 고양이를 가족 구성원으로 인정하고, 그들과 평생을 함께할 책임을 강조하는 의미에서 '반려동물'이라는 표현이 널리 사용되고 있다.[7] 이제 반려의 의미가 또 한 번 넓어진다. AI 스피커, 인공지능 가전, 나아가서는 휴머노이드 로봇 등, 전자제품도 '반려가전'이나 '반려로봇' 등으로 불리고 있다.[8] 인간과의 소통이 가능하고 정서적 유대감까지 나누는 집안의 구성원으로 인정받고 있는 것이다. 함께 살며 생활공간을 공유하고 감정을 교류하는, 가족의 역할을 하는 이 새로운 가족 구성원들의 존재감은 점점 더 분명하게 드러나고 있다.

반려동물

대한민국 국민 4명 중 1명은 반려동물과 함께 살고 있다. 농림축산식품부의 조사 결과에 의하면 2023년 기준 반려동물 양육 인구 비율은 28.2%에 달한다. 반려동물이 우리 삶에 얼마나 깊숙이 들어와 있는지를 단적으로 보여주는 수치다. 실제로 최근 관련 시장은 급속한 성장세를 보여왔다. 2023년 반려견과 반려묘 용품의 온라인 쇼핑 거래액은 2조 5,329억 원으로 역대 최고치를 기록했다.[9] 펫푸드 시장의 규모도 2023년 기준 1조 9,814억 원에 달했다. 반려동물 영양제 시장 역시 최근 3년간 두 자릿수의 성장률을 기록하며, 2023년에는 전년 대비 19% 성장하는 등 지속적인 성장세를 나타내고 있다.[10] 반려동물의 건강까지 세심하게 챙기려는 보호자들의 인식 변화와 높아진 관심을 보여주는 결과다.

반려동물을 위한 소비 증가는 물품뿐만 아니라, '여가를 즐기는 동반자'로서의 인식 변화로도 이어졌다. 함께하는 여행·레저·문화 등의 영역에서도 반려동물과의 교감이 중요한 요소로 자리 잡으면서, 동물 동반이 가능한 숙박시설·카페·레스토랑 등도 눈에 띄게 늘었다. LG U+는 제주항공, 한국관광공사, 반려가구 커뮤니티 '포동' 등과 함께 김포와 제주를 왕복하는 반려견 전세기 '댕댕플라이트'를 3차까지 띄워 전석을 매진시켰다. 댕댕 플라이트에는 반려견도 일반 좌석에 동반 탑승했으며, 전문 수의사도 동행했다. 공항에서는 별도 보안 검색대와 게이트를 마련하기도 했다.[11] 반려동물과 함께하는

출처: 제주항공

김포와 제주를 왕복하는 반려견 전세기 '댕댕플라이트' 전용 체크인 카운터. 반려동물과의 교감이 중요한 요소로 자리 잡으면서 큰 인기를 끌어 3차까지 전석 매진되었다.

여가 문화는 다양한 분야로 확대되고 있다. 올림픽공원에서 매해 여름 어린이들을 위해 운영되는 야외 수영장 '하하호호 올림픽 물놀이장'은 2024년 처음으로 폐장 직전인 8월 18~19일 이틀 동안 반려견 물놀이장으로 탈바꿈해 운영됐다. 동물 등록과 광견병 예방접종 완료를 증명한 강아지 약 200여 마리가 입장했다고 한다. 첫날에는 수영 대회가 열려, 뙤약볕 아래 '개헤엄'을 뽐내기도 했다.

하지만 법과 제도는 이러한 인식의 변화를 따라오지 못하고 있다. 아직 우리나라에서는 동물이 법적 가족으로 인정받지 못한다. 반면 외국에서는 이미 관련 판례가 나왔다. 콜롬비아에서는 2023년 11월 이혼한 부부가 키우던 반려견을 '다종 가족'의 구성원으로 인정하며, 양육권을 갖지 못한 배우자가 주기적으로 반려견을 만날 수 있음을 인정하는 판결이 내려졌다. 이에 앞서 프랑스는 반려동물을 '물건'이 아닌 '살아있고 느끼는 존재'로 취급하는 법 개정을 진행했고, 스페인에서는 이혼 부부의 반려견에 대한 양육권 분할 판결이 내려진 바 있다.[12]

우리나라에서도 최근 의미 있는 법적 변화가 있었다. 전면 개정된 동물보호법이 2023년 4월 말부터 시행되어 동물 학대를 예방하고 반려동물 관리를 강화하고 있다. 특히 농림축산식품부령이 반려동물로 인정하는 개·고양이·페럿·기니피그·햄스터는 더욱 강력하게 보호받게 됐다. 나아가 2024년 추가 개정에서는 반려동물행동지도사 국가자격 시험을 시행하여 반려동물의 '선생님'이나 '육아도우미'를 양성하고, 증가하는 반려동물 양육 가구에 관련 교육과 지식을 제공하는 조항이 신설됐다. 또 2024년 상반기부터 여러 소유자가 공

동명의로 반려동물을 등록하는 절차를 전산 시스템을 통해 간편하게 처리할 수 있게 됐다.[13]

반려동물에 대한 인식이 그 어느 때보다 빠르게 변화한 한 해였다. 동물을 인간과 동등한 존재로 대하고, 그들의 감정과 욕구를 존중하며 인간적인 소통을 시도하는 '펫 휴머나이제이션pet humanization' 현상은 이제 당연한 개념으로 자리 잡았다. 반려동물은 우리 삶의 다양한 영역에서 함께 즐거움을 나누는 동반자이자 가족 구성원으로 당당히 자리매김하고 있다. 앞으로도 반려동물의 복지와 권리를 존중하여, 반려인과 반려동물 모두가 행복한 삶을 만들기 위한 다양한 대처가 기대된다.

반려가전, 반려로봇

인공지능과 로봇 기술의 눈부신 발전이 집안의 많은 부분을 변화시키고 있다. AI가 탑재된 가전들은 단순히 기능적인 편리함을 넘어, 감성적인 교류와 소통까지 가능한 존재로 진화하는 중이다. 이제 집안의 기계들은 '반려가전'이라 불린다. 마치 가족 구성원처럼 우리의 일상에 함께하며 삶의 질을 높여주는 중요한 역할을 맡고 있다.

AI가 없으면 가전의 기본을 갖추지 못한 기분마저 들 정도로, 2024년은 인공지능 가전제품이 대세로 자리 잡은 한 해였다. AI 가전이 소비자들의 선택을 받은 이유 중 하나는, 대형언어모델LLM, Large Language Model의 보편화로 기기와 사용자의 쌍방향 소통이 가능해졌기 때문이다. LG전자의 경우 사용자 맞춤형 기능을 '공감지능'이라는 가치로 표현하며 인간과의 커뮤니케이션을 강조했다. 2024년형

휘센 오브제컬렉션 타워 에어컨은 고객이 LG 씽큐ThinQ 앱으로 집 공간을 촬영한 후 자신의 위치를 지정하면 AI가 이미지를 분석하여 바람 방향을 조절해주고, 실시간으로 사용자의 위치를 파악해 바람의 방향·세기·온도까지 알아서 맞춰주는 기능을 탑재했는데, 1분기 판매량이 전년 동기 대비 30% 증가했다.[14] 기계가 나의 행동에 맞춰 능동적인 대응을 해준다는 사실은, 사람들로 하여금 함께 사는 동반자로서 '반려가전'의 존재감을 느끼게 했다.

스마트홈을 선택하는 소비자도 늘고 있다. 1인 가구의 증가로 '아무도 없는 집' 시간이 많아진 요즘, 인터넷 연결을 통해 가전제품·조명·냉난방 등 다양한 기기를 원격으로 제어하고 자동화할 수 있는 스마트홈은 빈집을 지켜주는 가족으로서의 역할을 톡톡히 하고 있다. 삼성전자가 CES 2024에서 발표한 패밀리허브 냉장고는 AI 비전으로 드나드는 물건들을 촬영해 보관된 재료들을 목록화하고 이를 사용한 레시피를 제안하는 기능을 갖췄다. 포스코이앤씨는 '더샵 탕정인피니티시티 2차' 등의 단지에 AiQ스마트케어 기능을 적용했는데, 이는 거주자가 집에 혼자 있다가 건강에 이상이 생겼을 경우 가족이나 지인에게 바로 알리는 케어 서비스다.[15]

향후 로봇이 맡게 될 역할은 전자제품의 미래를 가늠하게 해주는 CES 2024에서도 잘 드러났다. 최근 다시 각광받는 스마트홈의 중심에는 로봇이 있다. 삼성의 집사로봇 '볼리'와 LG의 비서로봇 '스마트홈 AI 에이전트 Q9'은 사용자와의 교감을 가장 중요시해, 사람이 집에 들어오면 현관으로 와 사람을 맞이해준다.[16] 주변 빛이나 온도를 감지해 조명을 켜고 공조기를 작동시키거나 목욕물을 준비하는 등의 기능도 수행한다. 게다가 디스플레이에 나타나는 표정 이미지나 텍스트로 감정과 상태를 읽고 표현함으로써('전망편-페이스테크' 참조) 많은 사람들이 반려로봇과 교감의 폭을 넓힐 수 있도록 돕는다.

앞으로 로봇은 휴머노이드로서의 외형은 물론, 한층 정교한 감정 인식 기술과 자연스러운 대화 능력을 갖추게 될 것이다. 이를 통해 인간과의 교감 수준을 더욱 끌어올려 진정한 '반려'의 의미를 실현하리라 기대한다.

서로가 서로를 보살펴요

돌봄에 대한 사회적 논의가 2024년 들어 부쩍 늘었다. 코난테크놀로지에 따르면, 인터넷에서 '돌봄' 관련 언급량은 지속적인 증가 추세를 보이고 있다. 특히 2023년 하반기부터 연관어에 교육·교사·가정·학생·노인·육아 등의 키워드가 새롭게 나타나며 일상생활 속의 돌봄에 관한 관심이 증가하고 있음이 드러났다.

노년층의 경우 인지 기능 저하나 만성질환 등으로 인해 일상생활에 어려움을 겪는 경우가 많아 돌봄의 필요성이 더욱 크다. 여기에 더해 1인 가구 증가와 가족 형태의 다양화 그리고 편리하고 전문적인 서비스를 선호하는 사회적 분위기는 돌봄 서비스 시장의 빠른 성장을 이끌었다.

먼저 돌봄기업들이 큰 성장세를 보였다. 낮 동안 타인의 돌봄을 받기 어려운 노인들을 보호하고 다양한 서비스를 제공하는 주간보호센터의 수는 2017년 2,500개에서 최근 5,000개까지 증가했다.[17] 주간 돌봄센터와 시니어 하우징 사업을 전개하는 케어닥은 2023년 103억 원의 매출액을 기록함으로써 전년(43억 원) 대비 두 배 이상 성장했으며, 2024년에는 다시 두 배 이상의 성장을 계획하고 있다.[18] 간병과 아이돌봄 서비스 산업도 성장세가 확연하다. 간병 서비스를 제공하는 케어네이션의 2023년 매출 규모는 100억 원을 넘겼고,[19] 아이돌봄 서비스를 중개하는 '맘시터' 운영사 맘편한세상은 2023년 매출액이 전년 대비 네 배 성장해 처음으로 흑자를 달성했다.[20]

정부의 돌봄 정책도 사회 분위기에 맞춰 지속적으로 개편되고 있다. 2024년부터 노인맞춤돌봄서비스 이용자 중 일상생활 지원이 필요한 중점돌봄군은 안전지원·가사지원·외출동행 등의 서비스를 월 20시간 이상 받을 수 있다. 또 소득수준과 상관없이 긴급성과 보충성 요건만 갖춘다면 누구나 질병·부상의 경우에 급히 돌봄 서비스를 이용하는 것이 가능하다. 아이돌봄서비스의 정부 지원 가구 수가 8.5만에서 11만으로 늘어났고, 초등학교의 방과후교실과 돌봄교실을 통합해 '늘봄학교' 체제로 변경하는 것도 2024년 하반기부터 시작됐다. 정서돌봄의 영역도 마찬가지로 확대됐다. 20~34세 청년을 대상으로 2년마다 정신건강 검진이 제공되고, 우울·불안으로 정서적인 어려움을 겪는 국민에게 전문 심리상담 바우처를 제공하는 '전국민 마음투자' 정책도 시행됐다. 이처럼 돌봄의 범위는 끊임없이 재정의되고 있으며, 경제활동의 근간을 이루는 '돌봄'을 더욱 견고하게 만들기 위한 노력이 나날이 강화되는 중이다.

돌봄경제가 발달하면서 관련 일자리도 늘어나고 있다. 아이돌보미

돌봄경제 돌봄을 둘러싼 새로운 사회적·기술적 움직임을 의미하는 말. 이제 돌봄은 단순히 복지의 차원이 아니라 새로운 패러다임의 경제적 효과를 불러오는 존재다. 돌봄경제는 누가 누구를 어떻게 돌보느냐를 기준으로, ① 배려 돌봄, ② 정서 돌봄, ③ 관계 돌봄이라는 세 가지 측면으로 나눌 수 있다. 『트렌드 코리아 2024』, pp.372~396

교육체계가 변경되어 총 교육시간도 단축됐고, 사회복지사·간호조무사·요양보호사 등 돌봄 전문 인력은 필수 교육만 이수하면 자격증을 취득할 수 있게 됐다. 또 LH에서는 임대주택에 거주하는 80세 이상 독거노인을 대상으로 건강·안전·안부 확인 등 방문 돌봄 서비스로 노인 맞춤형 서비스를 제공하는 '생활돌봄서비스'를 전국 5개 권역 대상으로 추진하기로 했으며, 이를 통해 '생활돌보미' 일자리의 규모 또한 늘어났다.

그러나 돌봄에 대한 부담은 여전하다. '돌봄' 키워드에 대한 감성 분석의 결과는 긍정률(32.0%)보다 부정률(54.5%)이 높다. 부정적 감정의 증가는 '돌봄 비용' 때문으로 보인다. 신한카드 빅데이터연구소에 따르면, 2024년 상반기 간병 플랫폼의 이용 건수는 전년 동기 대비 233.5%나 증가했다. 물론 다양한 종류의 상품이 출시되며 건당 결제 금액은 소폭 감소하였으나 그만큼 돌봄 비즈니스가 성장하면서 지출이 다변화됐고, 그 결과 총 지출 건도 훌쩍 늘어난 것이다. 실제로 2024년 3월에 발표된 한국은행 '돌봄 서비스 인력난 및 비용 부담 완화 방안' 보고서에 의하면, 2016년을 기준으로 할 때 2023년의 명목임금 상승률은 28%인 반면, 간병도우미 비용 상승률은 49.8%에 달했다. 월평균 간병비로 집계된 370만 원은 65세 이상 고령가구 중

위소득인 224만 원을 훨씬 초과하는 금액이다.

'돌봄' 키워드 관련 감성분석

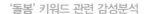

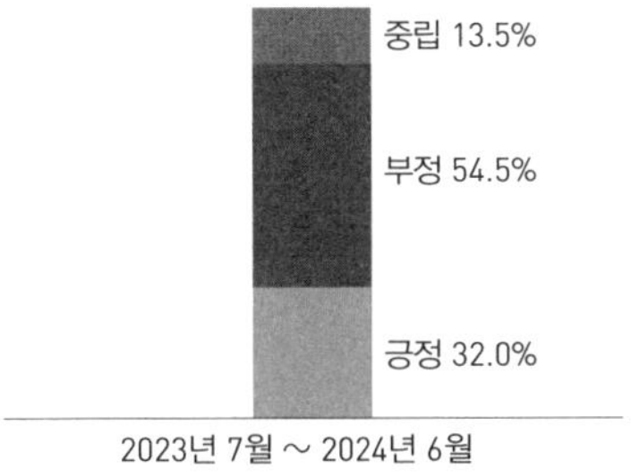

※ 분석 채널: 커뮤니티, 카페, 블로그, 트위터, 유튜브, 뉴스
출처: 코난테크놀로지

돌봄 부담으로 인해 가족 구성원 중 누군가가 직업을 포기하는 경우도 발생하는데, 이는 사회 전체의 생산성 저하로 이어질 수 있다. 한국은행의 보고서에 의하면, 가족 돌봄에 따른 경제적 손실은 2022년 기준 최저임금으로 계산하더라도 국내총생산GDP의 0.5% 수준인 11조 원으로 추정되고, 2042년에는 GDP의 3.6%를 차지할 것이라 전망된다.[21] 보스턴컨설팅 발표에 따르면, 미국 역시 돌봄 부담으로 기업이 치르는 생산성 손실 비용이 매년 최소 171억 달러(약 22조 5,800억 원)에 이른다.[22] '모두가 존엄한 삶을 살도록 돕는 돌봄'이라는 가치가 경제적 부담으로 인해 오히려 사회 발전을 가로막는 아이러니한 상황이다.

그렇다고 돌봄을 기술에만 맡겨 비용의 효율화를 도모하는 것도 정답은 아니다. 돌봄이란 단순히 신체적인 보살핌을 넘어, 정서적 교감과 공감 그리고 관계의 존중과 소통을 바탕으로 이루어져야 하기에, 돌봄을 기술에만 의존하는 것은 진정한 돌봄의 의미를 퇴색시킬 수 있다. 돌봄 서비스의 외주화와 기술 의존도가 높아질수록 돌봄이 필요한 사람들은 사회적으로 고립되고, '우리 모두는 언젠가 돌봄이 필요한 존재가 된다'는 전제까지 흐릿해지고 말 것이다. 반려로봇이 집안으로 성큼 다가온 시대, '인간 중심의 돌봄'을 유지하기 위한 기술과 인간의 적절한 역할 분담에 대한 사회적 논의가 시급해졌다.

향후 전망

"가수 임영웅이 돌봄의 역할을 한다."

2024년 6월 '트렌드코리아 팀'이 개최한 트렌드콘서트에서 닥터튜브 주힘찬 대표의 발언이 주목을 끌었다.[23] 임영웅의 유튜브 채널을 관리하는 그가 관찰한 바에 따르면, 임영웅은 단순한 엔터테이너가 아니다. 전국 각지에서 전세버스를 타고 집결해 상암 월드컵 경기장 10만 석을 가득 채운 열기는 여느 아이돌의 팬덤에 견주어도 한 치의 모자람이 없다. 특히 어마어마한 규모의 시니어팬들이 만들어 가는 문화는 한 가수가 창출하는 시장성과 경제성을 뛰어넘는다. 코로나 사태를 계기로 현격한 단절감에 시달렸던 시니어들이 누군가를 좋아하고, 지지하고, 움직임으로써 비교할 바 없는 행복감을 선물받았다는 점을 고려하면, 그의 노래는 사회적 '돌봄'이라 부르기에 손색이 없다.

이제 돌봄의 의미가 넓어질 때다. 돌봄이란 누군가가 누군가를 일방적으로 돌봐주는 것이 아니라, 서로 응원하고 쌍방향으로 에너지가 오갈 때 더 의미있다. 과거 돌봄은 직계가족만의 무한 책임이었으나, 이제 돌봄의 범위가 확장되고 있다. 현대사회에서 정부가 돌봄

시설이나 관련 인력을 양성하는 돌봄 정책은 사회의 가장 기본적인 인프라라고 할 수 있다. 기업도 출산·육아휴직 등의 육아지원제도를 장려하여 직원들이 눈치 보지 않고 마음 편하게 이용할 수 있는 문화를 정착시켜 나가야 할 것이다.

가정에서 이뤄지는 가족관계와 돌봄 기능도 전환점을 맞고 있다. 물론 어떤 이들에게는 '요즘남편 없던아빠'에서 언급했던 변화들이 불편할 수 있다. 혼수 준비와 결혼식은 물론이고 이후 결혼생활의 지출까지 엄격한 5:5 원칙을 지키는 젊은 부부를 이해하지 못하는 이도 있을 것이다. 하지만 혼인율과 출산율이 현격히 떨어지고 있는 오늘날, 변화하는 젊은이들의 가치관을 기성세대와 사회가 수용하지 못한다면 출구는 더욱 좁아질 것이다. 가정에서도 직장에서도 또 사회적으로도 '요즘가족'의 역할에 대한 변화를 수용하는 것은 새로운 가족, 나아가 새로운 대한민국의 탄생을 이끌어낼 전기다. '요즘가족'에 대해 우호적인 기술·정책·제도는 물론이고, 사회 전체의 새로운 합의가 절실하다.

1 푸바오

출처: 에버랜드

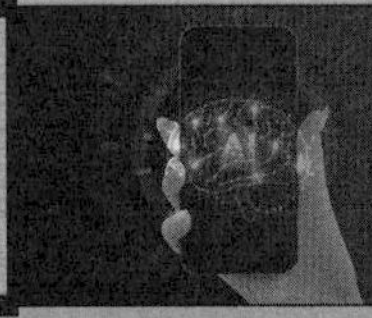

AI 스마트폰 2

3 숏폼 음원

출처: 이브리데이

일본 여행 4

5 C커머스

10대 트렌드 상품

충TV 충주시 공식 유튜브

6 공공기관 유튜브

7 저렴이 화장품

8

로컬 브랜드

9 스포츠 관람

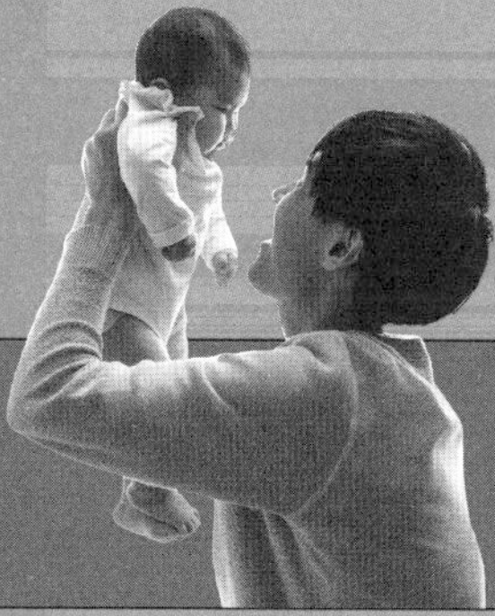

10 육아지원제도

〈트렌드 코리아〉 선정 2024년 대한민국 10대 트렌드 상품

2024년 대한민국 소비자를 열광시킨 10가지 제품과 배경 트렌드

2024년에는 어떤 상품이 인기 있었고, 또 그 배경이 된 트렌드는 무엇일까? 〈트렌드 코리아〉가 선정한 '2024년도 10대 트렌드 상품'을 통해 살펴보자.

선정 방법

후보군 선정

먼저 '트렌드 상품'의 후보를 단순히 물리적인 제품뿐만 아니라, 인물·이벤트·사건·서비스 등이 모두 포함되도록 정의했다. 또한 조사

시점이 7월 말이라는 점을 고려해, 2024년 트렌드 제품으로 선정되기 위한 기준 기간을 '2023년 10월부터 2024년 7월'로 설정했다.

후보 제품군은 주관적 및 객관적 자료를 기반으로 엄격하게 선정했다. 먼저 '주관적 자료'는 소비트렌드분석센터의 트렌드헌터 그룹인 '트렌더스날' 멤버 146명이 개인별로 10개 제품을 추천하는 방식으로, 중복된 것을 제외하여 총 230개의 후보군을 확보했다. 다음으로 '객관적 자료'는 국내 유통사와 언론사에서 발표하는 판매량 순위와 히트 순위 등을 다수 수집해 작성했다.

이렇게 나열된 후보들을 한국표준산업분류의 대분류 및 산업중분류를 기준으로 하위 항목으로 분류하고, 분야마다 다양한 트렌드 상품 후보군이 등장하는지 확인했다. 최종적으로 식품, 패션, 뷰티, 헬스, 전기·전자, 스마트폰, 자동차, 애플리케이션, 유통, 여가·여행, TV·OTT·유튜브, 영화, 전시·공연, IT 기술, 출판, 인물, 금융, 정책, 사건, 기타 부문에 대해 30개의 후보 제품이 선정됐다.

설문조사

조사 전문 기관 마크로밀엠브레인에 의뢰하여, 나이·성별·지역에 대한 인구분포를 고려한 전국 단위의 대규모 온라인 설문조사를 실시했다. 응답 방식은 제시된 총 30개 후보 제품군 중 2024년을 대표하는 트렌드 제품 10개를 무순위로 선택하게 했고, 아울러 설문의 후보 상품 '보기' 순서를 무작위로 순환하도록 하여 예시의 순서가 선정에 미치는 영향을 최소화하도록 문항을 설계했다. 2024년 7월 19일부터 7월 25일까지 시행된 조사에 총 2,000명이 응답했으며, 표본 오차는 신뢰수준 95%에서 ±2.19이다.

10대 트렌드 상품 선정

최종 마무리된 설문조사의 순위를 주된 기준으로, 소비트렌드분석센터 연구원들의 치열한 토론과 심사를 거쳐 '10대 트렌드 상품'을 최종 선정했다. 전년도와 마찬가지로, 트렌드 상품 선정의 가장 중요한 기준은 "해당 연도의 트렌드를 가장 잘 반영하는 상품인가" 혹은 "트렌드를 만들고 선도하는 의미가 높은 상품인가"다. 따라서 단지 최근에 발생해서 소비자의 기억 속에서 쉽게 회상되는 사례, 선거나 스포츠 행사처럼 반복되는 사건, 2024년이라는 특성을 반영하지 못하는 인물이나 스테디셀러 제품 등은 제외됐다. 다만 동일한 경우라 할지라도 '그해의 특수한 현상'을 잘 반영하고, 후년 이것을 회상하는 것이 2024년 당시 우리 사회를 이해하는 데 도움이 된다고 판단된 경우에는 포함시켰다. 출시 시기 관련해서도 최초 출시된 시기에 초점을 두는 것이 아니라, 그것이 화제가 된 시기를 주요 기준으로 했다. 이러한 기준을 바탕으로 최종 선정된 '2024년 10대 트렌드 상품'을 응답률이 높았던 순서대로 서술한다.

10대 트렌드 상품의 소비가치

최종 선정된 2024년 10대 트렌드 상품 리스트를 종합해보면, 우리 사회를 관통하는 2024년의 몇 가지 흐름을 발견할 수 있다.

응답자의 인구통계적 특성

분류		응답자 수(%)
성별	남자	1,019(51.0%)
	여자	981(49.1%)
연령	만 19세 이하(최소 19세)	12(0.6%)
	만 20~29세	375(18.8%)
	만 30~39세	388(19.4%)
	만 40~49세	461(23.1%)
	만 50~59세	554(27.7%)
	만 60~69세	190(9.5%)
	만 70세 이상(최대 80세)	20(1.0%)
직업	직장인	1,149(57.5%)
	자영업	147(7.4%)
	파트타임	79(4.0%)
	학생	129(6.5%)
	주부	258(12.9%)
	무직	187(9.4%)
	기타	51(2.6%)
월평균 가계 총소득	200만 원 미만	125(6.3%)
	200만 원 이상~300만 원 미만	249(12.5%)
	300만 원 이상~400만 원 미만	316(15.8%)
	400만 원 이상~500만 원 미만	241(12.1%)
	500만 원 이상~600만 원 미만	318(15.9%)
	600만 원 이상~700만 원 미만	193(9.7%)
	700만 원 이상~800만 원 미만	151(7.6%)
	800만 원 이상	407(20.4%)

분류		응답자 수(%)
지역	서울	381(19.1%)
	부산	123(6.2%)
	대구	91(4.6%)
	인천	123(6.2%)
	광주	56(2.8%)
	대전	57(2.9%)
	울산	43(2.2%)
	세종	14(0.7%)
	경기	549(27.5%)
	강원	56(2.8%)
	충북	61(3.1%)
	충남	80(4.0%)
	전북	64(3.2%)
	전남	63(3.2%)
	경북	93(4.7%)
	경남	121(6.1%)
	제주	25(1.3%)

총 2,000명(100%)

※ 표의 백분율은 소수점 둘째자리에서 반올림한 수치입니다.

첫째, 한정된 시간을 효율적으로 사용하는 시간 가성비를 추구한다. 불필요한 시간을 최소화해 압축적으로 시간을 사용하려는 경향이 강했다. 장거리 여행보다는 근거리 여행으로 이동 시간을 최소화하며, 짧은 숏폼 콘텐츠에 열광하는 것이다. AI 기능을 일상 곳곳에 접목해 검색이나 타이핑 등 번거로운 과정 없이 질문 하나로 모든 작업을 단순화하고자 했다.

둘째, 삶의 우선순위가 재미와 즐거움 중심으로 변하고 있다. 이제는 재미가 있어야만 소비자의 이목을 끌 수 있다. 일방적인 정보 전달에 급급했던 공공기관의 소통 방식도 유행어와 밈을 활용해 '찾아서 보는 재미있는 콘텐츠'로 탈바꿈하고 있다. 바쁜 일상을 잠시 벗어나 스포츠 경기에 몰입해 즐거움을 추구하는 소비자도 늘었다.

셋째, 불황형 소비가 부각되고 있다. 경기 침체가 장기화되면서 제한된 비용으로 최대한의 만족을 추구하는 소비가 늘어나고 있다. 저가형 제품을 판매하는 C커머스의 약진이 두드러졌으며, 저가지만 품질은 높은 일명 '저렴이 상품'을 찾는 소비자가 많아졌다. 소소한 디저트와 같이 작은 비용으로 큰 만족을 느끼는 '가심비(가격 대비 심리적 만족도)' 품목도 인기를 끌었다.

마지막으로 일상 속 '쉼'이 강조되고 있다. 바쁘고 지친 일상 속에서 잠시 숨을 고르고 회복할 수 있는 시간이 중요해지고 있다. 육아를 위해 잠시 휴직을 하거나 짧게 일하려는 경우가 많아졌으며, 주말을 이용해 잠시 해외여행을 떠나는 직장인도 늘고 있다. 일을 그만두거나 여행을 가지 않더라도 일과 후 집에 돌아와 귀여운 푸바오를 보며 잠시 쉬어가기도 한다.

〈트렌드 코리아〉 선정 2024년 10대 트렌드 상품(응답률 순)

트렌드 상품		관련 키워드
푸바오	• 국내 최초로 자연 번식에 성공해 태어난 판다 • 판다의 귀여움과 사육사와의 순수하고 따뜻한 관계가 인기 견인	무해력 디깅모멘텀
AI 스마트폰	• 인터넷 연결 없이도 정보처리가 가능한 온디바이스 AI가 탑재된 스마트폰 • 챗GPT를 필두로 전 세계가 생성형 AI에 주목	분초사회 호모 프롬프트
숏폼 음원	• 숏폼 콘텐츠를 위한 음악 • 숏폼 콘텐츠 플랫폼의 성장과 함께 증가	분초사회 도파밍
일본 여행	• 역대 최대 방문 기록을 세운 일본 여행 • 38년 만의 '슈퍼 엔저' 현상	체리슈머
C커머스	• 알리익스프레스, 테무, 쉬인으로 대표되는 중국의 이커머스 플랫폼 • 불황 속 저가소비 경향	체리슈머
공공기관 유튜브	• 전국 지자체를 포함한 공공기관의 주요 홍보 전략으로 자리 잡은 유튜브 • 유머러스하고 트렌디한 '밈'을 선호하는 요즘 소비자	도파밍 매력, 자본이 되다
저렴이 화장품	• 좋은 품질의 저가 화장품 • 가성비를 중시하는 소비 경향	버라이어티 가격 전략 체리슈머
로컬 브랜드	• 전국적인 인지도와 영향력을 가진 지역 명물 • 독특한 지역성에 열광하는 젊은 세대	디깅모멘텀 소확행
스포츠 관람	• 역대 최대치를 기록한 프로스포츠 관람객 수 • 가성비가 뛰어난 취미에 대한 니즈 • 스포츠까지 확장된 덕질 문화	도파밍 디깅모멘텀
육아지원제도	• 육아휴직제도와 육아기 근로시간 단축제도 • '일과 가정생활의 양립'이 중요한 사회적 가치로 부각	돌봄경제 워라밸 세대

10대 트렌드 상품의 의미

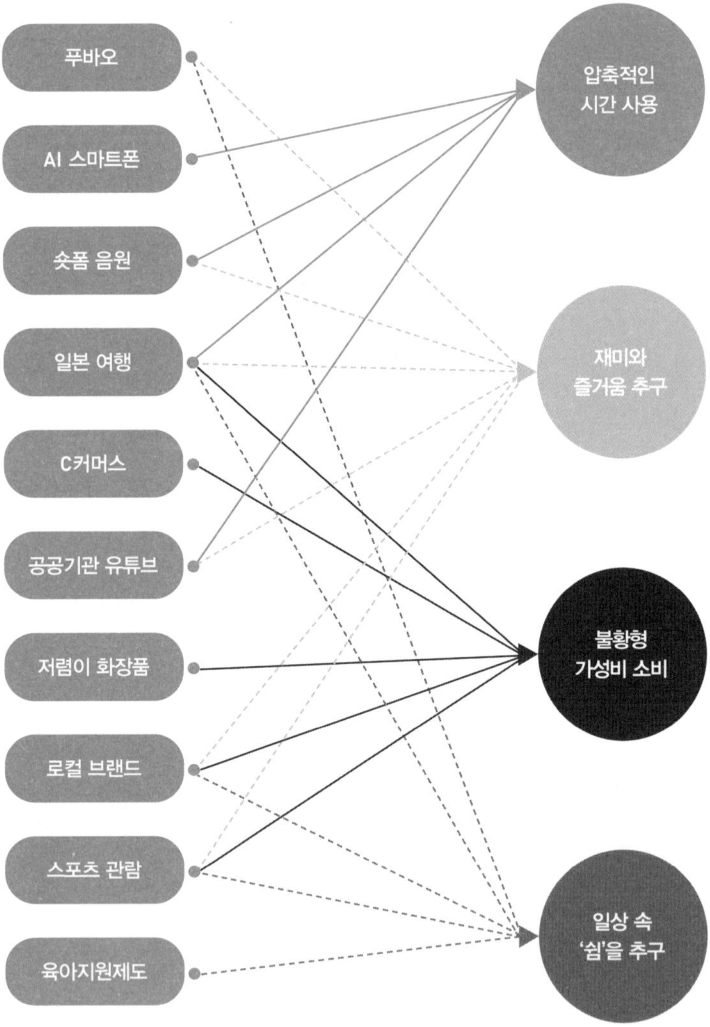

푸바오

2024년 한국인들의 사랑을 가장 많이 받은 동물은 단연코 '푸바오'일 것이다. 푸바오는 2020년 7월, 중국에서 온 판다 '아이바오'와 '러바오' 사이에서 태어난 자이언트 판다다. 국내 최초로 자연 번식에 성공해 태어난 푸바오는 새끼 판다 시절부터 한국인의 각별한 사랑을 받아왔다. 각종 유튜브와 방송에 올라온 푸바오의 성장기 영상은 최고 조회 수 2,600만 회를 넘기며(2024년 9월 기준) 큰 화제가 됐고, 전국민을 랜선 이모, 랜선 삼촌으로 만들었다.[1] 2024년 3월에는 중국으로의 반환을 앞둔 푸바오를 마지막으로 보려는 인파가 몰리면서 에버랜드 판다월드에 새벽 6시부터 '오픈런' 대기줄이 생겼고, 예상 대기 시간이 400분을 넘는 일이 벌어지기도 했다.[2]

'영원한 아기 판다', '용인 푸 씨'라는 별명이 붙을 만큼 대한민국에 판다 열풍을 일으킨 푸바오는 막대한 경제 효과도 창출했다. 2024년 2월까지 푸바오를 보기 위해 에버랜드 판다월드에 방문한 누적 입장객 수는 약 540만 명이 넘었다.[3] 에버랜드를 운영하는 삼성물산은 리조트 부문의 2024 1분기 영업이익이 전년 대비 200% 증가했다고 밝혔다.[4] 2024년 초 출간된 강철원 사육사의 책 『나는 행복한 푸바오 할부지입니다』는 출간 즉시 베스트셀러에 등극했으며, 푸바오 관련 에세이 서적 5권은 매년 푸바오 생일이 있는 7월마다 판매량이 급증하는 등 서점가의 스테디셀러로 자리 잡았다.[5] 에버랜드 공식 유튜브 채널 역시 큰 성장을 거두었다. 2024년 9월을 기준으로 에버랜드 유튜브 채널은 구독자 145만 명을 달성했으며, 채널 조회 수는 6억 뷰를 돌파하는 등 업계를 놀라게 했다.

+++

푸바오의 인기는 팬데믹이 한창이던 2020년부터 꾸준히 이어져 왔지만, 엔데믹으로 일상이 회복된 후 직접 푸바오를 보려는 사람들이 늘어나면서 더욱 폭발적으로 증가했다. 특히 '푸바오 할부지'로 불리는 강철원 사육사와의 순수하고 따뜻한 관계가 그 인기를 더욱 견인했다. 2024년 3월에는 푸바오의 중국 반환 예정 소식이 전해지면서, 마지막으로 푸바오를 보려는 사람들의 열기가 더해져 푸바오에 대한 관심이 절정에 이르렀다.

동글동글하고 귀여운 외모와 사육사와의 애틋한 서사로 사랑받아 온 푸바오는 중국으로 반환된 이후에도 여전히 범국민적인 인기를 누리고 있다. 이는 푸바오의 뒤를 이어 탄생한 쌍둥이 동생 '루이바오'와 '후이바오'의 인기로도 이어졌다. 에버랜드가 두 쌍둥이의 이름을 짓기 위해 개최한 공모 이벤트에는 70만 명이 참여하기도 했다.[6] 새로운 환경에 적응을 마친 푸바오는 올해로 만 4살이 된 어린 판다다. 그렇기에 푸바오의 일거수일투족에 대한 한국 사회의 관심은 여전히 크다. 푸바오의 성장을 함께 지켜보길 원하는 팬들의 굳건한 마음 덕분에 '푸바오 신드롬'은 당분간 계속될 것으로 보인다.

관련 키워드 무해력(2025), 디깅모멘텀(2023)

AI 스마트폰

2024년은 스마트폰에도 본격적인 AI 시대가 열리기 시작한 기념비적인 해다. 2024년 1월, 삼성전자는 자사 스마트폰 시리즈 중 세계 최초로 온디바이스 AI가 탑재된 '갤럭시 S24'를 공개했다. 온디바이스 AI는 서버나 클라우드에 연결해야 하는 기존 AI 시스템과 달리, 인터넷 연결 없이도 태블릿과 스마트폰 등 모바일 기기에서 자체적으로 정보처리가 가능한 AI를 의미한다. 갤럭시 S24의 온디바이스 AI에는 언어의 장벽을 뛰어넘는 '실시간 통화 통역'과 '메시지 번역', 검색 경험을 혁신하는 '서클 투 서치Circle to Search' 기능 등이 탑재돼 사용자들은 한 차원 높은 모바일 경험을 누릴 수 있게 됐다.[7] 삼성전자와 함께 스마트폰 시장의 쌍두마차로 불리는 애플 역시 2024년 하반기에 공개된 아이폰 16에 AI를 탑재함으로써 첫 온디바이스 AI 스마트폰을 선보였다. 그 밖에도 아너, 화웨이, 모토로라 등 다국적 기업들이 잇달아 AI 스마트폰을 출시하며 치열한 글로벌 AI 스마트폰 경쟁이 예고되고 있다.

챗GPT를 필두로 생성형 AI가 전 세계적인 화두로 떠오른 2023년이 지나고, 그 뒤를 '온디바이스 AI'가 이어받으면서 글로벌 모바일 AI 시장은 새로운 국면에 접어들었다. 특히 AI 스마트폰은 온디바이스 AI 기술을 통해 인터넷과 클라우드 없이도 여러 유용한 기능을 간편하게 수행할 수 있다는 점에서 새롭게 주목받았다. 이처럼 사용자에게 보다 빠르고 개인화된 모바일 경험을 제공한 AI 스마트폰 덕분에, 2024년은 새로운 AI 시대의 서막이 열린 한 해로 평가됐다.

그럼에도 불구하고 AI 스마트폰 시장이 해결해야 할 과제는 여전히 존재한다. AI 스마트폰에 탑재되는 AI 기술은 아직 특정 스마트폰 모델에만 적용되고 있다. 고도의 연산 작업을 수행하기 위해서는 최신 사양의 하드웨어, 특히 고성능 프로세서가 필요하기 때문이다. 서버 기반의 AI 프로그램에 비해 처리 능력이 제한적이라는 점 그리고 복잡한 연산 작업으로 인해 기기의 에너지 소모가 높다는 점 등도 보완해야 할 부분으로 꼽힌다.

2024년 4월, 시장조사 업체 카운터포인트리서치는 2024년에는 전체 스마트폰 출하량 중 AI 스마트폰의 비중이 11%였지만, 2027년에는 그 비중이 43%까지 늘어 총 5억 5,000만 대에 이를 것이라고 분석했다. 이는 AI 스마트폰이 여러 개선점을 안고 있음에도 빠르게 보편화되는 중이며, 근미래 스마트폰 시장의 흐름을 주도할 것임을 시사한다. 그러나 어떤 AI 스마트폰이 시장을 장악할지는 아직 미지수다. AI 스마트폰이 필수가 될 미래에는 소비자가 실감할 수 있는 차별화된 사용경험을 제공하는 능력이 요구되기 때문이다.[8]

관련 키워드 분초사회(2024), 호모 프롬프트(2024)

숏폼 음원

숏폼으로 음악을 즐기는 소비자가 늘어났다. 음악을 향유하는 방법이 듣고 보는 것에서 '하는' 것으로 변화함에 따라, 숏폼 음원이 새로운 대세로 떠올랐다. 2024년 4월에 발매된 키즈 크리에이터 서이브의 '마라탕후루'는 10대를 비롯한 젊은 세대 사이에서 뜨거운 반응을 얻으며 공개 후 3일 만에 틱톡 뮤직에서 1위를 차지했다. 중독성 있는 후렴구의 가사 '탕탕, 후루후루'에 총을 쏘는 듯한 쉽고 재미있는 안무가 더해져 인기를 끌었으며, 릴스와 틱톡 등 숏폼 플랫폼을 중심으로 이어진 챌린지 열풍은 천만 뷰를 돌파하며 큰 화제가 됐다.[9]

숏폼으로 즐기기 좋은 음악은 짧게는 몇 개월, 길게는 10년이 지난 후에 인기를 얻는 역주행 현상이 종종 발생한다. 2024년 8월에는 인디밴드 위아더나잇의 '티라미수 케익'이 올해 여름 한국 틱톡에서 가장 사랑받은 음원으로 선정됐다. '티라미수 케익'은 위아더나잇이 2015년에 발매한 노래지만, 2024년 한 틱톡 이용자가 해당 곡에 맞춰 춤을 추는 캐릭터 영상을 업로드하면서 근 10년 만에 유행하기 시작했다. 이후 MBTI에 열광하는 젊은 세대 사이에서 후렴구의 가사 '티라미수 케익'이 'T라 미숙해'로 들린다는 반응이 많아졌고, 이로 인해 '티라미수 케익'이 공감에 서툰 MBTI의 'T' 유형을 표현하기 위한 밈으로 활용되면서 노래는 더욱 큰 인기를 얻었다.[10]

+++

숏폼 음원의 인기는 틱톡, 인스타그램 릴스, 유튜브 쇼츠 등 숏폼 콘텐츠 플랫폼의 성장과 함께 대폭 증가했다. 숏폼 플랫폼은 60초 이내의 러닝타임으로 내용을 빠르게 전달한다. 덕분에 소비자는 짧은 시간에 다양한 콘텐츠를 접하며 시청의 피로는 줄고, 체류 시간은 오히려 늘어난다.[11] 이러한 이유로 숏폼 플랫폼은 아주 단기간에 글로벌 콘텐츠 시장의 주류로 자리매김했다. 숏폼 플랫폼이 대중화되면서, 콘텐츠의 재미를 배가시키는 숏폼 음원까지 주목받게 됐다.

숏폼 음원은 중독적인 멜로디와 따라하기 쉬운 안무를 통해 대중들이 자연스럽게 챌린지에 동참하도록 유도한다. 이러한 음원들은 요즘 세대의 챌린지 열풍에 힘입어 더욱 큰 사랑을 받고 있다. 젊은 세대는 단순히 일방적으로 음악을 듣거나 보는 데 그치지 않는다. 가벼운 챌린지를 통해 함께 참여하고 행동하며 음악을 한층 풍성하게 즐기고자 한다. 챌린지가 젊은 소비자들의 놀이 문화로 자리 잡은 만큼, 앞으로 숏폼 음원이 더욱 다양하게 발전할 것으로 기대된다.

관련 키워드 분초사회(2024), 도파밍(2024)

일본 여행

점점 더 많은 한국인이 일본 여행을 떠나고 있다. 2024년 3월에 발표된 법무부의 출입국·외국인정책 통계월보에 따르면, 2024년 1월 한국에 입국한 전체 외국인 수는 92만 5,000명으로 집계됐다. 한편, 일본정부관광국JNTO은 같은 기간 일본을 방문한 한국인이 85만

7,000명에 달해, 월 기준 2018년 이후로 역대 최다 방문 기록을 세웠다고 발표했다.[12] 이는 한국을 찾은 전체 외국인 수만큼 한국인이 일본을 방문하고 있다는 의미다. 한국인의 일본 여행 열풍은 전 세계적으로도 가장 뜨거웠다. 일본정부관광국이 발표한 2024년 상반기 방일 외국인 수는 총 1,778만 명이었는데, 그중 한국인이 444만 명(25%)으로 가장 많았다. 이는 307만 명의 중국인, 298만 명의 대만인, 134만 명의 미국인에 비해 월등히 높은 수치로, 일본이 한국인 여행객들에게 가장 사랑받는 여행지로 자리 잡았음을 시사한다.[13]

일본 여행에 대한 수요가 폭발적으로 증가하자, 여행·관광 업계는 다양한 일본 여행 상품을 출시하며 기민하게 대응했다. GS SHOP은 '일본 소도시 특집'을 기획하여 '야마가타', '와카야마', '미야자키' 등 기존에 잘 알려지지 않았던 일본 소도시를 중심으로 여행 상품을 출시해, 전년 대비 일본 여행 상담 건수가 34% 증가하는 성과를 얻었다.[14] 대한항공은 2013년 이후 운항이 중단됐던 '인천-나가사키' 노선을 동계 기간인 2024년 10월 27일부터 주 4회 운영할 계획이라고 발표하기도 했다.[15] 국가 차원의 정책 추진도 이어졌다. 2024년 9월 3일, 일본 정부는 한국에서 출발해 일본으로 오는 방문객을 대상으로 한국 공항에서 미리 입국 심사를 하는 '사전입국심사 제도'의 도입을 검토하고 있다고 밝혔다. 일본 교도통신에 따르면 이는 도착 후 심사 시간을 단축해 양국 간 인적 교류를 촉진하려는 목적에서 추진되고 있다. 해당 제도는 2025년 시행을 목표로 논의되고 있으며, 도입된다면 여행의 편의성이 증가해 일본 여행에 대한 선호도가 더욱 높아질 것으로 예측된다.[16]

일본 여행의 인기 배경에는 38년 만의 기록적인 '슈퍼 엔저'가 큰 역할을 했다. 2024년, 100엔당 원화가 850원대를 유지하는 초엔저 현상이 이어지면서 비교적 저렴한 항공료와 여행 경비로 해외여행을 즐기려는 국내 여행객들의 발걸음이 일본으로 향했다. 또 지리적 이점 덕분에 일본행 항공편은 비행시간이 짧아, 여행이 일상화된 요즘 소비자들에게 가볍게 떠날 수 있는 여행지로 각광받게 됐다. 그 밖에도 다채로운 지역·소도시 문화, 먹거리 및 쇼핑 등 풍부한 관광 요소, 쾌적하고 안전한 환경 등이 일본 여행의 장점으로 꼽혔다. 이러한 요인들로 인해 당분간 일본은 한국인 여행객들에게 가장 매력적인 선택지가 될 것으로 전망된다.

관련 키워드 체리슈머(2023)

C커머스

2024년, 'C커머스'의 공습은 국내 이커머스 생태계를 뒤흔들었다. C커머스는 중국China의 'C'와 '이커머스'의 합성어로, 알리익스프레스·테무·쉬인으로 대표되는 중국의 전자상거래 플랫폼을 의미한다. 2024년 초, 이른바 '알리깡'·'테무깡' 등 중국 이커머스에서 물건을 구매해 이를 언박싱unboxing하는 트렌드가 젊은 세대를 중심으로 SNS에서 본격적으로 유행하면서, 국내 C커머스 이용자 수는 가파른 성장세를 보였다. 매일신문에 따르면 2024년 8월 기준 국내 C커머스 월간 이용자 수는 1년 만에 1,509만 명을 돌파한 것으로 나타났다. 이는 국내 최대 이커머스 플랫폼 쿠팡의 월간 이용자 수인 2,983만 명의 절반에 육박하는 수준으로, C커머스가 국내 유통 시장을 빠르게 잠식하고 있음을 보여준다.[17]

폭발적인 국내 수요에 대응하기 위해, C커머스 플랫폼은 한국 내 인프라 확대를 가속화하고 있다. 알리익스프레스는 2024년 3월, 약 2,700억 원을 투입해 연내 5만 4,000평 규모의 통합물류센터를 국내에 구축하겠다는 사업 계획을 발표했다. 최근 평택항 인근 경기평택포승지구가 알리익스프레스의 국내 첫 물류센터 설립 부지로 유력하게 거론되며, C커머스의 국내 인프라 확대가 점차 가시화되고 있다.[18] 테무 역시 2024년 4월 한국 법인을 공식적으로 설립하면서 한국 진출을 본격화하겠다는 의지를 밝혔다.[19]

+++

C커머스의 가장 큰 강점은 바로 가격이다. '세계의 공장'으로 불리는 중국에서 현지 생산된 제품들이 C커머스를 통해 매우 저렴하게 판매되기 때문이다. 이는 경기 불황 속에서 지갑 사정이 얇아진 국내 소비자들의 위축된 소비 심리를 자극하기에 충분했다. 실제로, SNS에서는 "4만 원으로 테무에서 가방 9개 사기", "15만 원에 봄옷 8개 장만하기" 등 값싸게 구매한 물건을 소개하는 콘텐츠가 쏟아지고 있다.[20] 더불어 물류 기술의 발전, 통관 절차의 디지털화, 물류 인프라 확장 등으로 인해 낮아진 해외 직구 장벽과 맞물리면서 더욱 큰 시너지를 발휘하고 있다.

그러나 C커머스가 넘어야 할 산은 여전히 많다. 품질 문제, 제품의 안정성 검증 여부, 부족한 소비자보호 인프라, 개인정보 문제 등 최근 지속적으로 제기되는 문제들이 산적해 있다. C커머스에 맞서는 K커머스의 대응도 만만치 않다. 국내 이커머스 플랫폼들은 빠른 배송, AI 기술을 활용한 맞춤 큐레이션, 리뷰 분석을 통한 소비자 만족 강화 등 차별화된 고객 경험을 중심으로 대응하고 있다.

관련 키워드 체리슈머(2023)

공공기관 유튜브

유튜브가 전국 지자체를 포함한 공공기관의 주요 홍보 전략으로 자리 잡았다. 전 국민을 명예 충주시민으로 만들었던 충주시 유튜브 채널 '충TV'에 이어, 2024년에는 경상남도 양산시의 공식 유튜브 채널이 눈에 띄는 활약을 보였다. '양산시 공식 유튜브'는 양산시 홍보팀에서 운영하는 공식 채널로, 최근 업로드된 양산시 시정 홍보 영상들이 SNS에서 크게 주목받았다. 그중 가장 화제가 된 영상은 2024년 5월에 공개된 양산시일자리센터 워크넷을 홍보하는 영상이다. 이 영상에는 양산시청 홍보팀 소속 민홍식 팀장과 하진솔 주무관이 등장한다. 두 사람은 '아무나 믿을 수 없는 상황'을 유머러스하게 연출한 뒤, '양산시의 워크넷은 믿을 수 있는 취업 정보를 제공한다'는 메시지를 전했다. 짧고 재치 있게 양산시의 공공 프로그램을 소개한 해당 영상은 2024년 8월 기준 유튜브 조회 수 229만 회, 인스타그램 릴스 조회 수 1,046만 회를 기록하며 폭발적인 반응을 얻었다.[21]

한국철도공사(이하 코레일)의 유튜브 채널도 가파른 상승세를 보였다. 2023년 12월, 코레일은 TV조선의 프로그램 〈미스트롯3〉에 출연해 주목받은 '미스기관사' 강하영 주임을 코레일 SNS홍보팀 소속 PD 겸 유튜브 크리에이터로 임명하며, 코레일 SNS팀을 신설했다. 강하영 주임을 필두로 한 코레일 SNS팀 도입 전, 코레일 공식 유튜브 채널 '한국철도TV'의 구독자 수는 4만 8,000여 명 정도였으나 도입 이후 약 10만 명의 구독자를 둔 채널로 성장했다.[22] 채널이 커지며 반응은 더욱 뜨거워졌다. 특히, 2024년 5월 1일부터 영업 운행을 시작한 KTX-청룡을 홍보하기 위해 제작된 'KTX-청룡열차', 'KTX-청룡 세계로 가!!!' 쇼츠 영상은 각각 232만, 318만의 조회 수(2024년 9월 기준)를 기록하며 큰 인기를 끌었다.

✚✚✚

국내 공공기관 유튜브가 활력을 얻는 데는 충주시 유튜브 채널의 성공이 중요한 역할을 했다. '충TV'는 기존의 형식적인 정보 제공의 틀에서 벗어나, 유머러스하고 트렌디한 밈을 시정 홍보에 적극 활용해 젊은 세대의 관심을 끌었다. 또한, 충주시장이나 충청북도지사 같은 '어려운 분들'과 함께 유쾌한 모습을 연출하며 딱딱했던 공공기관의 이미지를 탈피하고자 했다. 그 결과 '충TV'는 유튜브 구독자 수 70만 명을 돌파하며 동북아 지자체 유튜브 구독자 순위 1위에 오르는 등 성공적인 공공기관 유튜브 운영 사례가 됐다.[23] 이를 계기로 다양한 공공기관이 유튜브를 통해 브랜드 이미지를 제고하고 추진 사업과

정책에 대한 국민 참여를 독려하는 등 유튜브를 소통 창구로 적극 활용하고 있다. 앞으로도 공공기관들은 유튜브의 영향력을 활용해 더욱 창의적인 콘텐츠로 국민과 소통하며, 신뢰와 호응을 이끌어낼 것으로 기대된다.

관련 키워드 도파밍(2024), 매력, 자본이 되다(2018)

저렴이 화장품

2024년 뷰티 업계의 주요 트렌드는 '저렴이 화장품'이었다. 일명 '다이소 화장품'으로 불리는 저렴이 화장품의 매서운 성장세가 뷰티 업계에 큰 파장을 일으켰다. 2021년부터 뷰티 브랜드 영역에 공격적으로 투자해온 다이소는 2023년부터 부쩍 뷰티 시장에서 영향력이 커졌다. 시작을 알린 것은 2023년 10월 뷰티 브랜드 'VT코스메틱'과 함께 출시한 'VT 리들샷 100/300 페이셜 부스팅 퍼스트 앰플'이었다. 이는 기존에 VT코스메틱에서 판매하던 50ml 용량의 제품을 2ml 스틱형 제품 6개로 재구성한 상품으로, 가격도 기존의 10분의 1 수준인 3,000원에 책정됐다.[24] 입소문을 타면서 전국 다이소 매장에서 품절되자, 중고시장에서 원가를 훌쩍 웃도는 가격으로 거래되기도 했다. 선케어로 잘 알려진 'CMS 랩' 역시 다이소 전용 뷰티 브랜드인 '더마블록'을 통해 선케어 5종을 출시했는데, 조기 품절로 제품을 구하지 못할 정도의 폭발적인 반응을 이끌어내면서 기존 고급 브랜드의 다이소 진출 가능성을 열었다.

저렴이 화장품 시장의 기회를 포착한 다이소는 뷰티 업계와 손잡고 신규 브랜드 론칭에 나섰다. '손앤박'과 협업해 출시한 색조화장품은 SNS에서 명품 브랜드 샤넬의 저렴이 버전으로 또 한 번 품절 대란을 일으켰다. 이외에도 투쿨포스쿨의 '태그TAG', 더샘의 '드롭비DROPBE', 클리오의 '트윙클팝TWINKLE POP', 입큰의 '입큰앤드IPKN&' 등 로드숍 브랜드들이 다이소와 협업해 보급형 화장품 브랜드를 새롭게 선보이며, 다이소 내 저렴이 화장품 카테고리가 한층 더 강화됐다. 이는 급격한 매출 증가로 이어졌다. 2023년, 다이소 기초 및 색조화장품 매출은 전년인 2022년에 비해 85% 신장했으며, 2024년 상반기 기준으로는 전년 동기 대비 약 223% 신장하면서 폭발적인 상승세를 이어가고 있다.

+++

장기화된 경기 불황으로 초저가 소비 트렌드가 확산되면서, 화장품 시장에서도 저렴하면서 품질이 우수한 제품에 대한 선호도가 높아지고 있다. 2024년 5월 메조미디어가 발표한 '2024년 소비 트렌드 시리즈 01. 초저가 소비' 리포트에 따르면, 소비자들은 '가격 대비 성능이 좋아서(69%)', '가격이 저렴해서(48%)', '품질이 뒤떨어지지 않아서(32%)' 등의 이유로 다이소 화장품을 구매하는 것으로 나타났다.[25]

최근 저렴이 화장품은 뷰티 브랜드의 스핀오프 전략으로 각광받고 있다. 극강의 가성비를 중시하는 소비트렌드와 대기업 및 인디 뷰티 브랜드 간의 무한 경쟁이 맞물리면서, 저렴이 화장품이야말로 새로운 수요를 창출할 돌파구로 평가되고 있다. 저가·양질에 대한 소비자의 니즈가 커지고 기업 간 경쟁이 격화된 지금, 저렴이 화장품이라는 기회의 시장에서 점유율을 확보하기 위한 뷰티 브랜드들의 경쟁은 한층 치열해질 것으로 보인다.

관련 키워드 버라이어티 가격 전략(2024), 체리슈머(2023)

로컬 브랜드

지역 명물이던 로컬 브랜드의 위상이 크게 높아졌다. 이제 로컬 브랜드는 단순한 지역 맛집을 넘어, 전국적인 인지도와 영향력을 가진 브랜드로 자리 잡았다. 로컬 브랜드를 체험하기 위해 일부러 해당 지역에 방문하거나 여행하는 소비자들도 많아졌다. 이러한 흐름은 지역과 로컬 브랜드가 상생하는 새로운 비즈니스 모델로 발전했다. 그만큼 로컬 브랜드는 지역경제와 문화 활성화에 중요한 기여를 하며, 지역의 정체성을 상징하는 역할을 해내고 있다.

신제품 출시 때마다 새벽부터 '오픈런' 행렬이 이어지는 '성심당'은 대전의 명물을 넘어 이제는 국내 베이커리 트렌드를 주도하는 브랜드로 성장했다. 2023년, 성심당은 프랜차이즈를 제외한 단일 베이커리 브랜드로는 최초로 매출 1,000억 원대를 돌파하며 그 영향력을 입증했다.[26] 성심당에 대한 뜨거운 관심은 대전의 다른 베이커리 브랜드까지 주목받게 하며, 대전을 '빵의 도시'로 만드는 데 기여했다. 대전시는 이를 적극 활용해 지역 브랜딩에 힘쓰고 있다. 그 일환으로

2024년 9월 8일, 빵을 테마로 한 이색 마라톤 대회인 제4회 '빵빵런'을 대전에서 개최해 화제를 모았다.[27]

그 밖에도 '모모스커피'는 한국 최초로 월드 바리스타 챔피언십에서 우승한 바리스타를 배출하며, 부산 커피 문화를 대표하는 스페셜티 커피 브랜드로 성장했다. 2021년에는 부산 영도의 한 부두 창고를 개조해 다양한 커피 시설을 갖춘 '모모스 로스터리&커피바'를 열었고, 2024년에는 오롯이 '카페'라는 공간을 즐길 수 있는 해운대 마린시티점을 선보였다. 모모스커피의 성공은 부산이 '커피의 도시'로 입지를 다지는 데 기여했다. 그 결과, 2024년 5월 아시아 최초로 유럽 최대 커피 전시회 '월드오브커피'를 개최했고,[28] 동시에 '2024 월드 바리스타 챔피언십'를 여는 성과를 보였다.

+++

로컬 브랜드는 독특한 지역성에 열광하는 요즘 세대의 니즈를 충족하며 큰 사랑을 받고 있다. 이러한 인기에 힘입어, 2024년 5월 17일부터 6월 2일까지 성심당·모모스커피·로우키·연남방앗간·복순도가 등 지역 기반의 로컬 브랜드 100여 개를 한자리에서 만날 수 있는 행사 '로컬 크리에이티브 2024'가 문화역서울284에서 개최되기도 했다.[29] 젊은 세대는 단순한 상품 구매를 넘어, 그 지역만의 특별한 정체성과 내러티브를 경험하고자 하는 욕구가 강하다. 로컬 브랜드는 짙은 지역적 색채와 함께 고유의 이야기를 섬세히 풀어내며 소비자에게 유일무이한 경험을 선사한다. 나아가 제품 이상의 가치를 전달하며 소비자와 감성적으로 교감하기도 한다. 자신의 취향과 가치를 담을 수 있는 브랜드만 선택하고, 그러한 브랜드에 강력한 팬심을 보이는 젊은 세대 덕분에 로컬 브랜드의 성장 가능성은 더욱 무궁무진할 것으로 기대된다.

관련 키워드 디깅모멘텀(2023), 소확행(2018)

스포츠 관람

2024년 국내 프로스포츠 관람객 수가 역대 최대치를 기록했다. 먼저, 상반기에는 한국프로야구(KBO리그)의 인기가 대단했다. 개막전 당일 5경기에 약 10만 3,000명의 관중이 입장하며 전 구장이 매진됐다. 2024년 8월에는 2024 KBO리그의 누적 관중 수가 약 847만 명을 돌파하며 역대 최다 신기록을 세웠다.[30] 한국프로축구(K리그)의 열기도 뜨거웠다. 2024년 7월 기준, K리그1, 2의 합계 누적 관중 수는 200만 명을 돌파하며, 2013년 승강제 도입 이후 가장 빠르게 관중이 증가했다.[31] 2023-24 시즌 한국프로농구(KBL) 정규리그는 지난 시즌 대비 23% 증가한 총 73만여 명의 관중을 동반하며, 약 100억 원이라는 역대 최고 매출을 달성하기도 했다.[32]

국내 프로스포츠의 인기에는 특히 '2030 여성'의 기여가 컸다. 티켓 판매 대행 플랫폼 티켓링크에 따르면, KBO리그의 20대 관중 점유율은 2024년 약 40%까지 증가해 모든 연령대 중 1위를 차지했다. 또한 성별에서는 여성의 비중이 54.4%를 기록하며 45.6%를 기록한 남성을 크게 앞질렀다.[33] 축구 A매치에서도 여성 예매 비율이 남성을 추월하기 시작했다. 2023년 국가대표 A매치 여성 관중 비율은 튀니지전에서 59%, 싱가포르전에서 65%로 나타났다.[34]

스포츠 관람이 하나의 트렌드로 자리 잡으면서, 스포츠 유니폼이 일상 패션에도 스며들었다. 최근 젊은 세대를 중심으로 유니폼을 일상복과 매치해 입는 소위 '블록코어blokecore' 패션이 유행했다. 패션 플랫폼 무신사는 2024년 4월 12일부터 5월 12일까지 한 달간 무신사 유니폼 카테고리 매출이 전년 동기 대비 5.4배 늘었다고 밝혔다. 뉴진스와 블랙핑크 같은 국내 인기 K-팝 아이돌도 무대 의상이나 사복 패션에서 블록코어 스타일을 즐겨 입으며 유행 확산에 기여했다.

+++

2030세대 사이에서 불고 있는 스포츠 '직관(직접 관람)' 열풍은 다양한 요인에 의해 촉발됐다. 우선 스포츠 경기 관람은 고물가 시대에 가성비가 뛰어난 취미로 떠오르고 있다. 평균 3시간에 달하는 야구 경기의 입장료는 1~2만 원대에 불과해, 10만 원대를 웃도는 뮤지컬이나 콘서트 티켓 가격에 비해 상당히 저렴하다. 또한 함께 부르는 응원가, 다양한 스포츠 굿즈, 맛있는 먹거리 등 엔터테인먼트적 요소가 결합되면서 스포츠 경기 콘텐츠가 더욱 풍성해진 점도 인기에 한몫했다. 이러한 열기에 힘입어 아이돌 팬덤의 '덕질' 문화가 스포츠까지 확산되기도 했다. 요즘 스포츠 팬들은 좋아하는 선수의 SNS를 팔로우하고, 선수가 등장하는 콘텐츠를 빠짐없이 챙겨본다. 나아가 선수의 일정을 따라다니거나 굿즈를 수집하기도 한다. 팬들의 열성적인 '덕질' 활동을 통해 스포츠 팬덤 문화는 아이돌 팬덤과 유사한 양상으로 발전하고 있다. 이처럼 스포츠 관람은 점차 요즘 세대의 놀이 문화로 자리 잡는 중이다. 저렴한 가격에 다채로운 즐길 거리를 제공하는 스포츠 경기는 향후 더 폭넓은 팬층을 확보하며 대중적인 문화로 발돋움할 것으로 기대된다.

관련 키워드 도파밍(2024), 디깅모멘텀(2023)

육아지원제도

일과 가정생활의 양립이 중요한 사회적 가치로 부각되면서, 2024년에는 이와 관련된 지원제도의 개편이 활발하게 이루어졌다. 2024년 1월부터 기존 부모 공동 육아휴직 제도인 '3+3 부모 육아휴직제'가 '6+6 부모 육아휴직제'로 개편됐다. 제도가 보완됨에 따라, 제도 사용이 가능한 자녀의 나이는 생후 12개월 이내에서 생후 18개월 이내로 확대됐으며, 적용 가능 기간도 첫 3개월에서 첫 6개월로 늘었다. 1인당 지급 상한액 역시 월 최대 300만 원에서 450만 원까지 인상됐다.[35] 육아휴직제와 함께 육아기 근로시간 단축제도 개정됐다. 이는 부모가 자녀 양육을 위해 육아휴직 대신 근로시간을 단축할 수 있는 제도로, 2024년 7월부터 적용 대상이 기존 만 8세 이하 또는 초등학교 2학년 이하의 자녀에서 만 12세 이하 또는 초등학교 6학년 이하로 확대됐다. 사용 기간 역시 늘었다. 기존에는 부모가 육아휴직을 사용하지 않는다면 1인당 최대 2년의 단축 근무만 가능했으나, 개편 후에는 부모 1인당 최대 3년까지 단축 근무를 할 수 있게 됐다.[36]

육아지원제도의 강화가 예고됨에 따라 사용자도 부쩍 증가하고 있다. 2024년 2월 고용노동부가 발표한 '2023년 육아휴직자 및 육아기 근로시간 단축 사용자 현황' 통계에 따르면, 2023년 육아기 근로시간 단축 사용자는 23,188명으로 2022년 대비 19.1% 증가한 추세를 보였다. 육아휴직자는 126,008명으로 전년 대비 5,076명(-3.9%)가량 소폭 감소했지만, 출생아 수가 18,718명(-8.1%) 감소한 것을 감안하면 실제 육아휴직 활용률은 증가한 추세인 것으로 분석됐다.[37]

+++

현재 한국의 합계출산율은 매우 심각한 수준이다. 2023년 0.72명을 기록한 합계출산율이 2024년에는 0.68명까지 낮아질 것으로 전망됐기 때문이다. 유례없는 한국의 초저출산 현상에 대해 외신들도 앞다퉈 보도하고 있다. 《뉴욕타임스》의 칼럼니스트 로스 다우섯Ross Douthat은 저출산으로 인한 한국의 인구 감소가 14세기 유럽 흑사병이 초래한 인구 감소를 능가할 수 있다고 평하기도 했다.[38]

출산 및 육아에 대한 부모의 부담을 줄여 심각한 저출산 문제를 극복하기 위한 노력의 일환으로, 정부는 2024년부터 일과 가정의 균형을 지원하는 육아지원제도의 강화를 추진 중이다. 실제로 이러한 제도를 활용하려는 사람들의 수도 늘면서, 육아지원제도에 대한 범국민적 관심도 앞으로도 더욱 뜨거워질 것으로 예상된다. 그럼에도 육아지원제도를 차별 없이 보장하는 사회적 분위기 조성, 기업들의 적극적인 협조, 관련 공공 인프라 확대 등은 육아지원제도의 실효성을 높이기 위해 여전히 활발히 논의돼야 할 중요한 주제로 남아있다.

관련 키워드 돌봄경제(2024), 워라밸 세대(2018)

Savoring a Bit of Everything: Omnivores

Nothing Out of the Ordinary: Very Ordinary Day

All About the Toppings

Keeping It Human: Face Tech

Embracing Harmlessness

Shifting Gradation of Korean Culture

Experiencing the Physical: the Appeal of Materiality

Need for Climate Sensitivity

Strategy of Coevolution

Everyone Has Their Own Strengths: One-Point-Up

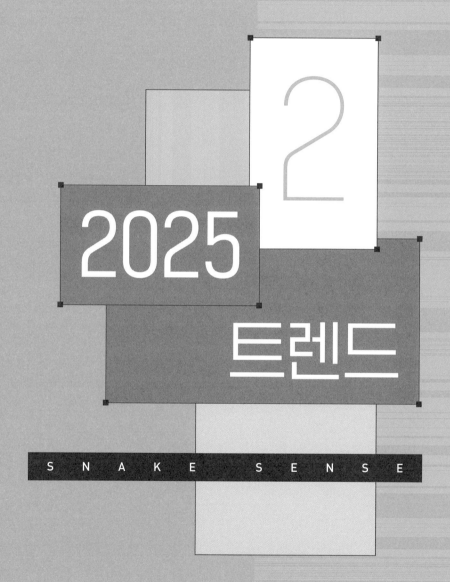

2

2025

트렌드

S N A K E S E N S E

S 옴니보어

SNAKE SENSE

Savoring a Bit of Everything: Omnivores

옴니보어omnivore란 사전적으로는 잡식성雜食性이라는 의미지만, 파생적으로 "여러 분야에 관심을 갖는다"는 뜻도 함께 가지고 있다. 사회학적으로는 특정 문화에 얽매이지 않는 폭넓은 문화 취향을 가진 사람을 의미한다. 『트렌드 코리아 2025』는 여기서 한 걸음 더 나아가 주어진 고정관념에 얽매이지 않는 자신만의 소비 스타일을 가진 소비자를 옴니보어라고 칭하고자 한다.

옴니보어는 늘어난 기대수명과 이로 인한 인구구조의 변화, 순차적 인생 모형의 폐기 등 새로운 인생의 포트폴리오를 마주한 사람들의 모습을 반영한다. 역사상 가장 많은 세대가 공존하며 온라인을 통한 세대 간 교류가 활발해진 것도 옴니보어의 등장 배경이다.

마케팅의 기본 중의 기본인 인구학적 기준에 의한 시장 세분화, 즉 '세그먼트segment' 개념이 뿌리부터 흔들리고 있다. 이제 가치·취향·기분·상황이라는 새로운 변수를 통한 개별적 접근이 필요하다. 폭넓은 세그먼트가 아니라 유효 시장의 핵심을 공략할 수 있는 무게중심CoG을 가진 마이크로 세그먼트를 찾아야 한다. 개개인 또한 자신의 가능성을 제한하지 않는 '퍼레니얼적 사고'가 필요하다.

"앗 본방 보려 했는데 애기가 깨서ㅜㅜ 나중에 업로드되면 봐야겠네요."

"내일 휴강이라 밤새 달리려고요!"

"저는 연차 쓰고 정주행합니다. ㅋㅋ"

고등학교가 주요 무대인 웹툰 원작 드라마 〈선재 업고 튀어〉 오픈 채팅방에는 '선재앓이' 중인 수백 명이 모여 대화를 나눈다. 서로의 얼굴도 이름도 모른 채 한참 동안 드라마와 관련된 이야기를 나누다 보면 이따금 각자의 일상이 드러난다. 아이를 키우는 엄마, 학교 과제에 쫓기는 대학생, 몰아보기를 좋아하는 직장인 등…. 연령도 직업도 지역도 다르지만 드라마를 매개로 전 세대가 자연스럽게 녹아든다. 개인의 취향이 '30대'·'여성'·'직장인'과 같은 집단적 특성으로부터 자유로워진 오늘날의 일상이다.

이뿐만 아니다. 육아휴직을 신청한 50대 부장님, 스마트스토어로 용돈을 버는 고등학생, 주말의 풋살 경기만 기다리는 30대 여성, 유튜브의 추천 제품을 구매하러 다이소에 가는 자산가 등, 자신이 속한 집단의 고정관념과는 전혀 다른 삶을 사는 이들이 늘어나고 있다. 연령·성별·직업 등을 통해 떠올리는 특정 집단의 전형성이 옅어진다는 말이기도 하다. 이제 "나잇값을 한다"거나 "남성/여성스럽다"는 식의 수식어는 옛말이 됐다. 같은 취미를 공유하는 모임에 남녀노소가 모여 서로 '○○님'이라는 호칭으로 교류하는 모습은, 인구학적 특성보다 취향의 공유가 더 중요한 시대임을 보여준다.

시장 분석을 할 때 연령·성별·직업·거주 지역·교육 수준·소득 등 인구학적 특성을 기준으로 타깃 소비자 집단을 좁혀 나가는 것을 시장세분화segmentation, 그 결과 분류된 각 집단을 세그먼트segment라고 한다. 예를 들어, X·밀레니얼·Z·알파 등 자주 사용하는 '세대'는 소비자를 분류하는 대표적인 세그먼트 중 하나다. 세그먼트 개념은 지금까지 마케팅에서 기본 중의 기본이었다. 시장세분화 작업이 중요한 이유는 세그먼트에 따라 소비자의 라이프스타일·가치관·취향 등이 비슷하다는 전제가 있었기 때문이다. 하지만 각자의 취향이 극도로 세분화되면서 집단의 차이는 줄어들고 개인의 차이는 커지고 있다. 동일한 밀레니얼세대라도 개인에 따라 전혀 다른 취향과 소비 행태를 보이는 것이다.

옴니보어omnivore란 사전적으로는 잡식성雜食性이라는 의미지만, 파생적으로 "여러 분야에 관심을 갖는다"는 뜻도 함께 가지고 있다. 사회학에서 옴니보어 개념은 특정 문화에 얽매이지 않는 폭넓은 문화 취향을 가진 사람을 의미한다. 『트렌드 코리아 2025』에서는 여기서 한 걸음 더 나아가 주어진 고정관념에 얽매이지 않는 자신만의 소비 스타일을 가진 소비자를 옴니보어라고 칭하고자 한다. 현대를 살아가는 옴니보어들은 기존의 인구학적 기준으로 분류된 집단의 특성을 따르지 않고, 자신의 개성과 관심에 따라 차별화된 소비 패턴을 보인다.

옴니보어는 유난한 사람들이 아니다. 일상에서 자주 관찰되는 트렌드다. 라이프 사이클·연령·세대·성별의 고정관념이 어떻게 흔들리고 있는지 차례로 살펴보자.

'알맞은 때가 있다'는 오류: 뒤섞이는 라이프 사이클

> 올해 4월, 둘째가 다니는 어린이집의 학부모 모임에 참석하게 됐습니다. 지금 둘째를 41살에 낳았기 때문에 나이가 많은 축에 속하겠구나 했는데, 참석한 10여 명의 학부모 중에 중간 정도 되는 나이였습니다.
>
> – 트렌더스날 이○○님 다이어리

산후조리원, 어린이집, 키즈카페, 초등학교 입학식…. 어린 자녀를 둔 부모들이 한 번쯤은 놀라게 되는 장소다. 동년배 자녀를 둔 부모들의 나이가 20대부터 50대까지 매우 다양하기 때문이다. 출산 적정 연령이라는 개념이 옅어지면서 "내가 가장 나이가 많을 줄 알았는데 아니어서 놀랐다" 혹은 반대로 "내가 가장 어려서 놀랐다"는 반응이 부지기수다. 실제로 신한카드 빅데이터연구소에서 키즈카페를 이용한 사람들의 연령대 비중을 살펴본 결과, 2024년 상반기를 기준으로 2년 동안 20대, 30대는 각각 1.7%포인트, 6.7%포인트 감소한 반면, 40대와 50~60대 이상은 각각 6.9%포인트, 1.5%포인트 증가했다. 50~60대 이상에는 아이를 늦게 낳은 부모뿐만 아니라 일찍 손주를 본 조부모의 이용도 포함된 것으로, 다양한 연령대가 뒤섞인 요즘의 육아 현장을 잘 나타낸다. 이제 자녀의 나이만으로는 부모의 연령대를 예측하기 힘든 시대다.

라이프 사이클 변화는 직장에서도 체감할 수 있다. 육아휴직 신청

2022년 vs. 2024년 연령별 키즈카페 이용 비중 변화

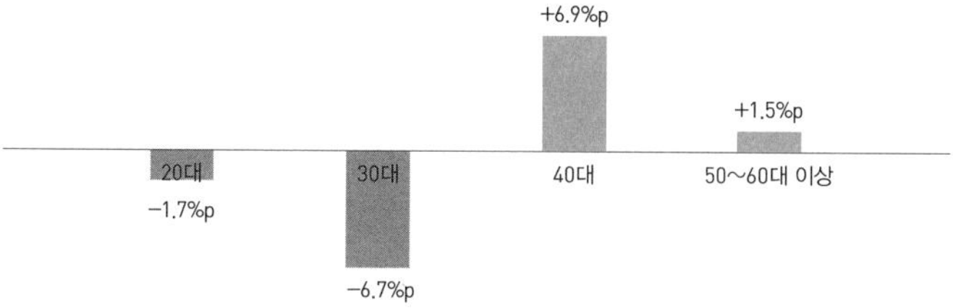

※ 각 연도 1~6월, 신한카드 이용 건수 기준
※ 분석 대상: 전국 주요 키즈카페 450곳
출처: 신한카드 빅데이터연구소

직급이 사원·대리에서 차장·부장까지 확대되었을 뿐만 아니라, 신입사원의 나이도 예측하기 어려워지고 있다. 취업정보 사이트 인크루트에서 897명을 대상으로 신입사원 입사 '적정 연령'을 조사한 결과 남성은 평균 29.4세, 여성은 평균 27.6세로 나타났다.[1] 학업 및 취업 준비 기간이 길어지고 여러 곳에서 경력을 쌓고 입사하는 일명 '중고 신입'도 많아지면서 본격적인 경제활동을 시작하는 시점이 30대에 가까워진 것이다. 이러한 현실을 반영하듯 앞선 설문에서 응답자 10명 중 7명은 신입사원을 채용할 때 나이의 상한선은 불필요하다고 답했다. 실제로 이미 여러 기업에서는 신입사원 채용 시 나이 제한을 없애는 추세다. 취업자의 입장에서도, 기업의 입장에서도 일을 시작하기에 알맞은 때가 정해져 있다고 생각하지 않는 것이다.

"공부에도 때가 있다"는 말 또한 설득력을 잃고 있다. 직장을 다니면서 혹은 퇴직 후에 대학원 공부를 이어가는 사람은 물론, 직업을 변경하고자 학부 과정에 새로 등록하는 30대를 만나는 것도 놀랍

지 않다. 인구구조 변화에 따라 대학도 변화를 꾀하고 있다. 부산은 2023년 기준 고령인구의 비율이 22.6%로 대표적인 초고령사회에 진입했다. 이에 따라 부산에 위치한 영산대학교는 시니어층의 수요를 반영하여 시니어모델학과를 개설했다. 단기 프로그램이 아닌 4년제로 운영되는 학사 과정으로, 모델이 되기 위한 실습 교육뿐만 아니라 인문학 같은 교양 수업도 포함된다.

일본의 경우에는 이미 시니어를 위한 대학 과정이 정착했다. 릿쿄 세컨드 스테이지대학은 50세 이상인 시니어를 위해 마련된 1년제 대학이다. 정식 학위 과정은 아니지만 주 5일 강의를 수강할 수 있으며 논문 작성 등 이수 절차를 갖추고 있다. 메이지대학교는 60세 이상의 정년퇴직자가 대학원에 입학할 경우, 영어 등 일부 시험을 면제해주는 '시니어 전용 입시' 제도를 만들기도 했다.[2] 학습의 욕구가 큰 시니어층이 늘어나면서 교육 시스템도 진화한 것이다.

라이프 사이클의 뒤얽힘은 가정 경제를 힘들게 하는 원인이 되기도 한다. 과거 노년기는 자녀의 부양을 받는 시기였으나, 이제는 사회적으로 노인이라고 부르는 65세 이상이 되어도 자녀와 본인의 부모를 동시에 부양하는 사람이 급격히 증가했다. 통계청의 '노인실태조사'에 따르면 함께 살지 않는 자녀에게 '정기적으로 현금을 지원하고 있다'고 응답한 65세 이상 노인은 2011년 0.9%에 불과하였으나 2020년 12.5%로 급격히 늘어났다. 또한 2020년 통계청 사회조사에서는 65~69세 응답자 중 60.3%가 부모의 생활비를 부담하고 있다고 답했다.[3] 오랫동안 우리 사회가 유지해왔던 생애주기의 모습과 현실 간에 간극이 발생하면서 유튜브 등 SNS에는 '5060 퇴직 후 현실'과 같은 콘텐츠가 봇물처럼 쏟아지고 있다.

어리다고 무시하면 안 되는 이유: 나이 역전

선배! 마라탕 사주세요! (그래 가자)
선배! 혹시… 탕후루도 같이… (뭐? 탕후루도?)
그럼 제가 선배 맘에
탕탕 후루후루
탕탕탕 후루루루루

출처: 이브리데이

가장 먼저 사라지는 것은 나이에 대한 고정관념이다. '어려서' 혹은 '나이 들어서'의 전제는 이미 무너진 지 오래다.

'마라탕후루 챌린지'로 유명한 이 노래는 영상이 게시된 지 한 달 만에 틱톡 뮤직 1위와 인스타그램 인기 상승 오디오 1위에 올랐으며, 유명 크리에이터와 연예인을 포함한 수많은 챌린지 영상을 양산했다. '신흥 수능 금지곡'으로 불릴 만큼 중독적인 가사와 멜로디로 원곡자에 대한 관심 역시 뜨거웠는데, 그 정체를 알고 나서 사람들은 다시 한번 놀랐다. 크리에이터 '서이브'는 2012년생으로 영상을 만들었을 당시 만

11세의 초등학생이었기 때문이다. 또래에 비해 키가 큰 편이기도 하지만 춤 동작이나 영상의 완성도 면에서도 전혀 초등학생으로 보이지 않을 정도였다.

혼밥 요리 영상으로 1년 만에 팔로워 수 15.2만을 기록한 '귤 까먹는 소리@cook_gyuri10'도 비슷한 사례다. 냉이 된장찌개, 오야꼬동, 수플레 팬케이크 등 온갖 요리를 베테랑처럼 척척 만들어내는 영상을 본 사람이라면, 전문 요리사는 아니더라도 자취 경력을 상당히 보유한 직장인 정도는 되지 않을까 예상할 것이다. 하지만 영상을 보면 얼굴이 나오지는 않지만 수행평가를 걱정한다거나 급식 메뉴를 기대한다는 앳된 목소리를 들을 수 있다. 사실 '귤 까먹는 소리'를 운영하는 김규리 양은 중학교 2학년이다. 사람들은 어린 나이임에도 어른을 능가하는 실력을 보여주는 크리에이터들을 **'갓기'**라 부르며 자신을 반성해야겠다는 반응을 보이기도 한다.

나이가 어리면 미래에 대한 대비에 소홀할 것이라는 생각도 편견이다. 1020대가 즐겨 먹는 것이라면 마라탕과 탕후루 등 자극적인 음식이 떠오르지만, 사실 이들은 건강관리에도 철저하다. 노화를 늦추는 생활습관을 강조하는 '저속노화' 열풍이 불면서 당뇨환자들이나 주의했던 '혈당 스파이크'에 대한 관심이 높아지는가 하면, 수면법이나 영양제에 대한 관심도 높아졌다. 경제 미디어 〈어피티〉에서 구독자 798명을 대상으로 진행한 설문에서 응답자의 78.3%가 서른 살 이전부터

갓기

영어 'GOD(신)'과 한국 단어 '아기'를 더한 말로, 어린 나이지만 외모 혹은 능력이 뛰어난 이들을 지칭하는 신조어다. 어린 나이에 활동을 시작한 아이돌을 부르는 호칭으로 팬들 사이에서 처음 유행하기 시작했다.

영양제를 챙겨 먹기 시작했다고 응답했으며, 그중 20대가 되기 전부터 먹었다는 사람도 11%에 달했다. 적극적인 건강관리는 관련 지출로도 확인할 수 있다. 신한카드 빅데이터연구소에 따르면 2023년 한 해 동안 10~20대가 다른 연령대에 비해 샐러드 전문점(32.5%)과 헬스장(26.9%)을 가장 많이 이용한 것으로 나타났다.[4]

뷰티 영역에서는 '안티 에이징'에 이어 '슬로우 에이징'이 부상했다. 주름이 생기기 시작할 무렵부터 노화를 막고자 하는 것이 안티 에이징이었다면 슬로우 에이징은 젊을 때부터 노화를 최대한 늦추겠다는 것으로 저속노화의 뷰티 버전이다. 이에 브랜드의 고객층도 변화하고 있다. 안티에이징으로 유명한 설화수는 중년 소비자들이 많이 찾는 브랜드였으나, 최근 2030 소비자들이 많이 찾는 CJ올리브영 온라인몰에 입점했다. 이를 기념하여 진행한 라이브방송 '올영 라이브'에서 대표 상품 '윤조 에센스'를 판매했는데, 2시간 20분 동안 7억 원의 매출을 올렸다. 실제로 구매한 고객의 열 명 중 여섯 명은 30대 이하로 나타났다.[5]

심지어 주름이 없는 젊은 나이에 보톡스 주사를 맞는 경우도 있다. 미국에서는 보톡스를 포함한 주름 개선 주사를 맞은 20대가 3년 전과 비교해 71% 증가했다는 기사가 보도됐는데, 근육에 주사하는 일반 보톡스와 달리 잔주름 예방 목적으로 진피층에 소량의 보톡스를 주사하는 일명 '베이비 보톡스'가 미국 20대 사이에서 유행했기 때문이라는 분석이다.[6] 유럽에서는 슬로우 에이징이 10대 청소년에게까지 확산되며 사회문제로 떠오르기도 했다. 노화 방지를 위한 스킨케어 루틴이나 노화 방지 화장품을 추천하는 콘텐츠가 SNS를 타고

10대 사이에서 유행하자 스웨덴의 드럭스토어 체인에서는 만 15세 미만 청소년이 노화방지 화장품을 구매하기 위해서는 부모의 동의를 받아야 하는 정책을 도입하기도 했다.

철 모르는 어른들: 좁아지는 세대 개념

'직업 체험'이라는 단어를 들으면 어떤 세대가 떠오르는가? 일반적으로는 장래 희망과 적성을 찾는 어린아이들을 떠올릴 것이다. 하지만 옴니보어 시대에서는 그 또한 고정관념이다. 2023년 12월, 어린이를 위한 직업 체험 테마파크로 잘 알려진 '키자니아'는 어른들을 위한 직업 체험 행사 '키즈아니야'를 마련해 폭발적인 반응을 이끌어 냈다. 성인을 대상으로 하는 만큼 퇴근 시간을 고려하여 오후 시간대에 400명 한정으로 티켓을 오픈했는데 빠르게 매진된 것은 물론이

출처: 키자니아

성인을 위한 직업 체험 행사를 마련해 폭발적인 반응을 이끌어낸 키자니아의 '키즈아니야' 이벤트. 직업 체험과 적성 개발은 어린아이들만의 전유물이라는 고정관념을 깼다.

고 "아이들을 학교에 보내놓고 갈 수 있게 오전에도 열어달라"는 학부모의 요청까지 이어졌다고 한다.[7] 키자니아 측은 인기에 힘입어 2024년 4월과 6월 키즈아니야 시즌2, 시즌3를 운영했으며 행사에 다녀온 경험자들은 "다음에 또 와서 이번에 미처 하지 못한 체험을 마저 하겠다"는 후기를 남기기도 했다.

어린 시절의 전유물을 커서도 놓지 않는 이들도 있다. 최근 미국 고등학교에서는 디즈니·마블 등 캐릭터가 그려진 어린이용 책가방을 메는 것이 유행이다. SNS에서 자신의 가방을 자랑하고 본인의 어린 시절 사진과 비교하는 사진을 올리기도 한다.[8] 어린 시절 즐겨본 만화를 활용한 기업들의 마케팅도 활발하다. 롯데월드는 애니메이션 〈명탐정 코난〉의 극장판 개봉에 맞춰 '명탐정 코난: 매직시티MAGIC CITY' 이벤트를 열었다. 곳곳에 애니메이션 등장인물로 꾸며진 포토존을 마련한 것은 물론, 추리물이라는 원작의 성격에 맞게 사건 현장을 재현한 체험 공간과, 테마파크를 돌아다니며 미션을 완수하는 세계관까지 구현했다. 원작 만화가 연재 30주년을 맞이한 만큼 어린 시절의 추억을 떠올린 2030 소비자의 호응에 힘입어 관련 굿즈가 2주 만에 완판되는 성과를 거두기도 했다. 부산 기장군에 위치한 호텔 마티에 오시리아는 밈으로 유명해진 '잔망루피' 캐릭터로 꾸민 객실을 선보였는데 개장한 이후 투숙률이 85% 이상을 유지하며 캐릭터의 힘을 확인했다.[9]

세대 차이를 극복한 것은 청년만이 아니다. 흔히들 60~70대는 온라인 게임과 담을 쌓았을 것이라고 생각하지만 이 또한 달라지고 있다. 일본에서 화제가 된 e스포츠팀 '마타기 스나이퍼스Matagi Snipers'

선수들의 평균 연령은 67세다. 이 팀의 정식 가입 조건은 65세 이상이며, 60~64세 선수들은 '주니어'로 분류된다. 그런데 이 팀이 유명한 것은 단지 고령이라서가 아니다. 이 팀의 슬로건은 '손자에게도 존경받는 존재'로, e스포츠의 핵심 연령대인 1020세대에게도 뒤지지 않는 실력을 자랑한다. 특히 팀의 주 종목인 '발로란트' 게임은 빠른 반사신경이 요구되는 1인칭 슈팅 게임 장르지만 마타기 스나이퍼스 선수들은 감탄을 자아내는 정확한 슈팅으로 나이는 제약이 되지 않는다는 것을 입증했다.[10]

스마트폰을 사용하는 일상적인 모습에서도 세대의 경계가 흐려지고 있다. 시장분석 서비스 와이즈앱·리테일·굿즈에 따르면 유튜브 앱을 사용하는 시간의 연령대별 격차가 지난 4년 사이 크게 줄어들었다고 한다. 2020년 자료를 보면 유튜브를 가장 오래 사용하는 집단인 20세 미만의 경우 월평균 2,546분, 가장 짧게 사용하는 집단인 40대는 1,067분 사용하여 2.4배 차이가 났으나 2024년 상반기에는 최장 시간 사용집단과 최단 시간 사용집단의 차이가 1.7배로 감소했다. 전 연령대에서 유튜브 사용이 늘었지만 40대의 사용 시간이 더 큰 비율로 증가하며 격차를 좁힌 것이다. 50대 이상의 모바일 쇼핑도 빠르게 증가하고 있다. 2024년 상반기 쿠팡 앱을 사용하는 50세 이상 소비자는 2019년 대비 약 3배 증가했으며 이에 따라 쿠팡 앱 전체 사용자 중 40대에 이어 두 번째로 많은 비중을 차지하는 연령대가 됐다.[11]

성性역은 없다: 경계가 사라지는 젠더

또 하나의 중요한 인구학적 요소인 성별에도 옴니보어 트렌드가 침투하고 있다. 스포츠 관람을 즐기는 사람은 남성이 많을 것이라 생각하기 쉽지만, 요즘 야구장을 가본 사람이라면 풍경이 사뭇 달라지고 있음을 느낄 것이다. 한국야구위원회KBO에 따르면 2024년 상반기 프로야구 티켓 구매자 중 54.4%가 여성이었으며, 이는 전년 대비 3.7% 포인트 증가한 수치다.[12] 야구뿐만 아니다. 한국프로스포츠협회에서 4대 스포츠(축구·야구·배구·농구)의 팬 성별 비중을 조사한 결과, 여성이 더 많았다. 특히 응원하는 구단의 선수를 꿰고 있으면서 유니폼까지 보유한 진성 열성팬 중 여성의 비율은 프로야구에서 63.8%, 남자프로농구 78.4%, 여자프로배구 70.3% 등 확연히 많다. 스포츠를 관람하는 것뿐만 아니라 직접 즐기는 여성도 빠르게 증가하고 있다. 대한축구협회에 등록된 축구 동호인 여성 선수는 2019년 말 3,190명에서 2024년 4월 기준 3,855명으로 20% 증가했다.[13]

운동 종목의 경계도 무너지고 있다. 한화손해보험과 바이브컴퍼니가 2030 여성이 언급하는 운동에 대해 분석한 바에 따르면, 흔히 여성들이 많이 하는 운동으로 생각하는 '발레'·'요가' 같은 몸매 관리를 위한 운동이나 자전거 타기 같은 유산소 운동 등은 언급량이 줄어든 반면, '클라이밍'·'크로스핏'처럼 남녀 구분 없이 함께하는 운동이나 '천국의 계단'·'인터벌' 등 고강도 및 근력 증진 운동은 언급량이 증가했다.[14] 근육량을 늘리고자 하는 여성들이 증가하면서 프로틴 관련 식품 소비에도 성별의 차가 줄어들고 있다. 편의점 CU에 따르면 2024년 상반기 프로틴 관련 상품 매출을 분석한 결과, 남성 고

객 매출이 전년 동기 대비 33.7% 증가한 것에 비해 여성 고객 매출은 97.6% 증가했다.[15]

패션에서도 마찬가지다. '치마'와 '바지'가 화장실 표시에 사용될 만큼 패션은 성별을 눈으로 가장 쉽게 확인할 수 있는 영역이었지만 역설적이게도 이제는 성별의 통합을 선도하는 영역이 되고 있다. 몇 년 전부터 '젠더플루이드' 혹은 '젠더리스' 패션이 떠오르면서 남성 연예인이 흔히 여성용이라 생각하는 스커트, 꽃무늬 제품, 클러치 같은 소품을 착용하여 화제가 되기도 했다. 최근에는 운동의 인기에 힘입어 여성들 사이에서 '블록코어blokecore' 스타일이 사랑받으며 젠더플루이드 경향이 강화되고 있다. 블록코어는 영국에서 사내를 뜻하는 'Bloke'와 평범한 스타일을 의미하는 'Normcore'를 합친 말로 축구 유니폼을 일상복처럼 입고 다니는 남성들처럼 스포츠 유니폼 스타일로 꾸민 패션을 의미한다. 반면 남성들도 레깅스를 입고 운동하는 것이 어색하지 않게 됐다. 요가복 브랜드 젝시믹스의 경우 2020년 맨즈라인으로 제품군을 확대했는데 2023년 4분기에는 전년 동기 대비 맨즈라인의 판매량이 69% 증가한 것으로 나타났다.[16]

패션회사들도 이러한 소비자 변화에 대응하여 성별의 경계를 없애고 있다. 예를 들어, 패션 브랜드 '던스트'는 일부 품목에서 '남성 재킷', '여성 셔츠' 등의 성별 구분을 지우고 XS, S, M, L, XL 등 사이즈로만 구분한다. 던스트에 따르면 오버핏을 원하는 여성은 라지L 사이즈를, 슬림핏을 원하는 남성은 스몰S이나 미디엄M 사이즈를 입게 되면서 성별 구분이 무의미해졌기 때문이라고 한다.[17] 매장도 통합되는 추세다. 2022년 나이키 코리아가 홍대에 처음 젠더플루이드 매장을 연 것을 시작으로 롯데백화점은 2023년 12월 월드몰과 부산 본점에 성별 구분 없는 통합 패션관을 조성했다. 현대백화점 역시 패션 부문 조직을 남성패션팀·여성패션팀·영패션팀 대신 트렌디팀·클래시팀·유스팀·액티브팀으로 재편성했는데 이 역시 성별에 따른 분류가 아니라 취향에 따른 분류가 더욱 중요해지고 있기 때문이다.

남성과 여성의 차이는 식생활에서도 줄어들고 있다. 흔히 여성은 주류보다는 디저트와 커피를, 남성은 디저트나 커피보다 주류를 즐길 것이라고 예상하지만 최근에는 분위기 좋은 카페를 찾거나 디저트를 즐기러 동성 친구들끼리 카페를 방문하고, 직접 베이킹을 취미로 하는 남성을 심심치 않게 볼 수 있다. 술을 소비하는 일상 역시 변화했다. 질병관리청이 최근 10년(2012~2021년) 사이 음주 행태 변화를 분석한 바에 따르면 지난 1년 동안 한 번이라도 술을 마셔본 사람 중에서 한 달에 1회 이상 술을 마신 사람의 비율을 나타내는 월간음주율이 남성의 경우 85.8%에서 82.2%로 감소한 반면, 여성은 60.9%

피부 관리에 열심인 젊은 남성과 친구들과 모여 앉아 소주잔을 기울이는 젊은 여성들. 지금까지 알고 있던 소비의 고정관념이 사라지고 있다.

20대, 30대의 월간음주율 변화

	2012년	2021년		2012년	2021년
20대 남성	83.0%	75.7%	30대 남성	87.8%	81.1%
20대 여성	66.7%	68.3%	30대 여성	66.2%	72.9%
남녀 차이	16.3%	7.4%	남녀 차이	21.6%	8.2%

에서 63.5%로 증가했다. 이러한 남녀 간 격차는 20~30대에서 더 크게 감소했다. 20대의 경우 월간음주율의 성별 차이가 16.3%에서 7.4%로, 30대는 21.6%에서 8.2%로 모두 한 자리 수대로 감소했다.

일본에서도 유사한 경향이 보고되고 있다. 일본 하쿠호도 생활종합연구소에서는 식생활에서 남성과 여성이 유사해지는 경향을 '음식의 젠더리스' 현상이라 명명했다. 해당 연구소에서 20년(2002년~2022년)에 걸쳐 진행한 조사 결과에 따르면 주류 소비에 있어서 한국과 마찬가지로 성별 간 격차가 줄어든 것으로 나타났으며 '요리를 좋아한다'는 문항에 동의한 응답자의 비중이 여성은 46.1%에서 35.4%로 감소한 반면, 남성 응답자의 비율은 27%를 유지하며 남녀의 차이가 좁혀졌다.[18] 한국 또한 1인 가구가 증가하고 여성의 경제활동 참가율이 늘어난 점을 고려한다면 음식의 젠더리스 현상 역시 다르지 않을 것이라 짐작할 수 있다.

옴니보어의 등장 배경

왜 자신이 속한 집단의 전형적인 특징에서 벗어나는 소비를 하게 되는 걸까? 그 배경에 어떤 변화가 작용하고 있는지 살펴보자.

'순차적 인생 모형'의 변화

가장 먼저 우리가 더 오래 살게 됐다는 점을 지적할 수 있다. 인간의 수명이 늘어나면서 한 개인의 일생을 바라보는 틀이 바뀌고 있다. 펜실베이니아대학교 와튼스쿨 국제경영학교수 마우로 기옌Mauro F. Guil-len은 인생의 각 시기마다 적합한 생애 과업과 라이프스타일이 존재한다고 여기는 '순차적 인생 모형sequential model of life'이 시대에 뒤처진 사고방식이 되었다고 주장한다. 오랫동안 인류는 삶을 네 단계로 쪼개어 유년기에는 놀고 배우며 청년이 된 후에는 열심히 일하고 중년에 가족을 부양하고 노년에 은퇴하여 삶을 마감하는 생애 모형을 당연하게 여겨왔다. 하지만 인류가 건강하게 더 오래 살게 되면서 노년기가 비약적으로 길어졌다. 세계보건기구WHO의 2019년 발표자료에 따르면 대한민국의 건강수명, 즉 신체적·정신적으로 문제없이 건강하게 살 것으로 기대되는 나이는 73.1세다. 65세에 '은퇴'라는 단어는 어색해진 시대가 온 것이다.

인생 시계가 늦춰진 것에 이어 사회 환경도 달라졌다. 학업·취업·결혼·출산 등의 생애 과업이 개인의 선택이 되면서 다양한 라이프스타일을 수용하려는 사회적 분위기가 형성되고 있다. 뿐만 아니라 기술 발전의 영향으로 인생 초기에 배운 것만으로 다양한 변화에 대응하면서 남은 인생을 살아가기 어렵게 됐다. 배움의 시기와 노동의 시기를 구분짓는 것이 아니라, 10대에도 창업을 하고 중년에도 학습을 하는 옴니보어 라이프스타일이 자연스럽게 필요해진 것이다.

인간의 수명이 늘어나고 인류 역사상 가장 많은 세대가 함께 살아가는 시대가 되면서 세대 간 상호작용 또한 증가할 수밖에 없다. 최근 '세대 건너뛰기 여행skip-gen travel'이 여행 업계의 마이크로 트렌드로 부상하고 있다. 맞벌이로 직장을 다니느라 바쁜 부모 대신, 조부모가 손주와 여행을 떠나는 것이다. 베이비붐 세대에 해당하는 현 조부모 세대는 여행을 떠나기에 충분한 정보력과 체력을 갖춤과 동시에 은퇴 후 시간적 여유까지 생겨 손주와의 교류에 적극적이다. 이는 해외뿐만 아니라 국내에서도 마찬가지다. 조부모와 손주가 함께 나들이를 가거나 따로 살지만 근거리에 살며 조부모가 육아에 도움을 주는 모습을 쉽게 볼 수 있다. 이러한 가족 내 여러 세대의 상호작용은 Z세대가 할머니 감성의 스타일에 열광하는 '그래니 시크granny chic' 현상과 같이 뉴트로가 지속적으로 사랑받는 이유의 하나이기도 하다.

맞벌이로 바쁜 부모 대신, 조부모가 손주와 여행을 떠나는 '세대 건너뛰기 여행'이 유행이다.

조직 내의 세대 간 영향도 단순히 위에서 아래로 흐르지 않는다. 20대 대표와 50대 인턴이 함께 일하며 대표는 아이디어와 기술력을, 인턴은 실무 경험으로 시너지를 내는 스타트업 사례가 종종 눈에 띈다. 또한 대기업에서 공공기관에 이르기까지 역멘토링(혹은 리버스 멘토링)이 활성화되고 있다. 조직 내에서 세대 차이가 중요한 이슈로 부상하자 임원이나 선배 직원이 신입사원을 비롯한 젊은 직원들에게 요즘 문화나 바뀐 조직문화에 대한 의견을 듣는 자리를 마련하는 것이다. 유연한 조직문화를 조성하고 조직 밖에서 일어나는 시장의 변화를 놓치지 않으려는 노력의 일환이다.

SNS를 통한 세대 간, 집단 간 교류의 확대

소셜미디어 활용이 일반화되면서 다른 집단의 다양한 라이프스타일에 대한 접근성이 높아진 것도 중요한 요소다. 과거에는 피상적으로만 알고 있었던 다른 집단의 일상을 온라인을 통해 속속들이 관찰할 수 있게 됐다. 남성이 여성 인플루언서의 게시글을 보며 피부 시술에 관한 정보를 습득하고, 여성이 남성 운동 유튜버의 영상을 보며 운동법을 배울 수 있다. 20대지만 재테크 채널을 통해 퇴직 후 어려움에 대한 경험담을 듣고 노후 준비를 시작하며, 70대지만 20대 연애 유튜버의 영상을 보며 새로운 인연을 찾는 재미를 느끼기도 한다. 사람들은 자신이 속한 중년·여성·직장인이라는 집단의 특성보다 어떤 알고리즘에 노출되는지에 따라 생각이나 취향 혹은 행동 양식에 더욱 큰 영향을 받는다고 해도 과언이 아니다.

정보를 쉽게 얻을 수 있다는 것은 그만큼 개인의 능력도 커진다는 의미다. 배우고자 마음만 먹으면 연령·성별·직업·지위의 경계를 넘나들면서 배울 수 있다. 사회학의 옴니보어 이론에 따르면 사람들이 문화자본을 많이 가질수록 취향에 있어 개방적이 된다고 한다. 많이 알수록 다양한 경험을 즐길 수 있다는 이야기다. 이것은 취향에만 국한되는 것은 아니다. 정보를 빠르게 습득하고 배우는 사람이라면 10대여도 전문 크리에이터가 되고, 70대여도 프로게이머가 되는 옴니보어가 될 수 있다는 의미다.

전망 및 시사점

모든 전제를 원점에 두고 다시 생각하라

●

질문: '틱톡'은 정말 Z세대의 전유물일까?

답변: 2024년 상반기 기준으로 틱톡 사용자의 20.1%는 50세 이상이다.[19]

질문: 다이어트 및 식단 관리는 남성과 여성 중 누가 더 많이 할까?

답변: 편의점 CU 앱 '포켓CU'에서 샐러드나 닭가슴살 등 다이어트용 '식단 관리' 카테고리의 할인쿠폰을 구독하는 사람은 남성이 여성보다 1.6배 많다.

실제 소비자의 행동 데이터를 보면 예상과 빗나갈 때가 많다. 기업의 마케팅 전략에 있어서도 늘 해오던 대로 하면 낭패를 볼 확률이 커졌다는 의미다. 소비자들이 고정관념에서 벗어나 자신만의 취향대로 소비하는 옴니보어 시장에서 기업은 이제 어떻게 세그먼트를 나누고 타깃팅을 할 수 있을까?

데모그래픽 세그먼트에서 CoG 타깃으로

신혼에 적합한 냉장고를 마케팅한다고 가정해보자. 예전 같으면 혼수를 장만할 확률이 가장 높은 20대 후반에서 30대 초반의 여성 세그먼트를 타깃팅하고, 이 연령대 소비자들이 가장 선호하는 모델을 선정해, 이들이 자주 사용하는 채널에 광고를 집행했을 것이다. 하지만 이것은 상품과 상품의 주요 고객층, 주요 고객층이 이용하는 광고 및 판매 채널이 고리처럼 엮여있던 안정된 시장의 접근법이다.

옴니보어 시대의 잠재고객은 인구학적 세그먼트로 쉽게 정의되지 않으며 특정 채널로 한정하기도 어렵다. 따라서 소비자의 행동 패턴을 예측하기 위해 라이프스타일·가치·취향·기분·상황이라는 새로

옴니보어 시장에서의 타깃 접근은 보다 정확하고 날카로워야 한다. 단단한 얼음을 깨는 것은 커다란 해머가 아니라 끝이 뾰족한 바늘이다.

운 변수를 활용해 소비자를 면밀히 정의해야 한다. 혼수로 냉장고를 장만할 소비자를 찾으려면, 연령으로 접근할 것이 아니라 새로운 상황지표가 필요하다. 예를 들어, 청첩장을 주문한 사람, 결혼 준비 커뮤니티에 새로 가입한 사람, 입주 이사를 알아보는 사람 등 같은 세부적인 상황에 근거하여 타깃을 '추론'해야 한다. 포괄적인 인구학적 기준의 세그먼트 대신 소비자가 남긴 흔적을 통해 타깃을 찾는 개별적인 접근법이 필요하다.

이처럼 개별적으로 접근하면, 해당 타깃의 범위가 지나치게 좁아져 유효 수요가 너무 줄어들지는 않을까 하는 걱정이 생길 수 있다. 하지만 옴니보어 시장에서 타깃 접근은 좁고 날카로워야 한다. 단단한 얼음을 깨는 것은 커다란 해머가 아니라 끝이 뾰족한 바늘이다. 그렇다면 무엇이 바늘 끝에 해당할까? 바로 'CoG' 소비자를 찾아야 한다. CoG Center of Gravity는 무게중심을 의미하며, 프로이센의 군사 전략가 클라우제비츠Clausewitz가 제안한 군사 용어다. 적의 전투 능력을 가장 효과적으로 무력화시킬 수 있는 힘의 중심을 가리킨다.

이 CoG 개념을 브랜드에도 적용할 수 있다. 전투에서 승리하기 위해서는 CoG부터 공략해야 하는 것처럼, 무게중심에 해당하는 코어 타깃에게 브랜드의 가치를 전달할 수 있다면, 이들을 통해 다른 잠재 고객까지 자연스럽게 끌어낼 수 있을 것이다. LG전자에서는 '타깃'이나 '페르소나'라는 용어 대신 CoG 개념을 더 많이 사용한다고 한다. 예를 들어, 올레드TV가 화질은 탁월하지만 가격이 진입장벽으로 작용한다는 점에서 타깃 소비자를 정하는 데 고민이 많았다고 한다. LG전자는 고민 끝에 해당 제품의 CoG를 게이머로 설정했다. 게이머

중에서도 인지도는 높지 않지만 화질에 민감한 레이싱 게임인 '포르자 호라이즌'의 유저로 특정하여 범위를 더욱 축소했다. 게임 속에서 눈이 오면 눈 결정이 보일 정도로 감도 높은 화질의 올레드TV를 경험한 유저들이 입소문을 내면서, 초기 마케팅을 성공적으로 이끌어냈다.[20]

현대사회는 입소문이 매우 빠르게 확산하는 사회다. 작더라도 확실한 CoG를 가진 '마이크로 세그먼트'를 공략할 수 있으면, 과거와는 차원이 다른 효과를 기대할 수 있다.

탈세대 인류, 퍼레니얼적 사고가 필요하다

2025년에는 대한민국 국민 다섯 명 중 한 명이 65세 이상이 되는 초고령사회에 진입한다. 초고령사회를 앞두고 대한민국 경제의 생산성 저하, 국민연금을 비롯한 제도적 문제, 세대 간 갈등 등 녹록지 않은 문제가 제기된다. 우리는 이에 어떻게 대응해야 할까? 창업가 지나 펠Gina Pell은 새로운 시대의 인간상을 '퍼레니얼perennial'이라고 표현했다. 퍼레니얼은 다년생 식물, 즉 한 번 꽃을 피우고 열매를 맺으면 생이 끝나는 것이 아니라 계절이 바뀌면 다시 싹을 틔우는 식물을 뜻한다. 오늘날의 인류는 다년생 식물처럼 노년과 청년을 구분짓지 않고 끊임없이 일하고 배우며 상호작용하는, 세대에 갇히지 않는 '탈세대 인류'라는 의미다.[21] 마우로 기옌 교수는 개인과 사회 모두 오래된 규범, 시대에 뒤처진 제도, 고정관념에서 벗어나 퍼레니얼 사고방식을 가져야 한다고 말한다.

조직 내에서 주요한 문제로 부상하고 있는 세대 차이도 새롭게 접근해야 한다. 세대 간 격차를 해소하기 위해 수평적 호칭 제도 등 다양한 방안을 시도하고 있으나 피상적인 조치로 끝나는 경우가 많다는 비판도 제기된다. 커리어 플랫폼 사람인에서 직장인 2,236명을 대상으로 한 '직장 내에서 세대 차이를 느끼고 있는가'라는 질문에 전체 응답자의 75.9%가 '그렇다'라고 답했다. 흥미로운 것은 직급별로 '누구에게 세대 차이를 느끼는가' 하는 질문에 사원급에서는 동일한 '사원급 직장동료'에게 가치관 차이를 느낀다고 답한 사람이 26.5%로 가장 많았다.[22] 이와 같은 조사 결과는 직장 내에서 겪는 충돌이 나이·직급의 차이에서 발생하는 것이 아니라 개인·집단·사회의 전형성이 무너지면서 발생하며, 사회적 규범과 상식이 재편되고 있음을 보여준다.

이제 시장도 조직도 더 이상 전형적이지 않다. 기존의 고정관념을 버리고 상식을 재정립할 때다. 모든 전제를 원점에 두고 다시 생각하라.

N

#아보하

SNAKE SENSE

Nothing Out of the Ordinary: Very Ordinary Day

한국 사회의 행복 담론이 바뀌고 있다. '행복해야 한다'라는 믿음에서 한 걸음 비켜서서 너무 행복하지도 너무 불행하지도 않은 일상, 그저 '무난하고 무탈하고 안온한 삶'을 가치 있게 여기는 태도를 '아주 보통의 하루', 줄여서 '#아보하'라고 명명하고자 한다.

매일매일 전쟁을 치르는 것처럼 힘든 사회에서, 오늘을 힘껏 살아낸 것만으로 스스로 대견하지 않은가? 꼭 행복까지 이르지는 않았더라도 말이다. 누군가는 보통의 하루에 집중하는 사람들에 대해 도전 정신이 없다거나, 너무 지쳐서 그런 것이라는 평가를 내릴지도 모른다. 하지만 이들은 게으른 것도, 탈진한 것도 아니다. 하루하루 열심히 살고자 하는 삶의 태도에는 변함이 없다.

#아보하는 행복의 과시로 변질된 '소확행(작지만 확실한 행복)'에 대한 피로이자 반발이다. 작더라도 확실하게 행복을 추구하고 또 그것을 과시해야 한다는 강박이 오히려 행복을 방해하는 가장 큰 이유는 아니었을까? 사회·경제적 양극화가 심해지며 계층 간의 격차가 더 견고해지고 있으며, 자랑으로 가득한 소셜미디어가 우리의 일상을 지배한 지도 오래다. 무언가 더하지도 빼지도 않은 일상적인 소비가 우리가 숨쉴 수 있는 안전지대인지도 모른다. 특별한 행복이 찾아오지 않았더라도 오늘은, 아주 보통의 오늘은 중요하다.

"너무 행복한 것도 원하지 않아요. 여행을 가거나 하면 행복하긴 한데, 다시 일상으로 돌아와야 하잖아요. 행복한 다음에는 다시 행복하지 않을 수도 있으니까…. 좋은 일이 있으면 나쁜 일도 있는 것이 당연하죠. 아프거나, 회사에 일이 생길 수도 있고, 가족 간에 다툼이 있을 수도 있고. 행복한 다음에는 이런 일들이 더 힘들게 느껴진달까. 그래서 내일도 특별한 일 없이 그냥 딱 오늘만 같으면 좋겠어요."

– 20대 직장인 여성, 소비트렌드분석센터 소비자 인터뷰 발화 중에서

이 발언에 대해 어떻게 생각하는가? "너무 행복한 것도 원하지 않는다"라니, 젊은이가 야망도 없이 너무 애어른 같다는 생각이 드는가, 아니면 충분히 공감하는가? 대한민국의 행복 담론이, 특히 2030세대 안에서 미묘하게 변화하는 흐름이 감지되고 있다.

이는 한 사람만의 특이한 성향에 의한 답변이 아니다. 최근 이와 같은 삶의 태도가 많은 사람들로부터 공감을 얻고 있다. 2024년 5월, MBC 인기 예능 프로그램 〈나 혼자 산다〉에 일명 '구씨 아저씨'라고 불리는 구성환 배우가 출연했는데, 이 프로그램을 통해 일약 스타로 떠올랐다. 그동안 다양한 인물들이 프로그램에 출연했지만, 이와 같은 반응은 이례적이다. 그가 화제가 된 특별한 이유가 없다는 것도 놀랍다. 그가 보여준 하루에 남들에게 자랑할 만큼 대단한 활동은 없다. 반려견 꽃분이를 빗질해주며 아침을 시작하고, 냉장고 속 남은 재료로 밥을 지어 먹고, 옥상에서 일광욕을 즐기다가 비둘기떼에게 쫓긴다. 배우답게 자기 관리를 하고자 운동도 해보지만 힘들어서 이내 포기하고 만다. 그가 추구하는 행복은 남들에게 인정받으려는 행

복과는 거리가 멀다. 남들 눈에 예쁘게 보이려고 반려견이 싫어하는 미용을 억지로 시키지도 않는다. SNS 계정이 있지만 그저 꽃분이의 모습을 기록하려는 개인 목적으로 운용할 뿐이다. 서울 아파트에 살지 않아도, 고급 차가 없어도, 그저 "나라서 행복하다"라고 말한다.[1] 이런 평범하고도 안온한 일상이 시청자들의 열렬한 반응을 이끌어낸 것이다.

남과는 다른 특이한 일상과 경험을 SNS에 올려 엄청난 조회 수를 기록하거나 '좋아요'를 받고, 크든 작든 자기만의 목표를 달성하기 위해 치열하게 노력하지도 않았다. 누구나 그렇게 보낼 것 같은 평범한 일상에 시청자들이 열광했다는 사실은 요즘 사람들의 행복에 대한 가치판단이 예전과 달라지고 있음을 보여준다.

평범한 '보통의 하루'에 의미를 부여하는 사람들이 늘어나고 있다.

특별한 일이 없는 그저 그런 하루. 어제와 같고, 내일도 오늘과 같은 하루. 평범한 일상이 축복인 #아보하. 아주 보통의 하루.

'소확행'과는 미묘하지만 확연하게 결이 다른 움직임이다. 소확행은 『트렌드 코리아 2018』에 소개된 이후, 지금까지도 회자되고 있는 키워드다. 우리나라 사람들은 큰 꿈을 갖고 원대한 목표를 이루기 위해 현재를 희생하고 미래를 준비하는 삶을 지향해왔다. 성공이 곧 행복이라 믿었다. 그로 인한 빛과 그림자 또한 분명했다. 역사에서 유례를 찾기 힘들 정도로 빠른 고도성장과 믿을 수 없을 만큼 낮은 행복도. 그러한 가운데 나타난 소확행 트렌드는 행복이란 경쟁에서 이기고 거창한 성취를 이뤄야 가능한 것이 아니라, '사실 행복은 삶 속에 숨어있다'는 발상의 전환을 가능하게 했다. 원대하지만 불확실한 미래의 성공을 좇기보다는 일상 속 손에 잡히는 작지만 확실한 행복을 추구한다는 의미로 많은 이들에게 공감을 불러일으키면서, 대한민국 최애 키워드가 됐다고 해도 과언이 아니다.

성취에서 행복으로, 불확실한 미래에서 소소한 현재로 사람들의 행복관이 바뀌면서 많은 변화가 있었다. 먼저 삶의 질에 더 많은 관심을 갖게 됐다. 건강관리나 운동 같은 '웰빙' 소비가 늘어나고 여행과 외식 같은 '체험'을 중시하게 됐다. 그동안 지나치게 과시적이고 경쟁적이던 삶의 방식을 어느 정도 진정시키며, 남과의 비교가 아니라 자신만의 작지만 확실한 행복을 찾게 하는 바람직한 변화를 가져

소확행小確幸 '작지만 확실한 행복'의 줄임말. 1990년대에 발간된 무라카미 하루키 수필집에 언급됐으며, 『트렌드 코리아 2018』에서 트렌드 키워드로 제시했다. "갓 구워 낸 빵을 손으로 찢어서 먹는 행동"처럼 별 볼 일 없지만 누구나 경험할 수 있는 일상에서 느끼는 작은 행복감을 말한다. 『트렌드 코리아 2018』, pp.247~268

왔으며, 그 순기능은 지금까지도 유효하다.

문제는 '소확행'이라는 단어가 언젠가부터 조금씩 변질되기 시작했다는 점이다. 소확행이 마케팅 용어로 자리 잡으며 어느새 '약간 비싸지만 지불 가능한 가격대의 제품이나 서비스'라는 의미로 상업화됐다. SNS에 몰두하는 일부 소비자들 사이에서는 소확행이 인스타그램 피드에 올리는 작은 사치, '스몰 럭셔리'의 또 다른 표현으로 자리 잡았다. 명품 가방을 구매할 때, 밥값보다 비싼 디저트를 먹을 때, 사람들은 주저없이 #소확행 해시태그를 붙였다. 소확행 트렌드가 우리 사회를 휩쓸면서, 행복은 언제든 쉽게 닿을 수 있는 가치가 됐다. 새벽 5시 한강변을 뛰는 인증샷을 남기고, 해외여행 중 찰나의 순간을 담은 사진에 #소확행만 달면 그만이다. 작은 것에서도 행복을 찾자는 본래의 취지가 "행복하지 않으면 안 된다. 남에게 인정받지 않으면 행복이 아니다"는 강박으로 변해갔다. 행복을 과시하는 소셜미디어 광풍에 '나도 퇴근 후 홈술 사진쯤은 SNS에 올려야 하지 않을까?' 하는 의무감에 시달리게 된 것이다. 이제 나만의 작은 행복조차 남과 비교하고 과시하고 경쟁하는 아이템이 됐다. 한마디로 우리는 행복에 지쳐갔다. 더 정확히 말하자면, 누가 더 행복한가 하는 경쟁 속에서 행복을 보여줘야 한다는 강박에 피로해진 것이다.

'그저 그런 하루'의 소중함

SNS에 줄기차게 올라오는 소확행에 대한 피로도가 높아지면서 MZ세대의 행복에 대한 생각이 바뀌고 있다. 종교처럼 굳건했던 "행복해야 한다"는 믿음에서 한 걸음 비켜서는 이들이 늘어난 것이다. 나의 행복을 남들로부터 평가받기도 싫고, 누군가에게 보이기 위해 행복하고자 애를 쓰는 것도 싫다. 그저 원하는 것은 '무탈하고 안온한 하루'다. "오늘 어떻게 보냈어?"라는 친구의 질문에 "특별한 일 없이 그저 그런 하루였어"라고 대답하는 내가, 잘못 살고 있는 것이 아니라는 위로를 듣고 싶다.

'그저 그런 하루'를 보내는 것은 생각보다 쉬운 일이 아니다. 아니, 아무 일도 없이 보내는 하루는 어떤 면에서 대단하다. 상상하기조차 힘든 재난과 사고가 언제 어디서 누구에게 벌어질지 모르는 시대이기 때문이다. 일방통행 도로를 역주행해 자동차가 달려들거나 엘리베이터 안에서 누군가에게 이유 없는 폭행을 당할 수도 있다. 또는 갑작스러운 폭우에 주차장에 갇혀 빠져나오지 못할 수도 있고, 가족이 다쳤다는 전화에 돈을 보냈다가 보이스피싱에 당할 수도 있다. 주변에서 일어나는 사건·사고들은 '그냥 아무 일 없이 지나가는 게 다행인 거지'라는 생각을 자연스럽게 하게 만든다. 재미있는 영화를 보며, 장난감을 모으며, 맥주를 마시면서 야구 중계를 보며, 각자의 일상에 몰두하고 또 그럴 수 있는 안온한 하루에 감사한다.

매일매일이 전쟁이다. 이런 시국에 오늘 하루 무탈하게 힘껏 살아낸 것만으로 스스로 대견하지 않은가? 꼭 '행복'까지 이르지는 않았더라도 말이다. 행복해지기

아보행과 #아보하

아보하는 행복 연구의 대가 서울대 심리학과 최인철 교수가 쓴 책 『아주 보통의 행복』의 제목에서 영감을 얻은 말이다.[2] 이 책은 우리가 진정으로 행복해지기 위해 필요한 작은 지혜들을 소개한다. 그러나 오늘날은 소소한 행복의 개념마저 변질돼 지나치게 과시적·경쟁적으로 사용되고 있다. 이에 대한 우려를 담아, 굳이 행복까지 이르지 않아도, 무탈하고 평범한 일상이 소중하다는 점을 표현하고자 '행복' 대신 '하루'라는 단어를 사용했다.

위해 치열하게 노력하지 않아도 괜찮다. 오늘 하루를 그저 살아냈다는 사실만으로도 충분히 대단하다. 본서에서는 너무 행복하지도, 너무 불행하지도 않은 일상, '무난하고 무탈하고 안온한 삶'을 가치 있게 여기는 태도를, '아주 보통의 하루'를 줄여 **'#아보하'**라고 이름 붙이고자 한다.

누군가의 눈에는 #아보하를 살아가는 사람들의 모습이 도전 정신이 부족한 나약한 모습으로 보일 수도 있다. 하지만 이들은 게으르거나 유약하지 않으며, 누구보다 열심히 오늘 하루를 살아낸다. 그들이 열심히 살아내고 있는 일상의 면면을 살펴보자.

#아보하의 여러 단면들

특별한 순간이 아닌, 평범한 일상

> 아침마다 창밖에서 들리는 빗자루 소리에 잠을 깬다. 침구를 단정히 개고, 열심히 이를 닦고, 화분에 물을 주고, 자판기 캔 커피로 아침을 대신하고, 출근해 공중화장실을 청소하고, 공원에서 편의점표 샌드위치를 먹으며 하루를 보낸다. 이 일상이 매일매일 반복되는데 주인공에게는 전혀 권태로운 기색이 없다.

2024년 8월, 빔 벤더스 감독의 〈퍼펙트 데이즈〉가 개봉 7주 만에 11만 관객을 돌파했다. 최근 불황에 시달리는 한국 극장가에서 몇 개안 되는 상영관에 걸린 독립예술영화인 점을 고려하면 놀랄 만한 성적이다. 영화의 내용은 단순하다. 도쿄의 공중화장실 청소부 히라야마의 지루하도록 반복되는 하루가 담겨있다. 영화 속 그의 일상에서 가장 빛나는 순간은 나뭇잎 사이로 비치는 햇빛을 필름 카메라에 담는 일이다. 힘든 화장실 청소일마저 가치 있게 만들어주는 반복되는 일상의 작지만 소중한 힘을 보여주는 장면이다.

〈퍼펙트 데이즈〉에서 배우 야쿠쇼 코지가 화장실을 청소했다면, 우리나라에서는 배우 최강희가 집을 청소한다. 그는 연예인으로만 살아온 탓에 누군가 도와주지 않으면 은행 업무도 잘 못 보고, 혼자서 할 줄 아는 게 하나도 없어서 커다란 좌절감에 시달렸다고 한다. 이 좌절에서 벗어나 자존감을 찾게 해준 것은 집안 청소였다. 최강희 배우는 청소를 하면서 기분이 좋아지는 정도가 아니라, 전문 가사도우미 수준으로 집 청소를 잘한다. MBC 예능 프로그램 〈전지적 참견 시점〉에서는 김숙과 송은이 집에서 가사도우미로 일하고 있는 모습을 공개해 화제를 모았다. 집을 청소함으로써 자존감을 되찾은 그는 이후 〈라디오스타〉에서 매니저 없이 직접 일상사를 해결하며 홀로서기에 성공한 근황을 공개하기도 했다. 최강희 배우의 사례에서 주목할 만한 점은 그의 자존감을 되찾아준 것이 오지탐험 같은 특별한 경험이 아니라, 집을 청소하는 평범한 행동이었다는 것이다. 이처럼 화장실 청소든 집 정리든, 남의 눈을 의식하지 않고 자신에게 집중할 수 있는 일상의 루틴을 찾아내는 것이 중요하다.

#아보하는 무탈하고 안온한 일상을 일컫는 '아주 보통의 하루'의 줄임말이기에, 가장 중요한 요소는 '일상'이다. 최근 일상이 주목받고

‘무탈’, ‘평범’, ‘보통’ 관련 언급량 추이

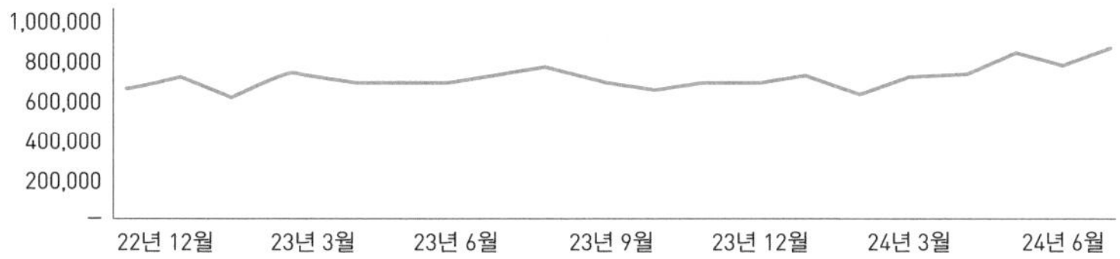

‘무탈’, ‘평범’, ‘보통’ 관련 연관어

2023년 10월~2024년 7월

순위	이슈어	언급량
1	가족	811,269
2	밥	387,641
3	고기	325,793
4	부모님	323,686
5	유튜브	260,349

순위	이슈어	언급량
6	반찬	243,531
7	아이	238,679
8	아빠	229,425
9	직장인	214,414
10	맥주	210,209

※ 분석 채널 : 커뮤니티, 카페, 블로그
출처: 코난테크놀로지

있다. 코난테크놀로지의 소셜 분석 결과에 따르면 ‘무탈·평범·보통’의 온라인 언급량이 최근 2년 동안 완만하게 증가하고 있는데, 특히 이와 함께 언급된 연관어가 인상적이다. ‘가족·부모님·아이·남편’ 등의 가족 구성원, ‘고기·밥’ 같은 평범한 식사, ‘유튜브·넷플릭스’ 같은 일상 활동이 대표 연관어로 등장한다.

콘텐츠 영역에서도 일상이 주목받는다. 2024년 1월에 개설된 유튜브 채널 ‘인생 녹음 중’은 8개월 만에 구독자 수 108만을 돌파했다.

출처: 유튜브 채널 '인생 녹음 중'

부부가 나누는 시시콜콜한 이야기 등을 올려 100만 구독자 수를 기록한 유튜브 채널 '인생 녹음 중'. 자극적이지 않은 평범한 일상의 공유가 채널의 인기 비결이다.

이 채널이 인상적인 이유는 인상적인 내용이 별로 없기 때문이다. 주요 콘텐츠는 부부의 대화가 담긴 블랙박스 녹음 파일이다. 특별한 주제도 없다. 부부가 나누는 시시콜콜한 대화, 티키타카하며 주고받는 노래가 대부분이다. 매력적인 배경음악도 없다. 그릇 부딪히는 소리, 과자 먹는 소리 등 주변 소음만 잔뜩 들린다. 그런데도 사람들은 이 평범한 부부의 '찐일상'에 귀 기울인다. 자극적인 콘텐츠가 넘치는 유튜브에서 이런 평이한 콘텐츠가 인기를 끈다는 사실은, 특별한 순간이 아닌 평범한 일상에 많은 사람들이 관심을 가지고 있다는 점을 잘 보여준다.

남에게 과시하지 않고 나에게 집중

한국 소비문화의 가장 중요한 특징은 타인의 시선을 신경 쓴다는 점이다. 그래서인지 다소 비싸더라도 이왕이면 브랜드 제품을 구매하려고 하며, 그중에서도 명품을 선호한다. 이렇듯 소확행마저 그 진정한 의미를 잃고 변질됐지만, 남에게 과시하기보다는 자신에게 집중하는 소비를 하며 #아보하를 보내는 이들이 늘어나고 있다. 예를 들어, 비싼 명품 가방 대신 그나마 저렴한 명품 립스틱을 사고 SNS에 올리는 것이 '변질된 소확행'이라면, #아보하는 명품 립스틱 대신 고품질의 기능성 치약을 구매하는 것이다. 좋은 치약은 SNS에 올라온 명품 립스틱과는 달리 남들 눈에는 보이지 않는 아주 사적인 즐거움이다. 소확행과 #아보하의 차이는 립스틱과 치약의 차이다. 실제로도 고급 치약 매출이 증가하고 있는데, 올리브영에 따르면 2023년 치약 카테고리 매출은 전년 대비 45% 증가했다.[3] 일반 치약보다 3배는 비싼 '유시몰', 치약계의 샤넬이란 별명이 붙은 '마비스'의 매출도 지속적으로 증가하고 있다. 경기 불황으로 알뜰 소비가 확산되고 있다는 점으로 미루어볼 때 이색적인 현상이다.

취미 영역에서도 보여주기가 아닌, 자신에게 즐거움을 주는 취미 활동이 부상하고 있다. 나이 지긋한 할머니가 좋아하실 법한 뜨개질이 최근 2030세대 사이에서 인기다. 신한카드 빅데이터연구소 분석 결과에 따르면, 뜨개용품을 전문적으로 다루는 '뜨개 전문점'과 뜨개를 하면서 카페를 이용할 수 있는 '뜨개 카페' 이용 건수가 빠르게 증가하고 있다. 이용자 변화를 살펴보면 특히 2030세대의 비중이 크게 증가하고 있는데, 세련되고 힙한 것을 좋아하는 젊은 세대 사이에서 이런 옛날 취미가 다시 부상하는 점이 독특하다. 단순 작업을 반복하며 잔잔하게 보통의 하루를 마무리하기에 무척 좋은 취미이기 때문이 아닐까.

스포츠 분야에서도 한때 열풍이 불었던 골프나 테니스처럼 '폼나는' 종목 대신 달리기와 등산 같은 일상적인 운동에 관심을 두기 시

뜨개 전문점 이용 건수 비교

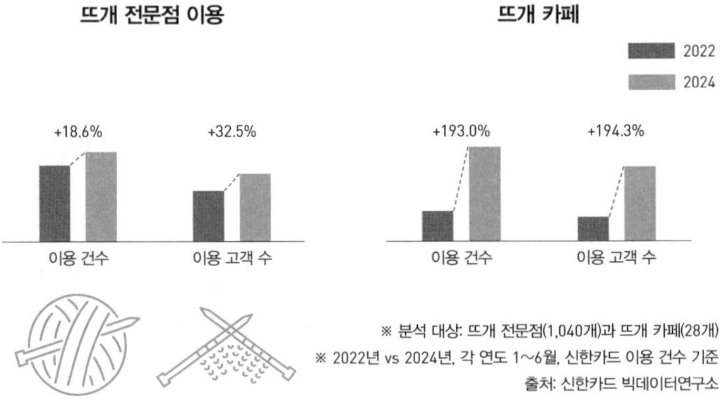

※ 분석 대상: 뜨개 전문점(1,040개)과 뜨개 카페(28개)
※ 2022년 vs 2024년, 각 연도 1~6월, 신한카드 이용 건수 기준
출처: 신한카드 빅데이터연구소

작한다. 롯데멤버스가 2023년 1~10월 거래 데이터를 분석한 결과 골프(-4%)·테니스(-15%) 용품 및 의류 구매액은 줄어든 반면, 러닝(13%)·등산(11%) 관련 용품 구매액은 늘었다. 연령대별로 보면 20대(23%)와 30대(7%)의 스포츠용품 구매 증가율이 가장 높은 것으로 나타났다.[4] 골프와 테니스가 예쁜 옷을 입고 멋있는 포즈로 사진을 찍어 SNS에 올리기 좋은 스포츠라면, 달리기나 등산은 화려한 패션이나 용품을 필요로 하지 않는다. 그저 자신에게 집중하면 되는 스포츠라는 점에서 #아보하형 취미 활동에 가깝다.

도서 시장에서는 '필사'가 인기다. 좋은 문장을 손으로 옮겨 적으며 그 의미를 느낄 수 있게 하는 책들이 베스트셀러 순위에 오르고 있다. 어휘력을 높여주는 필사책에서부터 자신의 마음을 한줄로 표현하거나 명언을 옮겨 적는 필사책까지 종류도 매우 다양하다. '필사'는 과거의 '캘리그래피' 열풍과는 다소 다르다. 캘리그래피는 손글씨를 멋지고 예쁘게 써서 SNS에 올리고 남에게 자랑하려는 의도가 강했다면, 필사는 말 그대로 혼자 방에서 묵묵히 해내는 일이다. 자신에게 집중하며 무탈한 하루를 보내기에 안성맞춤이다.

안온한 하루를 보낸 사실에 감사하고자 일기를 쓰는 사람들도 부쩍 늘고 있다. 스타트업 윌림에서 개발한 '세줄일기'는 사진 한 장과 글 세 줄로 그날 있었던 일을 기록하는 일기 쓰기 앱이다. 단 세 줄로 하루를 간단하게 기록할 수 있어 일기 쓰기에 부담을 느끼는 사람들에게 반응이 뜨겁다. 써둔 일기를 모아 책을 만들 수도 있고, 원한다면 익명으로 남들에게 공개할 수도 있다. '감사모아' 앱도 이와 유사하다. 오늘 하루 행복했던 일, 기분 좋은 일 5개를 기록하면 끝이다.[5] 별일 없는 하루 속에서도 나름대로 의미를 찾을 수 있다.

드라마틱한 변화보다는 잔잔한 유지를 선호하는 경향이 강한 일본에서도 비슷한 사례가 자주 관찰된다. 『도쿄 리테일 트렌드』의 저자인 애널리스트 정희선은 요즘 일본 20대들이 즐겨 찾는 공간으로 '동네 목욕탕 사우나'를 꼽는다.[6] 최근 SNS에서 유행하는 해시태그 중에 '#레푸기움refugium'이라는 것이 있다. 레푸기움이란 라틴어로 '피난처'란 뜻으로, 빙하기 등 여러 생물종이 멸종하는 환경에

케렌시아Querencia 케렌시아는 투우장의 소가 마지막 일전을 앞두고 홀로 잠시 숨을 고를 수 있는 자기만의 공간을 의미하는 스페인어다. 치열한 삶의 전투 속에서 현대인 또한 지친 몸과 마음을 추스를 공간이 필요한데, 『트렌드 코리아 2018』에서 이 공간을 케렌시아라고 부르자고 제안했다. 『트렌드 코리아 2018』, pp. 335~356

서 생명체가 위협을 피하여 살아남을 수 있었던 공간을 의미한다. 번잡한 도시 생활 속에서 잠시 피난하듯 쉬어갈 수 있는, 『트렌드 코리아 2018』에서 제안했던 **'케렌시아'**와 비슷한 개념이다. 나만의 피난처를 찾는 트렌드가 확산돼 레푸기움 해시태그가 유행하는 가운데, 멋진 인테리어가 돋보이는 카페나 그럴듯한 노천탕이 있는 유명 온천이 아니라, 어르신들이 방문할 것 같은 동네 목욕탕 사우나를 젊은 사람들이 찾는다는 점이 인상적이다.

인정보다 긍정

평범한 하루를 소중하게 여기는 사람들은 스스로를 바라보는 시각도 긍정적으로 바꾼다. 일명 행복 회로를 돌리는 것이다. 힘든 현생現生을 잘 살아가고자 '아이돌 마인드'로 살아간다는 자조 섞인 유머가 인기다. 예를 들어, 한 대학원생은 본인을 "나는 지도 교수님이라는 사장님 밑에서 아이돌이 되어가고 있는 연습생"이라고 여기며 힘든 대학원 생활을 견딘다고 한다.[7] "제니도 연습생 기간을 6년이나 거쳤는데 학위 기간 정도는 참을 수 있지 않겠어?"라는 일종의 긍정적인 '정신 승리'다. 또 어느 은행원은 창구 업무를 처리하면서 손님들에게 시달리는 현실을 "연예인인 내가 팬 사인회를 하는 중"이라고 생각하며 견딘다고 한다. 일반적으로 팬사인회가 열리면, 팬들이 번호표를 뽑고 순서를 기다렸다가 연예인 앞에 앉아 이야기를 나누는데, 은행 창구에서 손님을 대하는 일이 이와 유사하다는 뜻이다. 가끔 진상 고객을 만나면 '악질 팬'을 만났다고 생각하며 마음을 다스린다. 또한 혼자 사는 사람이 집안일을 하기 싫을 때는, "나는 〈나 혼자 산다〉에 출연한 아이돌이야. 팬들에게 내가 사는 모습을 공개해야 하니까 청소도 하고, 요리도 하고, 운동도 좀 해야 하지 않을까?" 하는 식으로 자신을 설득한다.

2024년 초에는 그 어떠한 상황도 웃으며 받아들이는 '원영적 사고'가 화제가 됐다. 한 방송 인터뷰에서 아이돌 그룹 아이브의 장원영 씨가 "나에게 일어나는 모든 일은 나에게 좋은 일"이라며 긍정적으로 대답한 것에서 시작된, 어려운 상황을 '오히려 좋아'의 느낌으로 해석하는 초월적 긍정성 사고다. 예를 들어, 빵집에 갔는데 하필 내 앞에서 재고가 딱 떨어졌을 때 사람들은 보통 실망하지만, 원영적 사고에 따르면, "새로 구워진 빵을 내가 처음 받겠네! 완전 럭키비키 잖앙?"이라며 긍정적으로 받아들이는 것이다. '홍민적 사고'도 있다. 대인배 손흥민 선수처럼 안 좋은 일이 생겨도 이를 긍정적으로 전환

> 난 대학원생이 아니다.
> 난 사실 아이돌 연습생인 것이다.
>
> 아이돌 연습생 평균 연습생 기간 3년.
> 제니 연습생 기간 6년,
> 슬기 연습생 기간 7년,
> 지효 연습생 기간 10년,
>
> 그래 나는 지도 교수님이라는 사장님 밑에서
>
> "
> *아이돌이 되어가는 사람인 것이다.*
> "

출처: 네이버블로그 '밤나무키우기'

한 대학원생은 힘든 현생을 극복하고자 자신을 '아이돌 연습생'이라고 생각하자는 글을 블로그에 올려 화제가 됐다.

원영적 사고/흥민적 사고 변환기 사례

일반적 사고	원영적 사고	흥민적 사고
아, 일하기 싫어. 마감이 얼마 남지 않았잖아.	마감 덕분에 진짜 내 실력이 확 늘었어! 그래서 지금은 오히려 감사해.	일하기 싫다고? 그냥 일하는 게 재밌다고 생각하면 돼.
오늘 부장님께 혼나서 너무 괴로워.	덕분에 더 성장할 수 있었던 것 같아. 힘든 일 겪고 나면 더 강해지잖아?	부장님께 혼났다고? 그냥 내 성장의 기회라고 생각하면 돼.
오늘 왜 이렇게 되는 일이 없을까?	진짜 짜증나지. 근데 이상하게 그런 날 끝나고 보면 뭔가 좋은 일이 생기더라니까? 오늘이 그냥 그런 날인 거지 뭐.	되는 일이 없다고? 그냥 하루가 조금 힘들 뿐이라고 생각하면 돼.

해 생각하는 식이다. 똑같은 빵집 앞에서 흥민적 사고는 "빵이 내 앞에서 떨어졌다고? 그냥 다른 빵 찾아보면 돼!" 하는 식이다.

원영적 사고, 흥민적 사고 등이 인기를 끌자, 최근에는 상황을 대입하면 ○○적 사고에 따라 생각을 변환해주는 사이트도 등장했다. 예를 들어, '원영적 사고 변환기'는 아이돌 장원영처럼 초긍정적으로 생각하도록 문장을 변환해준다. "아, 일하기 싫어, 마감이 얼마 남지 않았잖아"라고 입력하면 "마감 덕분에 진짜 내 실력이 확 늘었어! 그래서 지금은 오히려 감사해. 완전 럭키비키잖앙"으로 변환돼 나온다. 최근에는 '흥민적 사고 변환기'도 출시됐다.[8]

행복 아니고 행운

"일부러 행복을 찾는다기보다는 뭔가 특별한 이벤트 없이 그냥 퇴근하고, 운동하고, 주말에 술 한잔하고 이런 게 좋은 것 같아요. 날씨 좋고 이러면 기분 좋잖아요. 또 어디 이벤트에 명함 넣었는데 그게 당첨됐어 이런 거. 감자탕집에서 '사리 추가 공짜' 당첨될 수 있잖아요. 아주 소소한 건데도 나 운이 너무 좋네, 이렇게 행복해지니까."

– 30대 직장인 여성, 소비트렌드분석센터 소비자 인터뷰 발화 중에서

서울대학교 행복연구센터 센터장 최인철 교수에 의하면 인간은 우연히 일어나는 좋은 일에서 행복을 더 많이 느낀다고 한다.[9] 그도 그럴 것이 행복의 행幸자는 '우연히 일어나는 일'이라는 뜻이다. 치밀하게 계획하기보다는, 뜻하지 않게 생긴 좋은 일은 우리를 기쁘게 한다. 단조로운 아주 보통의 하루에도 뜻밖에 생겨나는 즐거운 일은 있다. 그런 것을 우리는 우연히 생긴 좋은 일, '행운'이라고 부른다. 행복이 부담스러운 사람들은 작은 행운에 기뻐하며 하루를 사는 동력으로 삼는다.

행운을 기다리지 않고 찾아 나서는 움직임도 포착된다. 요행을 바라는 것은 아니다. 발견하면 행운이 찾아온다는 의미를 가진 '네잎클로버 찾아다니기'처럼 행운을 재미있게 소비하는 것이다. 최근 들어 네잎클로버가 갑자기 인기를 끌자, 네잎클로버 모양의 디저트와 음료를 판매하는 카페가 부쩍 늘었다. 세잎클로버와 네잎클로버가 올라간 치즈케이크로 유명한 서울의 '마가밀', 네잎클로버로 마무리한

피스타치오 컵케이크 '행운컵'을 판매하는 인천의 '셀렘', 우유 크림 위에 네잎클로버가 올라간 '행운라떼'를 판매하는 대전의 '인커브' 등이 대표적이다.[10] 개인 카페뿐만 아니라, 프랜차이즈 카페 '할리스'에서도 2024년 봄시즌 음료로 네잎클로버가 올라간 '행운이 쑥쑥 라떼'를 선보였다. 사람들은 이런 카페를 도장 깨기하듯 방문하며 인증샷을 모은다. 물론 네잎클로버 디저트를 즐긴다고 해서 행운이 찾아올 리는 없지만, 작은 재미에서 즐거움을 찾는다.

평범한 오늘, 약간의 행운을 바라며 오늘의 운세와 점을 보는 젊은 세대도 늘고 있다. 흔히 점이나 사주는 부모세대에서나 즐기는 것으로 생각하기 쉬운데, 요즘은 20대들이 운세에 누구보다 관심이 많다. 시장분석 서비스 와이즈앱·리테일·굿즈의 분석에 따르면, 운세·점 관련 앱 설치자는 2020년부터 2024년 상반기까지 지속적으로 증가 추세를 보인다. 2024년 상반기를 기준으로 볼 때, 여성 사용자 비중이 74.6%로 남성 대비 월등히 높은데, 연령별로 살펴보면 20대가 가장 높고, 30대, 40대 순으로 오히려 사용율이 감소한다는 점도 주목할 만하다.

이런 트렌드를 활용하는 마케팅 사례도 종종 등장한다. 2024년 5월, 롯데웰푸드는 '행복한 몽쉘' 이벤트를 진행했다.[11] 몽쉘 일부 제품에서 의도하지 않게 방긋 웃는 표정의 초콜릿 장식이 나올 때가 있는데, 이를 발견한 사람들이 사진을 찍어 "당신은 방금 행복한 몽쉘의 축복을 받았습니다"라는 문장과 함께 온라인에 올린 것에서 착안한 것이다. 롯데웰푸드는 몽쉘의 물결 모양 초코 드리즐에서 다양한 표정을 발견하여 해시태그와 함께 업로드한 이들 중 123명을 뽑아

운세·점 관련 앱 설치자 및 사용자 월평균 추이

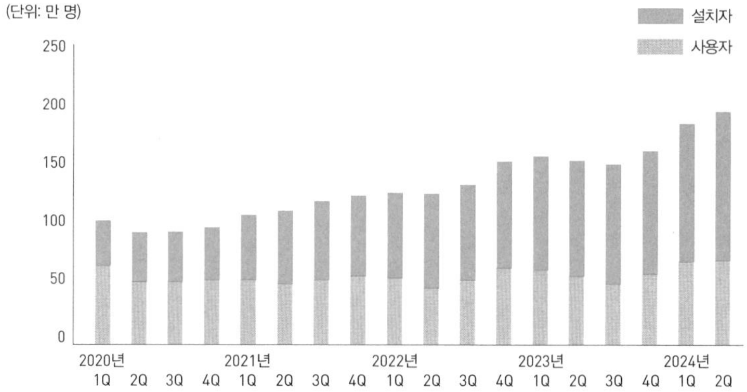

※ 포스텔러/점신/헬로우봇 사용자 평균(중복 포함)
출처: 와이즈앱·리테일·굿즈

선물을 증정했다. 소비자의 소소한 행운 선호 트렌드를 잘 포착해 기민하게 이벤트로 발전시켜 좋은 반응을 이끌어낸 사례다.

재미있는 상품도 출시됐다. 노플라스틱선데이에서 만든 '행운의 네잎클로버 NFC 태그미 럭키 키링'은 하루에 한 번 나만의 운세를 보여주는 키링이다. 키링을 휴대폰에 가까이 가져가면 화면에 'NFC 태그'라는 링크가 연동되는데, 링크에 접속해 이름과 생년월일 등을 입력해두면 태그할 때마다 스마트폰에 그날의 운세가 뜬다. 물론 운세를 본다고 해서 특별하고 좋은 일이 생기는 건 아니다. 하지만 사람들은 이런 작은 행운을 찾으며, 어제와 다를 바 없는 오늘 하루를 성실히 살아간다.

출처: 노플라스틱선데이

행운, 네잎클로버, 오늘의 운세. 이 세 가지를 조합한 NFC키링도 나왔다. 운세를 본다고 해서 특별히 좋은 일이 생기는 것은 아니지만 일상의 작은 행운을 기대하는 사람들에게 좋은 반응을 얻었다.

전망 및 시사점

너무 뜨겁지도, 차갑지도 않은 '골디락스'처럼

모든 트렌드가 그렇듯, 그에 맞는 제품과 서비스를 개발해 예전에 없던 시장을 만들어내는 일은 좋은 성과를 거둘 가능성을 높여준다. 특히 소비자의 일상과 늘 맞닿아 있는 가전제품의 경우에는 작은 기능 하나로 기술과 소비자의 간극을 줄이는 데 #아보하 트렌드를 활용할 수 있다. 예를 들어, 삼성전자에서 선보인 로봇청소기 '비스포크 제트봇 AI'에는 뜻밖의 기능이 있다. 바로 음성으로 사람에게 메시지를 전달하는 기능이다. 청소를 시키면 뜬금없이 "매일같이 청소하시는 모습이 참 깔끔하시네요"와 같이 칭찬을 해주는가 하면, 청소를 마친 후 "오늘은 평소보다 먼지가 많아서 뿌듯하네요", "청소 후 뿌듯한 마음으로 돌아갑니다"와 같은 자화자찬을 늘어놓기도 한다. 이런 음성 기능은 청소기 본연의 기능과 큰 상관은 없지만, 좀처럼 칭찬받을 일이 없는 현대인의 일상에 작은 즐거움을 선사한다.

자극적인 뉴스로 시청률을 올려온 미디어 산업에도 #아보하 트렌드는 생각할 거리를 던진다. 국제뉴스미디어연합INMA, International News Media Association은 미디어가 혐오를 유발하며 부정적 감정을 키우는 기사로 대중을 자극할 때보다, 독자에게 희망을 주는 주제를 균형 있게 다룰 때 오히려 구독률이 더 잘 유지된다는 조사 결과를 발표했다. 2022년 6월부터 2023년 11월까지 다국적 온라인 미디어 회사 '악셀 스프링거Axel Springer'에 게시된 콘텐츠를 분석한 결과, 러시아-우크라이나 전쟁과 관련된 콘텐츠에서 구독 취소가 많이 발생한 반면, 마을을 되찾기 위한 사람들의 노력 등 긍정적인 뉴스를 함께 게시했을 때는 구독 취소 비율이 유의미하게 감소하는 것으로 나타났다.[12] 시청률을 위해 자극적인 콘텐츠만을 앞세우기보다는 #아보하 관점의 내용을 균형 있게 다룰 때 매체의 가치를 지킬 수 있다는 의미다.

중용의 절제를 아는 삶, #아보하

#아보하는 논쟁적 트렌드다. 거창한 성취는 물론이고 행복해야 한다는 강박에서 벗어나, 하루하루 일상에 최선을 다하고 감사할 수 있게 하는 긍정적인 측면이 존재한다. 하지만 젊은 세대가 열정과 포부를 잃어가는 것은 아닌가 하는 우려도 함께 불러일으킨다. 특히 더 나은 내일을 위해 오늘을 희생하며 쉼 없이 달려왔던 부모세대가 #아보하 세대를 바라보는 시선은 착잡하다.

현실을 긍정한다고 무조건 박수 칠 일만도 아니다. 연세대학교 심리학과 김영훈 교수에 따르면, 현실을 지나치게 긍정적으로 해석하는 '비현실적 긍정성'은 현실을 지나치게 부정적으로 인식하는 것만큼이나 생산성을 방해한다.[13] 현재를 강요하는 트렌드가 사람들의 '상승 의욕'을 부정하며, 미래가 아닌 현실에 안주하라는 메시지로 받아들여져서는 안 된다는 뜻이다. 현재만을 강요하는 태도로 인해 우리 사회가 미래에 대한 희망을 잃어버리는 '집단 무기력'에 빠질 우려도 존재한다.

특히 소확행이나 #아보하처럼 삶의 태도와 관련되는 트렌드는, 구성원들의 의지보다는 사회·경제적 구조를 반영한 결과다. #아보하는 아무리 열심히 달려도 지금보다 더 행복해질 것 같지 않다는 젊은 세대의 좌절을 반영한다. 인간은 미래를 꿈꾸기 어려워질 때 현재에 집중하는 경향이 있다. 지금 대한민국은 경기가 나쁜 것을 넘어 성장의 속도가 현저하게 느려지고 있고, 그 안에 더 나은 미래는 보이지 않는다. 당연히 원대한 목표를 세우고 그것에 매진하기보다는 현재에 집중하는 것이 합리적인 귀결이다. 이런 절망감은 특히 젊은 세대에서 강하다. 2023년 12월, 한국보건사회연구원이 발간한 보고서에 따르면 1986~2001년에 출생한 집단은 다른 연령대에 비해 '한국 사회에는 희망이 없고, 취업 불황은 지속될 것이며, 변화 속도에 적응하기 힘들다'는 인식이 높은 것으로 나타났다.[14] 아무리 열심히 살아도 넘을 수 없는 벽이 있다는 사실을 깨닫는 순간, 시선은 현재의 안온한 삶으로 향하게 된다.

이러한 우려 섞인 시선에도 불구하고, #아보하는 우울과 절망이 만연한 우리 사회에 치유의 계기로 작용할 수도 있다. 더 많은 소비를 이끌어내고자 유혹하는 시장, 경쟁과 성공을 강조하는 사회 분위기 속에서 #아보하는 하나의 대안이 될 수 있다. 저널리스트이자 작가인 제니퍼 모스Jennifer Moss는 이렇게 말한다.

> "행복을 좇을 때, 우리는 행복하지 않습니다. 의미있는 작업에 몰두할 때, 더 높은 목표를 좇을 때, 주변 사람들을 도울 때, 그래서 더 이상 행복에 대해 생각조차 하지 않을 때, 우리는 행복합니다."[15]

조금이라도 아팠던 경험이 있는 사람이라면 동의할 것이다. 등이 가려우면 손 넘겨 긁을 수 있고, 피곤하면 따뜻한 물에 몸을 담가 목욕할 수 있는 단순한 일상이, 별일 없이 아프지 않은 그 하루가 축복이라는 것을. 병상에 누워있으면 성공·성취·승리 심지어 행복 등 우리가 소망하는 모든 것은 그 다음 문제다. 건강한 사람은 '병'이나 '건강'을 이야기하지 않고, 부자는 '돈'에 대한 얘기를 하지 않듯이, 불만이 없는 사람들은 굳이 '행복'을 묻지 않는다. 간절하게 행복을 추구한다는 것 자체가 아직 행복하지 않다는 반증이기도 하다.

영국의 유명한 전래동화에서 유래한 '골디락스'라는 말이 있다. 너무 뜨겁지도, 너무 차갑지도 않은, 딱 적당한 상태를 이르는 말이다. 지구가 생명체가 살 수 있는 행성이 된 것은 너무 뜨겁지도, 너무 차갑지도 않은 '골디락스' 환경이기 때문이다. 어쩌면 행복도 그런 것이 아닐까? 너무 불행한 것도, 너무 행복한 것도 바라지 않는, 중용의 절제를 아는 삶의 태도 말이다.

모든 사람들이 오늘을 위해 살아간다고 상상해보세요.Imagine all the people living for today.

평화주의자였던 존 레논의 노래 '이매진Imagine'의 가사다. 이 곡은 단순한 노래를 넘어 전 세계의 평화와 인류애를 상징하는 아이콘이다. 2024 파리 올림픽 비치발리볼 여자 결승전에서 캐나다와 브라질 선수들이 격렬한 언쟁을 벌였는데, DJ가 '이매진'을 틀자, 언쟁 중인 선수들이 머쓱한 표정으로 손뼉을 치며 웃었다고 한다.[16]

"모두 오늘을 위해 살아간다"는 무슨 의미일까? "더 나은 내일을 위한다"는 명분으로 지금까지 인류가 그토록 싸우고 미워했던 것에 대한 반성을 요구한 것은 아니었을까?

평범한 일상은 가장 특별하고 성공한 사람에게도 기본으로 깔려야 하는 가장 안온한 안전지대다. 하물며 치열한 경쟁사회에서 무한질주를 벌이고 있는 필부필부匹夫匹婦에게는 더 말할 것도 없다. 특별한 행복이 찾아오지 않았더라도 오늘은, 아주 보통의 오늘은 중요하다.

A 토핑경제

SNAKE SENSE

All About the Toppings

남과 똑같은 것은 싫다. 피자에 토핑을 추가하듯이, 기성 상품에 나만의 독창성을 덧붙이는 소비자가 늘고 있다. 범용상품을 변형해 개성을 부여하는 커스터마이징 시도가 어제오늘의 일은 아니지만, 오늘날 소비자들은 더욱 색다르고 다양한 토핑을 얹어가면서 옵션 추가가 기본보다 비싼, '배보다 배꼽이 더 큰' 상황도 마다하지 않는다. 이처럼 상품이나 서비스의 본질적인 부분보다 추가적이거나 부수적인 요소인 '토핑'이 더욱 주목받아 새로운 경제적 효과를 창출하는 시장의 변화를 '토핑경제'라 명명한다.

사람들은 무엇보다 꾸미는 데 열중한다. 티셔츠에는 가장 좋아하는 캐릭터의 와펜을 꼭 붙이고, 가방에는 키링 세 개쯤은 달아주는 식이다. 또한 '최고의 상품'보다 자신에게 딱 맞는 '최적의 상품'을 추구한다. 소비자는 제조사가 제공하는 여러 요소들을 다양하게 조합해 자기만의 최적 조합을 만들어내고, 넣고 빼기 손쉬운 모듈형 토핑을 활용해 상품을 그때그때 변형하는 것을 즐긴다. 토핑경제의 도래는 요즘 시장이 소비자들의 개성과 창의력을 발휘하는 효능감의 경연장이 되고 있음을 의미한다.

더 이상 손댈 데 없는 완벽한 기성품을 선보이려 하기보다, 다양한 토핑 생태계를 구축함으로써 소비자가 상품을 재해석하고 참여할 수 있는 여지를 제공하라. 당신의 상품은 아직 완성되지 않았다. 고객이 토핑을 더해줄 때까지는.

“아무래도 같은 운동화를 신는 사람과 자주 마주치는데, 그럴 때마다 좀 신경 쓰였어요. 그러다 인스타그램을 보고 ‘신꾸(신발 꾸미기)’를 하게 됐죠.”

“요즘 저의 최애 음료는 ‘아망추’에요. 아이스티에 얼음 대신 얼린 망고를 가득 추가하는 건데, 제 입맛에 딱이에요!”

똑같은 것은 싫다. 개성이 드러나는 나만의 소비를 추구한다. “하늘 아래 같은 상품은 없다”는 명제를 교리처럼 따르는 신인류가 나타났다. 손댈 데 없는 완벽한 상품은 재미없고, 내 손길을 거쳐 비로소 완성되는 미완의 상품이 좋다. 공장에서 찍어낸 기성품보다는 취향대로 조립할 수 있는 것을 선호한다. 소비를 통해 ‘나다움’을 추구하는 사람들이 늘고 있다.

모든 이들에게 두루 좋은 최선의 상품보다 나에게 딱 맞는 ‘최적의 상품’을 원하는 소비자가 많아지면서 산업 전반에 변화의 바람이 불고 있다. 최근 기업들은 완제품을 내놓기보다, 소비자가 자신의 입맛에 맞춰 바꿀 수 있도록 여지를 남긴다. 이에 상품의 본질적 속성보다 부가적 요소가 주목받으며, 일명 ‘배보다 배꼽이 더 큰’ 시장이 형성되기도 한다.

흔히 기본적인 것에 더해지는 추가 장식이나 옵션을 ‘토핑’이라고 한다. 피자를 떠올려보면 이해가 쉬울 것이다. 기본 도우dough에 다양한 토핑을 얹어, 각자가 선호하는 최고의 맛을 만들어낸다. 있어도 그만, 없어도 그만이었던 토핑이 이제는 나만의 ‘최애’를 만들기 위한 핵심적인 재료 역할을 한다. 이에 『트렌드 코리아 2025』에서는 상품이나 서비스의 본질적인 부분보다 추가적이거나 부수적인 요소인 '토핑'이 더욱 주목받아 새로운 경제적 효과를 창출하는 시장의 변화를 '토핑경제'라 명명한다. 소비자가 원하는 대로 상품을 유연하게 활용할 수 있도록 돕는 '토핑'은 최근 시장에서 고객의 만족을 최적화하는 핵심 역할을 담당한다.

범용상품을 개인화시키는 커스터마이징customizing이 어제오늘의 일은 아니다. 하지만 최근 확산되는 토핑경제는 패션이나 식품 등과 같이 매우 다양한 산업에서 발생하고 있으며, 구매 이후의 커스터마이징까지 미리 고려하고, 극도로 다양한 선택지 속에서 아주 미세한 차이까지 반영한다는 측면에서 커스터마이징보다 더 넓은 개념이다.

토핑경제는 크게 세 가지로 분류할 수 있다. 첫째, '꾸안꾸보다 꾸꾸꾸'다. 요즘 소비자는 다양한 토핑을 활용해 무엇이든 자신만의 스타일로 꾸민다. 둘째, '최고보다 최적'이다. 단순히 제공된 획일적 기성품이 아닌, 다양한 요소를 조합해 최적의 상품을 만들어낸다. 마지막은 '완성보다 변형'이다. 완성된 제품을 사는 대신, 모듈 단위로 상품을 구매해 향후 필요에 따라 확장하거나 변형할 가능성을 열어둔다. 무궁무진한 토핑경제의 세계를 지금부터 하나씩 들여다보자.

토핑경제의 세 가지 유형

꾸안꾸보다 '꾸꾸꾸', 얹고 얹고 또 얹는 토핑

토핑경제의 첫 번째 유형은 토핑을 활용해 무엇이든 일단 꾸미고 보는, 일명 **'꾸꾸꾸'** 트렌드다. 한때 꾸미지 않은 듯 꾸민, 이른 바 **'꾸안꾸'**가 유행한 적이 있다. 하지만 이제는 한껏 꾸미고 꾸미고 또 꾸미는 '꾸꾸꾸'가 대세다. 티셔츠에는 가장 좋아하는 캐릭터의 와펜wappen(천으로 된 패치나 스티커)을 붙이고, 가방에는 키링 세 개쯤은 달아주는 식이다. 이들은 범용상품을 그대로 쓰지 않고 다양한 꾸미기 토핑을 활용해 나만의 것을 창조한다.

과거 '폰꾸(폰 꾸미기)'나 '다꾸(다이어리 꾸미기)' 등 특정한 상품에서만 포착되던 꾸미기 트렌드가 이제는 거의 모든 상품으로 확산하는 양상이다. 이는 데이터로도 확인 가능하다. 코난테크놀로지에 따르면, 최근 2년간 '꾸미기' 관련 키워드의 언급량은 증가하는 추세다. 특히 눈여겨볼 점은 '꾸미기'와 관련해 떠오르는 이슈어가 무척이나 다양하다는 점이다. 휴대폰이나 케이크 등 기존의 꾸미기와 관련된 상품 외에도, 최근에는 에코백·캐리어·핸드백 등 '백꾸(가방 꾸미기)'와 실내화·구두 등 '신꾸(신발 꾸미기)'를 비롯해 티셔츠나 키보드 등 다양한 일상용품을 모두 자신만의 스타일로 꾸미는 것에 대한 관심이 상승하고 있다. 이는 무엇이든 가리지 않고 자신의 입맛대로 상품을 꾸미는 진정한 'N꾸'의 시대로 접어들고 있음을 보여준다.

꾸미기 열풍이 패션 업계를 뒤흔들면서 꾸밈의 여지를 제공하는 상품과 서비스가 속속 등장하고 있다. 예를 들어, 젠틀몬스터는 블랙핑크 제니와의 콜라보레이션으

꾸안꾸와 **꾸꾸꾸**

'꾸안꾸'는 '꾸미지 않은 듯이 꾸민'의 줄임말이고, '꾸꾸꾸'는 꾸안꾸의 반대말 격으로 '한껏 꾸미고 꾸미고 또 꾸민'이라는 의미다. 일부에서는 꾸꾸꾸를 '꾸며도 꾸며도 꾸민 것 같지 않은'이라는, 정반대의 의미로 사용하기도 한다. 본서에서는 한껏 꾸몄다는 의미로 사용했다.

'꾸미기' 언급량 추이

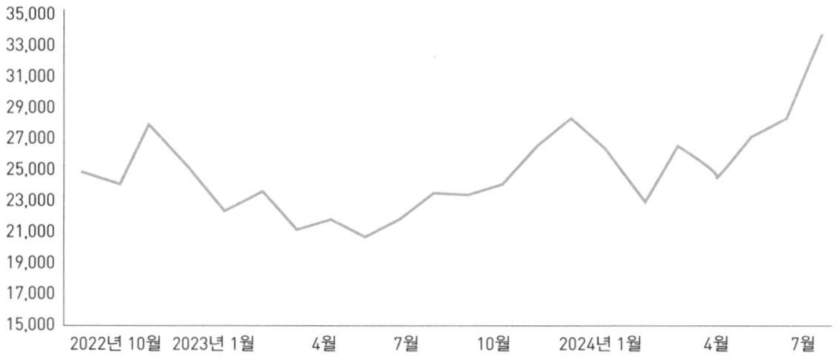

※ 분석 채널: 블로그, 커뮤니티, 카페, 뉴스
출처: 코난테크놀로지

로 기존 선글라스에 참charm(장신구)을 탈부착할 수 있는 독특한 디자인의 신상품을 출시해 화제를 불러일으켰다. 해당 제품은 선글라스에 부착할 수 있는 진주나 리본 액세서리는 물론이고 귀여운 동물인형 같은 다양한 참을 선보였는데, 출시되자마자 SNS를 뜨겁게 달구며 '선꾸(선글라스 꾸미기)'의 장을 열었다. 심지어 명품 브랜드들도 꾸미기 열풍에 올라탔다. 미우미우Miu Miu에서는 2024 S/S 시즌에 '백꾸'를 콘셉트로 다양한 상품을 소개했다. 가방에 주렁주렁 매달 수 있는 다채로운 키체인과 가죽 키링, 미니 파우치까지 선보이며, 미우미우 공식 웹 스토어에 '백 액세서리 및 키체인' 카테고리를 따로 구성해 구매할 수 있게 했다.

1020세대를 중심으로 꾸미기용 액세서리만을 전문적으로 판매하는 소품숍이나 팝업스토어도 인기다. 연희동과 서교동에 위치한 '옵젵상가'에 가면 다양한 색상의 파우치나 가방 등을 선택하고, 추가로 그것들을 꾸밀 와펜과 키링 같은 토핑을 골라 나만의 상품을 만들 수 있다. 다양한 토핑 제품으로 이것저것 꾸미는 재미가 있어 입소문이 났다. 최근에는 무인양품 매장에 숍인숍 형태로 입점해 무인양품 제품에 와펜을 붙일 수 있는 서비스를 제공하기도 하고, 오뚜기 같은 다른 업종과 협업하는 등 인기를 증명하고 있다. 비슷한 맥락에서 '동대문'이 핫플레이스로 떠올랐다. 꾸미기용 재료를 구하기 위해 직접 액세서리 부자재 상가를 찾는 1020세대가 늘면서, 관련 상가들이 밀집한 동대문을 찾는 것이다. 대학내일20대연구소에 따르면, '동대문 부자재 상가'의 검색량은 2024년 8월에만 3만 6,000건을 기록하며 검색량이 상승하는 추세인데, 그중 1020세대가 전체의 70% 이상을 차지했다고 한다.[1]

심지어 얼굴에 스티커를 붙여 나만의 스타일링을 완성하는 사람도 등장한다. 일명 '얼꾸(얼굴 꾸미기)' 또는 '뾰꾸(뾰루지 꾸미기)'다. 해외 유명 연예인들을 중심으로 시작된 얼꾸 트렌드는 그간 숨기기 급급했던 여드름이나 피부 트러블에 별이나 하트 같은 귀여운 모양의 패치를 붙여 얼굴을 꾸미는 방식이다. 최근에는 국내 유명인들도 얼굴에 다양한 모양의 패치 스티커를 즐겨 붙여 더욱 화제다. 이에 따라 다양한 브랜드에서 귀여운 얼꾸 스티커 상품들을 출시하고 있는데, 메이크업의 완성이라고 불리며 인기를 끌었다. '타투 스티커'도 인기다. 최근 유튜브에서는 알록달록 컬러 타투 스티커를 양팔에 붙이며 스타일링 비법을 소개하는 영상들을 쉽게 볼 수 있다. 간편하게 붙여 포인트를 줄 수 있는 타투 스티커는 특히 해외여행 스타일링 필수품으로 꼽힌다.

출처: 오브젝트

다양한 와펜이나 키링을 추가해 나만의 소품을 만들 수 있는 소품숍이 인기다. 남들과 다른 개성을 드러내고 싶은 요즘 세대의 취향을 저격했다.

소셜 플랫폼에서도 토핑을 활용한 꾸미기 열풍이 이어지고 있다. 최근 인스타그램에서는 '스토리 꾸미기'가 유행이다. 잘 나온 사진을 골라 스토리에 업로드할 때, 마치 다이어리를 꾸미듯 다채로운 스티커들을 센스 있게 골라 이미지에 붙이는 식이다. 사진보다 스티커를 꾸미는 데 더 집중하는 이들이 늘어나면서, 스토리를 꾸밀 때 활용하기 좋은 스티커만 모아 공유하는 SNS 계정도 등장하고 있다. 심지어 자신이 직접 찍은 이미지에서 배경을 없애 나만의 스티커로 만들어 사용하기도 한다. 요즘 Z세대 사이에 가장 핫한 이미지 플랫폼은 '핀터레스트'다. 바로 스티커 토핑용 이미지를 손쉽게 구할 수 있기 때문이다. 사진을 꾸밀 때 사용하는 스티커는 배경을 제거할 필요 없는 투명한 이미지들이 선호되는데, 핀터레스트에 이러한 이미지가 많다고 알려지며 더욱 인기를 끌고 있다.

최고보다 '최적', 나에게 딱 맞춘 토핑

"저는 22.5C1 컬러였네요!"

자신의 피부톤에 딱 맞는 화장품 색상을 찾은 한 소비자의 외침이다. 베이스메이크업 제품에서 흔히 사용되는 색상 번호인 21호도 23호도 아닌, 22.5C1은 무엇일까? 자신에게 맞는 상품을 찾아 이것저것 사보는 소비자를 '○○ 유목민'이라고 부른다. 예를 들어, 자기 피부에 맞는 파운데이션 색상을 찾기 위해 여러 브랜드의 제품을 구매해보는 사람을 '파데 유목민'이라고 부르는 식이다.

사실 그동안 국내 뷰티 브랜드의 파운데이션 색상은 대부분 21호와 23호, 두 가지 정도로만 구분해 판매됐다. 그러나 최근에는 AI를 기반으로 한 일대일 맞춤형 상품이 등장해 유목민들을 브랜드 정주민으로 만들고 있다. 예를 들어, 아모레퍼시픽의 맞춤형 메이크업 브랜드 '톤워크'에서는 피부 밝기를 0.5단계로 세분화하고, 피부 색상을 C2·C1·N 등 다섯 가지로 조합해 총 205가지의 색상을 제안한 파운데이션을 선보여 파데 유목민들의 환영을 받았다. AI가 개인별 피부톤을 진단해주어 소비자가 자신에게 딱 맞는 최적 컬러를 찾을 수 있도록 지원한 것이다. 최근 론칭한 '덕히알엑스덕히Rx'는 스마트폰 카메라로 얼굴을 촬영하면 AI가 즉각 피부 상태를 진단하고, 4만 8,000가지의 솔루션 중 적합한 스킨케어와 루틴을 제안한다.

이처럼 토핑경제의 두 번째 유형은 모두를 위한 '최고의 상품'보다 자신에게 딱 맞는 '최적의 상품'을 추구하려는 움직임이다. 이에 기업은 수십 가지의 토핑으로 더욱 다양한 조합이 가능하도록 제품과 서비스를 설계하고, 개인화된 경험을 제공하는 데 주력하고 있다. 기존의 커스터마이징과 가장 가까운 개념이다. 물론 DIY · 맞춤형 · 커스텀 상품은 과거에도 있었지만, 토핑경제에서는 아주 미세한 차이도 놓치지 않을 정도로 세분화된 개인별 최적화를 가능하게 한다는 점에서 진일보했다.

"뭘 좋아할지 몰라 다 준비했어" 식의 수많은 조합을 제안하는 것이 여러 산업에서 인기다. 최근 다이슨에서는 2024년에 출시될 블루투스 헤드폰 '다이슨 온트랙'을 공개해 화제를 불러모았다. 그간 청소기나 헤어드라이어 등 가전제품을 주력 상품으로 내세웠던 다이슨이 음향기기 사업에 진출하는 것만으로도 주목을 받았는데, 더욱 눈길을 끈 것은 해당 제품이 2,000가지가 넘는 커스터마이징 조합을 지원한다는 점이었다. 해당 상품은 헤드밴드의 색상을 고를 수 있는 것은 물론이고 이어쿠션과 이어컵 역시 다양한 스타일과 마감재로 구성돼 개인별로 최적의 헤드폰을 만들 수 있다.

여의도 더현대 서울의 지하 2층에는 형형색색의 가죽 액세서리가 진열된 한 매장이 눈길을 끈다. 바로 커스터마이징 액세서리 브랜드 '스미스앤레더SMITH&LEATHER' 매장이다. 진열된 수많은 컬러 중 좋아하는 컬러와 가죽을 조합해 자기만의 자동차 키커버나 폰케이스 등을 만들 수 있도록 일대일 상담 서비스를 제공하고, 원하는 문구까지 각인해준다. 2030세대에게 큰 인기를 얻으며 매장 확대를 위해 2022년 현대백화점의 투자까지 받았다. 현대백화점에 따르면 스미스앤레더의 2024년 매출액은 100억 원을 돌파할 것으로 전망되는

데, 투자 2년 만에 매출이 14배 넘게 증가한 수치다.[2]

내 신체에 딱 맞춘 최적 상품도 인기다. 최근 패션 업계에서는 다양한 기술을 활용해 단 한 사람을 위한 주문제작 서비스가 확대되고 있다. 예를 들어, 휠라FILA에서는 개인별 취향과 족형을 고려한 커스텀 테니스화 서비스를 지원한다. 원하는 테니스화를 고른 다음, 내 발에 맞는 핏을 선택하고, 자주 이용하는 테니스 코트의 바닥면까지 고르면 된다. 뿐만 아니라 테니스화의 전면·측면·신발끈·밑창 등 각각의 색상을 조합해 진정한 나만의 테니스화를 만들 수 있다. 안경 브랜드 '브리즘'에서는 약 1시간에 걸친 일대일 상담으로 내 눈에 맞는 최적의 안경을 찾아준다. 특히 3D 스캐닝과 3D 프린팅 기술로 얼굴 모양, 미간 너비, 코 높이, 귀 높이 등을 고려해 65만 가지 조합 중 개개인의 얼굴에 최적화된 맞춤형 안경을 제작해주는데, 국내에서 큰 호응을 얻었으며, 최근 미국 시장에도 진출했다고 한다.[3]

매일 마시는 음료 한잔에도 새로운 토핑을 더해보며 나만의 '최적 조합'을 찾는다. 심지어 여러 종류의 음료를 섞어 새로운 맛이나 향을 만들어내는 '블렌딩' 음료 시장 또한 성장하고 있다. 최근 SNS에서는 아이스티에 에스프레소 샷을 추가한 '아샷추'를 시작으로 오렌지주스에 샷을 추가한 '오샷추', 레모네이드에 샷을 추가한 '레샷추', 사이다에 샷을 추가하는 '사샷추' 그리고 아이스티에 냉동 망고를 추가하는 '아망추'까지 각양각색의 블렌딩 레시피가 눈길을 끈다.

이처럼 취향에 따라 자신만의 메뉴를 창조하는 소비자가 늘어나면서, 재미있는 제품도 등장했다. LG전자는 맛과 향이 서로 다른 두 가지 커피 캡슐을 동시에 추출해 다양한 조합으로 최적의 커피를 즐길 수 있는 신개념 커피머신 '듀오보DUOBO'를 공개했다. 바리스타가 추천하는 캡슐 조합 레시피를 제공하는 것은 물론이고, 나만의 최적 레시피를 찾기 위해 커피 추출 조건을 변화시켜 다양한 레시피를 경험할 수 있도록 구현했다. 듀오보는 미국의 크라우드펀딩 플랫폼인 킥스타터에서 사전 판매해 인기를 끌었으며, 국내에서도 정식 출시 예정이다.[4]

완성보다 '변형', 수시로 바꿀 수 있는 모듈형 토핑

토핑경제의 세 번째 모습은 넣고 빼기 쉬운 모듈형 토핑을 활용해 상품을 그때그때 변형하는 형태다. 요즘 소비자들은 구매 이후로도 지속적인 변화 가능성을 열어놓고 싶어 한다. 예를 들어, 스마트워치는 하나인데 시계줄은 종류별로 구비해두고 원할 때마다 갈아 끼우며 스마트워치의 활용도를 높이는 식이다. 운동을 할 때는 땀이 나도 쉽게 씻어낼 수 있는 스포츠 전용 스트랩으로 바꾸고, 중요한 약속이 있을 때는 가죽 스트랩을 착용한다. 일명 '줄질'이라고 불리는 이러한 소비법은 스마트워치 본품에 비해 저렴한 가격의 스트랩으로 부담 없이 기분을 전환할 수 있어 인기를 끌었는데, 심지어는 10여 개가 넘는 다채로운 스트랩을 보기 좋게 보관해두는 전용 파우치까지 등장했다. 다양한 스트랩 토핑을 그때그때 번갈아 끼우며 여러 개의 시계를 가진 기분을 느낄 수 있다.

다양한 산업으로 확대되고 있는 '모듈러modular 디자인'도 비슷한 맥락이다. 이는 마치 작은 단위의 블록들을 조합하는 레고처럼 여러 개의 모듈 상품들을 서로 결합하거나 교체할 수 있어 소비자의 필요

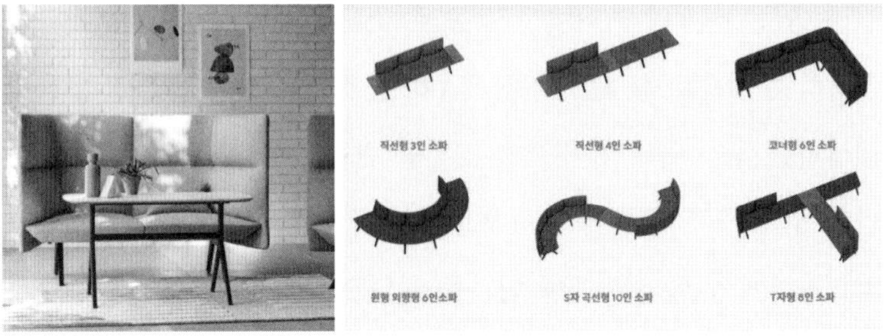

출처: 퍼시스

다양한 레이아웃으로 연출이 가능한 모듈러 가구가 사무 공간에서도 널리 쓰이고 있다.

나 선호에 따라 상품을 확장할 수 있다는 장점이 있다. 예를 들어, '모듈 소파'의 인기가 꾸준하다. 소비자가 다양한 형태의 유닛을 조합해 그때그때 원하는 대로 공간을 변신시킬 수 있다는 장점 덕분이다. 실제로 SNS에서는 오늘의 기분이나 상황에 따라 소파 배치를 'ㄱ'자, 'ㅡ'자, 'ㄷ'자 등으로 바꾸거나, 유닛 하나를 추가 구매해 변신을 시도하는 후기 영상들을 볼 수 있다.

최근에는 모듈러 디자인이 가구 시장 전반으로 확대되는 추세다. 소비자의 라이프 사이클에 맞춰 함께 변화하는 일룸의 '쿠시노 코지' 침대가 일명 '국민템'으로 불리며 인기를 끌고 있다.[5] 신혼 시절에는 부부 침대로 사용하다가 아이가 태어나면 싱글 침대를 하나 더 구매해 옆에 붙이고, 침대 가드 및 풋보드 등 다양한 옵션을 추가 설치해 안전한 패밀리 침대로 변형해 이용할 수 있다. 사무 환경 전문 브랜드 퍼시스에서는 공간 규모나 사용 인원 수에 맞춰 다양하게 변형이 가능한 '에어리 모듈' 시리즈를 출시해 눈길을 끌고 있다. 해당 상품은 어떤 조합으로 구성을 하는지에 따라 직선·코너·반원·S자·T자

·X자 등 다양한 레이아웃으로 연출이 가능해, 세계 3대 디자인 어워드인 독일의 '레드닷'과 미국의 'IDEA'까지 수상했다.[6] 전형적인 업무 공간에서 벗어나 간단한 회의와 업무 처리 및 휴식까지 모두 가능한 하이브리드 업무 환경을 지원해 주목을 받고 있다.

자동차에도 모듈러 디자인이 적용된다. 마치 집 안의 가구를 원하는 대로 넣고 빼듯이, 자동차 내부도 개인이 원하는 기능만 그때그때 넣고 뺄 수 있도록 지원하는 것이다. 2024년 1월, 기아는 자동차 산업의 최대 화두인 PBV 키워드를 기존의 '목적 기반 모빌리티Purpose Built Vehicle'에서 '차량 그 이상의 플랫폼Platform Beyond Vehicle'으로 재정의하며 비즈니스 모델의 변화를 선언했다. 소비자가 사용 목적에 따라 차체를 교체할 수 있게 함으로써 실내 공간을 유연하게 바꿀 수 있는 혁신적 경험을 제공하겠다는 것이다. 소비자가 기본, 딜리버리, 샤시캡 등 차체에 따라 필요와 선호에 부합하는 구성을 선택할 수 있는 PBV는 2025년 7월 첫 양산을 계획하고 있다.[7] 미국 기업 '밴랩VanLab'에서 출시한 차량용 캠핑 모듈도 화제다. 해당 제품에는 두 사람이 잠을 잘 수 있는 공간과 적당한 크기의 주방이 포함되는데, 다양한 SUV에 쉽게 장착이 가능하다. 평일에는 일반 차량으로 사용하다가 캠핑을 떠날 때는 해당 모듈만 장착하면 된다는 점에서 캠핑 애호가들에게 큰 호응을 얻고 있다.[8]

심지어 아파트도 레고처럼 공간을 쉽게 바꿀 수 있게 됐다. 천편일률적인 고정식 평면도에서 탈피해 언제든지 거주자의 생활 패턴에 맞춰 공간을 변형하는 신개념 평면도가 도입되는 추세다. 2024년 8월, 포스코이앤씨는 유연하게 변형되는 공간이라는 뜻의 '플렉시폼'

평면도를 선보였다. 개개인의 수면 패턴에 따라 안방의 수면 공간을 분리하고 그 사이에 문을 설치할 수 있게 만들거나, 침실 내부에 또 다른 전용 거실을 꾸밀 수 있게 만드는 것이다. 무엇보다도 거주자가 원하면 언제든지 공간을 유연하게 바꿀 수 있도록 아파트 내부 기둥을 외곽으로 배치해 내력벽을 최소화했다. 삼성물산의 래미안에서도 거주자가 생활 방식에 맞춰 주거 공간을 자유롭게 변형할 수 있는 미래 주거모델 '넥스트홈'을 선보였다. 내부 공간을 자유롭게 변경할 수 있는 것은 물론이고 사전 제작한 모듈을 채워 넣어 마치 레고를 조립하듯 공간을 변형할 수 있게 했다.

표준에서 개인화로, 토핑경제의 탄생

"당신의 최애 토핑은 무엇인가요?"

올 상반기, 가장 큰 인기를 끈 국내 디저트 프랜차이즈는 바로 '요아정(요거트 아이스크림의 정석)'이었다. 신한카드 빅데이터연구소에 따르면, 요아정의 2024년 상반기 이용 건수는 작년 동기 대비 약 422%나 증가했다. 또 다른 유행템이었던 '두바이 초콜릿'에 비해 ('회고편-지리한 정체의 시간을 보내는 방법' 참조) 그다지 더 새롭지도 않은 요거트 아이스크림이 이렇게까지 각광받을 수 있었던 이유는 무엇일까? 바로 기본 상품인 아이스크림이 아닌 '토핑'이 주인공이었기 때문이다. 50가지가 넘는 토핑 덕분에 소비자는 서로 다른 나만의 조합을

토핑이 더해지면 맛이 달라진다. 기본은 그대로인데 각기 다른 토핑으로 완전히 새로운 상품이 된다.

만들 수 있었고, 너도나도 '최애 조합'을 추천하며 유행이 빠르게 확산됐다. 한 남자 아이돌이 추천한 조합은 큰 화제를 불러일으켰는데, 토핑이 너무 많이 추가돼 비싸다는 의미로 일명 '5억 레시피'라는 별명까지 붙었다.[9] 요아정은 본품보다 토핑이 브랜드의 성공을 견인한 대표적인 예다.

토핑경제의 도래는 단순히 히트상품을 만드는 단기적인 스킬이나 마케팅의 의미를 뛰어넘는 시대적 배경을 가지고 있다. 키워드 이름을 토핑'상품'이 아니라 토핑'경제'라고 이름 붙인 이유다. 그 배경을 산업적 패러다임과 소비자 취향의 변화라는 두 축을 통해 알아보자.

산업적 의의: 표준화경제에서 토핑경제로

인류의 소비생활에 가장 큰 변화를 가져온 한 장면을 고르라면, 바로 '포디즘Fordism'의 등장을 들 수 있다. 1913년 4월, 미국의 헨리 포드Henry Ford는 미시간주의 자동차 공장에서 처음으로 컨베이어벨트 시스템을 도입했다. 길게 이어진 대규모 컨베이어벨트는 생산공정의 표준화를 통해 작업의 생산성을 극대화했고, 이는 곧 대량생산 체제의 상징인 포디즘의 시작을 알렸다. 포디즘은 이제까지 가내수공업 수준에 머물던 생산 효율을 극적으로 높여 만성적인 공급 부족을 해결함으로써 '풍요의 시대'를 열었다. 이후 포디즘은 산업 전반에 적용되며 상품자본주의 시장경제의 핵심 동력이 됐다. 포디즘은 '표준화'를 추구한다. 개별 소비자의 특수한 요구보다 대중의 보편적인 요구를 충족시키는 데 집중했고, 표준화된 기준에 따라 대량으로 생산함으로써 효율을 극대화시켰다. 상품의 '동질성'이 강조됐으며, 비동질적인 상품은 불량품으로 여겨졌다. 이러한 표준화경제 속에서 소비자들은 상품을 단순히 구매할 뿐, 추가적인 요소에 관여할 여지는 없었다.

그로부터 100여 년이 흐른 오늘날, 상품의 품질이 점점 상향평준화되면서 소비자들은 표준화된 범용상품에 흥미를 느끼지 못하기 시작했다. 남들과는 다른 나만의 것을 추구하는 소비자의 등장은 상품의 동질성이 가장 중시됐던 '표준화경제'에서 '토핑경제'로의 진화를 이끌고 있다. 과거 수익성 문제로 실현하기 어려웠던 개인화된 제품 생산이 다양한 기술들의 발전으로 가능해지면서 생산 체제도 빠르게 변화하고 있다.

특히 생성형 AI 기술이 고도화되며 무한한 토핑경제의 가능성을 열고 있다. 최근 크래프톤의 신작 게임 '인조이inZOI'가 획기적인 캐릭터 커스터마이징으로 화제가 됐다. 인조이는 이용자가 소망하는 삶의 모습대로 모든 것을 창조하며 다양한 이야기를 경험하는 인생 시뮬레이션 게임인데, 게임 시작 전 캐릭터를 생성하는 과정에서 세세

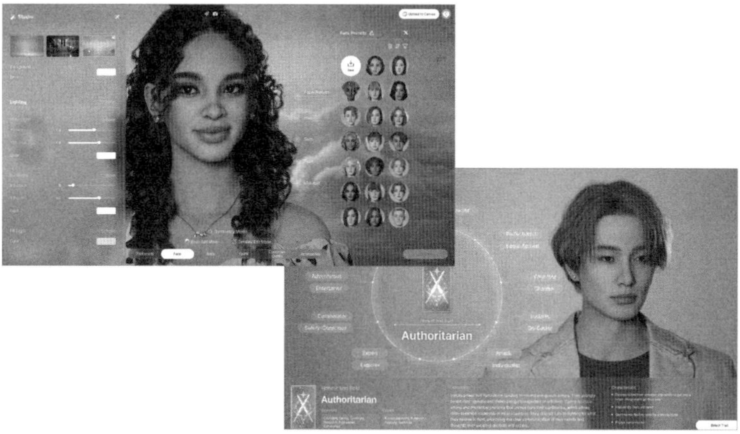

출처: 크래프톤

AI 기술의 도움을 받아 나만의 게임 캐릭터를 만드는 것이 훨씬 쉬워졌다. 거의 무한대의 커스터마이징이 가능해졌다고 할 수 있다.

한 커스터마이징이 가능해 전 세계의 주목을 끌었다. 캐릭터의 헤어스타일이나 얼굴 이목구비는 물론이고, 체형, 옷소매 길이, 네일아트 디자인 등을 미세하게 조정해 원하는 대로 편집할 수 있다. 심지어는 온디바이스 생성형 AI를 활용해 옷이나 가구를 포함한 각종 사물 패턴을 무궁무진하게 만들어낼 수 있다. 해당 게임은 데모 버전이 오픈된 지 이틀 만에 약 10만 개가 넘는 창작물이 만들어졌으며, 일각에서는 유명 걸그룹 아이돌과 미국 대통령 등 실존 인물과 똑같이 구현한 캐릭터로 화제를 모으기도 했다.[10] 이처럼 맞춤생산의 효율성을 높이고 초개인화를 가능하게 하는 기술의 발전은 '나만의 것'을 추구하는 소비자들과 만나 토핑경제로의 진화를 가속화하고 있다.

소비자의 변화: 구매 만족에서 효능감으로

다음으로 주목할 요인은 소비자들의 변화다. 소비는 소속과 차별 사이의 팽팽한 줄다리기다. 남들이 가진 것이라면 나도 가져야 하는 '소속감'과 동시에, 남과는 다른 '차별화'에 대한 갈망이라는 이중적인 딜레마를 항상 느낀다. 특히 취향이 단순한 선호를 넘어 주된 경쟁력으로 자리 잡으면서, 소비에서도 나만의 무언가를 추구하는 경향이 더욱 두드러진다. 이에 요즘 소비자들은 유행에 민감하게 반응하고 동조소비를 일삼으면서도, 남들과 완전히 똑같은 것은 꺼린다. 예를 들어, 모두가 유행하는 옷을 똑같이 입고 다니는 것을 '클론룩Clone Look'이라고 하는데, 이는 요즘 소비자들이 가장 싫어하는 것이다.[11] 남들과 똑같은 옷을 입는 것이 마치 복제인간 같다는 이유에서다. 이처럼 소속과 차별 사이의 갈등을 타개하고자 사람들은 기본

표준화경제 vs. 토핑경제

구분	표준화경제	토핑경제
시장 주도	공급자 주도	소비자 주도
타깃 고객의 니즈	대중 소비자의 보편적 욕구	개별 소비자의 차별적 욕구
생산 방식	표준화된 기준을 중심으로 소품종 대량 생산(중앙집중형 생산)	소비자 요구를 중심으로 다품종 소량 생산(온디맨드)
상품 가치	동질성 중시	다양성 중시
경쟁력	가격 경쟁력	시장 세분화, 유연성

'도우' 위에 자신만의 포인트를 줄 수 있는 '토핑'에 주목한다.

특히 1995년부터 2009년 사이 태어난 Z세대가 시장의 새로운 소비 주축으로 급부상하며 토핑경제의 흐름을 더욱 강화하고 있다. Z세대는 단순히 소비에 개인화를 추구하는 것을 넘어, 소비자가 주체적으로 자신이 원하는 토핑을 얹고 바꾸는 '창의적 소비'를 선호한다. 예를 들어, 최근 몇 년 사이 우리나라 Z세대가 특히 좋아하는 음식으로 꼽혔던 마라탕·버블티·요아정의 공통점은 소비자 개개인이 각자 좋아하는 토핑을 선택해 나만의 메뉴를 구성할 수 있다는 점이다. 이런 식의 토핑 소비가 패션·뷰티·인테리어·건설·금융 등 산업 전방위적으로 확산되고 있다.

전망 및 시사점

지속가능한 토핑 생태계를 생성하라

본품이 아니라 토핑으로 크게 성공한 여러 사례에서 보듯이, 토핑경제는 이제 반드시 대응해야 할 트렌드다. 소비자의 사랑을 받는 성공적인 토핑을 만들기 위해서는 어떤 고민이 필요할까?

'도우(기본적 가치)'를 잊지 말아야 한다

우선, 토핑에만 신경 쓴 나머지 기본이 흔들리면 안 된다. 간혹 상품의 추가 요소에만 주목하다 보면, 기본적인 요소를 잊게 될 경우가 있다. 그러나 맛있는 피자를 만들기 위해서는 무엇보다 도우가 중요하듯이, 상품의 기본적인 기능·품질·완성도를 잊지 말아야 할 것이다. 기본이 먼저 충족돼야 토핑도 의미가 있다.

구글에서 개발 중이었던 모듈 스마트폰 '프로젝트 아라Ara'가 2016년 9월, 착수 3년 만에 개발을 잠정 중단하고 프로젝트 종료를 선언했다. 아라는 스마트폰 최초로 부품을 모듈화해 소비자 스스로 원하는 모듈을 선택하고 제품을 만들 수 있도록 하는, 일종의 조립식 스마트폰 프로젝트였다. 내가 원하는 기능만 갖춘 최적의 제품을 만들 수 있고, 원하는 부품을 그때그때 교체해 사용할 수 있어 출시만 된다면 스마트폰의 새로운 패러다임이라고 해도 과언이 아니었다. 구글에서는 구체적인 중단 이유를 공식적으로 언급하진 않았지만, 업계에서는 스마트폰의 기본 가치인 '내구성'과 '가격 경쟁력' 면에서 상용화에 어려움을 겪었기 때문으로 짐작하고 있다.[12]

최근 삼성전자에서는 커스텀 액자형 스피커 '뮤직 프레임'을 새로 선보였다. 인테리어 소품 겸 스피커로, 마음대로 꾸밀 수 있는 아트 패널과 원하는 사진으로 커스터마이징이 가능하다는 점도 훌륭했지만, 무엇보다도 본연의 기능인 사운드에 충실했다는 호평이 많았다.[13] 작은 액자 안에 고음, 중간음, 저음과 진동을 담당하는 6개의 스피커가 탑재돼있는 것은 물론이고, 기기에 내장된 AI가 스스로 공간을 분석해 최적화된 사운드를 제공하고, 음악·영화·게임 등 콘텐츠 장르에 따라 이퀄라이징을 자동으로 수행해 최적의 음향을 찾아주는 등 최신 오디오 기술을 담아냈기 때문이다. 이는 상품에서 '기본'과 '토핑'이라는 두 마리 토끼를 모두 잡아야 의미가 있다는 것을 보여준 대표적인 사례다.

피자가 맛있으려면 무엇보다 도우가 맛있어야 한다. 토핑경제에서도 가장 중요한 것은 상품의 '기본 가치'일 것이다.

고객과의 관계를 강화하는 토핑 생태계 조성

토핑경제의 기본을 마련하고 나면, 궁극적으로 지향해야 할 목표는 토핑이 지속적으로 가능한 '토핑 생태계'를 형성하는 것이다('전망편-공진화 전략' 참조). 다시 말해서 단발적인 토핑 추가에 그치지 않고, 그것이 계속해서 부가가치를 형성할 수 있는 시스템을 구축해야 하는 것이다.

스타벅스에서는 소비자의 기호에 따라 시럽·우유·자바칩 등을 추가하거나 뺄 수 있는 커스텀 주문 서비스를 제공한다. 해당 서비스에 등장하는 메뉴 선택지를 모두 조합하면 이론상으로 라떼 하나로 3,880억 가지의 메뉴를 만들 수 있을 정도다. 그런데 여기서 문제는 이러한 커스텀 서비스가 메뉴 제조를 복잡하게 만들고 바리스타의 업무 강도를 높여 사측과 직원 간의 갈등의 씨앗이 됐다는 점이다. 결국 스타벅스는 2025년까지 매년 최대 30억 달러를 투자해 커스텀 메뉴를 소화하기 위한 자동화 기계를 도입하기로 했다.[14] 이 기계를 이용하면 바리스타가 고객의 커스텀 조건을 일일이 기억하지 않아도 손쉽게 음료를 제조할 수 있다고 한다.

언뜻 보면 스타벅스의 커스텀 메뉴가 마치 추가 비용을 발생시키는 문제 요인처럼 보인다. 하지만 최근 미국 스타벅스의 매출을 견인하고 있는 것은 다름 아닌 커스텀 음료다. 2023년 매출 데이터에 따르면 총 매출액 중 커스텀 음료의 비중이 76%를 차지한 것으로 나타났다.[15] 뿐만 아니라, 젊은 소비자를 중심으로 SNS에 본인이 새롭게 제조한 음료 사진을 게재하고 나만의 레시피를 공유하는 모습도 꾸준히 관찰된다. 이처럼 지속적으로 토핑경제를 가능하게 하는 시스템을 마련하는 일은 비용을 감수하고서라도 고객의 참여를 유도함으로써 고객과 기업 간의 직접적이고 의미있는 관계를 구축할 수 있다.

크록스 역시 토핑을 활용해 하나의 생태계를 구축해낸 대표적 사례다. 2010년 《타임》에서 '50가지 최악의 발명품' 중 하나로 선정됐던 못난이 크록스는 오늘날 '전 세계에서 가장 인기 있는 패션 브랜드 1위'로 선정되며 매년 1억 5,000만 켤레가 판매되는 반전을 보여주고 있다.[16] 크록스가 이렇게 인기를 끌 수 있었던 데는 액세서리 '지비츠'의 공이 가장 컸다. 신발의 구멍에 꽂는 액세서리 지비츠는 수많은 모양으로 출시돼 무한한 커스텀이 가능하고, 지비츠만 바꾸면 새 신발을 신는 느낌을 준다는 점이 인기 요인으로 작용했다. 크록스는 국내에서도 꾸준한 사랑을 받고 있다. 롯데백화점에 따르면 크록스의 2024년 1~4월 매출은 전년 대비 30% 증가했으며, 꾸준한 매출 성장세가 이어지고 있다고 한다.[17] 최근에는 중국에서도 폭발적인 인기를 끌며, 2024년 1분기에만 전년 대비 세 자릿수 성장률을 기록했다고 한다.[18]

이처럼 토핑 생태계는 고객이 상품을 단순히 구매하는 데 그치는

출처: 비니빈스

같은 신발, 다른 느낌. 수많은 종류의 지비츠로 다양한 커스터마이징이 가능한 '토핑경제'의 대표적인 사례다.

것이 아니라, 상품을 구매한 이후에도 계속 해당 브랜드를 찾고 소비하게 만들어 '인게이지먼트engagement'를 극대화할 수 있다. 따라서 기업은 다양한 토핑 생태계를 구축함으로써 소비자가 상품을 재해석하고 참여할 수 있는 여지를 제공해야만 한다.

당신의 상품은 아직 완성되지 않았다. 고객이 토핑을 더해줄 때까지는.

K 페이스테크

SNAKE SENSE

Keeping It Human: Face Tech

누구나 첫인상이 중요하다. 얼굴에 공을 들이는 이유다. 기술도 마찬가지다. 무생물인 기계에 표정을 입히고, 사람의 얼굴과 표정을 정확하게 읽어내며, 사용자마다 각자의 얼굴을 만들어내는 기술인 '페이스테크'가 중요해지고 있다. 페이스테크는 점점 더 복잡해지는 첨단 기술을 처음 접했을 때, 직관적으로 사용법을 알리고 인지오류를 줄여줄 뿐만 아니라 친근감을 제공함으로써 사용자들을 매료시킨다. 이제 사용자들은 얼마나 정교한 인공지능을 탑재하고 있느냐보다 얼마나 사람과 유사한 느낌을 주는가로 로봇의 완성도를 판단한다.

지금까지 사용자 인터페이스 즉, UI가 중요하게 여겨져 왔다면, 앞으로는 가르쳐주지 않아도 쉽게 인지하고 직관적으로 사용할 수 있도록 하는 어포던스affordance가 주목받을 것이다. 가장 쉽고 직관적인 어포던스를 위해서는 페이스테크가 무엇보다 중요하다.

생성형 AI 만능시대, 앞으로는 사람의 감정을 읽고 대응하는 능력을 갖춘, 최대한 '인간적으로' 다가오는 기업과 상품이 선택받을 것이다. 신기술의 향연이 펼쳐지는 치열한 경쟁 구도에서 페이스테크는 기술이 가장 인간에 근접할 수 있는 혁신적인 무기다.

2014년 서울시가 버스 헤드라이트 위에 눈 그림을 그려 넣었을 때, 어린이들은 환호했다. 인기 애니메이션 캐릭터 '꼬마버스 타요'와 비슷하게 생겼다며, 무작정 태워달라고 떼를 쓰는 통에 어린아이를 둔 부모들이 진땀을 흘렸다고 한다. 그로부터 10년이 흐른 지금, 서울시 버스뿐만 아니라 트럭을 비롯한 많은 자동차들이 눈 그림을 그리고 다니는 모습을 쉽게 볼 수 있다. 자동차뿐만 아니다. 식당의 배달로봇이나 공항의 안내로봇도 다양한 표정을 지으면서 사람들을 돕는다. 기술이 표정을 짓고 있다. 이처럼 얼굴과 표정을 표현하고, 읽고, 만들어내는 기술이 급성장하는 트렌드를 '페이스테크'라고 명명하고자 한다. 기술 폭발의 시대에 얼굴과 표정이 중요해지는 이유는 무엇일까? 점점 더 복잡해지는 첨단 기술을 처음 맞닥뜨렸을 때, 그 기술의 첫인상을 통해 직관적으로 사용법을 알고 인지오류를 줄여줄 뿐만 아니라 친근감을 느낄 수 있기 때문이다. 이제 소비자들은 로봇의 완성도를 얼마나 정교한 인공지능을 탑재하고 있느냐가 아니라, 얼마나 사람과 유사한 느낌을 주는가로 판단한다.

현재 주목할 페이스테크는 크게 ① 표정 입히기, ② 표정 읽어내기, ③ 고유의 표정 만들기의 세 방향으로 나누어 설명할 수 있다. 먼저 표정 입히기는 기계 같은 무생물에 인간의 표정을 입혀 기술에 생동감과 친근함을 불어넣는 노력을 의미한다. 둘째, 표정 읽어내기는 사용자의 얼굴을 인식해 동일성의 인증은 물론이고 상태와 감정까지 파악하는 기술이다. 셋째, 고유의 표정 만들기는 비대면 커뮤니케이션 상황에서 사용자 특유의 표정을 맞춤 창작해 개인화하는 것을 의미한다.

세계에서 가장 유명한 얼굴, 〈모나리자〉. 반면 〈절규〉는 얼굴이라기보다는 표정에 가깝다. 얼굴은 사람의 유일무이한 표식이고 표정은 비언어적 의사소통의 핵심이다. 얼굴과 표정, 이 둘을 담은 것이 페이스테크다.

사람끼리 만났을 때 첫인상이 결정되는 시간은 3초 이내로 알려져 있다. 기술도 마찬가지다. 무미건조한 물건에서 사람의 표정을 느낄 때, 우리는 한 번 더 돌아보게 된다. 새로운 개념의 상품이 시장에 선을 보일 때, 소비자에게 어떤 표정으로 어떤 첫인상을 줄 수 있느냐는 성패를 가르는 주요한 요소가 된다. 특히 마스크를 쓰고 표정을 감추며 살아야 했던 코로나 시기를 거친 후, 표정은 매우 소중한 자원이 됐다.

페이스테크의 세 가지 유형

세상에서 가장 유명한 '얼굴'은 아마도 파리 루브르박물관에 소장된

〈모나리자〉의 얼굴일 것이다. 특이하게도 눈썹이 없는 여인의 얼굴을 그린 〈모나리자〉는 수많은 관람객을 끌어모으는 작품으로 하루 평균 2~3만 명이 이 그림을 감상한다고 한다. '표정'으로 가장 유명한 작품으로는 뭉크의 〈절규〉를 꼽을 수 있다. 표현주의 화가 에드바르 뭉크의 작품은 인간의 내면적인 불안·공포·절망을 표현하는 일그러진 표정을 담아 보는 이에게 강렬한 감정을 불러일으킨다.

얼굴과 표정은 비슷하지만, 미묘하게 다른 말이다. 얼굴은 사람의 눈·코·입·이마·턱 등이 있는 머리의 앞면을 말한다. 얼굴은 다양한 근육을 미세하게 사용해 감정을 표현하는데, 이를 표정이라고 한다. 얼굴이 완전히 똑같은 사람은 없기 때문에, 사람을 식별할 수 있게 하는 신체의 중요한 부분이며, 표정은 감정과 상태를 전달하기 때문에 비언어적 의사소통의 핵심 요소다. 영어의 face는 얼굴과 표정을 모두 의미하며, '페이스테크' 역시 얼굴과 표정을 포괄한다.

1. 표정 입히기

기계와 같은 무생물에 인간의 표정을 입혀 생동감과 친근성을 높여주는 노력이 한창이다. 전기차는 내연차와 달리 전면 그릴이 필요하지 않아 디자인이 더 자유롭다. 이에 자동차의 얼굴에 해당하는 전면부에 LED 디스플레이를 장착해 표정을 나타낼 수 있는 '그릴 디스플레이'를 개발하는 추세다. 도로를 주행할 때나 신호 대기 중일 때 차량은 LED 디스플레이를 이용해 보행자에게 감정을 표현하고 의사를 전달할 수 있다. 예를 들어, 차량이 보행자에게 다가갈 때 웃는 표정을 지어 안전하게 길을 건널 수 있도록 안내하거나, 운전자가 차

보행자와 상호작용이 가능한 자동차 전면부의 그릴 디스플레이. 웃는 표정, 간단한 문자 표시가 가능하다. 상용화를 앞두고 한창 개발 중이다.

에 다가갈 때 환영의 인사를 표시함으로써 친근감을 주는 것이 가능하다. 차량과 사용자가 인간적인 상호작용을 할 수 있도록 돕는 것이다.

이와 유사하게 '램프언어'는 차량의 헤드램프와 리어램프를 통해 다양한 감정과 의사 표시를 할 수 있는 기능이다. 전기차는 전력을 기반으로 다양한 램프 제어가 가능하기 때문에 더 복잡하고 정교한 표현이 가능하다. 차량 LED 램프의 색상·밝기·깜빡임 패턴 등을 조절하여 운전자와 보행자에게 다양한 메시지를 전달할 수 있다. 차량이 멈출 때 헤드램프가 부드럽게 깜빡이며 감사의 인사를 전하거나, 주차할 때 리어램프가 밝게 빛나며 주차 공간을 안내하는 등 램프언어는 차량과 사람 사이의 소통을 보다 직관적이고 감성적으로 만들어준다.

전기차와 보조를 맞추어 충전기도 표정을 짓고 있다. 아트업스튜디오Art-up Studio가 디자인한 Kvitter 전기차 충전 스테이션은 전면에 AI 인터페이스를 갖추고 있어 인간의 표정을 적용한 디자인을 시도했을 뿐 아니라 간단한 인사말을 통해 사용자에게 친근하게 말을 건다. 사용자를 반갑게 맞이하고 충전 상태를 표정으로 나타내는 센스까지 발휘해 2024년 iF 디자인상까지 수상했다. 단순한 충전 기능을 넘어 사용자와의 정서적 연결을 강화한 것이다.

2024년 1월, 미국에서 열린 국제전자제품박람회CES에서는 좀처럼 주목을 끌지 못했던 '홈로봇' 시장이 후끈 달아올랐다. 특히 LG전자는 귀여운 표정이 압권인 '스마트홈 AI 에이전트 Q9'을 선보여 큰 인기를 끌었다. 이 제품은 두 개의 바퀴로 직립주행하는 신기술을 탑재한 '이동형 홈 허브'로, 동글동글한 외모에 하트눈을 발사하는 귀여운 표정으로 사람들의 관심을 끌어 '반려로봇'으로 유명해졌다. LG전자는 이동형 AI 홈 허브를 개발하면서 7인치 디스플레이로 얼굴을 만들고, 총 43종이 넘는 섬세한 눈 모양으로 다양한 표정을 만드는 등 인간의 표정을 로봇에 담기 위해 노력했다고 밝혔다. 그 결과 탄생한 Q9이 커다란 헤드폰을 쓰고 귀여운 표정을 지으며 전시장을 활보하고 다니자, 관람객들의 탄성이 끊이지 않았다. 앞으로 어떤 기능을 수행하든, 로봇기기가 가정에 들어가게 될 때에는 표정을 지을

출처: LG전자

●●● 귀여운 표정으로 사용자와 소통하는 LG전자 '스마트홈 에이전트 Q9'.

수 있는지가 경쟁의 핵심 요소가 될 것임을 예감할 수 있는 부분이다. 뭐든지 뚝딱 만들어내는 도깨비방망이 같은 생성형 AI라도 범접할 수 없거나 어렵게 느껴진다면 소비자들의 일상에 파고들 수 없다. 앞으로 전자제품들은 친근함과 약간의 만만함으로 소비자와 넉살 좋게 소통할 준비를 해야만 하는 숙제를 안고 있다.

AI 챗봇 역시 표정을 지을 줄 아는 디지털 휴먼으로 진화하고 있다. 보다 자연스럽고 몰입감 있는 인터랙션을 제공하여 사용자경험을 크게 향상시키는 디지털 휴먼은 고객상담 및 지원 분야에서 큰 가치를 지니고 있다. 24시간 사용이 가능할 뿐 아니라 여러 언어를 막힘없이 구사하기에 효율성도 높다. AI 커뮤니케이션 기업 클레온은 실시간으로 인간과 같은 다양한 감정을 표현하고 대화하는 인공지능 디지털 휴먼 기술을 GTC 2024에서 공개했다. 사진 한 장과 30초 분량의 음성 데이터로 디지털 휴먼을 생성하는 클레온의 핵심 기술은 지금까지 디지털 소통에서 구현하지 못했던 '인간다움'을 추가했다. 클레온은 감정 데이터를 기반으로 한 자연스러운 표정과 움직임 구현에 주력하여 교육이나 상담 등 밀접한 소통이 필요한 곳에 적용할 수 있는 디지털 휴먼 기술의 선두에 서 있다. 특히 엔비디아 A2F Audio2Face 애플리케이션을 활용해 디지털 휴먼의 미묘한 감정 표현을 구현하는 데 성공했다.[1]

현대백화점은 AI를 활용한 디지털 전환에 속도를 내며 AI를 기반으로 한 응대 서비스를 시범 운영 중이다. 현대프리미엄아울렛 송도점에서는 외국인 고객이 많은 장소에 QR코드를 부착하여 'AI 휴먼' 응대 서비스를 시범 운영했다. 외국인 고객이 부착된 QR코드를 스캔

하면 영어·중국어·일본어 등으로 음성 대화가 가능한 가상의 디지털 휴먼 직원이 길 안내 등 다양한 정보를 제공한다.

서울시 교육청은 실시간 표정 인식 기능이 탑재된 아바타 기반 메타버스 상담 플랫폼을 운영하고 있다. 가상공간에서 상담 선생님을 만날 수 있는 '메타버스 심리상담 사업'을 시범 추진함으로써 대면상담을 주저해 심리 지원을 받지 못했던 학생들을 돕는다는 취지다. 야타브엔터가 개발한 메타버스 심리상담 플랫폼인 '메타포레스트' 프로그램을 활용하는데, 메타버스로 이루어진 상담 공간에서는 학생과 선생님이 실시간 표정 인식 기능이 탑재된 아바타로 채팅과 음성 대화를 나눌 수 있다. 직접적인 대면상담이 부담스러운 학생들도 정서적으로 편안하게 서비스를 받을 수 있도록 함으로써 상담의 편의성을 높여준다.

2. 표정 읽어내기

2024년 6월 개봉한 픽사의 애니메이션 〈인사이드 아웃 2〉에서 주인공 라일리는 친구들이 다른 학교로 진학하게 된 것을 미묘한 표정 변화로 알아차린다. 라일리는 미간의 움직임, 주름의 깊이, 씰룩임과 찌푸림의 정도를 세밀하게 분석하여 뭔가 이상하다는 것을 눈치챈다.

영화에서뿐만 아니라, 일상에서도 타인의 표정을 읽어내는 일은 무척 중요하다. 진화론으로 유명한 생물학자 찰스 다윈은 표정이 인간의 진화에 큰 역할을 했음을 지적한 바 있다. 동료의 표정에서 두려움·분노·위험 같은 감정 변화를 읽고 필요한 대응을 함으로써 생존에 유리하게 작용했다는 것이다.[2] 사람이 분노를 느낄 때 편도체가 활성화되면 미간 근육을 수축시키고, 찌푸린 미간은 분노·불쾌감·집중 등 다양한 감정을 나타낸다. 얼굴의 미세근육을 마비시키는 보톡스나 필러 시술을 많이 받은 배우들이 미간 찌푸림, 눈웃음, 입꼬리의 미세한 표현 등을 하지 못해 표정 연기에 어려움을 겪는다는 이야기가 있는데, 충분히 일리가 있다.

이제 사람뿐만 아니라, 기술도 상대방의 얼굴과 표정을 읽어내는 능력을 갖추기 시작한다. 크게 두 가지로 나눠 설명할 수 있는데 사람마다 다른 인간의 얼굴을 인식해 그 동일성을 식별하거나 말로 표현되지 않는 특유의 감정 표현을 표정으로 읽어내 사용자의 상태를 파악하는 기술이다.

첫 번째의 경우, 스마트폰이나 도어락에 안면인식 기술을 적용해 본인임을 인증하는 것이 대표적인 예다. 이미 오래 전부터 활용되고 있지만, 관련 기술이 발전하면서 계속 성장하고 있다. 안면인식 분야는 2023년부터 2030년까지 연평균 성장률이 16.13%에 달할 것으로 전망된다. 이는 같은 기간 지문인식 시장 예상 성장률의 거의 3배에 달하는 수치다. 이 분야의 대표적인 선도기업인 대만의 사이버링크CyberLink가 개발한 AI 안면인식 엔진인 페이스미FaceMe는 사진으로

출처: CyberLink

실제 얼굴과 사진을 구분해 혁신적인 디지털 위조방지 기술로 각광받고 있는 페이스미.

안면인식을 시도할 경우 실제 얼굴이 아님을 판명해내는 대표적인 디지털 위조방지기술로 각광받고 있다. 이는 각종 잠금장치를 해제할 수 있는 스마트 도어락 시장에서 꼭 필요한 기술이다. 마이크로소프트나 아마존 같은 유명 빅테크 기업도 페이스 APIFace API, 레코그니션Rekognition 같은 얼굴분석 기술을 제공하고 있다.[3]

개인생체정보에 대한 규제가 미비해, 안면인식 기술에서 앞서가고 있는 중국에서는 얼굴 인식만으로 결제할 수 있는 시스템을 개발했다. 알리페이는 '스마일투페이Smile-to-Pay'라는 시스템을 도입했는데, 이 시스템은 '드래곤플라이Dragonfly'라는 디바이스를 사용해 고객이 화면을 보고 미소를 짓기만 하면 결제가 완료되는 방식이다. 이와 유사하게 텐센트는 '프로그 프로Frog Pro'라는 프로그램을 개발해 위챗에서 안면인식 결제를 가능하게 하고 있다. 스마트폰조차 필요 없이 키오스크나 결제기기 화면을 보고 웃기만 하면 된다.

국내에서는 신한카드가 얼굴 인식 비대면 실명 인증 서비스를 카드 업계 최초로 도입했다. 모바일 애플리케이션으로 카드 신청 시 실시간 얼굴 영상으로 본인 인증이 완료되는 간편한 시스템이다. 카드를 신청하는 과정에서 신분증 확인 후 얼굴 인증을 선택하면 별도의 준비 과정 없이 핸드폰 카메라를 통해 바로 본인 인증을 할 수 있다. '신한 페이스페이Face Pay'는 디지털 신기술 결합의 우수성을 인정받아 금융위원회 혁신금융서비스로 지정되기도 했다.

두 번째는 얼굴로 동일인을 인증하는 것을 넘어서, 표정을 통해 감정 상태를 파악하고 그에 적절한 대응을 수행하는 것이다. 예를 들어, 현대자동차의 키즈 모빌리티 '리틀빅 이모션Little Big e-Motion'은 미

출처: 현대자동차

탑승자의 감정에 반응하는 현대자동차 키즈 모빌리티 '리틀빅 이모션'. 병원 내에서 이동하는 어린이 환자의 불안감과 스트레스를 줄여준다.

래 자율주행 시대에 필수적인 자동차와 탑승자의 교감을 가능하게 하는 감정 인식 차량 컨트롤EAVC, Emotion Adaptive Vehicle Control 기술을 기반으로 한다. 입원 중인 어린이 환자들이 병실에서 진료실까지의 짧은 이동 거리를 세상에서 제일 두렵고 무서운 긴 여정으로 느낀다는 점에 착안해 치료 과정에서 발생하는 극심한 스트레스를 줄이기 위한 목적으로 개발됐다. 이 기술은 현재 스페인 바르셀로나 어린이 병원에서 시범 운영 중인데, 차체 하부에 적용된 감정반응형 엠비언트 라이팅Emotion Adaptive Lighting이 EAVC와 연동하여 색깔을 바꿔가며 주변 의료진과 보호자에게 어린이의 감정 상태를 알려준다. 빨강은 두려움을 많이 느끼고 있는 상태를, 노랑은 두려움이 다소 줄어든 상태를, 초록은 진료받을 준비가 된 상태를 의미한다. 또한 차량 전면에 장착된 디스플레이에는 EAVC와 연동된 다양한 애니메이션과 음악이 나온다.

이렇듯 의료계에서 표정 읽기는 매우 중요한 요소로, 인공지능과 의료 서비스를 통합한 감정 인식 기술은 환자 치료와 웰빙을 향상시키는 획기적인 도구로 부상했다. 일본 IT회사 NEC[4]의 안면인식 건강 모니터링 기술은 모바일 기기를 통해 사용자의 얼굴 패턴과 동공 상태, 환자의 미묘한 표정, 목소리 억양 및 기타 신호들을 인식하고 분석하여, 이를 바탕으로 건강을 체크하는 것이다. 이는 기존의 진단 방식을 뛰어넘는 시스템으로 AI 기반 감정 인식을 통해 환자의 감정 상태에 대한 정보를 의료진에게 제공할 수 있다. 환자에게 그야말로 초개인화된 치료 경험을 제공할 것으로 기대된다.

자동차 업계에서도 표정 읽기를 통해 운전자의 졸음과 주의 산만을 감지하여 안정성을 향상시키고 있다. 호주 기업 싱머신즈Seeing Machines의 운전자 모니터링 시스템DMS은 운전자의 눈과 얼굴 표정을 실시간으로 추적해 경고하고 필요 시 차량 제어 시스템과 연동하여 사고를 예방한다.[5] 보쉬Bosch는 차량 내부 카메라와 AI 알고리즘을 사용하여 운전자의 눈 깜빡임, 시선 방향, 얼굴 각도 등을 실시간으로 모니터링하며 분석한다.[6] 닛산NISSAN 역시 ProPILOT 2.0 시스템으로 운전자의 얼굴을 인식하여 운전자의 전방주시 및 주의 상태를 분석한다. 운전자가 도로를 제대로 주시하지 않을 경우 경고를 발송하고 주행 보조 기능과 연동하여 안전성을 높인다. 또한 테슬라는 특허를 통해 자동차의 실내 카메라로 얼굴을 인식하여 운전자에 따라 개인화된 설정을 적용할 계획이라고 밝혔다. 이 시스템은 운전자가 반응하지 않으면 911에 전화해 응급 상황을 알리거나 자율주행 기능을 이용해 가장 가까운 병원으로 운전자를 태우고 갈 수도 있다.

표정을 읽어내는 기술은 생산성에도 기여한다. 소셜미디어 플랫폼인 스냅Snap은 표정 분석을 통해 직원의 업무 효율성을 측정하는 특허를 출원하며 '비디오 기반 인력 분석' 시스템의 실용화에 한 발짝

다가섰다.[7] 이 시스템은 영상 채팅을 통해 직원 또는 직원의 표정을 인식하고 감정을 분석하는 기술이다. 스냅의 기술은 '인력 최적화'라는 이름으로 개인의 품질 지표를 측정하는 것을 목표로 하기에 직원의 표정, 즉 감정 상태를 모니터링해 직원들의 긍정적인 상태를 유도함으로써 고품질 서비스를 제공할 수 있도록 한다.

3. 고유의 표정 만들기

애플 인텔리전스가 발표된 이후 iOS에서 새롭게 선보인 기능 젠모지Genmoji는 기존의 이모티콘과 확연히 다르다. 마치 챗GPT처럼, 텍스트 필드에 원하는 이모지의 설명을 적으면 즉각적으로 AI가 생성한 새로운 이모티콘이 여러 개 나타나고 사용자는 그중 가장 마음에 드는 것을 선택해 사용하면 된다. 이름에서 알 수 있듯 '생성하다generate'와 '이모지emoji'의 합성어인 젠모지는 2024년 말부터 애플 기기에 새롭게 추가될 AI 기능 중 하나다. 이모티콘 제작 소프트웨어 모지 메이커Moji Maker 역시 사용자가 개인화된 이모티콘을 만들 수 있는 기능을 제공한다. 사용자는 자신의 고유한 표정과 기분을 반영하는 다양한 형태의 맞춤형 이모지를 디자인하여 디지털 커뮤니케이션을 다채롭게 한다. 이처럼 각자의 개인화된 표정을 창조해 비대면 커뮤니케이션에서 활용하는 페이스테크의 세 번째 영역을 '고유의 표정 만들기'라고 할 수 있다.

물론 싸이월드 시절부터 사용자들은 자신의 아바타를 만들어 사용하기는 했지만, 최근의 경향은 여기에서 훨씬 더 발전하고 있다. 대표적인 예가 바로 '버튜버', 즉 가상virtual의 유튜버다. 어린 시절부

애플 Genmoji

자신의 정체성과 기분을 표현할 수 있는 개인화된 이모지는 디지털 커뮤니케이션 시대에 더욱 활발해지고 있다. 페이스테크의 세 번째 유형인 '고유의 표정 만들기'에 속하는 기술이다.

터 메타버스와 틱톡을 접해온 요즘 10대는 상대적으로 버튜버를 친근하게 여기는 '버추얼 프렌들리 세대'다. '이세돌'이라고 했을 때, 프로 바둑기사를 떠올리면 구세대고 '이세계 아이돌'을 떠올리면 신세대라는 농담이 있을 정도로 버추얼 캐릭터 '이세돌'은 10대 중에는 모르는 친구들이 없을 정도로 유명하다. 나아가 버추얼 아이돌 음악으로 챌린지를 촬영하는 친구들이나 버추얼 아이돌을 덕질하는 모습을 담은 '팬튜브'도 유튜브에서 쉽게 찾아볼 수 있으며, 일반 아이돌 콘서트처럼 티케팅도 치열하다.

이에 버튜버를 직접 만들어보려는 시도도 늘고 있다. 기술의 대중화 덕에 버튜버가 되는 것이 그다지 어렵지 않기 때문이다. 본격적으로 버튜버를 시작하기 위해서는 두 가지가 필요한데 ① 버추얼 캐릭터 디자인하기, ② 캐릭터가 다양한 각도로 움직일 수 있도록 **'리깅'** 작업하기다. 보통 일러스트레이터와 리깅 작업자는 엑스(구 트위터)나 외주 사이트를 통해 섭외한다. 한편 팬

리깅rigging
3D 애니메이션에서 3D 모델링 캐릭터의 뼈대를 만들어 심거나 뼈대를 할당하여 캐릭터가 움직일 수 있는 상태로 만드는 일.

들은 버추얼 아이돌을 좋아하게 된 이유에 대해 '인간미'라는 의외의 답을 한다.

표정 만들기에 가장 특화된 산업은 단연 뷰티 업계다. 로레알 최고 경영자 니콜라 히에로니무스는 지난 CES 2024의 기조연설에서 인공지능 기술을 결합한 뷰티 테크의 미래를 소개하며 "우리는 아름다움을 기반으로 하는 기술 제품이 아니라 기술을 기반으로 하는 뷰티 제품을 만들기 위해 노력한다"고 말했다. 많은 뷰티 브랜드들이 앞다투어 뷰티 테크를 기반으로 '고유의 표정 만들기'에 공을 들이고 있다. 로레알의 모디페이스ModiFace는 가상 메이크업 트라이온 기능을 통해 메이크업 제품을 자신의 얼굴에 적용할 경우 어떻게 보일지 실시간으로 확인 가능하다. 모디페이스 사용자는 스마트폰 카메라로 얼굴을 찍어 다양한 색상의 립스틱이나 아이섀도를 가상으로 발라볼 수 있어 직접 제품을 사용해보지 않고도 온라인에서 안심하고 제품을 구매할 수 있다.

에스티 로더, 아베다, 나스 코스메틱 등 여러 뷰티 브랜드들이 AI 및 AR 기술을 활용한 가상 체험 도구를 통해 매우 긍정적인 결과를 얻고 있다. 에스티 로더는 AI 기반의 아이매치 버추얼 쉐이드 엑스퍼트iMatch™ Virtual Shade Expert 도구를 제공해 고객 충성도를 높였으며, 립 가상 체험을 통해 구매전환율이 2.5배 향상됐다.[8] 아베다는 가상 체험 도구의 트래픽이 220% 증가하고, 이를 이용한 고객의 매출이 14% 증가했다고 보고했다.[9] 또한 나스 코스메틱은 나스 매치메이커NARS Matchmaker를 출시한 후, 구매전환율이 300% 증가했으며 평균 주문율도 10% 상승했다.[10] 뷰티 테크 서비스 및 프로그램으로 인한 장바구니 구매전환율의 향상은 페이스테크와 뷰티 테크의 시너지 효과를 잘 보여주는 예시라 할 수 있다. 아모레퍼시픽도 일본 MZ세대를 겨냥한 라네즈 인스타그램 SNS 필터를 론칭하며 브랜드 입지를 강화하고 있다. 한국식 네컷 사진이 유행하고 있는 일본의 젊은 층을 대상으로 라네즈 '바운시 슬리핑 마스크'를 적용한 즉석사진 필터 프레임을 제공하여 K-팝의 경험과 감성을 마케팅에 활용한 것이다.

고맥락 사회와 표정 소통

"얼굴이 반쪽이 되다, 얼굴에 다 쓰여있다, 얼굴을 들 수가 없다, 낯짝이 두껍다…."

얼굴이 들어간 표현들을 살펴보면, 얼굴은 인간의 정체성과 가장 직접적으로 관련된 부위임을 알 수 있다. 표정은 언어를 초월하는 가장 원초적인 소통 방식이다. 찰스 다윈은 『인간과 동물의 감정 표현』에서 표정이 환경적 도전에 대한 진화된 반응이며 심지어 동물과도 유사성을 공유한다고 주장했다. 진화론적 관점으로 볼 때, 얼굴 표정은 생존을 위한 적응 메커니즘으로 의사소통과 사회적 상호작용을 돕는다.

인간은 언어를 배우기 훨씬 전부터 표정을 통해 감정을 표현해왔다. 이는 모든 문화에서 공통적으로 나타나는 현상으로, 기쁨·슬픔·분노·놀라움 등 다양한 감정이 표정을 통해 즉각적으로 전달된다.

예를 들어, 모든 문화권에서 미소는 행복과 호의를 나타내고, 찡그린 얼굴은 불만이나 고통을 표현한다. 이러한 비언어적 신호는 상대방과의 감정적 연결을 강화하고 서로의 감정을 이해하는 데 중요한 역할을 한다. 법의학에서는 피의자의 거짓말을 탐지하는 기법의 하나로 표정을 분석한다.[11] 표정에는 인간이 감출 수 없는 본능적인 요소가 있다는 방증일 것이다. 이처럼 표정은 인간이 서로 소통하는 데 있어 필수적인 요소이며, 언어의 장벽을 넘어서는 가장 원초적인 커뮤니케이션 방법이다.

특히 한국인에게 표정은 더욱 중요하다. 한국은 암묵적인 메시지와 비언어적 단서에 크게 의존하는 '고맥락 사회'다. 고맥락 소통을 하기 위해서 단지 언어로 표현되는 메시지만 들어서는 안 되고 해당 메시지에 부수적으로 포함되는 어조나 표정을 통해 그 미묘한 뉘앙스 차이를 파악해야 한다. 즉, 대화를 할 때 귀에 들리는 대로만 이해하면 안 되고 '분위기 파악'을 잘해야 하는 사회라는 이야기다. 나아가 우리 사회는 '관계'를 중시하는 집단주의적 문화를 갖고 있다. 구성원 간에 좋은 관계를 유지하기 위해서는 상대방의 감정을 파악하는 것이 기본인데, 이를 위해 표정을 해석하는 일은 필수적이다.[12]

'표정문맹자'라는 말을 들어보았는가? 남의 표정을 잘 못 읽거나 알아차리는 능력이 떨어지는 사람들을 말한다. 코로나 비대면 시기 마스크로 얼굴을 가려야 했던 3년의 시간을 보내며 친근한 소통의 중요성은 더욱 두드러지게 됐다. 대면 접촉이 어려워지면서 사람들은 서로의 감정을 이해하거나 공감하기 어려워졌고, 이는 사회적 고립감을 증가시키며 비언어적 소통의 가치를 새롭게 인식시켰다. 화상회의나 영상통화에서도 표정과 같은 비언어적 신호는 중요한 역할을 한다. 코로나 시기의 경험을 통해 비언어적 커뮤니케이션이 단순한 감정 표현을 넘어 사회적 유대와 심리적 안정감을 제공하는 중요한 요소이자 인간관계의 핵심임을 다시금 깨닫게 된 것이다.

그렇다면 기술이 사람의 얼굴에 관심을 갖는 이유는 무엇일까? 기술은 최대한 '인간적으로' 우리에게 다가오고 싶어 하기 때문이다. 생성형 AI 만능시대, 기술은 발전하면 할수록 인간을 닮고 싶어 한다.

UI의 진화, 어포던스

표정은 호모 사피엔스 진화의 시점부터 중요한 문제였지만, 요즘과 같은 혁신적 기술 폭발의 시대에서는 그 중요성이 어느 때보다도 커진다. 바로 지금부터 설명할 '어포던스affordance'라는 개념 때문이다.

현대 기술사회에서 인간은 컴퓨터나 스마트폰, 로봇 같은 인공물들과 끊임없이 상호작용한다. 컴퓨터든 로봇이든 우리가 이들을 자유자재로 부리기 위해서는 어떤 행동을 요청하고 또 그것을 사용할 수 있어야 하는데, 이를 위해서는 인공물과 사용자의 상호작용, 즉 사용자 인터페이스UI가 꼭 필요하다. 그렇다면 사용자 인터페이스에서 가장 중요한 것은 무엇일까? 사용자가 쉽게 인지하고 가르쳐주지 않아도 직관적으로 사용할 수 있게 하는 힘, 바로 어포던스다.

어포던스란 미국의 생태심리학자인 제임스 깁슨James J. Gibson에 의해 1977년에 처음 소개되었는데, 그는 "사물이 마치 말을 걸어오는 것처럼 느끼는 현상이나, 형태조형에 단서가 되는 중요한 개념"이라고 이를 정의했다. 외국 호텔에 갔을 때, 처음 보는 브랜드의 커피 메이커를 어떻게 작동시킬지 몰라 쩔쩔맨 경험이 있을 것이다. 그렇다면 이 제품은 어포던스가 좋지 않은 것이다. 요즘 도로 갈림길에는 분홍색 혹은 녹색 유도선이 칠해져 있어 쉽게 차선을 이용할 수 있는데, 이 경우에는 어포던스가 좋다고 말할 수 있다.

어포던스는 세 종류로 나눌 수 있다. 첫째, 지각 가능성을 높여주는 어포던스로서, 방금 설명한 도로의 분홍색과 녹색의 주행 유도선을 예로 들 수 있다. 고속 주행 중 출구의 인지성을 높여주기 때문에 '인지적 어포던스'라고 분류한다. 한국도로공사가 고안한 이 세이프티레인은 2017년 대한민국 국토경관디자인대전에서 공공디자인부문 국토교통부 장관상까지 수상했다. 일상에서 접하는 또 다른 인지적 어포던스는 주차장의 주차공간 표시등이다. 빨간 불빛은 이미 주차가 돼있다는 표시이며 초록 불빛은 주차가 가능한 빈자리를 의미한다. 주차하는 고객이 멀리서도 한눈에 빈 공간의 여부를 알아볼 수

출처: 대전시청

효과적인 어포던스로 사용자의 편의성을 배려한 고속도로의 주행 유도선.

있어 주차공간을 찾아 헤매는 시간을 줄여줄 뿐 아니라 배회하는 동안의 공회전도 줄여준다.

둘째는 행동 가능성을 높여주는 '물리적 어포던스'다. 물리적 어포던스는 사람들로 하여금 실제로 물리적 행동을 유도하거나 방지하는 방식으로 작용한다. 행동을 방지하는 어포던스로는 으슥한 골목에 창문을 일부러 많이 배치하거나 건물 벽면에 눈 그림을 그려 넣는 등의 환경 설계를 통해, 잠재적 범죄를 예방하고 안전한 공간을 만드는 셉테드CPTED, Crime Prevention Through Environmental Design 디자인이 대표적이다. 행동을 유도하는 사례로는 사소하지만 과자를 뜯는 포장지의 홈을 들 수 있다.[13] 요즘 과자 포장에는 뜯는 홈이 두 개씩 있는데, 하나는 처음 먹을 때 뜯기 좋도록 위쪽에, 또 하나는 거의 다 먹었을 때 남은 과자를 꺼내기 좋도록 중간 아래쯤 홈을 만든다. 이 역시 어포던스를 고려한 디자인이다.

셋째는 사용의 맥락을 쉽게 하는 '가상 어포던스'다. 모바일뱅킹으로 송금을 할 때, 보통은 은행을 먼저 선택한 후 이어 계좌번호를 입력하도록 돼 있다. 하지만 우리는 대개 이체할 계좌번호를 먼저 복사하거나 외우는 경우가 많은데, 계좌번호를 먼저 입력하고 은행을 나중에 선택하도록 순서를 바꾼다면 훨씬 사용이 용이할 것이다. 금융 플랫폼 토스는 이 같은 아이디어를 적용해 계좌번호 입력과 은행 선택의 순서를 바꿔 어포던스를 높였다.

전 세계의 수많은 디자이너·설계자·엔지니어들은 사용자 편의성을 위해, 또는 의도된 행동 유도를 위해 제품과 서비스의 어포던스를 높이는 노력을 하고 있다. 이러한 개발자들의 보이지 않는 언어가 제품과 서비스에 녹아 자연스럽게 스며들 때, 비로소 사용자들은 그 제품과 서비스에 좋은 평가를 내리게 된다. 소비자들이 사용해본 적 없는 새로운 기술이나 상품 및 서비스가 쏟아져 나오고 있는 오늘날 어포던스는 더욱더 중요하다. 아무리 좋은 기술이나 제품이 나온다 하더라도, 소비자가 직관적으로 쉽게 사용할 수 없다면 무용지물이 될 것이다. 그렇다면 가장 기초적이고 쉬운 어포던스는 무엇일까? 바로 얼굴과 표정이다. 신기술이 봇물처럼 쏟아져 나오는 지금, 페이스테크는 어포던스의 측면에서 볼 때 무엇보다 중요한 요소라고 할 수 있다.

전망 및 시사점

가장 원초적인 표현수단, 표정

수많은 기업이 새로운 기술과 제품을 고안하면서 다음과 같은 고민을 한다. '기술의 첫인상을 어떻게 만들어낼 것인가', '표정을 그려 넣을 것인가, 아니면 간단한 정보만 제공할 것인가', '음성으로 작동하게 할 것인가, 터치로 작동하게 할 것인가', '터치스크린의 크기는 어느 정도여야 사용자의 심적 부담을 줄이고 조작 편의성을 높일 수 있을 것인가' 등등. 이러한 질문에 기업들은 점차 사람의 표정에서 답을 찾고 있다. 얼굴과 표정을 만드는 일, 표정을 읽고 분석하는 일, 자신만의 표정으로 차별적 사용자경험을 제공하는 일, 페이스테크는 신기술의 향연 속 경쟁 구도에서 우위를 점할 수 있는 강력한 무기다.

페이스테크를 적용한 직관적인 기술 설계는 사용자의 학습을 쉽게 만들고, 사용자 지원 및 교육에 필요한 비용을 줄일 수 있다. 사용자가 쉽고 빠르게 문제를 해결할 수 있다면 이는 자연스레 비용 절감으로 이어질 것이다. 또한 기술의 직관성을 높이는 것은 기업의 제품이나 서비스가 시장에서 경쟁력을 갖출 수 있도록 도와준다. 사용자가 다른 선택지로 쉽게 이동 가능한 오늘날에는 직관적이고 사용자 친화적인 기술이 브랜드의 차별화 요소가 될 수 있다.

기술 과잉으로 그 피로도가 높아진 시대, 기술 자체의 경쟁력보다 기술과 사용자와의 교감이 더 중요하다. 디지털 약자에게도 포용력 있는 AI 사회를 이루기 위해서는 어포던스를 우선적으로 고민해야 한다. AI 기술의 사각지대에 놓인 다수의 사람들까지 고려하여 모두가 참여하고 포용하는 진짜 스마트한 세상을 만들기 위해서는 디지털 어포던스를 향상시키기 위한 지속적 노력이 필요하다.

이러한 노력은 AI의 실사용 사례를 찾아가는 시도가 분주하게 계속되고 있다는 것을 의미한다. 멀게만 느껴졌던 최신 기술이 빠른 속도로 범용상품화되고 있다는 사실의 방증이기도 하다. 제품 개발 현장에서는 그것이 아무리 혁신적인 기술이라도, 실생활에 적용 가능한 제품으로 구현해가는 과정에서 냉정한 현실의 벽에 부딪히는 경우가 많다. 이 과정에서 몇 번이고 AI에 대한 회의론이 대두될 수 있을 것이다. 하지만 이런 시행착오에도 불구하고 발전은 이뤄지고 있으며, AI 카오스 속에서 주도권을 쥐는 것은 고객의 행동을 가장 쉽게 유도한 상품이자 브랜드이자 기업일 것이다.

미래 세대에 더 친화적인 페이스테크

네덜란드 출신의 세계적인 조직 이론가이자 문화차이 연구 권위자 폰스 트롬페나스Fons Trompenaars의 '국가 문화 차이 모델model of national culture differences'에 따르면 감정을 공개적으로 잘 표현하지 않는 문화권에 이모티콘을 적극적으로 사용하는 사람들이 더 많다고 한다.[14] 감정 표현을 절제하는 아시아권 국가의 사람들은 평소 감정을 숨기는 경우가 많기 때문에, 감정을 확실하게 표현하는 데 서툴다. 그 때문에 오히려 모바일 이모티콘을 더 많이 사용하는데, 이는 자신의 감정 상태를 간접적으로 표현하려는 시도라고 할 수 있다. 복잡한 감정이나 설명하기 곤란한 상황도 이모티콘을 사용하면 쉽게 설명할 수 있다. 또한 대면 의사소통에 부담을 느끼는 '잘파세대(Z+알파세대)' 역시 페이스테크를 선호할 것이라고 예상할 수 있다. 글보다 이미지가, 이미지보다 동영상이, 진실보다 분위기가 더 중요한 이들은 친근하고 독특한 페이스테크에 마음을 열게 될 것이다.

1970년대 일본 로봇공학자 모리 마사히로森政弘는 인간과 너무 비슷하게 생기거나 유사한 행동을 하는 로봇이나 인공지능 생성물들이 사람들에게 섬뜩한 불쾌감이나 거부감을 불러일으키는 지점, 즉 인간과 비슷하게 생긴 객체에 대한 인간의 감정 반응을 그래프로 나타내고 이를 언캐니밸리uncanny valley(불쾌한 골짜기)라고 불렀다. 실제 인간과 불완전하게 닮은 휴머노이드가 관찰자에게 기괴함과 혐오감을 유발한다는 이론이다. 그러나 50여 년이 흐른 지금, 잘 정제되고 인간과 더 가깝게 만들어진 표정은 로봇을 더 자연스럽게 보이게 함으로써 불쾌한 골짜기를 메워주고 있다.

결국 기술의 물성화, 기술의 인간화는 생성형 AI가 지배하는 세상의 커다란 패러다임이며, 여기에서 페이스테크는 인간과 기술, 대면과 비대면을 잇는 가교가 될 것이다.

"얼굴은 가장 좋은 추천서"라는 말이 있다. "중년이란 자신의 얼굴에 책임을 져야 하는 나이"란 말도 같은 맥락일 것이다. 얼굴과 표정에는 진정성이 담겨있다. 이것이 비단 사람만의 문제는 아닐 것이다. 한 번 되돌아보자. 당신의 제품은 또는 당신은 고객에게 어떤 표정을 보여주고 있는가?

E

무해력

SNAKE SENSE

Embracing Harmlessness

작거나 귀엽거나 서툴지만 순수한 것들이 사랑받는다. 이처럼 작고 귀엽고 순수한 것들의 공통점은 해롭지 않고, 그래서 나에게 자극이나 스트레스를 주지 않으며, 굳이 반대하거나 비판할 생각이 들지 않는다는 것이다. 이러한 특성을 '무해함'으로 범주화하고, 이렇게 무해한 사물들의 준거력referent power이 강해지는 현상을 '무해력'이라 부르고자 한다.

전 국민의 사랑을 받은 푸바오와 그 뒤를 잇는 레서판다, 밤톨이(햄스터) 같은 깜찍한 동물들, 세상 모든 것을 작디작게 만드는 미니어처 열풍, 서툰 말씨와 대충 그린 이모티콘이 더 사랑받는 현상에는 이런 '무해력'이 자리한다.

무해력이 주목받는 이유는 단지 귀엽거나 예뻐서가 아니다. 경제 불황과 불안한 미래, 날로 심해지는 정치·사회적 갈등, 코로나 블루에 이은 코로나 레드(분노)에 지친 젊은이들은 스스로를 '긁힌 세대'라고 부르며 자조한다. 이러한 암울함의 반작용에서 귀엽고 순수하고 단순한, 해害가 없는 대상을 찾고 있는 것이다. 그렇지만 무해한 존재들을 단지 '부정적인 것의 부재'로만 인식해서는 안 된다. 그것이 중요해지는 시대적 배경과 그 특성을 적확하게 파악할 때, 비로소 무해력을 활용한 효과적 대응이 가능하다. 무해력은 이제 어지럽고 혼탁한 세상에서 한 줄의 희망을 느낄 수 있는 생존의 비결이 됐다.

2024 파리 올림픽에서 가장 주목을 받은 선수는 사격 공기권총 10m 은메달리스트 김예지 선수일 것이다. SF영화 속 소품 같은 사격용 장비와 올블랙의 의상, 흔들리지 않는 냉철한 표정이 더해져 미국 대표 스포츠 매체 《디 애슬레틱The Athletic》으로부터 "파리 올림픽에서 가장 멋진coolest 사격 선수'라는 호칭을 얻었다. 심지어 테슬라의 창업자 일론 머스크도 "액션영화에도 나온다면 멋질 것 같다"라는 코멘트를 남겼다. 화제는 여기서 끝이 아니었다. 마치 느와르 장르의 '냉혈한 킬러' 같은 이미지의 그가 깜찍한 코끼리 인형 장식이 달린 수건을 매달고 경기에 나온 것이다. 코치에게 선물받은 것이라고 하는데, 김예지 선수의 이 반전 매력은 올림픽 내내 화제가 됐다. 얼음처럼 차가운 킬러가 들고 있는 귀여운 코끼리 수건이라니!

김예지 선수뿐만 아니다. 요즘 많은 젊은이들이 가방에 키링을 주렁주렁 매달고 다닌다. 심지어는 몇백만 원을 호가하는 명품 가방에 몇천 원짜리 인형을 다는 경우도 있다. 이처럼 인형 사랑이 뜨거워지면서 자주 찍는 사진도 '인생샷' 대신 '인형샷'으로 바뀌고 있다고 한다. 이러한 흐름에 힘입어 문구 전문 기업인 아트박스는 인형을 꾸밀 수 있는 전용 인형옷·안경·팔찌 등의 소품을 내놓았는데, 큰 호응을 얻기도 했다.

'실바니안 패밀리(이하 실바니안)'의 사례도 흥미를 끈다. 실바니안은 1985년 일본 완구 업체인 에폭EPOCH이 제작한 미니어처 피규어로, 영국 교외에 살고 있는 중산층 동물 가족의 생활을 모티브로 한 시리즈 장난감이다. 토끼·고양이·다람쥐 등의 인형뿐만 아니라 이들이 살고 있는 집을 구성하는 가구와 가전제품이 세트로 판매된다.

2008년부터 한국 시장에 발을 디딘 실바니안은 2021년 이후 아트박스의 온·오프라인 채널을 통해서도 판매를 시작했다. 처음 판매를 개시할 때만 해도 큰 주목을 받지는 못했는데, 재판매를 시작한 2024년에는 오픈런과 품절 대란이 생길 만큼 대단한 인기를 누리고 있다. 우리나라 귀여운 물건들의 성지인 아트박스의 2023년 매출은 2,243억 원을 기록하며 전년 동기 대비 21% 이상의 성장세를 기록했다.[1] 신한카드 빅데이터연구소에 따르면 2024년 기준 인형 키링 소품숍 이용 건수는 2022년 대비 약 112%나 증가했고, 심지어 소품숍 구매 고객 중 3040세대의 이용률도 7.6%로 증가한 것으로 나타났다. 귀여운 것들을 향한 수요가 나이를 불문하고 심상치 않다.

키링뿐만 아니라, 최근 화제가 되는 팝업스토어나 굿즈, 유행하는 아이템들을 보면 예쁘고 앙증맞은 것들이 가득하다. 요즘 표현으로 '귀여움 천재'라고 할 수 있는 판다 푸바오의 일거수일투족이 전국민의 관심사가 되기도 했다. 물론 귀엽고 깜찍한 물건을 싫어할 사람은 없겠지만, 최근 나타나는 소품에 대한 인기는 이례적이다. 본서에서는 이처럼 작고 귀엽고 순수한 것들의 특성을 '무해無害함'으로 범주화하고, 이렇게 무해한 사물들의 준거력referent power(사람들이 따르게 하는 힘)이 강해지는 현상을 '무해력'이라고 명명하고자 한다.

무해한 존재들의 공통점은 해로움이 없고, 그래서 나에게 자극이나 스트레스를 주지 않으며, 굳이 반대하거나 비판할 이유도 없다는 것이다. 무해한 것들이 왜 인기일까? 요즘 세상살이가 너무 힘들기 때문일 것이다. 유례없는 불경기가 계속되는 가운데, 더 나은 내일을 기대하기엔 현실이 너무 혹독하다. 그 와중에 이념·계층·세대·성별 등 정치·사회적 갈등은 심화되고, 경쟁도 더욱 치열해지고 있다. 이러한 어려움 속에서 무해함은 반사적으로 하나의 심리적 안전지대를 만들어준다. 단지 예뻐서 좋아하는 것이든, 세상이 하도 어지러워서 찾는 것이든, 요즘 무해한 것들의 인기는 뜨겁다. 그 무해한 트렌드의 물결 속으로 뛰어들어보자.

무해력의 여러 모습들

1. 앙증깜찍 무해력, 작아서 무해하다

> "옛날 옛적, 아버지가 생선회를 사 오시면 생선회보다도 간장이 들어있는 작은 붕어 모양 용기를 더욱 좋아했던 어린이가 있었습니다. 그 어린이는 무럭무럭 자라서 그리운 간장붕어와 친구들을 인형으로 만들었다고 합니다."

앙증맞기 짝이 없는 '작은 물건' 인형 사진으로 인스타그램에서 화제를 끌고 있는 '미물즈'의 제품 소개글이다. 초밥을 주문하면 그 안에 들어있는 작은 우산이나 붕어 모양의 간장 용기를 보관해본 기억이 누구나 한 번쯤은 있을 것이다. 작은 것은 사랑스럽다. 흔히 만나는 사물이라도, 작게 재현하면 깜찍하고 예쁘다. 크기가 작으면 일단 나에게 해를 끼치지 않을 것 같은 안도감도 든다. 그래서일까? 요즘 작은 것들의 인기는 작지 않다. 작아서 해가 없는 사물을 '앙증깜찍 무해력'이라고 부르고자 한다.

출처: 미물즈

그냥 작아서 예쁜 것들. 조그만 것들이 사랑받는다.

미물즈는 옥춘사탕·꿀떡·웜뱃의 응가 등 "작은 존재들을 연구해 만든 핸드메이드 작품"을 판매하는데, 성인들의 애착 인형으로 제격이라는 평가를 받고 있다. 작은 간장붕어 용기를 만들고, 그것이 외로울까 봐 락교와 와사비를 친구로 함께 제작하면서 작은 것들의 유니버스가 하나씩 완성된다. 제품 이름도 담백하다. 예를 들어, 먼지 모양의 인형 1개의 이름은 '먼지', 2개의 이름은 '먼지먼지', 3개의 이름은 '먼지먼지먼지'다.

음식은 본래 푸짐할수록 좋을 텐데, 작아서 더 인기를 끄는 것들도 있다. 지름이 총 5cm도 안 되는 초미니 사이즈인 '마이크로 케이크'가 새롭게 각광받고 있다. 손바닥에 들어올 만큼 작은 크기인지라 '한입 케이크'라는 별칭으로 불리기도 한다. 작은 크기임에도 케이크 본래의 요소는 모두 들어가기 때문에, 데코레이션이 오밀조밀하게 올려져 깜찍함을 더한다. 2024년 4월 스타벅스는 한입 사이즈의 핑거푸드 '쁘띠 까눌레'를 출시하기도 했다. 두 제품 모두 크기에 비해 비싼 가격이 논란이 되기도 했지만 오히려 음식 낭비 없이 즐길 수 있는 색다른 디저트라는 긍정적인 평가가 대부분을 이뤘다. 음식에서도 아담한 무해력이 소비자의 마음을 움직이는 중이다.

작은 것들의 인기가 높다 보니, 최근 미니어처 시장이 새로운 활기를 띠고 있다. 과거에는 일부 마니아층 사이에서만 소장 가치를 인정받던 미니어처가 이제는 Z세대의 키덜트 문화를 중심으로 자리매김했다. 주식회사 손오공은 글로벌 인기 완구 기업 MGA의 미니어처 브랜드 '미니벌스Miniverse'를 2024년 7월 국내시장에 선보였다. 음료 머신을 골라 에스프레소·밀크티·주스·소다 등을 만들어 나만의 홈카페를 완성하는 '홈가전' 시리즈와 어항·화분·캔들 등이 포함된 '라이프스타일' 시리즈가 대표 제품이다.

자그마한 캡슐토이를 판매하는 '가챠숍'도 인기다. 가챠숍의 '가챠'는 '찰캉찰캉'이라는 뜻의 일본어 '가챠가챠ガチャガチャ'에서 유래한 단어로, 캡슐토이를 뽑는 기계에 동전을 넣고 레버를 돌릴 때 철 부딪히는 소리가 나는 것을 표현한 말이다.[2] 한 손에 쥐어지는 캡슐 안에는 미니 피규어·인형·문구류 등 다양한 장난감이 담겨있다. 2024년 2월 잠실에 오픈한 '가샤폰' 매장은 산리오·짱구·먼작귀(먼가 작고 귀여운 녀석) 등의 미니 키링과 말랑말랑한 소형 장난감 스퀴시를 판매하며 큰 호응을 얻었고, 계속된 키덜트 열풍에 힘입어 2024년 4월에는 홍대점까지 오픈했다. 인기 캐릭터의 가챠 기계는 오픈 직후 품절되는 모습을 보이기도 했다.

국민적 인기를 한 몸에 누렸던 에버랜드의 판다 푸바오가 중국으로 떠난 뒤, 그 뒤를 '레서판다'가 이었다. 에버랜드의 공식 채널 중 레서판다만을 다루는 코너 '오구그레서'의 SNS 누적 조회 수는

푸바오 열풍을 일으킨 아기 판다와 그 뒤를 잇는 레서판다. 보고 있으면 절로 무장해제 된다.

2024년 3월 기준 400만을 돌파했다.[3] 레서판다는 일반 판다에 비해 크기가 매우 작은 데다, 그가 할 수 있는 가장 공격적인 행동이라고는 만세 하며 몸을 세우는 것이 전부이기 때문에 전혀 위협적이지 않다. 국제적 멸종위기종CITES 1급 동물로 전 세계에 1만 마리도 채 남지 않았다는 희귀성이 레서판다에 대한 마음 짠한 애정을 더 크게 만든다.

반려동물도 작은 것이 인기다. 우리나라는 원래도 말티즈나 푸들처럼 소형 견종을 선호해왔는데, 최근에는 훨씬 더 작은 반려동물에 눈길을 돌리고 있다. 카카오웹툰에서 인기리에 연재됐던 '햄집사(햄스터 키우는 사람)'의 크고 작은 에피소드를 담은 반려 일기가 2024년 5월 『어쩌다 햄스터』라는 이름의 단행본으로까지 출간됐다. 반려햄스터를 주인공으로 한 인스타그램 채널 '밤톨이들' 역시 『귀여운 밤톨이들이 세상을 구하지』라는 책을 출간했다. 미국에서는 반려용 소까지 등장했다고 한다. 이른바 '미니어처 소'라고 해서 일반 가정집에서도 키울 수 있도록 몸집을 작게 개량한 품종인데, 주인과 함께

물놀이도 즐기고 산책도 나가는 어엿한 반려동물이다.[4]

작은 동물의 인기가 높아지다 보니, 관련 콘텐츠도 부쩍 늘고 있다. 시즌4가 시작된 SBS TV 동물농장의 공식 유튜브 채널 콘텐츠 '쪼꼬미 동물병원'이 대표적인 예다. 프레리도그·데구·슈가글라이더·기니피그·미어캣·발칸폰드터틀 등 국내에서는 쉽게 찾아보기 힘든 앙증맞은 동물들을 최영민 수의사가 치료하고 보살피는 영상이다. 1화부터 12화의 모아보기 영상은 조회 수가 380만 회에 달할 만큼 화제다. 같은 채널의 또 다른 기획 콘텐츠 '나는 새끼다'도 꾸준한 인기를 얻는 조회 수 효자 콘텐츠다. 태어난 지 한 달이 채 안 된 촉촉한 꼬물이들의 영상을 주로 소개하며, 깜찍하기 짝이 없는 작은 동물의 인기를 이어가고 있다.

2. 귀염뽀짝 무해력, 귀여워서 무해하다

무해한 것의 두 번째 유형은 예쁘고 귀여운 것들이다. 요즘 누리꾼들 사이에서 '귀염뽀짝하다'는 표현이 자주 등장하기에 '귀염뽀짝 무해력'이라고 이름 붙였다. '뽀짝'은 바싹 붙는다는 의미의 전라도 지역 방언인데, 온라인에서는 예쁜 것들을 한층 귀엽게 표현하고 싶을 때 사용한다.

최근 귀여운 키캡으로 키보드를 커스텀하는 취미 활동이 떠오르고 있다. 키보드 마니아들은 자신에게 딱 맞는 키감이나 타건음을 찾기 위해 윤활제를 칠하거나 보강판을 대주는 경우가 많은데, 이를 '키보드 커스텀'이라고 부른다. 그런데 조작 편의를 위한 기능이 아니라, 그저 예쁜 키보드를 만들기 위해 작은 인형이나 깜찍한 캐릭터

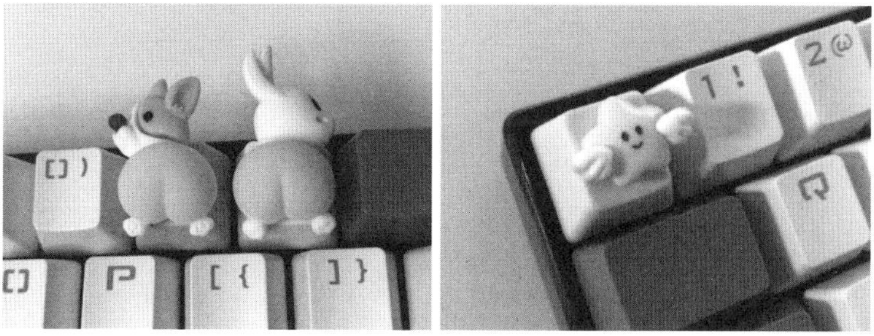

출처: 보담

작고 귀여운 동물 모양 키캡을 활용한 '나만의 뽀짝한 키보드'. 기능보다 예쁨이 우선이다.

모양의 키캡을 씌워 커스텀하는 사례가 늘고 있다. 예쁜 것들에 대한 최근의 관심이 기능만 충실하면 그만인 키보드에까지 닿고 있음을 보여주는 사례다.

서울 성수동과 부산 해운대에 매장을 두고 세계 각국의 치즈와 와인을 큐레이팅하는 치즈 가게 '유어네이키드치즈'는 예쁘고 아기자기한 플레이팅으로 유명하다. 고다(하우다)치즈·황치즈·콜비잭·페퍼잭 등을 활용해 여름 풍경을 표현하여 화제가 됐던 메뉴인 썸머치즈플래터 등을 보고 있자면, 너무 예뻐 먹기가 아까울 정도다. 서울 마포구에 위치한 '프레시플러시' 매장은 그로서리 마켓 콘셉트의 강아지 장난감 가게로, 미국 현지의 마트가 연상되는 화려한 외관을 자랑한다. 과자·우유·소스류 등 실제 식품들과 비슷한 디자인의 장난감 인형들이 진열돼 있어 강아지들뿐만 아니라 견주의 마음을 사로잡는 귀여움이 가득하다. 또한 마트 바구니에 반려견을 태워 '강아지 인생샷'을 찍을 수 있는 스튜디오의 역할도 톡톡히 하고 있다. 이는 앞서 설명한 작은 반려동물과 귀여운 장난감의 결합으로, 가히 무해함의 필승 조합이라고 부를 만하다.

주변에서 흔히 볼 수 있는 사물에 귀여움을 입혀 작품으로 구현한 작은 공방의 사례들도 눈길을 끈다. 레진resin 공예품 작가 '헤로키'는 한 알짜리 귤의 앙증맞은 모습을 담은 'ㄹㅇ귤임 그립톡'과 접시 위에 마지막으로 남은 토마토를 묘사한 '꼴찌토마토 인센스 홀더' 등을 출시하며 기획력을 인정받아 인기가 급상승했다. 강원도의 농수산물을 키링으로 만들어 판매하는 '삶은 감자' 작업실의 제품도 품절 사태를 만들어냈다. 밭에서 갓 캐낸 모습의 '알감자키링'은 수차례의 재입고에도 매번 빠르게 품절되며, 호래기가 연상되는 '동해안 오징어키링' 역시 구하기 힘들 정도의 인기를 끌고 있다.

아이돌 덕질은 어제오늘의 일이 아니지만, 요즘에는 좋아하는 연예인의 외모를 본떠 만든 솜인형을 꾸미는 열풍이 이어지고 있다. 단지 솜인형을 구매하는 것에서 그치지 않고 다양한 아이템으로 인형을 꾸미거나, 공동구매를 통해 인형옷과 소품을 직접 제작하기도 한다. 이러한 트렌드를 반영해 아트박스는 전국 70여 개 오프라인 매장에서 '소품공장' 판매 코너를 운영하고 있는데, '아트박스 ○○점에 가면 특정 솜인형을 발견할 수 있다'는 식의 후기가 이어지는 등 폭발적인 반응을 얻었다.

1999년 런던에서 문을 연 프리미엄 인형 브랜드 '젤리캣Jellycat'은 부드럽고 예쁜 인형을 세계 77개국에 판매하는데, 독특하고 귀여운 디자인으로 유명하다. 동물 인형도 그냥 '동물'이 아니라, 양서류·파충류·극지동물·곤충·공룡·농장동물·정글동물·신화동물·바다동물처럼 카테고리를 세분화해 다양한 종류의 인형을 완성도 높게 만들어낸다. 2023년 9월, 젤리캣은 새로운 시도를 선보이며 사람들의 주목을 끌었다. 뉴욕 록펠러 센터 1층에 레스토랑 콘셉트의 인형 매장 '젤리캣 다이너Jellycat Diner'를 오픈한 것이다. 해당 매장에 들어서면 요리사 복장을 한 점원들 뒤로 인형 메뉴판이 자리하고 있어 마치 진짜 식당에 방문한 듯한 착각마저 든다. 매장에서는 눈코입이 달린 햄버거·핫도그·타코 등의 메인 메뉴와 케이크·타르트 등의 디저트가 '음식 모양 인형'으로 판매되고 있으며, 점원들은 포장하기 전에 햄버거 인형을 굽는 척 뒤집개를 움직이거나 타르트 인형 위에 휘핑크림을 짜는 퍼포먼스를 선보이며 귀여움을 더해준다고 한다.

3. 순수대충 무해력, 서툴러서 무해하다

"뜨겁새로(뜬금없이), 후두다닥(후다다닥), 준비 갈 완료(갈 준비 완료), 양념테이프(양면테이프), 알록달락(알록달록), 탄수나물(탄수화물), 담담(담당), 엉망잔칭(엉망진창)"

뭔가 오타가 난 것 같지만, 아니다. 모두 인기 걸그룹 뉴진스의 멤버 '하니'의 말이다. 한국어가 서툰 하니(본명 하니 팜)의 어록을 사람들은 '팜국어' 혹은 '팜투리'라 부르며 좋아한다. 이처럼 서투르지만 악의 없고 순수한 것들은 무해하다. 춤·노래·영어 실력 어느 것 하나 빠지지 않는 출중한 능력치의 만능 엔터테이너 하니는 베트남계 호주인인데, 데뷔 초 한국어 학습에 어려움을 겪었다고 한다. 하지만 뉴진스 멤버와 팬들은 한국에서 활동하기 위해 누구보다 열심히 한국어 공부를 해온 그녀의 노력을 잘 안다. 그래서 마치 내 아이의 옹알이만큼은 찰떡같이 알아듣는 부모의 마음으로 그녀의 실수들을 '오히려 귀여운 실수'라며 환대하는 것이다. 의도치 않은 실수는 무해하기 때문이다. 이처럼 서투르지만 순수하고 사랑스러운 무해력을, '순수대충 무해력'이라고 이름 붙이고자 한다.

무해함은 때로 경험 부족에서 나오기도 한다. 할머니와 할아버지가 외국 음식을 요리하는 장면을 연출하는 SNS 채널 '슬기로운 할매생활'의 콘텐츠가 좋은 예다. 중동 음식 '후무스', 이탈리아 파스타 '뇨끼'와 '라자냐', 중국 요리 '멘보샤' 등 어르신들께서 평생 처음 들어보는 메뉴를 요리해보게 하는 것이 콘텐츠의 주된 내용이다. 제주 방언을 쓰며 라자냐 레시피를 읊는 모습이나, 메뉴 이름을 발음하기도 익숙지 않아 몇 번을 되물으시면서도 새로운 시도를 해볼 수 있음에 즐거워하는 모습이 마치 어린아이처럼 순수하게 다가온다.

부드럽고 순박하면 아저씨도 무해할 수 있다. 2024년 서울국제환경영화제의 에코프렌즈로 선정된 김석훈 배우는 '쓰저씨'로 활동하며 무해력을 펼치는 중이다. 그는 '나의 쓰레기 아저씨'라는 유튜브 채널을 통해 쓰레기를 줍는 일상을 공유하며 대중들의 호평을 받고 있다. 구독자들은 환경을 위해 본인이 할 수 있는 최소한의 노력을 다하는 그의 모습에 감탄하며 댓글로 동참 의지를 표현하기도 한다.

순수하기로 하면 자연만 한 것이 있을까? 『트렌드 코리아 2022』의 주요 키워드였던 '러스틱 라이프'의 감성은 점점 더 커지고 있다. 2019년 5월 새롭게 단장한 서울식물원은 개원 후 4년 만에 2,000만 명의 방문자 수를 달성했으며, 2024년에는 전년 대비 방문자 수가

출처: 유튜브 채널 '나의 쓰레기 아저씨'

동네 쓰레기를 줍고 환경보호를 실천하는 소소한 일상으로 힐링을 전하는 무해한 아저씨의 탄생, '나의 쓰레기 아저씨'.

2배 증가했다.[5] 이곳은 축구장 70개 크기의 초대형 도심형 식물원으로, 우리나라의 자생식물뿐 아니라 세계 12개 도시의 식물까지 다양하게 관람할 수 있어 식물 애호가들의 호평을 받는다. 자연을 담아낸 영상도 인기다. 예컨대 제주영상진흥원은 2022년부터 제주도의 아름다운 풍광을 담은 4K급 고해상도 영상물을 무료로 개방하고 있는데, 일반 시민은 물론이고 tvN의 예능 〈산꾼도시여자들〉, JTBC의 예능 〈뭉쳐야 찬다 2〉, 코믹 액션 영화 〈필사의 추격〉 등에 활용됐다. 자극적인 콘텐츠가 가득한 유튜브에서도 자연 영상은 선전하고 있다. 12K의 고화질 자연 영상들을 3~4시간씩 틀어두는 사람들이 많다.

무주의 청정지역에서 즐길 수 있는 반딧불이 야행도 큰 인기를 누린다. 1997년부터 매년 진행된 무주반딧불축제의 최근 방문객 수가 급증한 것으로 나타났는데, 2023년에 진행된 제27회 축제에는 무려 42만 명의 관광객이 방문하면서 약 150억 7,000만 원의 경제 효과를 달성한 것으로 확인됐다.[6] 천연기념물 제322호 곤충인 반딧불이를 눈앞에서 직접 만나볼 수 있는 '반딧불이 신비탐사'는 남녀노소 누구에게나 인기 있는 프로그램으로 축제 기간이 시작되기 전부터 예약이 빠르게 마감된다.

'개모차'가 유아차보다 많이 판매될 만큼 반려동물이 흔해진 가운데, 그보다 신경이 덜 쓰이는 반려식물을 키우는 사람도 늘었다. 최근에는 돌 같은 무생물을 반려로 삼는 사람까지 등장했다. 예전에 큰아버지가 모으던 수석이 아니다. 그냥 평범한 모양의 반려돌石이다. 반려동물이나 반려식물은 우리를 즐겁게 해주는 만큼 보살펴야 할 노력도 함께 들어간다. 반면 돌 같은 무생물은 그런 노력을 전혀 필요로 하지 않는다. 어쩌면 그래서 가장 순수한 반려대상일지도 모르겠다.

뭔가 부족한 듯, 그냥 대충 만든 듯, 그러면서도 친근한 것들도 무해하다. 일본의 일러스트레이터 '카와이소니KAWAISONI!'의 대표 캐릭터 '빤쮸토끼'의 한국 내 인기가 심상치 않다. 메디힐과 협업 에디션을 출시하고, 더현대 서울이나 명동처럼 핫한 장소에서 팝업스토어까지 진행했다. 하지만 인기 최고라는 이 캐릭터를 자세히 살펴보면 막상 그림으로서의 완성도는 다소 떨어진다는 사실을 알 수 있다. 마찬가지로 인기 있는 캐릭터인 먼작귀나 최고심의 일러스트들도 마찬가지다. '대충 그린 듯한 하찮음'을 오히려 매력 포인트로 삼는 캐릭터가 뜨고 있다.

카카오 이모티콘샵에서도 대충 그린 것들이 더 인기다. 키워드 검색 결과를 보면, '대충'이 126개, '하찮은'이 208개로, 일상 대화에서 자주 쓰이는 '안녕'이나 '뭐해'를 뛰어넘는 수준이다. '망그러진곰' 같은 소위 '하찮은 계열'의 이모티콘이 부쩍 인기를 끌고 있다. 마케팅에 관심 있는 독자라면, 2018년 대충 그린 강아지 그림과 함께 등장한 LG생활건강의 세탁세제 '피지' 광고를 기억할 것이다. 완성도가 매우 낮은, 소위 말하는 '병맛' 감성의 B급 광고였음에도 소비자들의 폭발적인 관심을 받았다. 당시 광고 속에 등장한 대충 그린 듯한 장면들을 보며 소비자들이 느낀 감정은 새로운 자극이 주는 낯섦이었다. "대기업 광고를 이렇게 해도 돼?"라는 반응이 대부분이었던 것도 그 때문이다. 하지만 요즘 카카오톡에서 인기몰이 중인 하찮은 이모티콘에는 낯설기보다는 익숙한 매력이 있다. 마치 내가 펼쳐둔 메모장 구석에도 비슷한 낙서가 있었던 듯한 느낌을 주는 그림들이기 때문이다. B급의 한계를 넘어선 '대충'의 매력이 통하고 있다.

'삐뚤빼뚤' 그림을 전시한 작가도 있다. '왼그기그'라는 이름으로 활동하는 이시빈 작가는 왼손으로 그린 기린 그림 80점을 전시했고 성공적으로 전시회를 마쳤다. 이후 더현대 대구 팝업스토어, K-일러스트레이션페어, 2024 서초뮤직앤아트페스티벌 등 다양한 행사 현장에서도 꾸준히 주목을 받았다. 2024년 5월에는 '제2회 왼손으로그린기린그림 미술대회'라는 콘테스트를 개최했는데, 무려 334명의 참가자와 664명의 투표자가 참여했다. 해당 콘테스트는 작가의 방식처럼 왼손으로만 그려야 할 뿐만 아니라 빠르게 완성해야 하기 때문에 채색 부위가 선 바깥으로 툭툭 튀어나온 흔적이 고스란히 담긴 작품이 많았다. 어쩔 수 없이 대충 그리게 되는 작가의 의도적인 장치 덕분에 참가자들은 어떠한 부담도 없이 참여할 수 있었다. 공개된 수상작들을 살펴보면, 어린아이와 성인의 작품이 섞여있음에도 실력차는 느껴지지 않고 그림에 대한 애정만이 묻어나는 것이 특징이다.

무해함이 어떻게 힘을 갖는가?

'무해력'이라는 단어는 그 자체로 다소 역설적이다. 무해는 해가 없음, 그래서 타자에 대한 영향이 적다는 것을 의미하는데, 거기에 뭔가 영향을 미친다는 뜻의 '힘 력力'자를 더한 표현이기 때문이다. 무해한데 어떻게 힘을 가질 수 있을까?

앞에서 작음, 귀여움, 순수함이라는 세 가지 요소로 무해함을 유형화했지만, 이 모든 속성을 전부 가진 '무해함의 끝판왕'이 있다. 바로 아기다. 아기는 작고, 귀엽고, 순수하고, 서툴다. 그래서 우리가 아기들만 보면 속절없이 무장해제되는지도 모른다.

진화심리학에서는 부모의 양육을 더 필요로 하는 종일수록 새끼의 생김새가 귀엽다고 주장한다. 귀여운 외모를 갖추면 어른들의 보살핌을 더 많이 받을 수 있기 때문에 그렇게 진화했다는 것이다. 영국의 심리학자 케빈 더튼Kevin Dutton은 아기 사진을 보면 쾌감을 담당하는 뇌 부위가 즉각적으로 활성화된다며, "아이는 (돌봄을 부르는) 가장 강력한 설득자"라고 말한다.[7] 캐나다의 연구자 게리 제노스코Gary Genosko에 따르면 ① 몸과 비슷할 정도로 큰 머리, ② 넓은 이마, 얼굴 중간 아래의 커다란 눈, ③ 동글고 통통한 팔·다리와 체형 등 아기들의 공통된 외형은 보호 욕구를 절로 자극한다. 이러한 요소를 '아기도식baby schema'이라고 하는데, 디즈니의 미키 마우스나 밤비 같은 캐릭터가 아기도식을 과장하고 있다며 지적하기도 했다.[8] 동물학자 콘라트 로렌츠Konrad Lorenz는 가상의 캐릭터에서도 아기와 비슷한 특징이 발견되면 실제 아기들을 보는 것과 같은 감정이 들게 된다고 말하

무해함의 모든 요소는 결국 '아기'로 향한다. 아기의 귀여움은 보는 이의 '보호본능'을 불러오며, 이는 진화심리학의 논리와도 맞닿아 있다.

기도 했다. 최근 사랑받는 캐릭터나 조그만 반려동물들이 사람의 아기와 비슷한 느낌을 주는 것은 그 때문이다. 한마디로 말해, 아기처럼 무해한 존재는 돌봄의 '본능'을 일깨운다.

누군가를 돌본다는 것은 내가 그 대상보다 우월한 지위에 있음을 의미한다. 특히 앙증깜찍 무해력의 '작은' 사물들은 나보다 왜소하기에 내게 해를 끼칠 가능성이 낮고, 그렇기에 자연스레 무해하다고 느껴지는 것들이다. 귀염뽀짝 무해력도 마찬가지다. 부산외국어대학교 권유리야 교수는 '귀여움'에 강자가 약자에게 느끼는 '권력 감정'의 측면이 깃들어 있다고 지적한다. 즉 미니어처처럼 작고 귀여운 대상을 볼 때는 "우월한 시선으로 바라보며 행복감을 느끼"게 되고, 그 애정은 "이들이 위협이 되지 않는다는 안도감에서 나온다"는 것이다. 작고 귀여운 것에 대한 사랑스런 감정의 근저에는 바로 그것이 내게 해를 끼치지 않는다는 안도감이 자리하고 있다.[9]

순수대충 무해력도 비슷한 맥락에서 설명할 수 있다. 존 스웰러 John Sweller의 '인지부하이론Cognitive Load Theory'에 따르면 인간의 인지적 자원은 제한적이기 때문에 단순한 것이 복잡한 것보다 이해하고 처리하기 쉽다. 정보화 시대에 엄청나게 늘어난 자극적인 정보에 노출된 현대인들은 알게 모르게 줄곧 디지털에 대한 피로감과 정신적 스트레스를 겪으며 사는데, '완성도는 낮더라도 순수하고 무구한 대상'을 통해 스스로 치유하려는 노력을 기울인 결과가 '순수하고 부족한 것에 대한 선호'라고 해석할 수 있다.

요컨대 무해한 물건을 소유하거나 애호하는 일은, 우리가 일상에서 '어떤 대상보다 내가 우월하다'는 안도와 통제감을 확인할 수 있는 가장 손쉬운 방편이다. 특히 가족의 친밀감과 사회적 유대가 갈수록 옅어지는 현대사회에서 이런 통제감은 한층 중요해진다. 어쩌면 그래서 사회적 권력관계에서 상대적으로 낮은 위치에 있는 젊은이들이 귀여운 것을 더 선호하는지도 모른다. 또 귀여운 존재는 유대감을 불러일으키는 물질인 옥시토신을 분비시키고, 스트레스 호르몬인 코르티솔 수치는 낮춰준다고 알려져 있다.[10] 나를 둘러싼 환경이 만만치 않을 때, 그래서 스트레스가 커질 때, 그것을 해소하기 위한 본능적인 반작용으로 작거나 귀엽거나 순수한, 그래서 내게 상처주지 않을 만한 유약함을 가진, 무해한 존재를 찾는 것이다.

전망 및 시사점

무해력이 곧 생존력이다

한 사회의 구성원들이 열광하는 무언가는, 역설적으로 그 공동체에서 가장 결핍된 요소를 보여준다. 지금 한국 사회가 무해력에 빠져 있다는 사실은 어쩌면 우리 공동체가 그만큼 상처를 받고 있다는 사실을 의미하는지도 모른다. 실제로 요즘 젊은 세대는 스스로를 '긁힌 세대'라고 부르며, 뭔가 자존심이 상했을 때 "긁혔다"라고 표현하곤 한다. 긁히면 상처가 난다. 어쩌면 긁힌 상처를 아물게 해줄 무해한 무언가, 또는 긁어도 상처를 내지 않고 삶의 가려움을 가라앉혀줄 그 무언가가 필요한 시대인지도 모른다.

무엇이 그토록 우리를 긁는가? 이유야 차고 넘친다. 앞에서 잠깐 언급했듯, 경기가 좋지 않다. 고물가·고금리로 소비가 위축되면서 내수부진이 이어지는 데다 자영업자들의 상황이 특히나 좋지 않다. 어쩌면 일시적인 경기 침체의 문제가 아닌지도 모른다. 저성장이 굳어지면서 "내일은 오늘보다 나을 것"이라는 낙관조차 쉽지 않다. 이 부분은 고도성장기에 청춘을 보냈던 기성세대와 MZ로 통칭되는 젊은 세대의 가치관을 가르는 가장 결정적인 분기점이다. 아무리 노력해도 부유한 집에서 멋진 외모를 갖추고 타고나지 않는 한, 신분 상승은 불가능하다는 '격차감'이 크다. 이 격차감은 소확행·디깅모멘텀·육각형인간·도파밍 등 최근 몇 년간 〈트렌드 코리아〉 시리즈가 제시했던 트렌드를 설명하는 핵심 키워드이기도 하다.

여기에 코로나 사태가 불길에 기름을 끼얹듯 상황을 크게 악화시켰다. 3년 동안 인간적·사회적 관계가 단절되면서 코로나 블루라고 불리는 우울함이 커졌는데, 최근에는 코로나 레드라고 일컬을 만큼 우울이 분노의 감정으로 번지고 있다. 이런 분노의 근저에는 최근 급격히 부풀어오른 나라의 갈등이 자리한다. 세대나 빈부의 격차가 벌어질 대로 벌어진 상황에서, 고질적인 정치적 이념 대립은 갈수록 더 격심해지고, 성별 간의 반목도 무시하기 어려운 수준에 이르렀다.

마지막으로 지적하고 싶은 사실은 '디지털 피로도'가 갈수록 높아진다는 점이다. 매일같이 쏟아지듯 등장하는 각종 신기술은 익숙했던 생활과 결별하게 만든다. 각종 플랫폼과 디바이스마다 정보가 과도하게 넘치면서 지금 올바른 선택을 했는가에 대한 의심이 늘어만 간다. 하루하루 접하는 콘텐츠들은 깜짝 놀랄 만큼 자극적이다. 이 디지털 피로를 달래줄, 저자극의 '해 없는' 물건과 콘텐츠에 눈길이 가는 것은 어쩌면 자연스러운 일이다.

진정성과 순수한 의도

결론적으로 무해력 트렌드는 자극이 난무하고 서로를 향해 날이 서 있는 갈등의 시대에 나의 마음을 치유해주고 나의 생각을 정화해주는 존재에 대한 갈구로 이해할 수 있다. 다만 무해력 트렌드가 사회·경제적인 현상을 반영한 결과라 하더라도, 이러한 경향성이 우리에게 던지는 의미를 찾는 작업은 여전히 유용할 것이다. 그렇다면 우리는 무엇을 유의해야 하는가?

첫 번째 과제는 갈등의 시대에 무해한 이미지를 얼마나 진정성 있게 전달할 수 있느냐 하는 문제다. 최근 광고 모델로 디지털 휴먼, 사랑스러운 아이, 예쁜 동물 등이 자주 등장한다. 음주 운전이나 마약 복용 등 사회적 물의를 일으킬 걱정이 없는 '무해한' 모델들이다. 요즘 소비자들은 냉혹하다. 조금만 문제가 생겨도 엄청난 악플을 쏟아부어 바로 '나락'으로 보내버린다. 이런 상황에서 브랜드 이미지를 지키기 위해 무해한 모델에 대한 선호는 점점 더 커질 것으로 보인다.

단지 광고 모델만의 문제는 아니다. 기업과 조직의 이미지 자체를 어떻게 무해하게 가져갈 것인가는 더욱 어려운 문제다. 최근 ESG를 비롯해 사회적 책임을 강조하는 경향이 커지면서, 많은 조직이 사회적 의제에 관한 의견을 표명하고 또 해결을 위한 노력을 홍보한다. 하지만 그것이 단기간에 이룰 수 있는 쉬운 문제가 아닌 탓에, 간단하고 즉각적으로 해결하고자 하는 유혹을 느끼기도 한다. 환경보호를 중시하는 척하면서 실제로는 부정적인 영향을 축소시켜 언급하거나 숨기는 '그린워싱', 인공지능 기술을 사용한다고 주장하면서 실제로는 기본적인 알고리즘 또는 매우 단순한 기술만을 사용하는 'AI 워싱', 성소수자LGBTQ+ 커뮤니티를 지원하는 것처럼 보이기 위해 관련된 가짜 마케팅을 펼치는 '핑크워싱' 등이 그 예다. 하지만 이러한 '워싱'의 진상이 드러날 경우 소비자들의 반감은 매우 거셀 수밖에 없다. 이런 종류의 홍보에서야말로 진정성이 생명이다. 진정성을 보일 자신이 없다면, 차라리 가만히 있는 편이 낫다. 무해력은 순수한 의도에서만 가능하다.

둘째로, '해가 없음'이 '매력 없음'과 동의어는 아니라는 점을 분명히 해야 한다. 무해한 존재들을 단지 부정적인 것의 부재로만 인식해서는 안 된다. '부정적인 것의 부재'의 이면에는, 매력이나 경쟁력이 없어 어떠한 자극도 되지 않는 무가치한 대상이 될 수도 있다는 가능성이 존재한다. 무해한 존재들이 중요해진 시대적 배경과 그 특성을 적확하게 파악하여 무해력을 활용한 효과적인 대응을 계획해야 한다. 나아가 유아적인 퇴행이나 혀 짧은 애교와 같은 인위적인 귀여움이 인기로 직결되지 않는다는 점도 명심해야 한다. 단순한 디자인이 가장 어려운 디자인이듯, 아이 같은 순수함을 갖춘 귀여움을 창조하는 것 역시 쉬운 일이 아니다. 트렌드에 대한 확실한 인식과 소비자 취향에 대한 올바른 이해가 뒷받침된 '순도 높은 귀여움'만이 소비자를 움직인다. 각종 굿즈나 캐릭터 개발과 관련한 업무를 수행할 때 반드시 염두에 둬야 할 부분이다.

무해한 후보자'do no harm' candidate

2024년 미국 대선에서 바이든 대통령의 뒤를 이은 민주당 대선후보 카멀라 해리스가 러닝메이트로 팀 월즈를 지명한 가장 큰 이유는 그의 '무해함Do No Harm' 때문이라는 보도가 있었다. 월즈가 러닝메이트로서 무해한 이유는 '1인자' 자리를 넘보지 않았기 때문이라는 것이다.[11] 오로지 2인자로서 주인공 해리스를 보필하는 데 충실하겠다는 그의 진심이 통한 결과다.

'무해'는 원래 '(식품이) 인체에 무해하다'라는 표현에서 시작된 것인데, 최근 들어서는 매우 널리 사용되고 있다. "Do No Harm" 원칙은 코로나19 백신 개발 과정에서 백신 안정성 원칙으로 적용됐고, 인공지능·자율주행 자동차·생명과학·환경보호 등 여러 영역에서도 윤리성의 핵심 기준이 되고 있다. 나아가서는 무해한 예능, 무해한 드라마, 무해한 조합, 무해한 2인자 등 콘텐츠와 인물에 이르기까지 대상을 가리지 않고 사용하는 용어로 거듭났다. 온라인 서점에서 '무해한'이라는 단어를 검색하면 『무해한 사람』, 『무해한 인간관계』, 『무해한 이슬람』, 『무해한 돈벌이』 등 수많은 책들이 줄줄이 소개된다. 가히 무해함 전성시대다. 무해함을 이토록 강조한다는 사실은, 어쩌면 그만큼 우리를 해치려는 것들이 많아졌다는 의미도 될 것이다. 무해력은 단지 귀여운 디자인의 문제가 아니다. 이 어지러운 세상에서 살아남는 생존의 비결이 됐다.

S 그라데이션K

SNAKE SENSE

Shifting Gradation of Korean Culture

K-팝·K-푸드·K-드라마 등 수많은 K(한국) 상품이 해외시장을 주름잡는 가운데, 국내에 체류하는 외국인은 250만 명을 돌파해 인구의 5%에 육박한다. 이러한 상황에서 "진정으로 한국적인 것은 무엇인가?"에 대한 대답이 쉽지 않다. 오랫동안 한국은 단일민족이 단일국가를 형성하고 있는, 세계적으로 드문 사례라는 고정관념 내지는 자부심이 있었다. 하지만 범세계적으로 동조화가 커지는 대이동의 시대, 전 지구적으로 취향을 공유하는 글로벌 소셜미디어의 시대에, K를 단일한 기준에 의한 이분법으로 규정하기 쉽지 않다. 이에 한 색깔에서 다른 색깔로 서서히 변화하는 '그라데이션' 개념을 사용해 한국적 정체성을 파악해야 한다는 의미에서, '그라데이션K'라는 개념을 제안한다.

K의 그라데이션은 사람, 문화, 시장 등 다양한 영역에서 감지된다. 먼저 국내 외국인의 비중이 크게 높아지면서 학교와 일터에서의 일상이 달라지고 있다. 콘텐츠·음식은 물론 도시의 풍경까지 한국 문화와 세계 문화의 경계가 흐려진다. 기업에게는 국내 외국인 거주자와 관광객, 나아가 해외 소비자라는 새로운 목표시장이 열렸다. 그라데이션K는 산업적·문화적인 시사점을 던진다. "무엇이 진정으로 한국적인 것인가?"에 대한 보다 유연한 담론이 필요한 시점이다.

미국 그래미닷컴이 발표한 '2024년 주목해야 할 아티스트 25 25 Artists to Watch in 2024'에 정식 데뷔도 하지 않은 JYP엔터테인먼트의 신인 걸그룹 VCHA(비춰)가 선정되어 화제가 됐다. 비춰의 멤버는 여섯 명으로 국적은 모두 영미권이다. 렉시·케이지·사바나·켄달은 미국, 카밀라는 캐나다, 케일리는 한국·미국 이중국적이다. 제작진도 글로벌하다. 영국의 걸그룹 '리틀 믹스Little Mix'나 미국 팝스타 데미 로바토Demi Lovato 등의 히트곡을 만든 로렌 아퀼리나Lauren Aquilina를 위시해, 마르쿠스 앤더슨Marcus Andersson, 클로이 라티머Chloe Latimer 등이 크레디트에 이름을 올렸다.[1]

그렇다면 VCHA는 K-팝이라고 할 수 있을까? 어디까지가 K-팝인가? 멤버 전원이 한국인이고 국내에서 음반을 기획해 해외에 진출해야 진정한 'K'인가? 해외 멤버를 일부 영입하고 현지 회사에 홍보 및 공연 기획을 맡기는 소위 'K-팝 2.0'은 어떤가? 멤버 전원이 현지 출신이며, 기획은 물론 신인 발굴 및 육성까지 현지 회사와 합작했지만, 한국 회사가 한국 시스템을 통해 멤버를 양성하고 데뷔시키는 'K-팝 3.0'은 K-팝이 아닌가? JYP엔터테인먼트는 VCHA 이전에도 일본과 중국에서 현지인으로만 구성된 그룹 니쥬, 보이스토리를 데뷔시켰으며, 최근에는 JYP 라틴 아메리카를 설립하고 새로운 현지 걸그룹 기획을 앞두고 있다.[2] 자, 다시 한번 생각해보자. VCHA는 '얼마나 K'한가?

글로벌 OTT 플랫폼 넷플릭스에서는 〈팝스타 아카데미: 캣츠아이Pop Star Academy: KATSEYE〉 시리즈를 통해 하이브와 미국의 게펜 레코드Geffen Records가 합작하여 기획한 미국 현지 그룹 캣츠아이가 탄생하기까지의 과정을 다큐멘터리로 상세하게 보여준다. 전 세계 12만 명의 지원자 중에 20명을 선발해 합숙 훈련을 하고 그중에서 6명을 뽑아 걸그룹을 탄생시키는 과정이다. 다큐멘터리에서 스태프들은 "캣츠아이는 K-팝에서 K를 떼고 세계화하려는 목표"라고 말하고 있지만, 훈련 과정도 서바이벌 선발 과정도 매우 한국적이다. 그렇다면 캣츠아이는 '얼마나 K'한가?

0이냐 1이냐, 어디에 속하는지 정확하게 분류되는 것이 아니라, 0과 1 사이 연속적인 변화 어딘가에 존재할 때, 우리는 '그라데이션'이라는 표현을 쓴다. 그라데이션은 원래 "물체가 한 지점에서 다른 지점으로 전달되는 과정에서 관찰되는 속성"을 의미하는 물리학 용어인데, 예술 기법이나 네일·염색·화장 같은 색조를 표현할 때도 자주 쓴다. 이때 그라데이션은 명확한 하나의 색깔이 아니라 하나의 색채에서 다른 색채로 변하는 단계를 의미한다. 자연은 가장 원초적인 그라데이션이라 할 수 있다. 서쪽 하늘을 물들이는 저녁노을을 보라. 오묘하게 번져가는 그 색채를 빨강 또는 파랑이라는 한 단어로 규정할 수 있을까? 2009년 간절하게 미국 시장을 두드렸던 JYP엔터테인먼트의 원더걸스가 아주 진한 K였다면, 철저히 현지화한 VCHA는 꽤 옅은 K라고 할 수 있지 않을까?

이제 "K, 즉 한국적인 것인가?"라는 질문에 대해 '그렇다' 또는 '아니다'처럼 이분법적으로 판단하는 것이 아니라 그라데이션 개념으로 이해할 필요가 있다. 『트렌드 코리아 2025』에서는 이와 같은 한국의 모습을 '그라데이션K'라고 명명하고자 한다. 그라데이션K 트렌드는 한국이 다인종·다문화 국가로 변모하고, 세계와 폭넓게 교류하며 경제적·문화적 영향을 주고받으면서, K로 대변되는 한국적 정체성을 지속적으로 확장하는 경향성을 지칭한다. 앞에서 예로 든 K-팝뿐만 아니라 음식·콘텐츠·게임, 심지어 한국식 편의점과 도시 시스템까지, 한국 문화가 세계 속에 자리 잡고 있다.

과거 "한국은 단일민족이 단일국가를 형성한 세계의 몇 안 되는 나라"라는 고정관념 내지는 자부심이 있었다. 하지만 이제 한국은 '다문화 국가'다. OECD는 외국인 비중이 총 인구의 5%를 넘는 국가를 다문화 국가로 분류하는데, 한국의 국내 합법 체류 외국인은 어느새 250만 명을 돌파해 전체 인구의 5%에 이른다. 국내에는 점점 그 수가 늘어나는 외국인을 위한 다양한 시장이 형성되며 경제적 효과도 커졌다. 이러한 변화를 사람·문화·시장으로 나눠 구체적으로 살펴본다.

사람 그라데이션

"이 중에서 한국인은 누구일까요?"라는 질문과 함께 다양한 인종의 사람이 있는 4장의 직업 카드가 주어진다. 당신은 이 질문에 어떻게 대답할 것인가? 정답은 "알 수 없다"이다. 이 질문은 실제 초등학교 다문화 교육 시간에 사용된다. 다문화 교육의 패러다임이 바뀌었다. 우리와 다르게 생긴 친구들을 배려해야 한다는 단계에서 한 걸음 더 나아가, 이제는 외모로 국적을 판단하면 안 된다고 가르친다. 더 이상 인종으로 한국인을 규정하면 안 되는 시대에 접어들고 있는 것이

● ● ● "이 중에서 한국인은 누구일까요?"

다. 이를 '한국 사람'의 개념이 바뀌는 '사람 그라데이션'이라고 부를 수 있다.

충북 음성의 외국인 비율은 16%에 이른다. 6명 중 1명이 외국인이라는 이야기다. 이제는 외국인이 없다면 고령화 문제가 심각한 음성군의 경제가 돌아가지 않을 정도라고 한다. 음성에서는 식당 문을 열고 들어가면서 네팔식으로 "나마스테"라고 인사하면, 역시 "나마스테"로 답하는 식당이 많다.[3] 이러한 현상이 음성만의 일은 아닐 것이다. 급격한 저출산·고령화·인구 감소를 겪고 있는 한국 사회가 조만간 겪게 될 사회 변화다.

달라지는 학교 풍경

성큼 다가온 '사람 그라데이션' 시대를 확실하게 체감할 수 있는 장소는 어린이들이 모두 모이는 학교다. 경기도 안산에 위치한 한 초등학교의 이주배경학생(다문화학생) 비율은 무려 97.4%다.[4] 100명의 학생이 있다고 가정했을 때 단 3명만이 전통적인 의미의 한국인인 것이다. 이 정도는 아니더라도 이주배경학생이 30% 이상인 학교 또한 전국에 350곳이다.[5] 저출산 현상으로 학생 수가 꾸준히 감소하고 있는 가운데, 이주배경학생 수가 증가하는 추세를 고려하면 앞으로 그 비율은 더욱 높아질 것이다.

다문화 시대를 맞아 학교의 교육방식도 바뀌고 있다. 이제 학교에서 학생을 분류하는 기준은 국적이나 인종이 아니라 한국어 능력이다. 많은 학교에서 언어가 교육의 장애요인이 되지 않도록 각별히 신경을 쓰고 있다. 예를 들어, 이주배경 특별학급 학생의 경우 한국어 능력에 따라 차등적인 평가 교칙을 적용받아, 언어적 제약으로 공평한 교육 기회를 놓치지 않도록 하고 있다. 시험을 치를 때도, 한국어 능력이 부족한 학생에게 익숙한 언어로 번역된 시험지를 제공해 한국어 능력과 상관없이 시험을 볼 수 있는 환경을 제공한다. 일부 학교에서는 몽골어·러시아어·중국어 등 가정에서 사용하는 언어로 번역된 가정통신문을 제공해, 한국어가 서툰 부모들을 배려한다. 또한 전라남도 교육청의 경우 '다국어 번역 서비스'를 운영해 다양한 언어로 자동 번역된 알림장이나 교육자료 등을 학부모에게 제공한다.[6]

(몽골어)

Интернет хичээл орох тухай мэдээлэл

Интернет хичээл явагдах тухай

Эцэг эхчүүд та бүхэн сайн байцгаана уу?
Юуны өмнө Корона19 халдварт өвчний тархалтаас урьдчилан сэргийлэх ажилд бид бүхэнтэй хамтран зүтгэж буй эцэг эхчүүддээ талархал илэрхийлье.
Корона19 халдварт өвчний вирусийг тухайн бүс нутгаар тархахаас сэргийлэх мөн хаалттай битүү орчиноос үүдэн олон нийтийг хамарсан их хэмжээний халдвар тархахаас сэргийлж хичээлийг интернетээр онлайн хэлбэрээр орох болсон тул ,эцэг эхчүүд та бүхэн сурагчдыг онлайн хичээлд идэвхтэйгээр оролцуулахыг хүсье.

◆ Интернет хичээл эхлэх хугацаа

Анги	Ахлах сургуулийн 3-р анги, дунд сургуулийн 3-р анги	Дунд сургуулийн 1,2-р анги, бага сургуулийн 4-6-р анги	Бага сургуулийн 1-3-р анги
Эхлэх өдөр	2020. 4. 9. (Пүрэв гариг)	2020. 4. 16. (Пүрэв гариг)	2020. 4. 20. (Даваа гариг)

◆ Интернет хичээлийн тухай

• Ойлголт: Багш болон сурагч нь өөр цагт болон өөр өөр газраас интернетээр холбогдон хэлбэрээр хичээл орох болно.
(Google, хичээлийн холбогдолтой сайт,сургуулийн homepage, SNS, мессеж зэргийн ашиглан онлайнаар хичээл орох)
• Хичээл хэрхэн орох тухай: багштайгаа зэрэг онлайнаар хичээл орох, contents илүү ашиглан хичээл орох, гэрийн даалгаварт түлхүү чиглэсэн хичээл
• Хичээлийн үр дүн: Тус хичээлд хамрагдсанаар хичээлд суусан өдөр болон цагийг бүртгэж ирцээр хүлээн зөвшөөрнө.

◆ Интернет хичээлд оролцох сурагчдын

1. Ангийн багшийн зааврын дагуу тогтсон цагт хичээлд оролцон ирцээ бүртгүүлэх.
2. **Багшийн заавраар хичээлд суун,шалгах асуултанд хариулах**
3. Гэрийн даалгавар хураалгах (хичээл тус бүрт тогтоогдсон аргаар даалгаврыг шалгуулах)
4. Хичээл дууссаны дараа,орсон хичээлийг давтах

◆ Эцэг эхчүүдийн зүгээс

• Хичээлийн ирц нь оролцсон өдөр болон цагаар бүртгэгдэх тул сурагчыг заавал хичээлд оролцуулах,хичээлийн цагийг чандлан сахина уу.
• Хичээл эхлэхийн өмнө компьютер, смарт утас, таб зэргийн интернет ажиллаж буйг шалгах.
• Онлайн хичээлд суухдаа сургууль дээр ордог хичээлийн журмаар оролцохыг зааварчлах
※ Онлайн хичээлд оролцоход ямар нэг бэрхшээл тулгарвал ангийн багштай холбогдон зөвлөлдөж сурагчыг хичээлээс хоцрогдуулахгүй байгыг хүсье.

2020он 4сар өдөр
ТэгҮ хот ○○сургуулийн захиргаа

출처: 대구광역시교육청

몽골어로 번역된 가정통신문. 한국어가 서툰 다문화 가정을 배려하여 일부 학교에서는 다국어 가정통신문을 제공하고 있다.

이주배경 교육은 한국 학생에게도 이루어진다. 이주배경 특별학급은 이주배경학생이 한국 문화를 이해하는 공간인 동시에 한국 학생이 외국을 이해하는 공간이기도 하기 때문이다. 부천의 한 이주배경 학급에는 다양한 국가의 전통 의상을 벽에 걸어두고, '상호문화 이해 주간'에 사용한다. 이주배경학생은 한국 학생에게 자신의 문화를 소개해주는 시간을 갖고, 한국 학생은 다른 문화적 배경을 가진 친구의 문화를 이해하는 시간을 갖는다. 친구가 사용하는 언어를 배울 수 있는 다국어 캠프 체험학습을 진행하는 학교도 있다. 이처럼 어느 한쪽이 다른 한쪽을 일방적으로 이해하는 교육에서 벗어나 서로의 문화를 이해하는 교육이 이뤄지고 있다.

일상이 된 외국인 동료

회사에서도 외국인 동료를 마주하는 것이 흔한 일이 됐다. 저임금의 노무직이 아니라 회사 제품이나 마케팅 전략 등을 세계적인 수준으로 향상시키는 데 필요한 핵심 인재로서 영입된 이들도 적지 않다. 예를 들어, 불닭볶음면으로 세계적인 사랑을 받은 삼양식품은 해외 매출이 전체 매출의 78%를 차지하면서 글로벌 시장의 비중이 높

이주배경학생이 30% 이상인 학교가 전국에 350곳이다. 그 비율이 90%가 넘는 학교도 있을 정도로 이주배경학생의 수는 꾸준히 증가하고 있다. 한국은 이제 다문화 국가로 접어들었다.

아지자, 글로벌 인재 채용에 본격적으로 나섰다.[7] 또한 최근 현대자동차가 좋은 실적을 이어가는 배경에는 '외국인 사단'의 역할이 컸다고 분석된다.[8] 글로벌 최고운영책임자COO, 최고디자인책임자CDO, 최고크리에이티브책임자CCO 등의 고위직을 중심으로 외국인 임직원 70여 명이 포진되어 각 영역에서 글로벌 시장 공략에 박차를 가하고 있다. 세계시장을 목표로 하는 국내 스타트업들도 글로벌 인재 영입에 적극 나서고 있다. 자율주행 소프트웨어 기업 서울로보틱스의 경우 임직원 55명 중 23명이 외국인이며, 인사팀장 또한 독일인이다.[9] 주 고객사인 독일 기업과의 원활한 소통과 교류를 지원하기 위해 독일 배경의 직원을 고용한 것이다.

채용시장에서도 이러한 변화가 감지된다. 이제 국적보다 업무 능력과 업무 적합성이 더 중요하다. 과거의 내수형 기업들이 해외시장으로 진출하면서 외국인 직원들의 언어와 문화 차이가 오히려 성과를 높여주는 기회가 됐기 때문이다. 업무 능력이 동일하다면 현지 언어와 문화를 이해하고, 인맥까지 갖춘 인력이 선호되는 것이 당연하다. 잡코리아의 외국인 인재 채용 서비스 클릭KLiK이 진행한 조사에서도 직장인 61.5%가 향후 외국인 인재 채용이 증가할 것이라고 전망했다.[10] 외국인 동료와 함께 일한 직장인도 대부분 이러한 변화를 큰 거부감 없이 받아들이고 있다. 향후 외국인 동료와 함께 일할 것인지에 대한 의향을 묻는 질문에는 10%만이 거부감을 표했으며, 외국인 동료와 함께 일할 경우 다른 문화를 배울 수 있고 일에 대한 새로운 접근 방식을 배울 수 있다는 것을 장점으로 꼽는 경우도 있었다.[11]

어렵사리 채용한 외국인 직원이 불편 없이 지낼 수 있도록, 기업의 배려도 늘어난다. 한국 음식이 입에 맞지 않거나 종교적 이유로 특정 식재료를 먹지 못하는 직원을 위한 글로벌 식단은 기업이 가장 공을 들이는 분야 중 하나다. 삼성전자 구내식당에는 한식·중식·일식과 함께 인도식 코너가 상시 마련되어 있으며, 식자재 구매 단계부터 100% 할랄 인증된 고기를 사용한다. HD현대중공업의 경우에도 이슬람 직원을 위해 알코올과 돼지고기를 뺀 식단을 선보이고 있다.

원활한 소통을 위한 언어 지원은 이제 필수다. 특히 건설업의 경우 현장에서의 소통은 안전과 직결된 문제이기도 하다. 최근 건설업계는 현장에서 발생하는 안전 문제를 개선하기 위해 "안전고리를 연결하세요" 등과 같은 안전 관련 실무 안내를 중국어·베트남어·미얀마어 등 세계 각국 언어로 지원하고 있다.[12] 현대건설이 개발한 다국어 현장 관리 시스템 '모바일 HPMS'는 건설 현장에서 사용하는 일상회화, 작업용 회화, 재해방지 회화를 5개국 언어로 즉시 번역해 간편하고 정확한 소통을 가능하게 한다. 사무실 업무가 주를 이루는 쿠팡의 경우에도 250여 명의 전문동시통역사, 번역사를 정규직으로 채용해 사내의 소통은 물론 해외 업체와의 원격회의를 지원하고 있다.[13] 일부 기업에서는 통번역대학원과 산학 협력 업무협약을 체결해 전문 인력을 확보하기도 한다.

모든 회사가 소통 문제를 자체적으로 해결하기는 어렵기에, 이러한 수요를 뒷받침하는 스타트업도 등장했다. 케이워크파트너스에서 운영하는 외국인 종합 생활지원 플랫폼 '케이스타트Kstart'는 외국인의 생활 속 어려움에 주목해 행정기관이나 은행에 동행하는 생활밀

착형 서비스를 제공한다. 또한 의료데이터 기반 건강관리 앱 '리터러시M'은 건강보험심사평가원 및 국민건강보험공단과 연동해 개인건강기록PHR을 분석한 후 개인 맞춤형 건강차트를 제공하는데, 영어나 러시아어 등 다양한 외국어 의무기록지나 처방전도 등록 가능해 외국인들도 이용할 수 있도록 했다. 또한 외국인들의 한국 생활에는 외국인 커뮤니티가 중요한 역할을 한다. 매주 일요일에는 혜화동 성당으로 가는 길목을 따라 필리핀 마켓이 열리며, 2024년 4월에는 경기도 안산에서 주한 캄보디아 대사관에서 주최하는 '2024 캄보디아 송크란 축제'가 열려 외국인 3,000여 명이 참가했다.

한국에 들어오는 외국인도 늘었지만, 외국으로 나가는 한국인도 많다. 미국 유학생 순위를 보면 중국·인도를 이어 한국이 3위인데 중국과 인도의 인구수를 고려하면 한국인이 얼마나 많이 해외로 출국하고 있는지 실감할 수 있다.

문화 그라데이션

"몽탄 신도시를 아시나요?"

1,000가구 규모의 한국식 아파트 단지, 골목 곳곳에 있는 한국 편의점 브랜드 CU와 GS25, 한국 카페 체인 탐앤탐스와 카페베네, 떡볶이와 어묵을 파는 노점, 한국어로 된 간판들까지…. 여느 한국 거리와 다름없는 이곳은 몽골의 수도 울란바토르다. 마치 경기도의 '동

출처: 조선일보

떡볶이와 어묵을 파는 노점, 한국식 아파트 단지 등 마치 한국의 신도시를 그대로 옮겨놓은 듯한 몽골의 수도 울란바토르. 한국인 여행객들 사이에서는 '몽탄(몽골+동탄) 신도시'로 불린다.[14]

탄 신도시'를 그대로 옮겨놓은 듯한 모습을 하고 있어 한국인 여행객들 사이에서는 '몽탄(몽골+동탄) 신도시'로 통하기도 한다. 도시의 겉모습만이 아니다. 편의점 내부에는 김밥과 컵라면을 즐기고 있는 몽골인을 어렵지 않게 찾아볼 수 있으며, 이마트나 홈플러스 같은 대형마트 내부에 들어가면 이곳이 몽골인지 한국인지 헷갈릴 정도다. 한국 문화가 몽골인의 생활에 깊숙이 파고들어 자리 잡고 있는 것이다. 상품의 수출을 넘어, 한국 문화를 '이식'한다는 표현이 나올 정도다. 이처럼 한국의 문화가 세계의 문화가 되고, 반대로 세계의 문화가 한국의 문화가 되면서 K의 경계가 흐려지고 있다. 그라데이션K의 두 번째 유형인 '문화 그라데이션'이다.

한국형 도시 시스템을 도입한 나라도 있다. 한국과 베트남 정부는 베트남 박닌성Bac Ninh에 판교신도시급 도시 개발과 사회주택 100만 채 건설사업에 참여하는 것을 내용으로 하는, '도시-주택개발 협력

MOU'를 맺었다.[15] 사실 베트남은 이미 쇼핑몰·영화관·패스트푸드·편의점 영역에서 한국 기업이 1, 2위를 다투고 있는 'K-유통'의 영향력이 강한 나라다. 이 협약이 실제 수주로 이어져 도시개발이 실행된다면, 단지 주택 건설 수출에 그치지 않고 한국형 신도시 시스템이 외국에서 자리 잡는 좋은 선례가 될 것으로 기대된다.

한국 경찰의 치안 역량이 수출되기도 했다. 2021년 9월 중남미 과테말라에 한국 치안 기술을 전수할 '경찰직무교육센터'가 개원했다. 한국 경찰의 사이버수사·과학수사 기법이나 '112 신고 시스템' 등 치안과 관련된 전반적 노하우를 전수하기 위한 것으로, 가히 '치안 한류'라고 부를 만하다.[16]

경계가 없는 K의 진화

"KFC는 '코리안 프라이드 치킨Korean Fried Chicken'의 약자입니다."

세계 굴지의 글로벌 브랜드가 이름까지 바꿔 홍보에 나서기도 했다. 일명 '외국이 낳고 한국이 기른 음식'이다. 몇 년 전부터 미국을 비롯한 각국에서 한국식 치킨이 꾸준한 인기를 끌자 치킨의 원조 격인 켄터키 프라이드 치킨KFC, Kentucky Fried Chicken이 한국식 치킨을 출시하면서 켄터키가 아닌 코리안으로 브랜드 이름을 바꿔 제품에 붙이는 파격적인 광고를 펼친 것이다. 한편 미국의 음식 전문 잡지《테이스트 오브 홈Taste of Home》은 국내 치킨 프랜차이즈 BBQ치킨을 최고의 치킨으로 선정해 한국 치킨의 인기를 증명하기도 했다. 치킨 외

출처: KFC

한국식 치킨의 인기를 증명하듯 글로벌 브랜드 KFC에서는 한국식 치킨을 출시하며 브랜드 이름을 살짝 바꿔 홍보에 나섰다.

에도 외국에서 들어와 한국식으로 재해석한 음식이 국내에서는 물론 다시 외국으로 나가 새롭게 주목받고 있다. 핫도그에 감자를 입힌 '도깨비 방망이', 크루아상을 누룽지처럼 납작하게 구워낸 '크룽지', 도우 위에 네 가지 토핑을 올린 피자 등이 이제는 꼭 먹어봐야 하는 한국 음식 리스트에 이름을 올리고 있다. '문화 그라데이션' 시대에 돌입하면서 새로운 K-푸드 목록은 계속 늘어나고 있다.

콘텐츠 분야에서는 국적을 따지는 것이 무색해질 만큼 다채로운 '문화 그라데이션' 현상이 강해지고 있다. 출연진부터 제작진까지 다양한 국적을 가진 사람들이 모여 하나의 콘텐츠를 만드는 것이 대표적이다. 일본 감독이 연출한 한국 영화 〈브로커〉, 한국 영화 제작사가 만든 베트남 영화 〈마이〉, 한국과 태국의 합작 콘텐츠 〈사랑은 고양이처럼〉, 한국 남자배우와 일본 여자배우가 주인공인 일본 드라마 〈아이 러브 유〉 등 다양한 시도가 이루어지고 있다. 한국 콘텐츠의 위상이 높아지면서 한국 콘텐츠사와 다양한 국적의 콘텐츠사 간 MOU 체결도 활발하게 이루어지고 있다.

미국 인기 드라마 〈굿 닥터〉 시리즈는 인트로에 "한국의 KBS 드라마 '굿 닥터'를 리메이크했다"라는 고지가 뜬다. 한국 드라마의 위상을 알 수 있는 단편적인 예다. 드라마뿐만 아니라 예능 프로그램은 '포맷'을 따로 수출하기도 한다. 예를 들어, 〈복면가왕〉은 미국 지상파 방송 FOX 채널에 수출되어 〈더 마스크드 싱어The Masked Singer〉라는 제목으로 방송됐다. 〈꽃보다 할배〉 역시 〈베러 레이트 댄 네버Better Late Than Never〉라는 이름으로 미국에서 방영됐을 뿐만 아니라, 네덜란드·중국 등 해외 10개국 이상에 수출된 바 있다. 한국 예능 포맷을 수출하는 콘텐츠 제작유통사 썸씽스페셜의 황진우 대표는 "해당 프로그램이 현지에서 성공할 수 있도록 콘셉트·기획안·프로그램 구조·마케팅 등 여러 핵심 노하우를 모아 전수하고 있다"고 강조했다.[17] 이처럼 한국 프로그램의 포맷이 외국에서 인기를 끌면서, 'K-포맷 비즈니스'라는 용어까지 나올 정도다.

시장 그라데이션

지금까지 우리 기업이 판매하는 상품이나 서비스는 크게 내수용과 수출용으로 구분했다. 내수용은 한국에서 한국 사람이 소비하는 것이고, 수출용은 외국에서 외국 사람이 소비하는 것이다. 그러나 그라데이션K 시대를 맞아, 이 이분법 역시 다원화하고 있다. '사람 그라데이션'에서 설명했듯이 외국인의 비중이 늘어나면서 그들의 소비 맥락도 다양하게 고려해야 하기 때문이다. 이 시장을 ① 국내에 거주하는 외국인 시장 ② 국내에 관광을 온 외국인 시장 ③ 외국에서만 판매하는 외국인 시장으로 나눌 수 있다. 그라데이션K의 마지막 유형인 '시장 그라데이션'의 세 가지 형태다.

국내에 거주하는 외국인 대상 시장

"저 VIP 아닌데요. 보이스피싱 아녜요?"

하나은행에서 첫 'VIP 외국인 근로자' 행사에 초청하는 전화를 걸자, 대부분의 외국인 고객이 당황하며 보이스피싱 아니냐고 반문했다고 한다.[18] 하나은행은 '해외 송금액'이라는 새로운 기준으로 외국인 VIP를 선정했는데, 송금액은 많았지만 예금잔액이 많지 않았던 외국인들이 당황했던 것이다. 최근 금융 업계는 외국인 손님 모시기에 나서고 있다. 내국인 대상으로는 이미 포화 상태에 이른 금융 업계가 국내 거주 외국인을 새로운 고객군으로 주목한 것이다. 실제 4대 은행인 KB국민·신한·하나·우리의 외국인 고객 수는 2019년 413만 명에서 2023년 479만 명으로 15%나 증가했으며, 하나은행의 외국환 이익 중 7.7%가 외국인 근로자의 해외 송금에서 발생했다.[19] 은행들은 외국인 손님을 선점하기 위한 전략으로 서비스 편의성에 주력하고 있다. 언어 장벽을 낮추기 위한 다국어 서비스는 물론 해외 송금의 번거로움을 줄여주는 다양한 서비스를 잇따라 출시하고 있다. 지원 대상에서 고객으로, 외국인 근로자를 바라보는 관점이 변하고 있는 것이다.

이런 현상은 금융 업계만의 이야기가 아니다. 국내 거주 외국인의 전반적인 소비력은 매년 급격한 증가폭을 보이고 있다. 외국인의 카드 결제 금액은 2020년부터 매년 17.03%씩 증가해 국내 카드 결제 금액 증가율의 3.7배에 달하고 있다. 또한 카드 매출 중 외국인 비율이 10%가 넘는 곳도 2020년에는 경기 시흥시가 유일했으나, 2023년에는 전남 영암군, 경기 시흥시, 경기 안산시, 충남 아산시, 서울 금천구 등 5곳으로 증가했다. 큰 변동이 없는 내국인의 소비와 대조적으로 외국인의 소비 시장은 하루가 다르게 성장하고 있는 모습이다. 통계청에서 발표한 외국인 취업자 임금 분포에서 볼 수 있듯이 소비력 자체가 증가함에 따라 소비 영역도 다양해지고 있다. 의식주를 해결하는 수준에 머물렀던 기존 소비와 달리, 최근에는 삶의 질을 높이기 위한 소비가 늘어나고 있다. 본인과 자녀를 위한 교육, 건강한 일상을 위한 의료 서비스, 본인을 가꾸기 위한 온라인 쇼핑 등 본격적인 소비활동을 영위하는 모습을 보인다.[20]

이러한 소비 변화는 젊은 세대의 자기중심적인 성향과 맞물려 더욱 빨라지고 있다. 본국에 있는 가족을 부양하기 위한 외화벌이에 치중했던 과거와 달리, 젊은 외국인 중심으로 본인의 삶을 우선시하는 성향이 강해지면서 자연스럽게 일상 속 소비가 늘어난 것으로 보인다. 회사에서 제공하는 기숙사에서 벗어나 편안한 거주지를 마련하고, 무리하게 일하기보다는 여유로운 주말을 보내는 등 워라밸을 추구하는 모습도 찾아볼 수 있다. 돈벌이를 위한 경유지에 불과했던 한국이 이제는 삶의 터전으로 인식되면서 외국인이 내수 시장의 새로운 소비자로 부상한 것이다. 실제 BC카드와 글로벌머니익스프레스

외국인 결제 업종 톱5

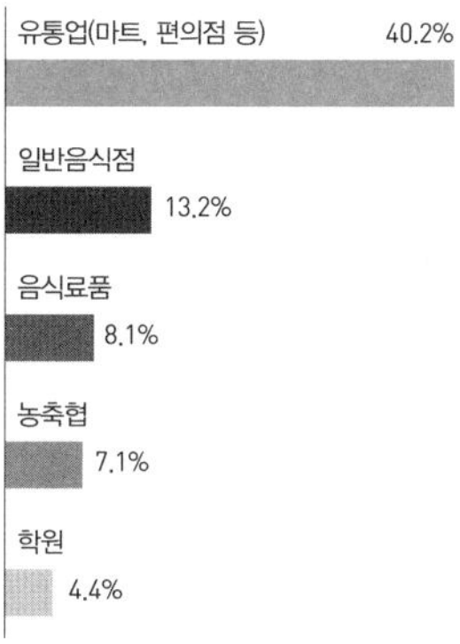

외국인 취업자 임금 분포

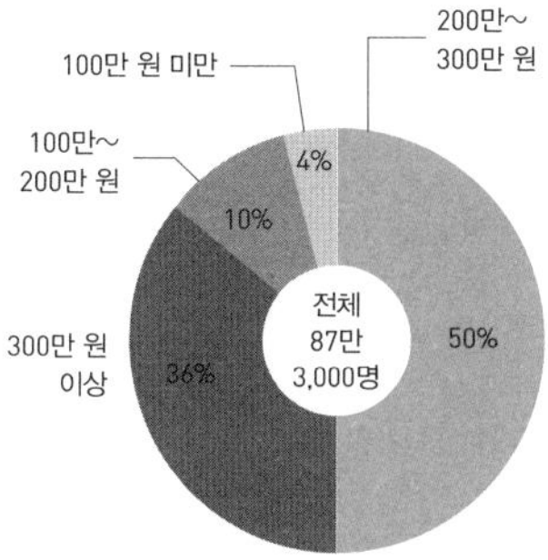

출처: (왼쪽) BC카드 신금융연구소, (오른쪽) 통계청

GME의 분석을 보면 국내 거주 외국인 근로자가 본국의 '본인 계좌'로 송금하는 비율이 2023년 20%, 2024년 25%로 증가하고 있다. 과거 외국인 근로자들이 한국에서 쓸 돈을 아껴 본국에 있는 부모님·형제·배우자에게 송금하던 것과는 크게 달라진 풍속이다.[21] 이들도 힘들게 일해서 번 돈을 자기에게 쓰고 싶은 것이다.

국내에 관광 온 외국인 대상 시장

한국을 방문하는 외국인 관광객의 국내 소비 역시 양적으로나 질적으로나 크게 변하고 있다. 홍대의 헤어숍, 건대의 퍼스널 컬러 진단 매장, 성북구의 세신숍. 이 세 매장의 공통점은 내국인 손님보다 외국인 관광객 손님이 더 많다는 것이다. 한국이 문화 콘텐츠를 발판 삼아 새로운 관광 경쟁력을 갖추게 되면서, 외국인 관광객으로부터 발생하는 매출이 높은 신장률을 보이고 있다. 특히 패션과 뷰티 영역의 약진이 두드러진다. 관광지식정보시스템에 따르면 2024년 상반기 한국을 찾은 관광객 10명 중 7명이 올리브영을 찾은 것으로 집계되었으며,[22] 올리브영 명동타운점의 외국인 매출 비중은 90%를 웃돈다.

2030세대의 취향에 맞춰 변화하고 있는 백화점도 최근 외국인 관광객 사이에서 꼭 방문해야 하는 새로운 관광 명소로 떠오르고 있다. 외국인의 매출 기여도가 급격하게 증가하자 백화점은 외국인 관광객을 끌어들이기 위해 전용 멤버십, VIP 혜택 등을 강화하고 있다. 한국 화장품에 대한 관심이 높은 외국인을 대상으로 뷰티 클래스를 운영하기도 한다. 롯데·신세계·현대 등 백화점 3사는 입을 모아 외국 관광객의 소비가 질적으로 달라졌음을 강조한다. 중국인 단체 관광객 중심이었던 과거와 달리, 최근에는 미국·유럽·일본·동남아시아 등에서 방문하는 개별 여행객이 증가했다. 특히 주목할 변화는 명품이나 전통적인 백화점 입점 브랜드보다 한국 브랜드나 한국 스트리트 브랜드에 대한 관심이 커졌다는 것이다. 현대백화점의 2024년 3월 기준 외국인 최상위 매출 브랜드에는 한국 뷰티·패션 브랜드인 탬버린즈·이미스·마뗑킴·디스이즈네버댓이 이름을 올리고 있다.[23]

화장품에서 시작된 한국 제품에 대한 관심이 최근 패션 브랜드까지 넓어지면서 마뗑킴Matin Kim이나 마르디 메크르디Mardi Mercredi 같은 한국의 신진 디자이너 브랜드가 호황을 맞고 있다. 또한 세계적인 팬덤을 가진 한국 셀럽의 브랜드 제품 착용 사진이 SNS를 통해 자연스럽게 노출되면서 해당 브랜드에 대한 외국인의 관심이 증가하기도 했다. 1990년대 후반에 유행했던 프랑스 브랜드 마리떼 프랑소와 저버의 경우, 블랙핑크 제니가 해당 제품을 착용한 사진이 SNS에 올라

가면서 재유행에 성공해 마리떼 프랑소와 저버 한남점과 홍대점의 외국 고객 비중이 70% 이상 올라갔을 정도다.[24] 외국인 관광객의 관심은 브랜드 해외 진출의 지표 역할을 하기도 한다. 패션 브랜드 마뗑킴의 경우 월매출 가운데 일본인 관광객이 차지하는 매출 비중이 70%를 넘자 본격적인 일본 진출을 결심하게 됐다고 한다.

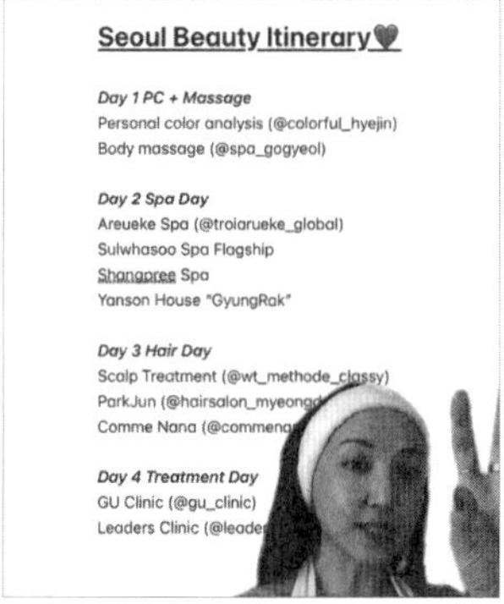

Seoul Beauty Itinerary
Day 1 PC + Massage
Personal color analysis (@colorful_hyejin)
Body massage (@spa_gogyeol)
Day 2 Spa Day
Areueke Spa (@troiarueke_global)
Sulwhasoo Spa Flagship
Shangpree Spa
Yanson House "GyungRak"
Day 3 Hair Day
Scalp Treatment (@wt_methode_classy)
Day 4 Treatment Day
GU Clinic (@gu_clinic)

출처: Ava Lee(이주원), @glowwithava

뷰티 체험을 중심으로 한 한국 투어 일정을 선보인 AVA 주원의 "서울의 뷰티 여정" 동영상. 뷰티 체험이 한국 대표 관광 상품으로 뜨고 있다.

Day 1: PC + Massage

– 퍼스널 컬러 진단, 바디 마사지

Day 2: Spa Day

– 스파, 경락

Day 3: Hair Day

– 두피 관리, 헤어숍, 메이크업숍

Day 4: Treatment Day

- 뷰티 클리닉, 피부과

아이슬랜드에 가서 오로라를 봐야 한다면, 한국에선 무엇을 해야 할까? 한국 대표 관광 상품으로 '뷰티 체험'이 뜨고 있다. 뷰티 인플루언서 AVA주원@glowwithava은 "서울의 뷰티 여정"이라는 영상에서 퍼스널 컬러 진단, 스파, 경락, 뷰티 클리닉 같은 알찬 한국 뷰티 체험 스케줄을 소개해 38만 조회 수를 기록했다. 최근 외국의 젊은 관광객은 단순히 제품을 구매하는 것에서 나아가 토탈 뷰티 케어를 받는다.

'구경보다 체험'이라는 관광 트렌드 변화가 외국인에게도 불고 있는 것이다.

관광객들에게 인기가 많은 뷰티 체험은 개인 맞춤 컨설팅을 기반으로 한다는 공통점이 있다. 한 번으로 끝나는 일시적 체험이 아닌, 본인의 외모를 지속적으로 업그레이드할 수 있는 분석과 조언도 제공한다. 피부과에서는 관리 전 개인의 피부 상태와 특징을 진단해주고, 헤어숍에서는 얼굴형에 따른 스타일을 제안하는 식이다. 본인에게 어울리는 컬러를 분석하고 조언해주는 퍼스널 컬러 진단도 인기다.[25] 한국을 방문하는 관광객의 국적이 다양해지면서, 매장 내 서비스도 그에 따라 진화하고 있다. 예를 들어, 순시키헤어 홍대점에는 종교적인 이유로 공공장소에서 머리카락을 보일 수 없는 외국인 관광객을 위해 프라이빗 룸을 마련했다.

2023년 의료 목적으로 한국을 찾은 외국인 환자 수도 역대 최고치인 60만 명을 넘기며 일부 병원의 경우 외국인 매출이 내국인을 넘어섰다.[26] 신한카드 빅데이터연구소가 분석한 결과에 따르면, 외국인 관광객 지출이 가장 큰 소비 업종에 병원이 특급 호텔, 백화점에 이어 3위를 차지했다. 종합병원을 제외한 병원 결제 건의 절반 이상은 역시나 미용 목적인 성형외과나 피부과가 차지했다. 특히 한의원이 의료기관 진료과별 가장 높은 증가율을 보여 눈길을 끈다.[27] 일종의 문화 체험의 측면을 가진 한방의료가 외국인 환자들에게 특별한 힐링 경험으로 인식되기 시작한 것이다. 이처럼 외국인 관광객 진료가 늘자 피부과와 성형외과 등 국내 미용 병원들도 외국인 직원이나 통역사를 두는 것은 물론이고, 공항 픽업부터 호텔 숙박과 쇼핑, 투어를 지원하는 원스톱 서비스를 제공하는 등 서비스 개선에 열심이다.

할랄 Halal
이슬람교도들이 먹고 쓰는 것을 통틀어 이르는 말. 이슬람 율법 샤리아에 따라 허용되는 것을 의미한다. 과일 · 채소 · 어패류 등 대부분의 음식과 이슬람 방식으로 도살된 소고기 · 염소 고기 · 양고기와 이를 재료로 만든 화장품들이 인증 대상이다.
출처: 우리말샘

국경 너머의 외국인 대상 시장

K-푸드가 해외에서 인기를 끌다 보니, 한국에서는 전혀 소비되지 않는 품목의 수출도 늘고 있다. 'K-**할랄**푸드'가 대표적인 예다. 최근 국내 식품 기업들이 인도네시아·중동·아프리카 등 이슬람 문화권 시장을 겨냥하면서 K-할랄푸드 제품을 출시하고 있다. 불닭볶음면 시리즈를 필두로 K-라면 수출에 가장 적극적인 삼양식품은 이미 2017년에 국내 라면 업계 최초로 인도네시아 할랄 인증기관 MUI의 인증을 받았으며, 아직까지도 할랄라면 1위의 입지를 굳건하게 지키고 있다. 농심은 '할랄 신라면'을 내세워 사우디아라비아와 말레이시아를 비롯한 40여 개국에 제품을 수출하고 있으며, CJ제일제당 또한 비비고 만두를 비롯한 110여 종의 할랄푸드를 생산 중이다.[28] 세계 인구의 24%를 차지하는 이슬람권이 매력적인 시장으로 부상하고, 세계 인구 4위인 인도네시아를 중심으로 동남아시아에서 K-콘텐츠의 인기가 높아지자 한국 음식의 '할랄화'도 속도를 높여가고 있다.

"이 제품이 한국 화장품 브랜드 티르티르에서 가장 어두운 색상의 파운데이션이에요."

출처: 농심, 삼양식품

이슬람권이 매력적인 시장으로 부상하면서 한국 음식의 할랄화도 속도를 높이고 있다. 세계적으로 인기를 끌고 있는 삼양식품의 불닭볶음면과 농심의 신라면도 할랄 인증을 받았다.

한국인을 위해 개발된 제품을 외국인도 사용할 수 있게 만들어달라고 직접 요청한 흑인 뷰티 크리에이터 '미스달시MissDarcei'의 사례도 흥미롭다. 319만 명의 구독자를 둔 미스달시는 '한국 파운데이션 중 가장 어두운 색'이라는 제목의 영상에서, 한국 파운데이션의 색상이 다양하지 않아 여러 인종의 소비자가 사용할 수 없다며 아쉬움을 토로했다. 이 영상을 본 티르티르는 20가지 색상의 쿠션 제품을 개발해 미스달시에게 선물했고, 이후 인종 상관없이 모두가 사용할 수 있는 30가지 색상의 파운데이션이 출시됐다. 흑인도 사용할 수 있는 K-뷰티 제품으로 입소문이 나자 해당 제품은 국내 뷰티 브랜드 최초로 아마존 뷰티 카테고리 1위에 오르기도 했다. 국내 소비자를 대상으로 판매하는 소규모 패션 브랜드에서도 최근 해외 판매를 해달라는 외국인의 요청이 부쩍 늘어났다고 한다.

전 세계 소비자가 국적과 상관없이 사용할 수 있는 SNS를 기반으로 제품을 홍보하는 브랜드가 증가하면서 이제는 제품 판매의 경계가 국경을 넘어 흐릿해지고 있는 것이다. 이러한 변화에 발맞춰 최근 한국 브랜드는 제품에 다양한 변주를 줘 다채로워진 글로벌 시장에 대응하고 있다.

글로벌 유동성과 그라데이션K

그라데이션K 현상이 뚜렷해진 데는 무엇보다 점점 늘어나는 글로벌 유동성이 가장 큰 영향을 미쳤다. 특히 코로나19로 3년 가까이 갇혀 있던 세계 각국의 사람들이 한을 풀듯 비행기에 올라타고 있다. 단지 여행객이 늘어난 것만은 아니다. 태어난 곳에서 평생을 살아야 했던 과거와 달리, 사람들이 여러 가지 이유로 자신의 입맛에 맞게 국적을 선택하는 시대가 됐다. 2020년 세계 이민 리포트에 따르면 전 세계 인구의 3.6%가 이민을 한다. 이민 선호 국가인 유럽과 북미 지역의 국가들은 이미 다양한 국적과 인종의 사람들이 이주해 모여 사는 다문화·다인종 국가에 진입했다.

이민자 인구가 20%를 넘는 미국과 유럽에는 미치지 못하지만, 최근 한국도 다문화 국가 반열에 오르게 됐다. 이민을 보내는 나라에서 이민을 받는 나라로 변모한 것이다. 한국인의 이민율은 감소 추세인 반면, 한국으로 이주해오는 외국인 이민율은 증가하고 있다. 특히 최근 몇 년간 한국의 임금 수준이 빠르게 상승하면서, 동남아를 비롯한 저임금 국가에서는 가장 일하러 가고 싶어 하는 선호 국가로 한국을 꼽고 있다. 유학생의 수도 늘고 있다. 교육부에 따르면 한국에서 공부하는 외국인 유학생은 2024년 4월 기준 처음으로 20만 명을 넘어섰다. 학령인구는 줄고 등록금은 동결된 상태에서 많은 대학이 외국인 유학생 유치에 힘을 기울인 결과다.[29]

'파이팅!' 코리아

더 중요한 사실은 한국의 '소프트 파워', 즉 문화적 매력이 크게 높아졌다는 점이다. 〈기생충〉, 〈오징어 게임〉, 〈미나리〉, 〈파친코〉 등의 영화와 드라마, BTS와 블랙핑크를 비롯한 K-팝 그룹의 인기가 전 세계에서 위세를 떨치고 있다. GOT7·SF9·드림캐처 같은 그룹은 한국에서보다 동남아·남미 등 외국에서 더 인기가 더 높다. 최애 아이돌 그룹의 출신지 한국의 수도 서울뿐만 아니라, 제주도·남산·경복궁·설악산·경주 등 K-드라마에서 봤던 장소에 대한 관심이 크게 늘면서 한국 자체에 대한 관심이 높아지기도 했다.

이 놀라운 변화는 소셜미디어가 전 세계로 확산되며, 사람들이 다양한 콘텐츠를 편견 없이 소비할 수 있는 환경이 마련된 데서 시작됐다. 2009년 JYP엔터테인먼트의 박진영 대표는 인기 걸그룹 '원더걸스'를 이끌고 미국 진출을 시도했지만 큰 성과를 거두지 못했다. 그러나 2012년 싸이의 '강남스타일'은 전 세계적으로 예상치 못한 폭발적인 인기를 누렸다. 그 사이에 무슨 변화가 있었던 걸까? 바로 유튜브다. '강남스타일' 뮤직비디오는 유튜브를 통해 전 세계로 빠르게 확산됐고, 이후 틱톡·인스타그램·넷플릭스 같은 글로벌 플랫폼이 등장하면서 소셜미디어가 콘텐츠의 중심지로 자리 잡기 시작했다. 이러한 플랫폼의 발달은 전 세계 콘텐츠 소비자들의 취향을 하나로 묶어줬고, 서문에서 지적했듯이 CD 같은 옛 매체에 집착한 일본과 달리, 글로벌 플랫폼이라는 새로운 콘텐츠 전달 수단을 적극적으로 활용했던 한국 아티스트들이 전 세계적인 인기를 누릴 수 있었다.

이제 온라인에서 유행하는 밈은 국적을 가리지 않는다. 지구 반대편에 있는 나라의 밈이 한국에서 유행하기도 하고, 한국의 밈이 세계적인 공감을 받기도 한다. 일본의 '나이트 댄서NIGHT DANCER', 베트남의 '띵띵땅땅See tinh', 인도의 '아소카Asoka', 중국의 '워씽시我姓石' 등은 현지 노래에 맞춰 춤을 추는 챌린지인데, 우리나라 틱톡이나 유튜브에서 크게 유행했다. 한국식 응원 구호인 '파이팅fighting'은 한국에서만 쓰는 콩글리시였지만, 옥스포드 사전에 등재될 정도로 유명해졌다. 전 세계적으로 인기가 높은 손흥민 선수의 경우는 팬들이 그를 응원할 때 우리말 응원인 "파이팅"이라고 외친다. 심지어 글로벌 게이머들 사이에서는 한국 욕설이 종종 쓰이는 것으로 알려졌다.

터치 한 번으로 다른 나라의 문화를 엿볼 수 있는 온라인 환경에서 우리는 다양한 문화적 배경을 가진 사람들과 영향을 주고받으며 살아가게 됐다. 이런 상황에서 상대적 매력도가 높은 한국 문화가 큰 인기를 끄는 것은 어쩌면 당연한 것일지도 모른다. 이제 한국적인 것이 가장 세계적인 것이다.

전망 및 시사점

진정 한국적인 것은 무엇인가

그라데이션K가 주는 산업적 시사점은 적지 않다. 우선 새로운 소비의 주역으로 떠오르고 있는 외국인을 위한 새로운 시장에 대응해야 한다. 그동안 한국인을 위한 내수시장만을 공략하던 회사들이 재한 외국인을 고려하기 시작하면서 자연스럽게 시야가 넓어지고 있다. 경우에 따라서는 해외에 거주하는 외국인까지 공략해 수출에도 도전할 수 있게 됐다. 물론 그러기 위해서는 타깃 국가의 삶과 문화에 대한 이해와 배려도 수반되어야 한다. 모든 인종이 사용할 수 있는 컬러의 파운데이션, 종교적인 이유로 공공장소에서 머리카락을 보일 수 없는 손님을 위한 헤어숍의 프라이빗 룸, 주중에 풀타임으로 일하는 외국인 노동자를 위한 은행의 주말 영업 등의 사례에서 보듯이 그들의 문화와 생활 패턴에 대한 이해는 새로운 소비자를 확보하고 시장을 확대하는 데 큰 도움이 될 것이다.

기업의 경쟁력 제고를 위해서는 해외 전문 인력이 능력을 온전히 발휘할 수 있는 인프라를 구축하는 것도 시급하다. 《월스트리트저널》은 코로나 이후 강한 회복력을 보인 미국 경제의 원동력 중 하나로 늘어난 이민자 유입을 꼽았다. 이민으로 늘어난 노동인구 덕분에 인플레이션을 억제할 수 있었으며 이들이 미국의 경제성장과 재정확대를 뒷받침했다는 것이다. 비슷한 맥락에서 국제통화기금IMF은 선진국의 취업자 중 이민자 비율이 1%포인트 오르면, 5년 후 국내총생산이 거의 1% 증가한다는 연구 결과를 발표했다. 이민자로 인해 향

글로벌 네트워크에 올라탄 한국의 소프트파워는 K-컬처의 새로운 전성시대를 열고 있다. 그러나 지금, "진정 한국적인 것은 무엇인가?"라는 질문에 대한 답은 사람마다, 나라마다 다르다. 그리고 지금도 변하고 있다.

상된 생산성이 현지인의 평균 소득 상승으로 이어지는 것이다.[30]

이런 긍정적인 결과를 유도하기 위해서는 해외의 우수한 인력을 유치하는 데 공을 들여야 한다. 국회예산정책처의 '전문·숙련 외국인력 유치 정책 및 사업 평가' 보고서에 따르면, 아직 한국의 외국인 취업자 중 전문 인력 비중은 13.7%로 다른 국가에 비해 다소 저조한 비율이다. 당장의 부족한 인력을 확충하는 것에서 나아가, 기술 패권 시대에 적합한 전문 인력의 비중 확대가 필요하다. 이민 가는 나라에서 이민 오는 나라가 됐다면, 이제는 한걸음 더 나아가 해외 우수 인력들이 이주하고 싶어 하는 나라가 되도록 시스템을 구축해야 한다.

보다 근본적인 질문도 제기된다. 그라데이션K 시대에 과연 '한국적'인 것은 무엇일까? 우리가 알던 한국의 정체성이 변곡점에 이르렀다. 한국인이 변하고 있고, 한국 문화가 변하고 있고, 한국 사회가 변하고 있다. 이러한 변화에 발맞춰 '한국적'인 것에 대한 인식의 변화가 필요하다. 2021년 옥스포드 영어사전에 오빠oppa나 먹방mukbang 등의 한국어 단어가 대거 등재돼 화제가 됐다. 철저하게 '역사적 원칙을' 따르는 옥스포드 영어사전은 단어가 어떠한 방법으로 쓰여야 하는지를 규정하지 않고, 그 단어가 지금 어떤 의미로, 또 얼마나 대중적으로 사용되고 있는지에 주목한다.[31] 끊임없이 수정되고 추가되는 작업을 통해 사람들이 실제로 사용하는 살아있는 영어를 만들어 가는 것이다. 반면 우리나라의 표준국어대사전에는 전 국민이 매일 사용하는 단어라고 해도 과언이 아닌, '카카오톡'이나 비대면 화상회의를 일컫는 '줌Zoom'은 물론이고 '먹방'이나 '치맥' 등도 아직 등재되지 않았다.[32]

단지 사전 편찬의 문제가 아니다. 옥스포드 사전의 행보가 그라데이션K 시대에 한국이 나아갈 방향성을 보여준다. 그라데이션K 시대의 '한국적'인 것은 과거의 정체된 역사가 아닌, 사람들이 살아가는 매일의 한국인 것이다. 그동안 우리는 한국적인 것에 대해 지나치게 전통과 정통에 집착한 것은 아니었을까? 트렌드의 변화는 생각의 변화를 요구한다. 그라데이션K 트렌드가 인위적으로 막을 수 없는 자연스러운 대세가 되고 있다면, 나아가 인구 감소로 고민하는 대한민국의 미래에 긍정적인 답이 될 수 있다면, 개방적인 태도는 필수적이다. 이제 얼마나 열린 마음으로 세계를 품을 수 있느냐는 오롯이 우리에게 달렸다. 외국인은 인력이 아니라 이웃이다.

E 물성매력

SNAKE SENSE

만지고 느낄 수 있어야 비로소 존재한다. 모든 것이 디지털화되는 비물질의 시대지만 우리는 여전히 체감할 수 있는 그 무엇을 갈구한다. 특정 대상에 경험 가능한 물성materiality, 物性을 부여함으로써 손에 잡히는tangible 매력을 지니게 만드는 힘을 '물성매력'이라고 정의한다.

가장 눈에 띄는 것은 콘텐츠 물성화다. 스크린에서만 존재하던 애니메이션·드라마 등의 세계가 오프라인 공간에 구현된다. 브랜드의 가치·콘셉트·라이프스타일이 중요해지면서 브랜드 자체를 소비자에게 전달하고 '체험'시키는 브랜드 물성화 사례도 늘고 있다. 실생활에 침투한 로봇, 회사의 철학을 품은 '사옥'도 물성화의 한 형태다.

물성매력이 중요해지는 이유는 체험에 대한 요구가 커져가는 흐름 속에서, 소비자가 체감할 수 있는 물성의 매력을 얼마나 구체적이고 실감나게 제공할 수 있느냐가 최근 마케팅의 가장 중요한 트렌드가 됐기 때문이다. 세상은 빠르게 디지털화하지만, 외부세계와의 감각적인 소통을 위해 체화된 경험을 추구하는 아날로그적 선호는 사라지지 않을 것이다. 몸으로 감각하고 싶은 본능과 디지털 가상세계의 효율성이 서로 보폭을 맞추지 못하는 지체遲滯를 빚을수록, 물성매력은 그 존재감을 더욱 드러낼 것이다. 지금 소비자는 그 어느 때보다도 사물 본연의 감각을 몸으로 느끼고 싶어 한다. 느낌이 살아 춤추게 하라.

Experiencing the Physical: the Appeal of Materiality

당신이 어떤 영화의 마케팅을 총괄하게 됐다고 가정해보자. 작품의 완성도가 높아 회사에서도 큰 기대를 걸고 있지만, 최근 극장 관객이 줄고 있어 부담감이 크다. 당신이라면 어떻게 할 것인가? 우선 여러 가지 버전의 영화 포스터를 제작한 후, 버스나 지하철, 택시 등 다양한 장소에 배포해 많은 이들의 눈에 띄도록 한다. 또한 TV, 신문, 라디오, 영화잡지 등 대중매체에도 대대적인 광고를 집행한다. 요즘 대세인 SNS를 활용하기 위해 유튜브나 인스타그램, X(트위터), 페이스북 등 각종 플랫폼에서 바이럴 마케팅이 가능하도록 파워 인플루언서를 후원하고 자료를 제공한다. 흠, 이보다 더 좋은 방법은 없을까?

2024년 6월에 개봉한 애니메이션 〈인사이드 아웃 2〉는 다소 독특한 마케팅을 펼쳤다. 개봉 직전 서울 여의도의 한 백화점에 팝업스토어를 연 것이다. 영화의 팝업스토어에는 어떤 것들이 있을까? 다양한 영화 관련 포스터? 기쁨이 · 불안이 · 당황이 · 부럽이 인형들이 전시돼 있을까? 〈인사이드 아웃 2〉 팝업스토어에서 가장 인기를 끈 것은 '생각기차'였다. 영화에서 감정 캐릭터들이 주인공 라일리의 머릿속을 오갈 때 생각기차를 타는데, 팝업스토어에서도 영화 속 다양한 장면을 공간으로 구성해 방문객들이 생각기차를 타고 이동할 수 있게 함으로써 실제로 애니메이션 안으로 들어가는 듯한 몰입감을 느끼게 만들었다. 관람이 끝나면 방문객들은 좋았던 기억 구슬을 '기억 저장소'에 담아두고 여정을 마무리한다. 영화 속 주요 캐릭터와 소도구의 물성을 흠뻑 느끼고 돌아갈 수 있는 것이다.

이제 사람들은 극장 객석에 앉아 영화를 감상하는 데 만족하지 않

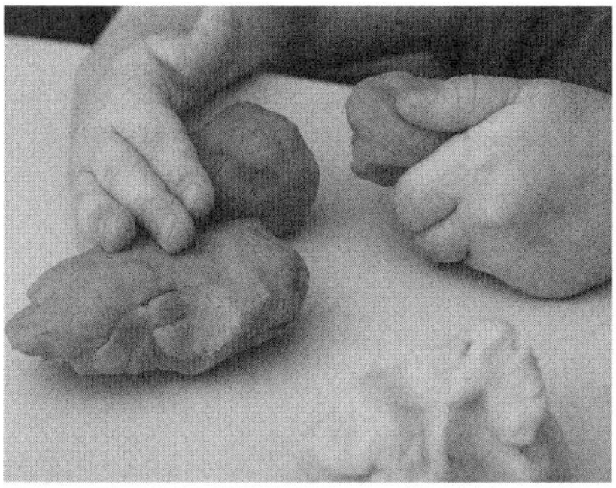

우리는 본능적으로 보고, 만지기를 원한다. 물리적인 실체로 구현해낼 수 있느냐가 디지털 시대의 화두가 된 이유다.

는다. 콘텐츠를 만져보고, 소유하고, 체험하면서 영화 속 '세계관'에 몰입하고자 한다. 이런 소비자의 니즈에 맞춰 최근에는 보다 적극적으로 스토리를 화면 밖으로 끌어내 물리적 실체를 부여하는 추세다. 굿즈나 포토존은 기본이다. 최근 "화면을 찢고 나왔다"라는 표현을 자주 쓰는데, 영화 콘텐츠가 스크린을 찢고 나와 실제로 감각할 수 있게 만들어줘야 소비자의 이목을 끌 수 있다.

영화뿐만 아니다. 콘텐츠에 물리적 속성을 부여해 소비자가 그것을 체감할 수 있게 하는 사례가 늘어나고 있다. 이처럼 손에 잡히는tangible 요소를 물성materiality, 物性이라고 하는데, 본서에서는 특정 대상에 경험 가능한 물성을 부여함으로써 매력도를 높여주는 힘을 '물성매력'이라고 명명하고자 한다. 물성이란 사전적으로 '물질이 가지고 있는 성질'을 뜻하며, 손에 잡히는 '물질'들만 가질 수 있는 속성이다. 그러므로 앞에서 언급한 영화 같은 콘텐츠를 비롯해 브랜드·기술·조직문화처럼 '손에 쉽게 잡히지 않는 것'에서 물성을 느끼기는 쉽지 않다. 이러한 추상적인 것에 대해서도 시각·촉각·청각·후각·미각 등 활용 가능한 감각 요소를 총동원해 체감할 수 있는 속성을 부여함으로써, 소비자들이 인지적·정서적·행동적으로 경험할 수 있게 하는 작업이 '물성매력'이다. 다시 말해 물성을 통해 소비자가 알고(인지적), 좋아하고(정서적), 구매하도록(행동적) 만들어주는 일련의 노력을 의미한다.

그렇다면 왜 2025년에 물성매력이 새삼 중요해지는 것일까? 바로 소비자 체험에 대한 필요성이 커지고 있기 때문이다. 기술이 빠르게 발달하면서 과거에는 없었던 새로운 개념의 서비스들이 속속 등장하고 있다. 소비자가 이러한 변화를 쉽게 받아들이기 위해서는 직접 그 쓸모를 느낄 수 있게 할 물리적 경험을 제공해야 한다. 추상적인 설명보다는 물성을 통해 전달하는 것이 가장 효과적이다. 또한 코로나 사태로 인한 장기적인 격리와 언택트 경제의 발전으로 사람들이 실제로 감각하고 체험할 수 있는 기회가 줄어들었다. 큰 변화가 있을 때는 그에 따른 반작용도 강해지기 마련이다. 가상 경제의 성장이 오히려 물성에 대한 갈망을 더욱 커지게 만든 셈이다. 체험에 대한 요구가 커져가는 구조적 흐름 속에서, 소비자가 직접 느낄 수 있는 물성의 매력을 얼마나 구체적이고 실감나게 제공할 수 있느냐가 최근 마케팅의 가장 중요한 트렌드로 떠오르고 있다.

아이들은 더럽든 위험하든 가리지 않고, 무엇이든 만지려고 하고 입에 넣으려고 한다. 물성을 느끼고자 하는 욕구는 인간의 기본적인 본능이다. 현생인류가 등장한 지는 20만 년이 넘었지만, 가상세계를 접한 지는 몇십 년도 되지 않았다. 물성매력은 디지털과 AI로 대표되는 현대사회에서 '물리적 실체'를 갈망하는 본질로의 회귀를 의미한다. 향후 디지털·가상·언택트 경제가 발달할수록 그 반작용으로 물성매력은 더욱 중요해질 것이다. 그렇다면 물성매력을 효과적으로 만들어내기 위해서는 어떤 노력이 필요할까?

물성화의 여러 모습

물성화는 무엇을 물성화하고 있느냐에 따라 ① 콘텐츠의 물성화, ② 브랜드의 물성화, ③ 기술의 물성화, ④ 조직문화의 물성화로 설명할 수 있다.

콘텐츠의 물성화: 스크린을 찢고 나온 콘텐츠

최근 K-팝 엔터테인먼트 산업의 가장 큰 화두는 '버추얼 아이돌'이다. 버추얼 아이돌이란 그림·애니메이션·그래픽 등으로 표현된 캐릭터로 가상공간에서 활동하는 아이돌을 일컫는데, 요즘 Z세대 사이에서 인기가 엄청나다. 그 돌풍의 중심에 '플레이브'가 있다. 플레이브는 4세대 남자 아이돌 그룹 트렌드 지수 1위[1]를 차지한 바 있는 버추얼 아이돌로, 2024년 2월에 발표한 미니 2집 초동 판매량 57만 장

기록, 2024년 3월 가요순위 프로그램 〈쇼! 음악중심〉 1위, 전체 발매곡 기준 10억 스트리밍 달성으로 역대 최단기간 멜론 '빌리언스 클럽' 입성 등 수많은 신기록을 세우고 있는, 2024년의 단연 돋보이는 아이돌 그룹이다.

하지만 플레이브에게도 한계는 있다. 버추얼 아이돌은 말 그대로 가상으로 존재해 물리적 실체가 없기 때문이다. 어떻게 하면 화면 뒤에 존재하는 이들의 매력을 팬들이 더 생생하게 느낄 수 있게 할 것인가? 이제부터 물성의 마법이 시작된다. 2024년 3월, 플레이브 미니 2집 'ASTERUM(아스테룸): 134-1' 발매 기념 팝업스토어가 열렸다. 버추얼 아이돌의 팝업스토어에서 가장 인기를 끌었던 것은 '프로토 홀로그램' 부스였다. 프로토 홀로그램은 실시간으로 양방향 소통이 가능한 홀로그램 플랫폼으로, 해당 부스에서 팬들은 홀로그램으로 구현된 플레이브 멤버 1명과 사진이나 영상을 찍을 수 있다. 반응은 폭발적이었다. 화면에서만 존재하던 나의 최애와 함께 사진을 찍을 수 있는 흔치 않은 기회라는 점에서 인기가 높았다. 버추얼 캐릭터들이 화면을 찢고 나와 오프라인 공간으로 실재감을 확장한 셈이다. 행사가 열리는 동안 오직 플레이브를 보기 위해 팝업스토어를 찾은 인원은 2만 명이 훌쩍 넘었다.[2]

우리나라에서는 〈인사이드 아웃 2〉를 홍보하기 위해 백화점에 팝업스토어를 열었지만, 미국에서는 '에어비앤비'에 영화 속 세상을 그대로 구현해 큰 화제를 모았다. 에어비앤비는 〈인사이드 아웃 2〉의 '기쁨이'가 이끄는 '감정 컨트롤 본부'를 그대로 재현한 숙소에서 하룻밤을 보낼 수 있는 이벤트를 진행했다. 감정 컨트롤 본부는 영화의 주요 공간으로, 주인공 라일리의 여러 가지 감정을 작동시키는 곳이다. 숙박객은 실제로 패널을 직접 조작해볼 수 있고, 기억 저장소에서 나만의 기억 구슬을 만들어보는 등 〈인사이드 아웃 2〉의 세계를 경험할 수 있다.[3]

테마파크는 힘든 일은 모두 잊고 즐거운 경험만을 기억으로 남기려고 찾아가는 곳이기에, 업계는 몰입감 넘치는 체험을 선사하기 위한 고민을 오랫동안 해왔다. 에버랜드는 최근 조경과 놀이기구를 넘어, 콘텐츠를 물성화해 관람객에게 새로운 체험을 제공하는 방법으로 고민의 활로를 찾고 있다. 에버랜드의 공포 체험존 '블러드시티'는 매년 가을마다 새로운 스토리를 감각적으로 풀어내 할로윈 공포 체험 성지로 불린다. 2024년 가을에는 블러드시티의 테마로 넷플릭스의 콘텐츠를 선택했는데, 〈지금 우리 학교는〉이나 〈기묘한 이야기〉 등의 인기 드라마를 현실세계에 구현했다.[4] 화면 속에 머물던 이야기들을 에버랜드의 인기 공간에서 보고 듣고 만져볼 수 있어, 넷플릭스 마니아뿐만 아니라 일반 방문객 사이에서도 반응이 좋았다.

VR 기기 같은 첨단 기기를 활용해 콘텐츠를 물성화하는 테마파크도 있다. 유니버설 스튜디오 재팬은 2024년 7월 애니메이션 〈귀멸의 칼날〉과 콜라보레이션해 몰입형 놀이기구 어트랙션을 선보였다. 탑승자는 수습 검객이 돼 마을을 습격한 악마와 싸우고 있는 주인공 '탄지로'에게 새로운 칼을 전달하기 위해 도공마을로 달려간다는 콘셉트다. VR 기기를 쓰고 라이드에 탑승하면 마치 실제로 질주하는 것처럼 중력과 바람까지 실감나게 느낄 수 있다. 여기에 더해 유니버설 스튜디오 재팬은 '탄지로의 표주박 팝콘 버킷'을 독점 출시했다.

애니메이션에 등장하는 표주박을 모티브로, 극중 인물이 좋아하는 미타라시 당고 맛 팝콘이 담겨있다고 한다.[5] 콘텐츠를 생생하게 전달하기 위해 시각·청각·촉각·미각으로 확장한 사례다.

최근에는 콘텐츠의 콘셉트와 공간의 물리적 특성을 긴밀하게 연계해 물성매력을 극대화하려는 시도도 늘어나고 있다. 닌텐도 게임 '모여봐요 동물의 숲(이하 모동숲)'이 체험을 위한 공간으로 코엑스 아쿠아리움을 선택해 팬들 사이에서 화제가 됐다. 모동숲에 등장하는 해양생물을 아쿠아리움에서 볼 수 있고, 중간중간 배치된 모동숲 인형과 인증샷을 찍는 등 다양한 굿즈와 체험존으로 실제감을 살렸다. 무엇보다 콜라보레이션 기간 동안 코엑스 아쿠아리움에서 재생된 게임 BGM이 공간과 잘 어울렸다는 평가가 많았다. 모동숲 BGM은 Z세대 사이에서 '평화로움'의 상징으로 통하기 때문에 편안한 분위기의 아쿠아리움을 돌아보며 BGM을 듣는 것 자체가 마치 게임 속에 들어온 것 같은 생생함을 전달했다고 한다.[6] 콘텐츠를 만지고 느끼게 하는 물성화를 위해 세계관에 딱 맞는 공간을 찾는 것이 얼마나 중요한지 잘 보여준 사례다.

출처: 코엑스 아쿠아리움

코엑스 아쿠아리움과 '모동숲'의 콜라보레이션 이벤트. 게임 세계관에 딱 맞는 공간을 찾아 콘텐츠의 물성매력을 높였다.

브랜드의 물성화: 손에 잡히는 브랜드 가치

브랜드의 철학과 스토리가 중요하다는 말은 이제 진부하다고 할 만큼 당연하다. 소비자들은 상품에 만족하는 것을 넘어 브랜드의 이야기를 듣고 싶어 한다. 잘 와닿지 않는 브랜드 가치를 물성으로 구현함으로써 소비자에게 오감으로 전달하는 노력이 필요한 때다. 최근 몇 년 사이에 브랜드의 가치를 전달하기 위해 팝업스토어는 물론이고, 미디어아트·복합문화공간·굿즈 등 다양한 물성이 활용되고 있다.

2023년 겨울, 서울 성수동의 한 팝업스토어가 MZ세대의 관심을 끌었다. '선양소주에 빠진 고래를 만나는 여정'이라는 테마로 진행된 선양소주의 팝업스토어 '플롭 선양'이다. 약 3주 동안 누적 방문객 수 1만 7,800명을 기록했고, 선양소주 팝업스토어를 소개한 릴스는 2만이 넘는 '좋아요'를 받을 만큼 화제였다.[7] '플롭 선양'의 백미는 실제로 물에 띄운 병뚜껑 모양의 보트를 타고 건너가는 '인공바다' 존이다. 보통 물과 관련된 연출을 할 때 작은 웅덩이를 만들거나 물을 담아두는 정도에 그치기 마련인데, 넓은 공간에 물을 채우고 보트를 띄웠다는 점에서 방문한 이들을 놀라게 했다. 관람을 모두 마치고 나면 간단한 게임을 하고 그 결과에 따라 어묵 안주에 선양소주를 마실 수 있다. 그날 선양소주에 빠진 것은 고래가 아니라 고객들이었는지도 모른다.

눈에 보이지 않는 콘셉트를 보다 현실감 있게 구현하기 위해 미디어아트도 적극적으로 도입된다. 2024년 1월 에이블씨엔씨ABLE C&C의 화장품 브랜드 미샤는 명동 메가스토어에 '서울 명동에 강화섬이 생

출처: 선양소주

선양소주의 팝업스토어 '플롭 선양'은 실내 공간에 물을 채우고 보트를 띄웠다. 소주를 마시려면 배를 타고 목적지에 도달해야 한다.

졌다'라는 가상의 세계관을 기반으로 '미샤 아일랜드: 개똥쑥, 진정한 100일'이라는 팝업스토어를 열었다. 알 수 없는 이유로 사람들의 피부가 진정되지 않아 혼란을 겪는 가운데 숨겨진 비밀을 찾아 강화섬으로 떠난다는 설정이다. 맑은 바다와 강화도의 바닷바람, 미네랄 토양, 햇살 등을 미디어아트로 표현한 여정을 마치면 '진정한 세계'에 도착하는데, 이 공간은 다른 곳보다 온도가 높다. 이에 대해 미샤는 여정이 성공적으로 끝나서 피부가 진정됐다는 점을 상징하기 위해 온도를 높였다고 설명한다. 물리적 장치뿐만 아니라 온도를 통해 브랜드가 전하고자 하는 메시지를 감각화한 사례다.[8]

브랜드가 지향하는 바를 단기간의 팝업이 아니라 복합문화공간에 구현하고 상시 운영함으로써 브랜드 경험을 확장시키기도 한다. '누아르 마르디 메크르디'는 온라인으로 시작한 패션브랜드 '마르디 메크르디Mardi Mercredi'가 2024년 4월 오픈한 복합문화공간이다. 마르디 메크르디가 한남동과 일본 다이칸야마 등에 플래그십 스토어를 오픈한 적은 있지만 복합문화공간을 오픈한 것은 처음이다. 마르디 메크르디의 박화목 대표는 "돈을 벌어야 하는 목적이 있는 회사가 목적을 무시하고 돈을 벌겠다는 의도 없이 벌이는 일이 멋있다고 생각했다"고 말한다. 애초 마르디 메크르디를 론칭했던 이유가 "돈을 벌기보다 멋있는 무언가를 하고 싶었다"는 것이었던 만큼,[9] 누아르 마르디 메크르디 역시 상업적인 목적과 별개로 브랜드의 정체성을 문화로 향유할 수 있는 공간으로 꾸몄다. 카페와 리빙 편집숍, 레코드숍 등이 자리한 누아르 마르디 메크르디에는 주중에는 400~500명, 주말에는 700~800명 정도가 방문해 브랜드의 철학을 오감으로 느끼고 간다.

시몬스에서 2018년부터 운영하고 있는 '시몬스 테라스'도 소비자가 오감을 통해 직간접적으로 브랜드를 경험할 수 있도록 한다. 시몬스 테라스는 경기도 이천에 있는 복합문화공간으로, 전시·식음료·문화행사·박물관·쇼룸 등 다양한 콘텐츠를 제공한다. 특히 봄과 가을에는 정기적으로 이천 지역 농가와 협업해 파머스 마켓을 여는데, 이는 지역과 사람을 잇는다는 브랜드 지향점인 '소셜라이징socializing'을 물리적으로 구현한 사례다.[10] 이와 같은 다양한 노력으로 시몬스 테라스는 오픈 5년 만에 방문객 수가 100만 명을 넘었으며, 네비게이션 앱 '티맵'에서 수도권 복합문화공간 중 가장 많은 사람들이 방문한 곳으로 기록되기도 했다.

브랜드 물성화는 소비자가 직접 만져볼 수 있는 제품이 없을 때 더욱 유용하다. 금융 업계는 그 특성상 소비자가 상품과 브랜드를 체감하기 어렵다. 특히 오프라인 영업점마저 없는 모바일 금융 서비스 '토스'는 이러한 한계를 극복하고자 다양한 시도를 해왔는데, 2021년 〈핀테크, 간편함을 넘어FINTECH-BEHIND THE SIMPLICITY〉를 시작으로 다양한 금융 관련 다큐멘터리를 제작하고 있다. 토스가 정의하는 핀테크의 본질, 업무 방식, 조직문화 등을 담아 브랜드의 메시지를 콘텐츠를 통해 전달하고자 했다. 2024년 5월에는 『더 머니북THE MONEY BOOK』을 출간했다. 『더 머니북』은 금융 생활에 필요한 콘텐츠를 담은 책으로 출간된 지 한 달 만에 베스트셀러에 올랐을 만큼 인기가 높았다. 토스는 『더 머니북』 출간을 계기로 2024 서울국제도서전에도 참여했다. 2024 서울국제도서전은 그 자체로도 엄청난 인기를 끌었지만, 그중에서도 토스의 '더 머니북 스토어' 부스에는 사람들이 줄을 서서 입장할 만큼 화제를 모았다. 토스 부스를 방문한 이들은 이곳에서 나만의 머니북을 만들어보는 등 여러 가지 체험을 통해 토스의 철학을 간접경험했다.

책을 통해 브랜드 가치를 전달하는 방식은 이미 오래전부터 많이 사용돼왔다. 노브랜드, 29cm, 노티드, 유한락스 등도 브랜드북을 출간한 바 있는데, 유한락스의 사례가 주목할 만하다. 유한락스는 브랜드에 대한 일부 오해를 해소하기 위해, 락스에 대한 궁금증이나 정확한 청소 관련 정보를 담아 2022년 브랜드북 『더 화이트북THE WHITE BOOK』을 출간했다. 특히 소비자의 잘못된 인식을 수정하기 위해 신뢰도가 높은 '책'이라는 매체를 선택했다는 점이 흥미롭다. 우리는 학

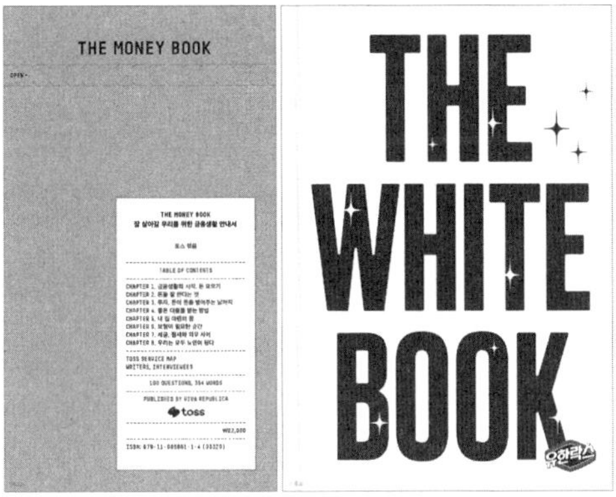

출처: 토스, 어반북스×유한락스

책을 통해 브랜드 가치를 전달하는 데 성공한 토스의 『더 머니북』과 유한락스의 『더 화이트북』. 무형의 브랜드 가치를 손에 잡히는 책으로 물성화했다.

창 시절부터 책이라는 물성을 가진 교과서로 공부를 해왔다. 그래서인지 책에 담긴 정보는 어딘지 더 신뢰가 간다. 유한락스의 브랜드북을 구입한 소비자들은 이 책을 가까이 두고 청소 정보가 필요할 때 매뉴얼처럼 사용하게 되는데, 그러면서 자연스레 브랜드에 스며들게 된다.[11]

기술의 물성화: 물리적으로 경험하는 첨단 기술

많은 기업들이 AI를 비롯한 다양한 신기술 개발에 사활을 걸고 있다. 하지만 뛰어난 기술력을 지닌 것과 소비자들이 그 기술을 체감하는 것은 다른 문제다. 개념으로만 존재하는 기술을 제품으로 구현하고 일반 소비자에게 그 효용을 경험하게 하려는 노력이 중요해지고 있다. 기술에 물성을 입히려는 시도는 소비자가 기술의 유용성을 직접 느끼게 한다는 점에서 의미를 갖는다.

이로운 집, 작은 집, 교감하는 집. 충북 진천군에 위치한 이 세 채의

출처: LG전자

LG전자의 최신 기술이 집약된 'LG 스마트코티지' 이로운 집. LG의 에너지 관련 기술을 총체적으로 경험할 수 있도록 집이라는 물성을 활용했다.

집은 조금 특별하다. 미래 농촌의 집을 주제로 한 하우스비전 전시회를 위해 룯스퀘어root square에 설치된 모듈러 주택으로, 누구든지 예약해 머물 수 있다. 특히 LG전자와 GS건설이 협업해 개발한 소형 모듈러 주택 'LG 스마트코티지' 이로운 집은 31.4m² 크기의 복층 원룸 구조로 LG전자의 스마트홈 솔루션이 적용됐다. LG 스마트코티지는 쉽게 눈에 띄지 않는 에너지 관련 기술을 가시화했다는 점에서 기술의 물성화를 잘 보여준다. 지붕에는 PV패널이 부착돼있고, 공기열원 히트펌프AWHP, Air to Water Heat Pump 에어 공조 시스템과 에너지 저장장치ESS, Energy Storage System 그리고 전력변환장치PCS, Power Conditioning System를 적용했다. 자체 생산한 에너지로 빌트인 가전을 작동시키고, 잉여전력은 한국전력공사에 판매하거나 전기자동차 충전에 활용 가능하게 한 점도 흥미롭다. 자사의 에너지 관련 기술을 총체적으로 경험할 수 있도록 '집'이라는 물성을 활용한 사례다. 이곳에 머물면 AWHP · ESS · PCS 기술의 자세한 작동 원리는 몰라도 어떤 점이 실생활에서 유용할지는 바로 느낄 수 있다.

삼성전자는 갤럭시 S24에 탑재된 기술을 물성화하기 위해 팝업

전시를 선택했다. LG U+ MZ 취향 놀이터 '일상비일상의틈byU+(이하 틈)'과 삼성전자 체험형 플래그십 스토어 '삼성 강남' 등에서 세계 여행을 콘셉트로 진행된 전시는 갤럭시 S24의 기능을 직접 경험해 볼 수 있게 구성됐다. 예를 들어, 틈 지하 1층 호젠지요코초(일본 오사카 유명 골목)에서는 일본 전통놀이를 체험하고 촬영한 사진들을 합성하면서 '포토 어시스트' 기능을 써보고, 레스토랑에서는 AI 번역을 활용해 메뉴를 주문한다. 런던 브릭레인 거리로 구현된 틈 강남점에서는 방문자에게 포토존 위치와 촬영 안내를 영어로 진행하는데, 이때 AI 번역과 통역 기능을 체험할 수 있다.[12] 소비자는 이와 같은 공간적 경험을 통해 갤럭시 S24의 기술을 직접 활용하면서 체감하게 된다.

최근 IT · 전자 산업의 가장 큰 화두인 AI는 편익의 물성화를 위해 로봇을 선택했다. CES 2024는 자사의 기술을 집대성한 로봇들의 각축전이었는데, 특히 삼성전자와 LG전자에서 나란히 집사로봇과 비서로봇을 소개하면서 뜨거운 관심을 불러모았다. 삼성전자의 AI 집사로봇 '볼리'는 실내에서 스스로 이동해 공간을 인식하고, 재택근무

출처: 삼성전자

삼성전자의 AI 집사로봇, 볼리. 공같이 집안을 돌아다니면서 각종 모니터링을 하고 반려견과 놀아주기도 한다.

시 보조 스크린으로 업무를 도와주며, 운동을 할 때는 옆에서 카운트를 세주는 등 AI 어시스턴트로 역할을 확장하며 상용화에 가까워진 모습을 보여주었다. LG전자의 '스마트홈 AI 에이전트 Q9'은 전면 디스플레이를 이용해 다양한 표정을 지으며 사용자와의 소통을 강조했는데('전망편-페이스테크' 참조), 소비자가 AI 집사의 기능적 효용과 동시에 감성적 편익까지 느낄 수 있다는 점에서 AI의 실재감을 확장한 사례다. 2024년 2월 골드만삭스는 "2035년에는 소비자용 휴머노이드 로봇이 연간 100만 대 이상 생산될 것"이라고 전망했다. AI의 발전과 로봇 제작 원가의 하락으로 상용화가 진행되면, 디지털 공간에 머물렀던 AI 기술이 로봇이라는 실체적 형태로 우리 곁에 성큼 다가올 것으로 기대된다.[13]

조직문화의 물성화: 물성으로 체감하는 기업의 철학

"일하는 공간을 보면 그 기업을 알 수 있다."

조직에는 저마다 창업자의 철학과 특유의 문화가 있다. 이는 대개 '사훈'이나 CEO 메시지의 형태로 강조된다. 만약 조직원들이 매일 출근해 시간을 보내는 일터가 조직문화를 잘 표현할 수 있다면, 구성원들이 조직의 철학과 문화를 내면화하는 데 더 유용하지 않을까? 최근 기업들이 사옥을 지을 때, 기업의 철학을 반영하는 디자인과 실내 구성을 강조하는 경우가 늘고 있다. 사옥 외에도 직원들을 대상으로 한 굿즈를 제작하는 등 다양한 방식으로 조직문화를 전달하려는 시도도 등장한다. 이는 앞서 브랜드 물성화와 비슷하게 느껴질 수도 있으나 조직문화의 물성화는 고객이 아니라 내부 구성원을 대상으로 한다는 점에서 차이가 있다.

특히 엔터테인먼트 업계는 사옥에 조직문화를 효과적으로 반영해내고 있다. 하이브는 2023년 연결·확장·관계라는 핵심 가치를 기반으로 용산 사옥을 설계했다. 크리에이티브와 영감이 중요한 업계의 특성을 고려해 마감재를 덧붙이는 방식을 지양하고, 가변적 데스크를 두는 등 오피스 인테리어의 전형을 따르지 않았다.[14] 자유로운 영감과 창의력을 극대화하려는 공간적 배려라고 할 수 있다. 최근에는 JYP엔터테인먼트가 신사옥 건립을 위한 설계공모에서 유현준건축사사무소의 계획안을 선정해 화제가 된 바 있다. 계획안의 콘셉트는 '밥상BAPSANG'이다. 일반적으로 엔터테인먼트 회사에는 아티스트와 사무직 근로자라는 서로 다른 특성의 구성원이 함께하기 마련인데, 밥상에서 함께 시간을 보내면서 소통하듯 각 구성원들이 한 건물 내에서 융화되기를 바라는 취지가 담겨있다. 더불어 구성원들이 건물 내에서 자연을 즐길 수 있도록 하겠다는 계획인데, JYP엔터테인먼트가 지향하는 바가 공간에 어떻게 구현될지 귀추가 주목된다.[15]

'배달의민족' 운영사 우아한형제들이 2022년에 문을 연 오피스 '더큰집'도 조직문화의 물성화를 잘 보여주는 사례다. 우아한형제들의 조직 철학 중 하나가 "가족에게 부끄러운 짓은 하지 말자"라고 한다. 이 가치를 물성화하기 위해 사옥의 회의실에 자녀들의 이름을 붙이고 해당 자녀의 손글씨로 팻말을 달았다. 삐뚤빼뚤한 아이들의 손글씨를 볼 때마다 회사의 조직 철학을 되새길 수 있을 것이다. '더큰

집'을 기획한 김철영 공간디자인실 이사는 "조직문화 코드를 잘 녹여낸 공간을 반복해 경험하다 보면 자연스럽게 '우리 회사의 문화는 이런 것이구나'라고 이해하고 유대감을 갖게 된다"라고 말했다.[16]

현대건설은 단체복에 달라진 조직문화를 담아내기 위해, 코오롱인더스트리의 워크웨어 브랜드 '볼디스트Boldest'와 협업해 임직원 전용 스페셜 에디션 'MA-1 패딩 점퍼'를 제작했다. 워크웨어workwear는 문자 그대로 '일할 때 입는 옷'을 의미하며, 주로 현장 노동자들이 착용하는 작업복에서 유래했으나 최근 힙한 패션으로 떠오르고 있다. MA-1 패딩 점퍼는 기존 단체복과 달리 벨크로 패치로 CI · 팀 로고, 개인 장식 등을 탈부착할 수 있다. 회사 로고 패치를 떼면 회사 밖에서도 부담 없이 입을 수 있는데, 자신만의 취향대로 커스텀하기를 선호하는 MZ세대의 성향을 담은 시도다. 이 패딩 점퍼는 10일이라는 짧은 신청 기간에도 불구하고 6,000장 가까이 판매됐다. 148개에 이르는 국내외 현장에서 단체 주문이 들어오고 개인 구매도 1,200장이나 이뤄졌다고 한다.[17] 이외에도 스트리트 캐주얼 브랜드 '커버낫'과 손잡고 후드 집업을 제작하거나 아웃도어 브랜드 '헬리녹스' · '날진' 등과 힐스테이트 패턴을 적용한 캠핑용품을 개발하는 등 굿즈 제작에 적극적이다. 다소 보수적인 건설사의 조직문화를 벗어나 젊은 사내문화를 지향하겠다는 바람을 옷과 굿즈라는 물성으로 드러낸 것이다.

물성매력은 왜 중요한가?

철학자 한병철은 『사물의 소멸』에서 현대인이 사물의 시대에서 반反사물, 즉 정보의 시대로 넘어가는 이행기에 살고 있다고 말한다. 디지털 질서는 세계를 정보화하며, 사물이 아니라 정보가 생활 세계를 규정한다는 것이다.[18] 이처럼 가상이 실재를 호령하고, 기술이 인간보다 더 정교한 대답을 내놓는 시대에, 왜 물성매력이 중요한 것일까?

《조선일보》 김성현 문화전문기자는 한 칼럼에서 흥미로운 역설을 지적했다. 2024년 서울국제도서전에 15만 명의 인파가 몰리며 관계자들을 깜짝 놀라게 했는데, 책을 읽지 않는 세대가 대거 등장하며 정작 도서 산업은 사양길을 걷고 있기 때문이다. 록 페스티벌에서도 이와 비슷한 일이 벌어진다. K-팝·힙합·EDM 등에 눌려 "록은 죽었다"는 말이 공공연하게 나오고 있는데, 정작 '록페'에는 젊은이들이 미어터진다. 클래식은 대중적이지 않은 음악이라고 생각하지만, 조성진이나 임윤찬의 공연 티켓 판매가 시작되면 몇 초 안에 매진된다. 이러한 현상은 도대체 어떻게 설명할 수 있을까? 김성현 기자는 "공급자보다 철저하게 소비자가 주도하고, 소유보다는 체험 중심으로 바뀌고 있기 때문"이라고 말한다.[19] 원초적인 체험에 대한 갈망은 한병철 교수의 표현대로, 디지털·언택트·인공지능에 둘러싸인 '정보의 시대'에 더 폭발적이다.

음반시장의 LP 붐도 대표적인 사례 중 하나다. 신한카드 빅데이터연구소에 따르면 2024년의 LP숍, LP카페, LP바 등 LP 관련 오프라인

●●● 최근 LP가 인테리어 소품이나 수집 등 음악 감상 외에도 다양한 용도로 사용되고 있다. 디지털로 음악을 듣는 시대, 물성의 힘은 오히려 더 커지고 있다.

LP 관련 매장 이용 건수 추이

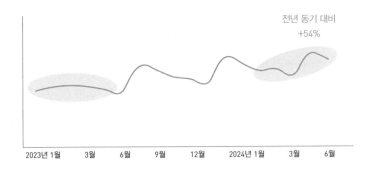

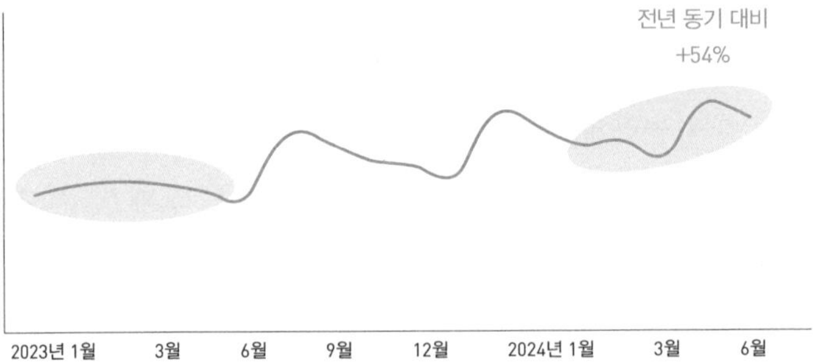

LP 관련 매장 이용 연령대 구성

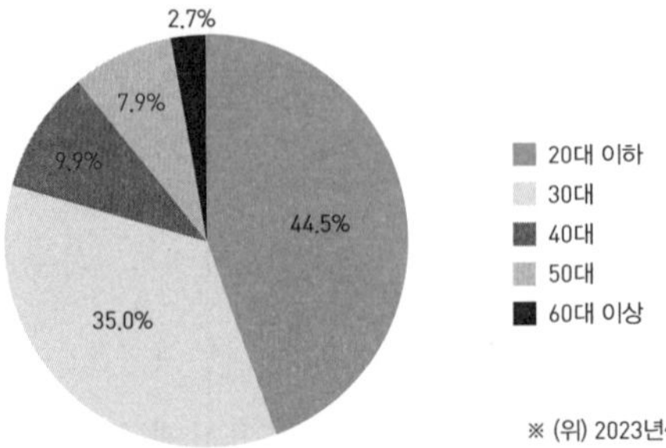

※ (위) 2023년~2024년,
(아래) 2024년 1~6월, 신한카드 이용 건수 기준
출처: 신한카드 빅데이터연구소

매장 이용 건수는 전년 동기 대비 약 54% 증가해 크게 성장한 것으로 나타났다. 특히 20대가 LP 관련 취미 생활을 활발히 즐기고 있는 것으로 나타났는데, 인테리어 소품이나 수집 등 음악 감상 외에도 다양한 용도로 LP를 구입하고 있다. 디지털로 모든 데이터에 접속 가능한 시대에 물리적 경험에 대한 열망이 증가하고 있음을 잘 보여준다.

브랜딩의 역할이 확장되고 있다는 점도 주목해야 한다. 전통적으로 브랜드는 차별화와 정체성을 목표로 만들어지고 관리됐으며 TV나 라디오 같은 대중매체를 통해 일방적으로 전달됐다. 이때의 브랜딩이란 로고 디자인·패키지·슬로건·네이밍 등 '콘셉트'를 만드는 것을 의미했다. 소셜미디어·유튜브·인터넷 등 소비자가 주도하는 쌍방향 매체가 위세를 떨치면서, 브랜딩은 진화하고 있다. 최근의 브랜딩은 브랜드와 관련된 자극물을 통해 소비자가 체험할 수 있게 하여, 소비자의 주관적이고 내재적인 반응을 이끌어내는 방향으로 확장되는 추세다. 이러한 개념을 브랜드 경험BX, Brand eXperience이라고 한다.

현대사회에서 브랜드란 결국 소비자가 체감하는 총체적인 경험의 결과다.[20] 따라서 브랜드는 추상적으로 존재하는 스토리와 콘셉트를 감각 가능한 물성을 통해 구현하고, 나아가 기술이나 조직문화 역시 손에 잡히게 전달해야 하는 과제에 직면하고 있다.

물성이 중요한 또 다른 이유는 기술 변화의 속도가 빨라지면서 소비자들이 신상품을 이해할 여유가 없어지고, 따라서 그 효용성을 쉽게 체감하게 할 방안이 필요해졌기 때문이다. 예를 들어, 불과 2~3년 전만 해도 기술 분야에서 주목했던 키워드는 '메타버스'였다. 하지만 이제 메타버스는 인공지능에 밀려 급속도로 관심이 줄어들고 있다. 소비자 입장에서는 메타버스가 무엇인지 감도 잡기 전에 AI 시대로 진입한 느낌이다. AI는 또 어떠한가? 스탠퍼드대학교에서 발간한 AI 보고서를 살펴보면 2010년 이후부터 AI의 성능 향상 속도가 무어의 법칙보다 7배나 빠른 것으로 나타났다. 집적 회로가 24개월에 2배씩 향상된다면, AI는 3~4개월에 2배씩 성장하는 것이다.[21] 아직 AI를 체감하기도 어려운데, 언론에서는 '범용 인공지능AGI, Artificial General Intelligence'이나 거대언어모델LLM 같은 전문용어가 쏟아져나온다.

전문가들은 가상현실에 가까운 메타버스에 비해 AI는 비교적 쓰임새가 분명하다는 측면에서 그 열기가 쉽게 가라앉지 않을 것이라고 전망한다. 또한 인공지능과 말하고 듣는 것은 물론이고 보여주고 터치하는 멀티모달 인터페이스가 가능해지면서 다양한 물성을 활용한 상호작용이 기대된다. 결국 AI 기술이 시장에 안착하기 위해서는 그 효용성에 대한 소비자들의 체감이 가장 중요하다. 최종적인 소비자 수요가 발생해야 산업이 성장할 수 있기 때문이다. 따라서 기업 입장에서는 새로운 기술의 효용성을 소비자에게 어떻게 납득시킬 것인가에 집중해야 한다. 아무리 좋은 서비스와 탁월한 기술을 만들어내더라도 소비자에게 전달되지 않으면, 소비자가 유용하다고 느낄 수 없으면, 존재하지 않는 것이나 다름없기 때문이다.

전망 및 시사점

느낌이 살아 춤추게 하라

어쩌면 물성화에 가장 진심이었던 것은 종교인지도 모른다. 눈에 보이지 않는 신의 존재를 전하고 신도들이 믿을 수 있게 만들기 위해, 성전이라는 공간을 짓고 성상聖像을 형상화하며 정교한 의례를 따른다. 성경에서도 "태초에 말씀이 계시니라"(요한복음 1장 1절)라며, '말씀'을 모든 것의 근원으로 보았지만, "말씀이 육신이 되어…"(요한복음 1장 14절)라는 구절을 통해 '육화incarnation'의 중요성 또한 강조했다. 육화란 성스러움이 물성을 통해 우리 앞에 현현顯現하는 과정이다. 웅장한 성소에 들어가 신의 형상 앞에서 경건한 의식을 올리며 종교적 물성을 느낄 때, 신앙심은 더 깊어진다. 신전 없는 이슬람교, 불상 없는 불교를 상상할 수 있을까? 그만큼 물성의 역할은 중요하다. 그렇다면 앞으로 물성매력은 어떤 방향으로 진화하게 될까?

먼저 물성화가 어렵고 대단한 일만은 아니라는 점을 지적하고 싶다. 아주 사소한 출발로도 가능하다. "모두 때가 있다"는 문구를 넣은 때수건, "카페못가"라고 적힌 머그컵, "흑심있어요"라는 메시지를 새긴 연필 등은 유머 코드를 전면에 내세운 배달의민족 굿즈들이다. 김규림 디렉터는 콘텐츠 구독 서비스 롱블랙과의 인터뷰에서 "고객이 어느 회사의 판촉물을 구매해서 쓴다는 건, 곧 그 회사의 위트에 공감한다는 뜻이다. 소비자를 팬으로 만드는 건, 결국 그런 소소함에서 온다"고 말했다.[22] 그의 말대로 꼭 화려한 장치나 연출이 필요한 것은 아니다. 연필 한 자루, 컵 하나로도 물성매력을 구현할 수 있다.

둘째로 지금까지의 물성화가 대부분 만지는 것, 다시 말해 촉각에 의존했다면, 앞으로는 오감을 활용하는 다중감각 형태로의 진화도 기대된다. 반려식물 브랜드 '선데이플래닛47'이 2023년 식목일을 맞아 진행한 팝업스토어의 매시업 존MASH-UP ZONE은 식물을 오감으로 느낄 수 있게 공간을 설계했다. 식물의 향을 직접 맡아보는 것은 물론이고 식물이 가진 고유의 파장을 소리로 변환해 듣고, 식물의 다채로운 맛까지 경험해볼 수 있도록 구성했다.[23] 공간 연구자들은 우리가 머문 장소와 그곳에서의 경험이 켜켜이 쌓여 '나'라는 정체성을 형성한다고 주장한다.[24] 기업의 가치를 물성화한 공간에서 브랜드를 만져보고 느끼는 일련의 과정을 통해 브랜드에 대한 호감을 형성할 수 있다는 이야기다. 앞으로 물성매력은 오감을 종합적으로 고려하는 형태의 경험 디자인으로 구체화될 것으로 예상된다.

"부모님께 드리는 용돈, 우체국이 배달해드려요!"

우정사업본부는 자녀들이 부모님께 매월 드리는 용돈을 현금으로 직접 배달하는 서비스를 시행하고 있다. 그냥 계좌이체로 보내면 간편한데, 왜 굳이 집배원이 봉투에 담아 전달해야 할까? 통장에 송금액이 찍히는 것이 아니라(요즘에는 통장도 잘 쓰지 않는다) 부모님이 집배원으로부터 직접 용돈봉투를 받을 때, 직접 찾아뵙지 못하는 자녀의 미안한 마음을 더 잘 전달할 수 있기 때문이 아닐까? 사람의 마음을 움직이는 데 있어서만큼은 물성의 힘이 가상보다 더 세다.

같은 돈이라도 숫자로 표시된 금액과 실제 지폐로 물성을 느낄 수 있는 현금은 차이가 있다. 미국에서는 식사 후에 일정 비율의 팁을 주는 것이 관례로 돼있는데, 현금으로 주기도 하고 신용카드 전표에 액수를 적기도 한다. 한 실험 결과에 따르면 신용카드로 팁을 계산하는 사람들이 현금으로 내는 사람보다 13% 이상 더 많은 액수를 지불했다. 또한 물건을 살 때도, 구매를 결정하기까지 걸리는 시간이 현금을 사용할 때보다 신용카드를 이용할 때 훨씬 더 짧은 것으로 조사됐다.[25] 돈의 물성이 느껴지지 않을 때, 지출을 훨씬 쉽고 빨리 그리고 더 많이 하게 되는 것이다.

놀이동산이나 박물관에 다녀올 때는 작더라도 기념품 하나쯤은 사오고 싶어 한다. 부가가치세를 납부하더라도 골드바를 실제로 구매해서 집에 두고 싶어 하는 사람도 많다. 이는 모두 추억을 그리고 돈을 물성화하려는 본능적인 행동이 아닐까? 세상은 빠르게 디지털화하지만, 오랫동안 익숙했던 아날로그에 대한 선호는 사라지지 않을 것이다. 몸으로 감각하고 싶은 본능과 디지털 가상세계의 효율성이 서로 보폭을 맞추지 못해 지체lag, 遲滯를 빚을수록, 물성매력은 그 존재감을 더욱 드러낼 것이다. 지금 소비자는 그 어느 때보다도 사물 본연의 감각을 몸으로 느끼고 싶어 한다. 느낌이 살아 춤추게 하라.

N 기후감수성

SNAKE SENSE

Need for Climate Sensitivity

"지구온난화 시대는 끝났다. 지구는 끓는 시대boiling era로 접어들었다." 십 년에 한 번 경험할까 말까 했던 역대급의 기상이변과 기후재난을 매년 새로 경험하고 있다. 기후변화의 문제는 언젠가 다가올 수도 있는 미래가 아니라 당장 해결해야 할 '현존하는 위험'이다.

기후 문제에 능동적으로 대응하고 그 해결을 위해 적극적으로 실천하는 '기후감수성'이 우리의 삶을 송두리째 바꿔놓고 있는 뜨거워진 지구에서 살아남기 위한 필수 덕목이 됐다. 기후감수성은 ① 소비, ② 비즈니스, ③ 공공의 모든 영역에서 중요해지고 있다. '장마' 대신 '우기'라는 말이 더 많이 쓰이고 날씨를 불문하고 '레이니룩'이 대세가 되는가 하면 늘 먹던 생선과 과일의 생산지도 빠르게 바뀌고 있다. 날씨보험이 등장하고 취약계층을 위한 기후복지가 중요해지고 있다.

그동안 우리는 이상기후를 북극곰이나 태평양의 투발루 주민들이나 겪는 '남의 일', 예외적 현상으로 여기곤 했다. 하지만 물폭탄·찜통더위 같은 용어가 여름마다 반복되는 일상어가 되면서, 기후문제는 늘 발생하는 상수常數라는 사실을 일깨워준다. 이제 기후감수성은 선택의 문제가 아니다. 끓는 지구에서 살아남기 위한 필수적 과제다.

2024년 7월 22일, "지구 관측 역사상 가장 뜨거운 날Planet's hottest day on record 하루 만에 경신"[1]

2024년 7월 21일, 세계기상기구WMO는 지구 역사상 가장 뜨거운 날이 찾아왔다고 밝혔다. 지구 지표면의 평균기온은 17.09°C로 1940년 기후 관측을 시작한 이래 가장 높았다. 그런데 놀랍게도 해당 보도가 나온 지 24시간이 채 되지 않아 이를 넘어선 17.15°C가 관측됐다. 단 하루 만에 더위 신기록이 경신되는 믿지 못할 상황이 벌어졌고, 결국 2024년 7월 22일이 '지구 관측 역사상 가장 뜨거운 날'로 다시 기록됐다. 이처럼 십 년에 한 번 경험할까 말까 했던 역대급의 기상이변을 매년, 아니 매일 경험하는 요즘이다.

사실 기후위기에 대한 경고는 그간 꾸준히 언급돼왔다. 본서 시리즈에서도 '환경지킴이'(2008), '필必환경시대'(2019) 등을 포함하여 환경에 관한 트렌드를 줄곧 다루어왔다. 다만 지난날의 환경 키워드들은 앞으로 다가올 환경문제에 대비해야 한다는 당위적·규범적 성격이 강했다. 예를 들어, 쓰레기를 줄이는 제로웨이스트 운동이나 버려지는 제품을 다시 탄생시키는 업사이클링 소비 등은 모두 환경을 위한 '착한 소비'의 흐름이었다.

최근의 기후위기는 우리를 '필환경'의 개념에서 한 걸음 더 나아가게 만든다. '천 년 만의 대홍수', '백 년 만의 폭염·폭설' 등 달갑지 않은 기록 경신이 계절마다 반복되면서, 사람들은 기후위기를 일상 속 나의 문제로 가깝게 느끼기 시작했다. 눈에 보이지 않던 기후위기가 당장 해결해야 할 '실체적 위험'이 되어 우리의 일상을 송두리째 변

지구 지표면 온도는 해마다 상승하여 2024년 7월 22일 관측 사상 최고로 뜨거운 날을 기록했다.

화시키는 것이다. 이러한 상황 탓에 온실가스를 감축하여 기후변화를 '완화'시키는 것뿐만 아니라 이미 벌어진 기후변화에 '적응'하는 것이 중요해지고 있다.

흔히 주위의 변화를 섬세하게 알아채고 그에 민감하게 반응하는 사람을 두고 "감수성이 풍부하다"라고 말한다. 여기서 말하는 감수성이란 '인간이 외부세계의 자극을 받아들이고 느끼며, 자극의 변화를 수용하는 능력'을 뜻한다. 최근 우리가 경험하는 외부세계의 자극 중 가장 크면서도 뚜렷한 변화는 '기후위기'다. 따라서 기후에 민감하게 반응하는 태도 혹은 능력을 '기후감수성Climate Sensitivity'이라고 부를 수 있다.[2] 브레이크 없는 지구의 온도 상승을 마주하는 요즘 사람들의 기후적응기를 기후감수성 트렌드를 중심으로 알아보자.

끓는 지구에서 살아남기 위한 능력, 기후감수성

"이제 지구온난화 시대는 끝났다. 지구는 끓는 시대로 접어들었다."

2023년 7월, UN은 지구온난화 시대의 종말을 선언하고, '끓는 지구'의 서막을 알렸다. 사실 과거에도 기후는 늘 변화했다. 지리학자 이동민의 저서《기후로 다시 읽는 세계사》에 따르면 50억여 년 전 지구가 탄생된 이래로 기후는 늘 변화해왔다. 고생대와 중생대를 거쳐 6,600만여 년 전에 시작된 신생대에도 기후는 계속 변화했으며 그 과정에서 기후로 인해 수많은 생물이 생과 사를 오고 갔고, 이는 인간에게도 동일하게 적용됐다.

다만 최근 우리가 맞닥뜨리는 기후변화는 그 주기가 말도 안 되게 짧아졌다는 점이 문제다. 유엔의 기후변화에 관한 정부 간 협의체IPCC에 따르면, 지난 100년 만에 지구 평균기온은 0.6°C 상승했다. 약 1만 년 전 농경이 시작된 후 지구 온도가 이렇게 올라간 적은 없었는데, 유례없는 기후변화가 발생하고 있는 것이다. '세계 기후변화 진단서'라 불리는 IPCC의 6차 보고서에서는 비극을 막을 '골든타임'이 정말 얼마 남지 않았으며, 2025년을 정점으로 온실가스 배출이 줄어들지 않으면 우리는 기회를 놓치게 될 것이라고 경고하기도 했다.

단순히 더워진다는 온도의 변화만 이야기하는 것이 아니다. 최근 기후변화는 지금껏 우리가 당연하게 받아들여온 삶의 모습을 바꾸고, 무엇보다도 경제에 직접적인 영향을 미치고 있다는 점에 주목해야 한다. 당장에 커피·설탕·카카오 등 많은 작물의 수확량이 큰 폭으로 감소해 가격이 급등하면서, '기후플레이션(기후+인플레이션)'이란 신조어까지 생겨났다. 외식 업계에서는 갑작스러운 폭우로 원재료 수급이 불안정해지면서 특정 메뉴의 판매가 중단되는 사태도 종종 발생하고 있다. 심지어는 폭우나 폭설 등 기후위기로 인한 경제적 타격도 점점 심화되는데, 이로 인한 전 세계의 경제적 손실규모는 약 330조 원(2023년 기준)에 달하는 것으로 집계됐다.[3] 강력해진 기후재난을 슬기롭게 극복하기 위한 기후감수성이 절실히 필요한 때다.

기후감수성 트렌드는 새롭게 펼쳐진 끓는 지구의 시대를 살아가야 하는 요즘 사람들의 고군분투를 담고 있다. 기후변화에 능동적으로 대처하고 이를 해결하기 위해 적극적으로 행동하는 기후감수성은 뜨거워진 지구에서 살아남기 위한 필수적인 덕목이다. 지금부터 ① 소비, ② 비즈니스, ③ 공공 분야에서 각 주체별로 기후변화를 어떻게 받아들이고 대응하고 있는지 차례대로 살펴보자.

기후감수성 시대를 살아가는 법

"체코야, 오늘 서울 날씨는 어때?"

최근 갑작스러운 날씨 변덕이 잦아지면서 해외 날씨예보 앱을 활용하는 사람들이 부쩍 늘고 있다. 일명 '기상 망명족'이라 불리는 이들은 정확한 날씨 예측을 목적으로 체코의 '윈디닷컴Windy.com', 미국의 '아큐웨더AccuWeather', 노르웨이의 'YR' 등 외국산 날씨 앱을 찾아 나선다. 모바일인덱스에 따르면 2024년 7월 체코산 날씨 앱 '윈디닷컴'의 국내 월사용자MAU는 85만 명으로 전월 대비 34%가량 증가했는데, 이는 국산 날씨 앱을 모두 뛰어넘는 수치였다.[4] 이상기후로 인해 우리나라 기상청의 날씨 예측이 번번이 빗나가는 탓에 기상 망명을 택하는 사람들이 늘고 있다. 여기서 주목해야 할 점은 사람들이 급변하는 날씨에 그만큼 불안감과 피로감을 느끼고 있다는 것이다. 예측하기 어려운 극한의 기상 상황은 좀 더 정확한 날씨 앱을 찾아 유랑하게 만들고, 이는 우리가 기후 급변의 시대에 살고 있음을 새삼 느끼게 한다.

그 위기감은 데이터로도 확인이 가능하다. 코난테크놀로지에 따르면 최근 3년간 '기후' 관련 언급량은 꾸준히 증가하는 추세다. 특히 기후에 대한 감성 분석 결과, 2022~2023년도에 비해 2024년에 들어서면서 '위기', '미치다', '비싸다' 등 새로운 부정어의 언급량이 급상승하면서 급기야 언급순위를 추월한 것으로 나타났다. 이는 최근 사람들이 기후에 대한 '위기'감이 높아졌으며, 기후변화가 삶에 '미치는' 영향을 체감하고 있으며, 기후변화로 인해 농작물이 '비싸지는' 등 기후 관련 문제를 피부로 느끼고 있음을 나타내는 결과다.

날씨가 바꿔놓은 소비생활

일상에서 마주하는 기후위기로 생존을 위한 아이템도 늘고 있다. 인생은 '장비빨'이라 했던가? 최근 유튜브에서는 '삶의 질 상승템'이라며 계절별로 준비해야 할 제품을 소개하는 영상이 인기다. 예를 들

기후 관련 언급량 추이

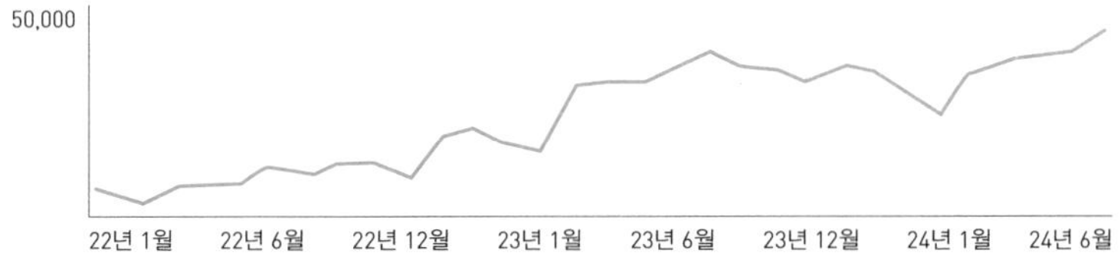

기후 관련 부정어 상위 5위 변화 비교

22.01.01 ~ 22.12.31

	감성어	언급량
1	안되다	2,983
2	죽다	2,751
3	버리다	1,688
4	레게노	1,550
5	못하다	1,404

23.01.01 ~ 23.12.31

	감성어	언급량
1	죽다	9,176
2	안되다	8,285
3	문제다	5,938
4	심각	5,420
5	부족	4,970

24.01.01~24.07.31

	감성어	언급량
1	위기	4,620
2	미치다	4,440
3	비싸다	4,144
4	안되다	3,772
5	죽다	3,730

※ 분석 채널: 커뮤니티, 카페, 블로그, 유튜브, 뉴스
출처: 코난테크놀로지

어, 동양하루살이와 러브버그가 들끓는 봄철에는 가정용 포충기와 벌레퇴치제, 집중호우 기간에는 급히 차량을 빠져나올 수 있도록 돕는 비상탈출 망치가 각광을 받는다. 한편 뜨거운 아스팔트 위를 안전하게 걷기 위해서 반려동물에게는 전용 신발이 필수가 됐다. 모두 극한기후를 대비하기 위한 요즘 소비자들의 생존 아이템인 셈이다.

오늘날의 기후위기는 식탁에서도 여실히 드러난다. 파파야·체리·패션프루트 등 과거 동남아 과일이라 불리던 과일이 국내에서 재배되며 국산 과일로 변모한다. 심지어 높은 위도에 추운 날씨로 열대식물 재배는 엄두도 못 냈던 강원 양구 지역에서는 10여 년 전부터 멜론 농사를 하고 있다. 반면 국내 대표과일로 불리던 사과의 재배지는 점점 북상하며 '금사과'로 불리기 시작한다. 급격하게 따뜻해진 기후 탓에 한반도 과일지도가 대폭 변화하고 있는 것이다.[5] 이뿐만 아니다. 몇 년 사이 동해안 수온이 상승하면서 해파리떼가 습격하는 것은 물론이고, 급격히 어획량이 줄어든 오징어는 이제 '금징어'를 넘어 '없징어'라 불린다. 실제로 2023년 1~11월 국내 오징어 어획량은

아열대 과일 국내 생산지

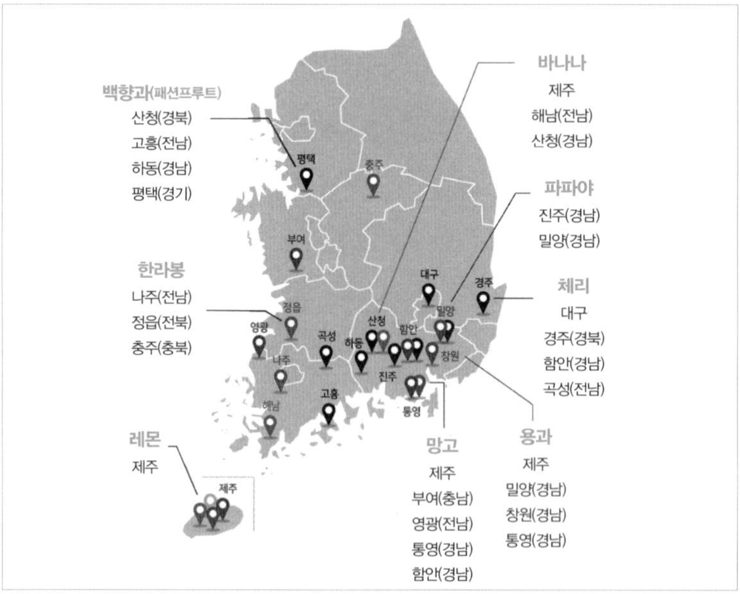

출처: 농촌진흥청자료

기후변화로 과거 국내에서는 생산되지 않았던 아열대기후 과일들이 전국 각지에서 재배되고 있다.

6만 톤도 되지 않았는데, 2013년 25만 톤이던 어획량과 비교해보면 불과 10년 만에 4분의 1 아래로 급감했다.[6] 이에 수산 업계에서는 최근 케냐 등 해외 대체어장을 찾아 나서고 있다.

해를 거듭할수록 심해지는 날씨 변덕에 패션도 진화한다. 특히 국내에서는 장마철 이후에도 계속되는 집중호우로 '레이니룩rainy look'이 다시금 주목받으며 일상복으로 자리 잡고 있다. 실제로 패션 플랫폼 지그재그와 에이블리에서는 2024년 5월 '장마룩' 검색량이 전년 동기 대비 각각 2,819%, 530% 급증한 것으로 나타났다.[7] 특히 과거 레이니룩이라고 하면 단순히 비를 막아주는 기능성 우비나 장화를 뜻했는데, 최근에는 비가 오지 않는 날에도 언제든 활용하기 좋게 다양한 스타일링 방식에 집중되는 모습이다. 예를 들어, 비가 올 땐 장화로 신다가 오지 않는 날에는 일반 부츠처럼 코디하는 제품도 인기를 끌고, 가방과 바람막이가 하나로 합쳐진 아이템도 부상하고 있다. 뿐만 아니라, 갑자기 폭우가 쏟아지다가 몇 분 뒤면 해가 쨍쨍한 '도깨비 장마' 때문에 양산과 우산을 겸하는 '양우산'도 수요가 늘고 있다. 이러한 까닭에 최근 국내에서도 길거리에서 양산을 쓰는 남성들이 증가하는 추세다. 과거에 비해 양우산의 디자인이나 종류도 다양해지면서, 여성들의 전유물이라고 여겨졌던 양우산이 이제는 그 통념에서 벗어나고 있다.

기후변화로 여행에도 새로운 모습이 포착된다. 최근 예상하기 어려운 급성 난기류가 잦아진 탓에 하늘길이 위협받고 있다. 국토교통부에 따르면, 2024년 1분기 국적 항공기가 만난 난기류는 약 6천 건으로 2023년과 비교해 80%나 급증한 것으로 나타났는데, 난기류로 아수라장이 된 기내 모습을 담은 영상들이 각종 SNS에 퍼지며 사람들의 경각심을 불러일으켰다.[8] 이에 항공 업계도 적극 대응하는 추세다. 일례로 대한항공에서는 안전을 위해 기내식 등 객실 서비스의 종료 시점을 앞당기고, 좌석 간 간격이 좁은 이코노미석에서는 뜨거운 컵라면 서비스를 중단하기로 했다. 항공 업계에서는 앞으로 이와 같은 난기류가 갈수록 더욱 심해질 수 있다는 전망이 우세하며, 관련 대응책을 적극적으로 모색하는 상황이다.

기후변화는 여행지 선택에도 영향을 미치고 있다. 전 세계를 덮친 폭염 때문에 전통적인 열대 해변 휴양지의 인기는 점차 줄고, 반대로 서늘한 지역을 찾아 떠나는 쿨케이션cool+vacation(시원한 휴가)이 대세로 자리 잡고 있다. 대표적인 쿨케이션 여행지는 핀란드·노르웨이·아이슬란드 등 북유럽으로, 사실 이 지역은 그간 춥고 흐린 날씨로 관광지로서 주목받지 못했지만 최근 시원하고 경치가 아름다운 곳으로 재평가되며 인기를 얻고 있다. 글로벌 여행사 켄싱턴 투어에 따르면 2024년 6~8월 핀란드 여행 예약 건수는 1년 전 대비 126% 늘었고, 스웨덴과 노르웨이 예약 건수도 같은 기간 각각 70%, 37% 증가했다고 한다.[9] 비교적 가까우면서도 시원한 피서 여행지로는 일본 삿포로의 인기가 뜨겁다. 사실 그간 삿포로는 유명한 설경 때문에 겨울 대표 여행지로 통했지만 최근에는 여름 방문객이 늘어나는 추세다. 실제로 여행 플랫폼 여기어때에 따르면, 2024년 7~8월 삿포로의 숙소 이용 건수는 전년 동기 대비 2.7배 증가한 것으로 나타났는데 이는 오사카와 도쿄를 훨씬 웃도는 수치다.[10]

심지어 기후는 생활 방식을 넘어 감정에까지 영향을 미친다. 단순

●●● 급격한 기후변화는 패션, 문화, 소비 등 일상생활의 다양한 부분에 영향을 미친다.

히 덥거나 추워서 힘든 것을 넘어서 "앞으로 이러한 극한기후 아래 어떻게 살아야 하나?" 하는 근원적인 고민에 직면하는 '기후우울증'이 늘고 있다. 기후우울증이란 미국심리학회가 정의한 우울장애의 일종인데, 최근 국내에서도 이를 호소하는 사람들이 점점 늘고 있다. 2024년 한국환경연구원이 발표한 국민환경의식조사에 따르면, 기후변화의 심각성에 대한 이야기를 들을 때 응답자의 83.1%는 '앞으로 어떤 재난이나 위협이 닥칠지 몰라 불안하다', 55.7%는 '미래 세대에 나쁜 환경을 물려주어 미안하다', 42.9%는 '내 개인적인 노력이 기후변화 해결에 도움이 되지 않아 무력하다'고 응답했다.[11] 이는 사람들이 자신의 일상 속에서 기후위기를 마주하면서 여러 부정적 감정까지 경험하게 됐음을 보여준다.

부상하는 기후 비즈니스

소비가 바뀌면 비즈니스도 바뀐다. 기업은 기후위기로 인한 변화에 더 민감할 수밖에 없다. 갑작스러운 날씨 변동은 원자재 수급에 직접적 영향을 미치기도 하고, 소비자의 구매 행태를 완전히 바꿔놓기 때문이다. 이에 최근 기업들은 기후감수성을 바탕으로 한 '기후 비즈니스'를 모색하기 시작했다. 탄소 배출량을 줄이는 등의 환경보호 차원의 노력을 넘어서, 이상기후로 발생하는 문제를 해결해주는 똑똑한 기후솔루션을 선보이는 기업들이 늘고 있다.

건축과 인테리어 업계의 변화가 먼저 눈에 띈다. 최근 몇 년 사이 에너지 물가가 큰 폭으로 오르면서 냉난방비를 절감하는 일명 '고단열 창호'가 인기다. 금호석유화학의 휴그린은 AI 스마트 기능으로 창문을 열지 않고도 자동으로 환기를 시켜주는 '자동환기창 프로Pro'를 선보여 큰 관심을 얻었다. 더운 여름철이나 추운 겨울철에 환기를 위해 창문을 열면 에너지 낭비가 발생하는데, 고성능 3중 필터 시스템으로 창문을 열지 않고도 환기가 되어 실내 온도를 일정하게 유지할 수 있다는 특징 때문이었다.[12] 비슷한 맥락에서 최근 '패시브 하우스passive house'도 다시금 주목을 받는 모양새다. 패시브 하우스란 직접적인 외부 공기 유입을 차단하여 따뜻함과 시원함을 오래 유지하는 에너지 절약형 혁신 주택을 의미한다. 아파트가 대다수인 국내에서도 속속 건축 사례가 등장하며 기후위기 시대에 적합한 집으로 소개되고 있다.

한편 미국에서는 허리케인 등으로부터 안전을 확보할 수 있는 '돔dome 주택'이 각광을 받고 있다. 《뉴욕타임스》에서는 "사람들이 극단적인 기후변화가 일으키는 사회·경제·정신적 피해를 체감하게 되면서 돔 주택이 새로운 관심을 받고 있다"며 이를 '재난에 강한 주택

출처: Geoship

폭염과 토네이도로 몸살을 앓고 있는 미국에서는 '재난에 강한' 돔 주택이 인기다.

disaster-proof homes'이라 소개했다.[13] 실제로 지오십Geoship에서 판매하는 돔 주택은 섭씨 1,260℃까지 견딜 수 있는 바이오 세라믹 소재로, 태양열의 80%를 반사하는 외장재를 사용하여 뜨거운 폭염에서도 실내를 시원하게 유지해주는 것은 물론이고 바람에 강한 특성이 있다고 한다.[14]

양궁 대표팀 모자에서 폭염보험까지

소비자의 안전을 위협하는 극한의 날씨에 대응하고자 자동차에도 관련 솔루션이 도입된다. 볼보자동차는 차량에 갇혀 열사병이나 저체온증에 걸리는 상황을 미연에 방지하는 '실내 레이더 시스템'을 도입했다. 차의 잠금 상태에서 내부 움직임이 감지되면 공조장치가 자동으로 작동해 쾌적한 실내 온도를 유지해주는 기능이다. 현대자동차는 여름철 차량의 실내 온도를 10℃ 이상 낮춰주는 '나노 쿨링 필름'을 개발해 화제다. 특히 일반 필름과 달리 투명도를 자유롭게 조절할 수 있어 파키스탄과 같이 틴팅이 금지된 국가에서도 합법적으로 사

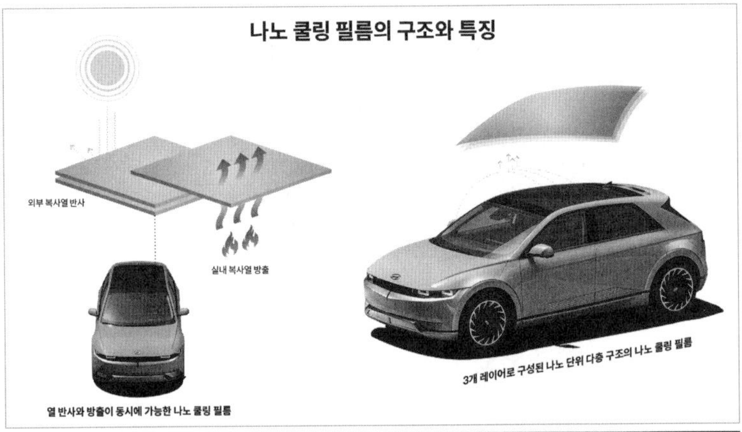

출처: 현대자동차, 연합뉴스

차량의 실내 온도를 10℃ 이상 낮춰주는 나노 쿨링 필름과 유사 기술을 활용해 큰 성과를 거둔 양궁 대표팀의 복사냉각 모자.

용 가능하다는 점에서 폭염의 해결사 역할을 할 것으로 기대된다.[15] 현대자동차는 코오롱인더스트리 등과 협업해 나노 쿨링 필름 기술이 적용된 원단으로 일반 모자보다 최대 5도까지 온도를 낮춰주는 '복사냉각 모자'를 개발했다. 이 모자는 역대 최악의 무더위였다는 2024 파리 올림픽에서 우리나라 양궁 대표팀이 좋은 성적을 거두는 데 일조했다.[16] 또한 삼성전기에서는 겨울철 눈이 쌓이거나 얼음이 어는 환경에서도 안정적으로 구동되는 자동차용 카메라 모듈을 연내 양산한다는 계획을 밝히기도 했다.[17] 해당 모듈은 렌즈에 눈이나 성에가

맺혀있을 경우, 히터가 작동해 1분 이내에 녹도록 설계한 것이 특징이다. 이처럼 기상 악화 상황에도 안전한 주행을 지원하기 위한 다양한 기술들이 속속 등장하고 있다.

기후에 직접적으로 영향을 받는 농식품 관련 분야에서는 푸드테크Food-tech('식품'과 '기술'의 합성어)를 활용하여 식량안보를 강화하려는 움직임이 돋보인다. 극한의 날씨에도 살아남을 수 있는 '슈퍼' 품종을 개발하거나 기존 식품과 유사한 맛과 영양을 구현하는 대체식품을 개발하는 식이다.

잦아진 기상이변으로 피해가 속출하자 보험상품의 수요도 커지고 있다. 특히 예측하기 어려운 날씨 변화를 미리 대비하는 '날씨보장 보험상품'이 인기다. 예를 들어, 미국의 핀테크 기업 센서블웨더sensibleweather는 여행 도중 일기예보의 예상과 달리 비가 오면 당일 여행비를 보험금으로 지급해주는 폭우보험으로 유명하다. 여행 중에 오전 8시부터 오후 8시 사이 2시간 이상 비가 계속되면 당일 여행비를 자동으로 보상해주는데, 따로 보험금을 청구하지 않아도 선제적으로 지급해주어 고객 만족도가 높다. 향후에는 기온이 40℃ 이상이 될 경우 여행비의 100%를 보상해주는 '폭염보험'도 선보일 것으로 예고해 관심을 모으고 있다.[18] 한편 국내 보험사에서도 2024년 내에 이상기후로 항공기가 지연되거나 결항될 경우 손해를 보상하는 지수형 항공기 지연 보험이 출시될 예정이다.[19] 기상이변으로 국제선 여객기가 결항되거나 출발이 2시간 이상 지연된 경우 지연 시간에 비례해 정해진 보험금을 지급하는 식인데, 이를 시작으로 향후 다양한 기후 리스크를 지원하는 지수형 보험 상품이 출시될 전망이다.

기후복지 시대의 도래

기후감수성이 필요한 마지막 영역은 공공 분야다. 최근 우리 사회는 기후감수성을 반영해 여러 사회적·정책적 제도들을 기후 관점에서 재조명하는 경우가 늘어나고 있다. 온실가스 배출을 줄이는 환경정책을 우선적으로 실시하고, 무더위쉼터·횡단보도 그늘막·정류장 온열의자 등 기후변화를 이겨낼 수 있도록 돕는 편의시설을 확충하는 것이 그 예다. 더 나아가 기후위기 시대에서도 개인과 기업이 모여 각자 삶을 영위할 수 있도록 돕는 정책적 지원을 선보임으로써 진정한 '기후복지 시대로의 도약'을 시급히 준비해야 할 것이다.

먼저 당연하게 여겨졌던 각종 사회적 기준이 재검토된다. 일례로 500년간 사용되던 '장마'라는 표현을 '우기'로 변경해야 한다는 의견이 제시됐다. 최근 몇 년 사이 장마철에 수시로 예측하기 어려운 국지성 집중호우가 빈번해지면서 마치 아열대성 우기에 가까워지고 있다는 이유에서다. 이에 2023년 한국기상학회 학술대회에서는 "기후위기가 심화하면서 기상학적 견해의 장마 형태조차 변화하고 있다"며 기상청과 학계에서도 용어 변경에 대해 신중히 검토하고 있다고 밝히기도 했다.[20] 이뿐만 아니다. 4월 5일의 식목일 역시 검토 대상으로 떠올랐다. 기후변화로 여름이 빨리 시작되면서 전반적인 개화시기가 빨라졌기 때문이다. 국립산림과학원에 따르면 묘목을 심기 적당한 기온은 6.5°C인데, 최근 몇 년 사이 식목일 평균기온을 살펴보면 11.9°C까지 올라 큰 차이가 나타나고 있다.[21] 이러한 현실을 반영해 일각에서는 UN이 지정한 '세계 산림의 날'인 3월 21일을 새로운 식목일로 검토하고 있다.

기후 교육도 주요 화두로 떠오르고 있다. 기후위기의 심각성이 날로 높아지는 가운데 스웨덴이나 이탈리아 등 유럽에서는 기후변화를 필수 교과목으로 지정하고 있지만, 국내의 경우 기후 관련 교육이 턱없이 부족한 실정이다. 이에 환경재단 어린이환경센터는 국내 최초로 '제1회 기후 수학능력시험'을 2024년 8월 31일 개최했다. 전국 14~19세 청소년 81명이 참가하여 현직 환경교사가 출제한 기후 관련 문제들을 풀고, 고득점자에게는 기후수능 장학금도 수여하며 기후변화에 대한 위기감을 고양하고자 기획됐다. 한편 서울시 강서구에서는 재난 상황을 직접 체험하며 위기 대처 능력을 키우는 안전체험관을 개관하여 실전 교육에 힘쓰고 있다. 지진 체험과 태풍 체험은 물론이고, '집중호우 시 침수됐을 때 수압을 견디고 지하실 문 열고 나가기'와 같이 극한기후로 인해 일어날 법한 문제 상황의 대처법을 알려줌으로써 시민들에게 도움을 주고 있다.

노동자들과 취약계층을 위한 보호 정책

공공영역도 기후위기에 대응하기 위한 혁신 기술을 적극 개발 및 지원하는 추세다. 한국수자원공사는 최근 세계물포럼에서 '디지털트윈' 기술로 현실 세계를 가상공간에 똑같이 복제하여 현실에서 발생할 수 있는 다양한 상황을 시뮬레이션하는 초격차 기술을 선보였다.[22] 해당 기술은 홍수·가뭄·수질 등 물관리 이슈에 최적의 의사결정을 내릴 수 있어, 기존 패턴을 벗어나는 이상기후에 대응하는 새로운 해법이 될 수 있다. 국립산림과학원에서는 기후변화로 대형 산림

재난이 상시화되면서 관련 위험을 사전에 예측하는 시스템을 구축하고 있다. 최근에는 한 달 후의 산불 발생 위험을 미리 예측하는 '장기산불위험예보'가 주목받았다. 해당 예보는 AI를 활용하여 34년간 축적한 산불 발생데이터와 기상자료를 분석해 예측하는데, 높은 정확도를 보이며 효과를 입증했다. 실제로 이 시스템 덕분에 몇 년 사이 매년 발생하던 대형 산불이 2024년 봄철에는 한 건도 없었으며, 산불 피해 면적도 2023년 대비 1.6%에 불과했다고 한다.[23]

사회구성원을 극한의 날씨로부터 보호하기 위한 각종 정책들도 제안된다. 근로자의 건강을 보호하기 위해 고용노동부는 사업장의 폭염 기준을 대기온도에서 체감온도로 변경하는 방안을 마련했다. 즉, 같은 온도라고 할지라도 습도가 높아지면 사람의 체감온도가 더 높아지는 것을 반영한 것이다. 국제노동기구ILO도 전 세계 노동자 중 70%가 폭염에 노출될 것이라 경고한 만큼, 취약한 업종 및 직종에 대해서는 체감온도의 단계에 따라 휴식을 제공하고 옥외작업을 중단하는 등 적극적인 가이드를 제공하고 있다. 뿐만 아니라 택배나 배달업 등에 종사하는 근로자가 기후재난으로 일할 수 없는 상황이 오면 급여의 일정 부분을 지급해 생계를 보호하는 '기후실업급여'도 논의 대상이다. 또한 집중호우로 근무 중 각종 피해를 입는 경우가 급격히 늘면서 관련 사회적 논의도 부상하고 있다.

무엇보다도 취약계층에게 기후위기는 삶과 맞닿아 있는 문제로 우선적인 관심과 대비가 필요하다. 이는 실제 데이터로도 확인된다. 2024년 초 환경재단이 실시한 '기후위기 취약계층 어린이 대상 설문조사'에 따르면 저소득층 아동의 74.3%가 기후위기로 인해 주거환경의 변화를 체감했다고 밝혔다. 구체적으로 폭염과 한파를 경험했고, 이상기온으로 인한 해충이 증가했고, 폭우로 인한 침수와 곰팡이 등 유해환경이 증가했다고 응답했다.[24] 이 결과는 상당수의 아동에게 기후복지 관련 지원이 필요함을 의미한다. 비슷한 맥락에서 경기도는 전국 최초로 모든 도민을 대상으로 '기후보험' 가입 지원사업을 실시하겠다고 밝혔는데, 특히 취약계층의 경우 세부 보장내용을 추가할 수 있도록 지원할 전망이다.[25] 앞으로 기후복지를 실현하기 위한 각 지자체들의 노력이 더욱 필요할 것으로 보인다.

전망 및 시사점

80억 인구의 조별 과제

"에어컨의 안락함에 중독된 세계"

– 제프 구델의 『폭염 살인』 중에서

이 책을 읽고 있는 당신은 기후변화를 나의 문제로 느끼고 있는가? 기후 저널리스트 제프 구델은 저서 『폭염 살인』에서 오늘날 많은 사람이 에어컨의 안락함에 의존하고 있지만, 사실 에어컨은 냉방 기술이 아니라 실내의 열을 실외로 옮겨주는 장치에 불과하다고 지적한다. 문제는 우리의 쾌적함을 위해 가동하는 에어컨이 기후위기의 악순환을 더욱 가속화하며, 에어컨이 주는 달콤한 시원함 때문에 기후위기를 나의 문제라고 인식하지 못하는 데 있다는 것이다. 사실 위

출처: 온라인 커뮤니티 블라인드 갈무리

••• 갑작스러운 기상 변화로 특정 지역에만 하늘에 구멍이 뚫린 듯 비가 쏟아지는 광경을 담은 사진이다. 믿을 수 없을 정도로 비현실적인 현상에 합성이 아니냐는 논란이 일어나기도 했다.

기를 위기로 느끼지 못하는 것이 '진짜 위기'다.

최근 기후위기는 국지적으로 발생하여 더욱 문제다. 2024년 여름 강원도 원주의 한 동네에서 특정 지역에만 하늘에 송곳으로 구멍이라도 뚫어놓은 듯이 비가 쏟아지는 사진이 화제를 모았다. 누군가 구름 위에서 일부러 물을 쏟아붓는 것만 같은 사진은 곧바로 SNS상에서 화제가 되면서 갑론을박이 이어졌다. AI를 활용한 합성이 아니냐는 논란이 일었지만, 시간당 70mm의 국지성 '송곳폭우'를 찍은 실제 사진으로 밝혀졌다. 이처럼 국지적인 이상기후는 다수의 국민에게는 체감이 쉽지 않아 남의 일처럼 여겨질 가능성이 높다. 그러나 국지적일수록 예측은 더 어려워지고, 피해는 더 클 수밖에 없다. 모두의 기후감수성이 절실한 이유다.

당연하게도 기후위기는 우리나라에만 국한된 문제가 아니다. 미국 캘리포니아에서는 북극한파로 많은 이들이 사망하고, 중국 북부에서는 25차례의 대규모 홍수가 발생했으며, 남극에서도 한겨울에 유례없는 폭염이 발생하는 등 지구촌 곳곳의 기후재난은 이제 흔한 일이 되고 있다. 하지만 우리나라가 전 세계 평균보다 더 빠른 온난화 속도를 보인다는 점은 놀랍다. 대한민국 기후변화 적응보고서에 따르면, 지난 109년간 대한민국의 연평균기온은 약 1.6°C 상승하여 전 세계 평균상승치인 1.09°C보다 높았으며, 최근 30년간 해수면 상승도 전 세계 평균상승폭보다 더 크게 나타났다.[26] 2024년 7월 25일을 기준으로, 서울의 날씨는 32.2°C에 습도 80%로, 방콕의 30.7°C에 습도 76%보다 높았다. 태국 여행을 다녀온 사람들 사이에서 회자됐던 "방콕이 서울보다 시원하다" 혹은 "동남아로 피서 간다"는 말이 과장이 아니었던 것이다.[27]

이러한 상황 속에서 언젠가 다가올 대규모 기후재난에서 살아남고자 미리 생존 전략을 고려하는 '프레퍼족'이 증가하는 추세다. 프레퍼prepper란 평소 재앙이나 재난 상황을 우려해 이에 대비하고자 음식 및 장비를 수집하는 사람을 뜻한다. 작게는 동결건조식품이나 통조림 식량, 비상약품 등 생존배낭을 구비하는 것에서부터 심지어는 지하벙커까지 준비하기도 한다. 이처럼 프레퍼족이 증가하자 최근 미국 코스트코에서는 소비기한이 25년에 달하는 비상식량 키트를 판매하기 시작했다. 총 150인분으로 물만 부어서 조리를 완료하는 간편식으로 구성됐는데, 가격은 한화로 약 11만 원에 달한다. 해당 키트는 소셜미디어에서 일명 '최후의날 밀키트', '종말키트' 등 다양한 별명으로 불리며 뜨거운 화제가 되기도 했다.[28]

점점 중요해지고 있는 기후 리스크 관리

"기후변화는 지금 그리고 향후 10년간 전 세계적으로 영향을 미칠 글로벌 리스크 1위."

세계경제포럼WEF은 매년 전 세계가 직면한 현재 및 장기 위험 요인을 담은 '글로벌 리스크 보고서'를 발표한다. 해당 보고서에서는

2024년 현재 및 단·장기별 글로벌 리스크 요인(상위 10위)

	현재의 글로벌 위기 요인	향후 2년 내 직면할 글로벌 위기 요인	향후 10년 내 직면할 글로벌 위기 요인
1	기상이변	역정보 및 허위정보	기상이변
2	AI가 생성한 역정보 및 허위정보	기상이변	급격한 지구 시스템 변화
3	사회·정치 양극화	사회 양극화	생물 다양성 손실 및 생태계 붕괴
4	생활비 위기	사이버 위협	천연자원 부족
5	사이버 위협	국가 간 무력 충돌	역정보 및 허위정보
6	경기 침체	경제적 기회 불평등	AI 기술의 부작용
7	핵심 상품 및 자원의 공급망 붕괴	인플레이션	비자발적 이주
8	국가 간 무력 충돌 확대 및 발발	비자발적 이주	사이버 위협
9	핵심 인프라에 대한 공격	경기 침체	사회 양극화
10	식량 공급망 붕괴	오염	오염

출처: 세계경제포럼

경제·환경·사회·기술·지정학 등 5개 분야에 걸쳐 세계경제를 위협할 위험요인을 분석하는데, 현재·단기·장기적으로 직면할 위험으로 나누어 발표한다. 주목할 만한 점은 2024 글로벌 리스크 보고서에서 현재 글로벌 위기 요인과 향후 10년 내 직면할 글로벌 위기 요인으로 모두 '기상이변'을 1위로 꼽았다는 사실이다. 2023년의 같은 조사에서는 전쟁으로 인한 '생계비 위기'를 1위로 꼽았다는 점에서 차이가 있다. 응답자의 66%가 '기상이변'을 전 세계적인 경제적 위기를 초래할 가능성이 가장 높은 위험으로 꼽았는데, 기상이변으로 인해 자원 부족과 국가 간 무력 충돌 등 다양한 위기로 이어질 수 있음을 경고했다. 또한 향후 10년 이내 지구 생태계 시스템의 일부가 기후 티핑포인트(임계점)를 넘을 것이라 예고하기도 했다.

이러한 결과는 기후위기에 대응하는 것이 일부 환경단체에 국한된 일이 아님을 의미한다. 특히 매출 유지에 존속과 생사가 달려 있는 기업은 이제 실체적인 위협으로 다가오는 기후위기에 대응하기 위해 온 힘을 다해야 한다. 탄소 배출을 저감하고 재생 에너지를 채택하는 등 ESG를 경영에 접목하는 것을 넘어, 극한기후로 인해 발생할 수 있는 여러 문제들을 사전에 미리 파악하고 이에 대비하는 '기후 리스크 관리'가 중요해지고 있다. 실제로 최근 미국 정부는 2026년부터 온실가스 배출량뿐 아니라 홍수와 산불 등 자연재해로 발생한 잠재적 피해규모를 추정해 공시하도록 의무화하겠다고 발표했다.[29] 이러한 규제 조치는 이상기후로 빈번해진 자연재해가 기업 경영에 큰 변수가 되고 있음을 보여준다.

다만 아직까지 기후감수성을 충분히 발휘하고 있는 기업은 드물다. 당장의 실적과 매출이 더욱 긴박하기 때문이다. 하지만 예상치 못한 홍수로 인해 공장의 생산 활동이 중단되고, 대규모의 기상재난으로 인해 보험회사가 예상 밖의 큰 규모의 보험금을 지급하게 되거나, 기상악화로 원재료 수급에 이상이 발생하는 등, 앞으로의 기후는 기업의 정상적인 영업 활동에 치명적 위험을 일으킬 수 있다는 점을 인지해야 한다.

이미 몇몇 기업들은 주요시설 및 설비와 관련해 기후위기에 대비하고 있다. 예를 들어, 포스코는 2022년 태풍 힌남노의 기록적 폭우와 하천 범람으로 대부분이 침수되며 최초로 공장 가동이 중단되는 비상사태를 겪었다. 당시 임직원들이 24시간 복구작업에 매진해 예상보다 빠른 135일 만에 조업이 정상화됐으나, 해당 기간 동안 포스코가 입은 손실은 자그마치 2조 원에 육박한 것으로 알려졌다. 이후 포스코는 1.9km의 차수벽을 설치하고 실시간 수위측정 모니터링 시스템을 구축했으며 초재난이 발생할 경우 최고경영자 아래 전사차원의 재난대응본부를 구축하는 철저한 대응안을 마련하고 있다.[30] 한편 네이버는 각종 재해에도 안전한 데이터센터 건립을 위해 세심한 준비를 했다. 후보지의 토양지질을 분석해 가장 적합한 부지를 선정했으며, 진도9 수준의 지진에도 안전한 특등급 내진설계를 적용하여 어떤 재해에도 안전한 데이터 요새를 건설하는 등 다가올 기후재난에 적극 대비하고 있다.[31]

특히 날씨에 따라 매출이 급변하는 산업에서는 기후위기에 더욱 적극적으로 대응하는 추세다. 에버랜드에서는 여름철 계속되는 궂은 날씨로 방문을 꺼리는 소비자를 위해 비 오는 날 방문 시 재방문권을 증정하는 이벤트를 펼쳐 SNS에서 뜨거운 호응을 얻었다. 나아가 우천 시에 실내 레스토랑에서 퍼레이드 연기자들과 사진을 촬영할 수 있는 시간을 선사하는 등 대체 콘텐츠를 발굴하려 노력하고 있다. 뿐만 아니라 편의점 업계도 새로운 돌파구를 찾아가고 있다. GS리테일은 장마철이나 겨울철 매출 감소를 극복하고자 배달 서비스를 강화했다. 기존에는 겨울철 군고구마 같은 계절상품으로 소비자를 유인하는 전략을 썼다면, 이제는 보다 적극적으로 찾아가는 퀵커머스 전략을 통해 매출 감소에 대응하는 것이다. 실제로 장마철 GS25의 퀵커머스 매출은 전월 평균 매출 대비 43.8%나 증가했다고 한다.[32] CU에서도 불확실한 기상예측에 대응하기 위해 따로 정해진 날 없이 우천 즉시 시행할 수 있는 행사 프로세스를 운영하고 있다. 당일 한정으로 사용 가능한 할인쿠폰을 제공하여 소비자의 방문을 유도하는 식이다. 이처럼 이제 공급망과 매출 등 다양한 차원에서 기후 리스크를 적극적으로 관리해야 할 때다.

기후행동의 핵심은 '확실한 인센티브'

기후위기는 개개인의 문제이기도 하지만, 모두 힘을 합쳐야 하는 문제이기도 하다. 많은 사람들의 기후감수성을 독려하기 위해서는 소소하더라도 확실한 '인센티브'가 중요하다. 서울시가 추진한 기후동행카드 사업이 대표적 예다. 기후동행카드란 30일간 지하철·버스·따릉이를 무제한으로 이용할 수 있는 대중교통 통합 정기권으로, 자가용 이용을 줄여 기후변화를 줄이자는 취지로 시행 중이다. 이 사업은 확실한 금전적 인센티브를 제공해 시민들의 기후행동을 독려했

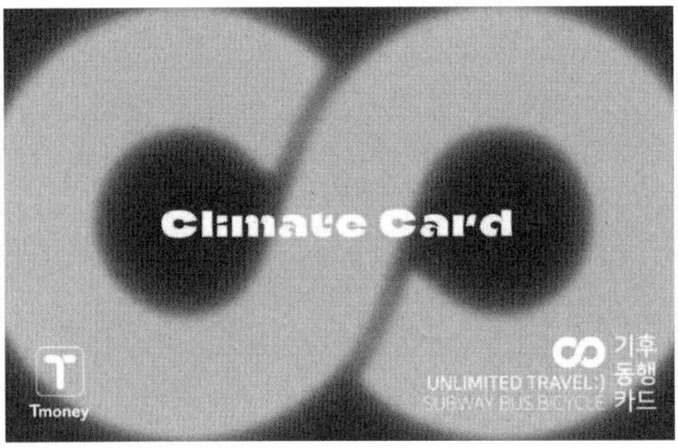

출처: 서울특별시

서민들이 교통비 절감을 직접 체감함으로써 성공을 거둔 기후동행카드.

는데, SNS상에서는 한 달에 몇 번 이상 이용하면 이득을 볼 수 있는지 분석한 게시물들이 쏟아지며 등장 초기에는 중고거래 플랫폼에서 2배가 넘는 금액으로 거래되기도 했다. 이처럼 확실한 인센티브 덕분에, 해당 카드는 운영 70일 만에 100만 장이 판매되는 성과를 거뒀으며, 4개월간 약 10만 대의 승용차 이용을 줄여 온실가스 9천여 톤을 감축한 효과를 거둔 것으로 밝혀졌다.[33]

오늘날의 기후위기는 지구에 살아가는 모든 이들이 함께 해결해야 한다는 의미에서 '80억 명의 조별과제'라고도 불린다. 우리는 실로 엄청난 도전에 직면했지만, 동시에 이미 많은 해결책을 알고 있기도 하다. 뜨거워진 지구에 맞서기 위해 소비자는 적극적인 기후행동을 실천하고, 기업은 지속가능한 경영을 추구하며, 사회는 기후복지 시대를 준비해야 한다. 다가오는 2025년, 마지막 골든타임을 앞두고 달라진 지구환경에서 살아남기 위한 모두의 기후감수성이 절실히 필요한 때다.

S 공진화 전략

SNAKE SENSE

Strategy of Coevolution

제품과 서비스 간의 상호연결성이 높아지면서 하나의 상품이 홀로 시장에서 자리 잡기 어려워지고 있다. 예전에는 자동차 하나만 잘 만들면 됐지만, 전기자동차가 등장하면서 충전의 호환성이 요구되고, 자율주행 기능이 발달하면서 주행 데이터의 공유나 스마트폰과의 부드러운 인터페이스 연동성 역시 필요하다. 상호연결성이 높아진 오늘날의 경제에서는 이처럼 같은 업종은 물론이고 다른 산업과도 긴밀한 연계를 통해 공동 성장을 도모해야 한다. 이러한 환경 변화를 고려해, 자연 생태계ecological system의 공진화co-evolution 개념으로, 비즈니스 주체들이 생태계를 이루며 함께 성장해나가는 트렌드를 설명하고자 한다. 공진화는 참여자의 수, 개방의 정도, 참여자들의 역할과 상호관계에 따라 다양하게 나타날 수 있다.

적자생존適者生存. 적응하는 자만이 살아남는다. 나약한 인류가 지구 전체를 호령할 수 있게 된 것은 환경 변화에 맞춰 끊임없이 진화해냈기 때문이었다. 비즈니스의 영역에서도 마찬가지다. 변화무쌍한 경제 생태계에서 공진화는 필수적인 선택이다. 급변하는 시장 상황에 유연하고 개방적으로 대처할 수 있는, 서로 경쟁하면서도 과감하게 협력할 수 있는 열린 마인드가 무엇보다 중요한 시점이다.

세계 가전시장의 맞수인 삼성전자와 LG전자가 손을 잡았다. 서로의 스마트홈 앱으로 타사의 제품도 제어할 수 있도록 한 것이다. 앞으로는 삼성전자의 스마트홈 앱인 '스마트싱스SmartThings'로 LG전자의 에어컨을 제어하거나 LG전자 스마트홈 앱인 '씽큐ThinkQ'로 삼성전자의 공기청정기를 관리하는 것이 가능해진다. 이는 비단 삼성과 LG만의 일이 아니다. 사물인터넷IoT 플랫폼 협의체인 HCAHome Connectivity Alliance는 삼성전자와 LG전자뿐만 아니라, GE·하이얼·일렉트로룩스 등 14개의 글로벌 기업이 동참하여 표준화된 가전 생태계를 만들어가고 있다.

삼성전자와 LG전자의 협업, 나아가 글로벌 가전 라이벌 회사 14개가 참여하는 상호연동 협의체. 과거 같으면 쉽게 상상하기 힘든 일이다. 무엇이 이와 같은 '적과의 동침'을 가능하게 했을까? 현대 네트워크 경제에서 제품·서비스 간의 연결성은 필수불가결한 요소다. 예를 들어, 과거에는 자동차만 잘 만들면 됐지만, 전기자동차가 등장하면서는 충전의 호환성이 요구되고, 자율주행 기능이 발달하면서 주행 데이터의 공유나 스마트폰과의 부드러운 인터페이스 연동성이 중요해지는 식이다. 상호연결성이 높아진 오늘날에는 이처럼 같은 업종에서는 물론이고 다른 산업과도 긴밀한 연계를 통해 함께 성장을 도모해야 한다. 그 결과 전통적인 라이벌 기업끼리도 손을 잡고 함께 시장을 키워나가는 분위기가 조성된 것이다.

이러한 환경 변화를 고려해, 자연 생태계ecological system의 공진화co-evolution 개념으로, 비즈니스의 주체들이 열린 생태계를 지향하며 공동 성장해나가는 트렌드를 설명하고자 한다. 이전에도 '애플 생태계', '안드로이드 생태계' 등 일부 산업 분야에서 생태계 개념이 사용되곤 했다. 하지만 이제는 거의 모든 산업에서 크고 작은 생태계 개념이 적용되며, 서로 협력해 함께 성장하고 더불어 진화하는 것이 필수적인 시대가 됐다. '공진화'란 생태계 안에서 여러 개의 종種이 서로 영향을 주면서 함께 진화하는 것을 의미하는 용어다. 공진화는 좁게는 유전자의 돌연변이부터 넓게는 진화의 과정에서 서로 다른 종들 사이에 일어나는 형질 변화 등의 생물 현상을 가리킨다. 이와 같은 변화는 비즈니스 세계에서도 마찬가지다. 이에 본서는 여러 기업들이 서로 영향을 주고받으며 함께 진화하는 트렌드를 '공진화 전략'이라고 명명한다.

다윈의 난과 박각시나방

대표적인 생물 간의 공진화 사례로는 식물과 곤충을 들 수 있다. 꽃이 피면 꿀벌 같은 곤충에 의해 수정이 이루어지는데, 곤충의 활동과 식물의 개화 시기가 맞물리면서 먹이 활동이 극대화돼 공진화가 일어난다. 찰스 다윈은 마다가스카르 섬에서 꿀주머니가 매우 긴 난초를 발견했는데, 이를 통해 꿀을 빠는 주둥이가 매우 긴 곤충이 존재할 것으로 추정했다. 다윈 사후에 주둥이가 매우 긴 박각시나방이 실제로 발견되어 이 가설을 뒷받침했다. 공진화는 공생생물, 숙주와 기생생물, 심지어는 포식자와 먹이생물 등이 서로 영향을 주고받는 진화 과정이다. 공진화는 협력적이고 이타적인 호혜적 진화뿐만 아니라, 경쟁적이고 착취적인 투쟁적 진화의 개념까지 포함하는 개념이다. 예를 들어, 포식자가 먹이를 더 효과적으로 사냥할 수 있도록 몸

찰스 다윈은 꿀주머니가 매우 긴 난초를 발견하고 이 꽃의 생존과 번식에 필요한 주둥이가 매우 긴 곤충이 존재할 것으로 추정했다. 이후 실제로 박각시나방이 발견되었고 이는 생물 공진화의 대표적인 사례로 꼽힌다.

의 형태나 기능이 진화하는 한편, 먹이가 되는 초식동물이 이러한 포식자로부터 더 잘 도망갈 수 있도록 함께 진화하는 생태계의 현상까지 공진화의 개념에 포함된다.[1]

비즈니스 전략가 제임스 무어James Moore는 사업 간 상호 연결 관계가 더욱 역동적으로 변화하는 현상을 설명하고자 비즈니스 생태계 개념을 도입했다. 그는 1993년에 《하버드 비즈니스 리뷰》의 '포식자와 희생자: 새로운 경쟁 생태계'라는 제목의 글에서 비즈니스 생태계에 대해 다음과 같이 설명했다.

성공적인 기업들은 효과적이고 빠르게 진화한 기업들이다. 그러나 혁신적인 기업들이라 하여도 진공상태에서는 진화할 수 없다. 기업들은 진화를 위해 가능한 모든 자원을 끌어모아야 한다. 상호 협력을 이끌어내기 위해 자본·파트너·공급자 그리고 다양한 고객을 지속적으로 유치해야 한다. 나는 기업을 단일 산업의 구성원이 아닌 다양한 산업에 걸친 비즈니스 생태계의 일부로 볼 것을 제안한다. 비즈니스 생태계에서 기업들은 혁신을 위해 다양한 역량을 통해 공동 진화한다. 그들은 신제품을 발표하고, 고객의 니즈를 충족시키며, 차세대 혁신을 이루기 위해 경쟁을 하면서도 동시에 협력적으로 함께 일한다.

무어의 지적처럼 비즈니스 세계에서도 생물계의 공진화와 유사한 현상이 일어나고 있다. 자연 생태계는 생물들로 이루어져 있는 군집과 이와 상호작용하는 환경으로 구성된 실체인데, 비즈니스 생태계 역시 여러 기업들이 경쟁하고 협력하며 이합집산하는 시장경제 환경이다. 자연 생태계와 마찬가지로 비즈니스 생태계의 참여자들도 생존을 위해 서로 의지 또는 경쟁하면서 필사적으로 공진화한다. 이를 통해 궁극적으로 고객 가치의 혁신을 창출하는 공진화 생태계가 형성되는 것이다. 소상공인부터 대기업에 이르기까지 비즈니스 생태계에서 기업들이 자신의 생존과 번영을 위해 실행하는 공진화 전략에는 어떠한 것들이 있는지 구체적으로 살펴보자.

공진화의 방향과 단계

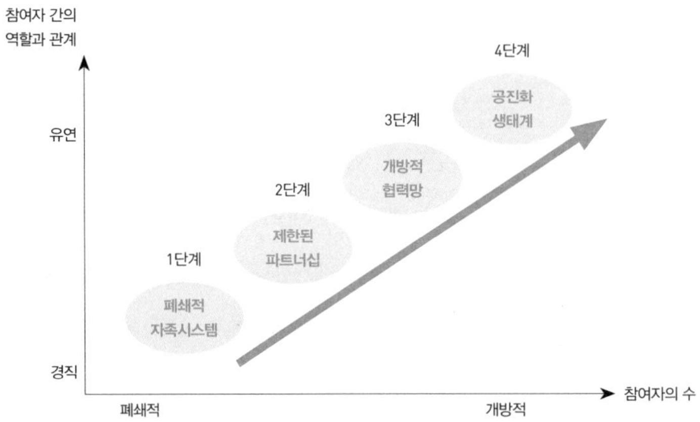

공진화 전략 4단계

공진화는 참여자의 수가 얼마나 많고 개방적인지에 따라 폐쇄적-개방적 공진화, 참여자들의 역할과 상호관계가 얼마나 탄력적인가에 따라 경직된-유연한 공진화로 나눌 수 있고, 이 두 요소를 기준으로 4개의 유형으로 구분할 수 있다. ① 폐쇄적 자족시스템, ② 제한된 파트너십, ③ 개방적 협력망, ④ 공진화 생태계가 그것인데, 이 공진화 전략 유형은 뒤로 갈수록 더 많은 주체가 유연하게 참여해 더 긴밀하게 협력하여, 온전한 공진화의 개념에 더 가까워지는 발달단계다.

1단계: 폐쇄적 자족시스템

한 기업이 자사의 상품과 서비스끼리만 호환되는 폐쇄적인 정책을 고수하는 것을 '폐쇄적 자족시스템'이라고 한다. 아이폰을 기반으로 각종 하드웨어, 소프트웨어, 앱장터, 클라우드 서비스 같은 자기완결적인 시스템을 구축했던 애플이 대표적인 사례다. 사실 이것은 애플만의 이야기가 아니다. 함께 상생한다는 공진화 개념이 설득력을 얻기 전까지, 자사만의 '유니버스'를 만들고 싶은 것은 수많은 기업의 지향점이라고 해도 과언이 아니었다. 여러 기업이 소망했지만 이루지 못했던 자족적 생태계를 애플이 강력한 제품력과 소비자 충성도를 앞세워 가장 성공적으로 구축했다고 표현하는 것이 더 정확할 것이다.

그러나 최근 애플의 이러한 폐쇄적 원칙이 강력한 도전을 받고 있다. 미국 법무부는 2024년 3월 애플을 상대로 반독점 소송을 제기하며 2007년 아이폰 출시 이후 단계적으로 구축한 애플의 '닫힌 생태계'를 정면으로 겨냥했다. 아이폰과 앱을 포함해 음악·금융 등의 부가 서비스와 연동 액세서리인 애플워치까지 모두 폐쇄적으로 연계돼 다른 기업의 진입을 원천적으로 막는 사업 행태가 독점적 지위를 남용한 불법 행위라고 지목한 것이다. 또한 애플의 폐쇄 전략이 타사의 서비스와 호환되지 않는 환경을 구축하여 소비자의 편익을 해치고 혁신 기업의 시장 진입을 차단했다고 지적했다. 조너선 캔터 미 법무부 반독점국장은 소장을 공개하며 "애플이 시장 지배력을 남용해 '두더지 잡기'하듯이 경쟁사들을 억압해왔다. 이런 행태는 소비자의 경험도 저하시켰다"고 언급했다. EU에서도 전자지갑 사용 시 NFC 개방 문제를 두고 비슷한 법률적 제재를 지속적으로 가하고 있다.

이와 같은 애플에 대한 법률적 압박 때문인지 폐쇄적이었던 애플 생태계의 문이 열리고 있다. 예를 들어, 애플은 2024년부터 유럽연합 지역에서 자사의 앱스토어를 통하지 않고도 아이폰이나 아이패드에 애플리케이션을 설치할 수 있도록 허용하는 방안을 추진한다. 그간 EU와 미국 등지에서 당국의 지적에도 앱스토어만을 통한 앱 설치를 고집했는데, EU에서 빅테크 기업이 독점적 행위를 하지 못하도록 규제를 강화한 디지털시장법DMA, Digital Markets Act을 시행함에 따라 이러한 결정을 내린 것이다. 이러한 사례는 폐쇄적 생태계가 시장에서 실현 가능하다 하더라도, 규제와 법률적 제재에 의해 유지가 불가능하다는 것을 보여준다. 결국 다양한 주체들이 더욱 자유롭게 참여할 수 있는 폭넓은 공진화 전략이 표준으로 강제될 것이라는 이야기이기도 하다.

2단계: 제한된 파트너십

'제한된 파트너십'은 서로 독립적으로 사업을 영위하는 2개 이상의 기업이 서로 파트너십을 맺어 함께 성장할 수 있는 계기를 만들어내

출처: 삼성전자, 현대자동차

업무 협약을 맺어 상생의 길을 마련한 삼성전자와 현대자동차의 홈투카 서비스. 집과 차를 연결하여 끊김 없는 서비스를 제공한다.

는 것이다. 제한된 수의 참여자가 서로 대등한 관계로 새로운 부가가치를 창출한다는 측면에서 앞으로 설명할 '개방적 협력망'보다는 공진화의 범위가 작다.

제한된 파트너십의 대표적인 예로 자동차 회사와 가전 회사의 파트너십을 들 수 있다. 삼성전자와 현대자동차는 집과 차를 연결하는 카투홈Car-to-Home 혹은 홈투카Home-to-Car 서비스를 위한 제휴를 진행하고 있다. 앞으로 현대자동차 사용자는 삼성전자의 스마트싱스 앱과 연계하여 차량 내부에서 집의 에어컨을 가동하거나 로봇청소기를 작동시키고 TV를 켤 수 있다. 이렇게 끊김 없는seamless 연결은 전자기기를 넘어 휴대폰이나 스마트워치까지 확장되며, 필요할 경우 건강 케어 솔루션을 연동해 졸음운전을 체크하고 사고를 방지할 수도 있다. 삼성전자는 자동차라는 강력한 플랫폼을 활용할 수 있는 계기를 마련해, 삼성 가전 생태계를 확장시키는 기회를 얻었다.[2]

보수적이라고 알려진 금융업에서도 이와 같은 움직임이 활발하다. 웰스 파고·뱅크 오브 아메리카·JP모건 체이스 등 서로 경쟁 관계에 있는 미국의 대형 은행들이 파트너십을 맺어 공동전자지갑을 만들고 있다. 은행 고객들이 애플페이나 페이팔 같은 온라인 지급결제 대행 서비스를 이용하지 않고 자신의 은행 계좌와 연동된 전자지갑에서 온라인 결제를 진행할 수 있도록 하는 것이다. 이는 소매금융 시장 진출을 노리고 있는 애플페이 등을 견제하기 위해 경쟁 관계에 있는 이들이 상호 협력하는 대표적인 사례다. 우리나라에서도 경쟁 관계에 있는 전통 금융사와 카카오페이 같은 핀테크 기업들이 협력에 나서고 있다. 카카오페이는 2024년 전북은행과 협력하여 '걷기 적금' 같은 신상품을 출시했으며, 롯데카드와 손잡고 카카오 서비스에 특화된 혜택을 담은 공동 마케팅을 펼쳤다. 전통 금융권이 디지털화를 위해 핀테크와 협력하는 한편, 핀테크 기업은 기존 금융사의 노하우를 배우는 기회로 삼은 사례다. 디지털 금융 분야를 강화하려는 전통 금융사들은 플랫폼이라는 강점을 가진 핀테크 기업을 찾고, 각종 규제에 관련된 경험이 부족한 핀테크 기업은 기존 금융권과 제휴를 통해 서비스 인지도와 이용자 편의성을 높이는 등의 효과를 누렸다.

큰 회사들만 파트너십을 맺을 수 있는 것은 아니다. 한 마을이나 지역 시장의 작은 소상공인들끼리, 혹은 대기업과 중소기업들끼리도 유기적인 파트너십을 맺어 시너지를 극대화할 수 있다. 서울 광장시장이 좋은 예다. 120년 전통의 서울 종로 광장시장이 다양한 기업들과의 파트너십을 통해 새롭게 변모하고 있다. 시장 상인들이 모여 1905년 설립한 광장주식회사는 시장 건물의 관리와 운영을 맡고 있는데, 이 광장주식회사가 시장 한가운데 스타벅스를 새로운 랜드마크로 입점시켜 다소 둔화하고 있던 시장 방문객 수와 만족도를 높이

출처: 부산광역시 영도구청

인구소멸 우려 지역으로 지목되던 부산 영도구는 로컬 비즈니스 생태계 전략을 적용하여 부산 대표 관광지구로 거듭나고 있다.

기 위해 노력하고 있다. 뿐만 아니라 전통 있는 오래된 가게와 한달마다 콘셉트가 바뀌는 가게를 공존시키는 전략을 적용하고 있다. 시장 내의 '365일장'이라는 소품 가게는 광장시장 먹거리를 재구성한 식품을 판매하지만 기업과 협업해서 팝업스토어를 열기도 한다. 최근 2년 간 주류 회사 제주맥주, 배상면주가, 홍수골 막걸리, 요리주점 용용선생과 협업해 팝업스토어를 운영해왔다.[3]

부산 영도구 역시 인구소멸 우려 지역으로 지목되던 곳이었는데, 최근 로컬 비즈니스 생태계가 확장되면서 크게 변화하고 있다. 한국관광공사에 따르면 2023년 6월 기준 영도를 찾은 관광객은 162만 명으로 이는 영도구 인구(10만 7,000명)의 15.1배에 달한다. 외지인의 소비 증가폭도 부산 대표 관광지인 해운대를 크게 넘어서고 있다. 비결은 2021년부터 지역 기업인과 청년 창업가들이 추진해온 전략적 협업을 통한 공진화다. 삼진어묵·송월타올·머거본 등 지역 브랜드 가게와 지역 소상공인의 가드닝숍과 그로서리 스토어 등이 함께 입점하며, 힙한 공간을 배경으로 인증샷을 찍으러 온 사람들이 지역 브랜드 제품을 쇼핑하고 바로 옆 봉래시장을 찾는 선순환 구조를 만들었다. 특히 도시 재생·로컬 전문 액셀러레이터 '크립톤엑스'가 부산 영도에 설립되면서, 라이프스타일 소품숍 '롤로와영도'와 청년들이 창업할 수 있는 다양한 커뮤니티 프로그램이 운영되고 있다. 더 나아가 부산창조경제혁신센터는 삼진식품·크립톤엑스·부산관광공사·동명대학교 등과 함께 영도의 지역경제 발전을 위한 다자간 업무협약을 체결하며 파트너십 강화를 통해 지역 비즈니스 생태계를 크게 발전시키고 있다.

일본에는 마을 전체가 파트너가 되어 '하나의 호텔'을 지향하는 사례도 있다. '하나의 호텔'이란 기존의 식당·카페·상점 등의 마을 시설을 하나의 생태계로 묶어 호텔 기능을 제공하는 것을 말한다. 일본 오사카의 작은 마을 후세布施에서는 마을의 빈 점포들을 객실로 개조하고 숙박객들이 동네 체험을 하도록 만들어, 마을 전체가 '하나의 호텔'로서 기능하도록 해 화제를 불러일으켰다. 개조한 객실 내부는 깔끔한 인테리어로 새롭게 변신했지만, 옛 간판은 그대로 두어서 마을의 역사를 훼손시키지 않았다. 특히 후세마을은 일본 쇼와 시대의 풍경이 그대로 남아 있어서, 그 시절의 분위기를 체험해보고 싶은 젊은이들에게 인기다. 마을 호텔의 프런트로 쓰이는 곳은 과거에 여성용 기모노 가게였고, 숙소는 옛 과자점·물리치료원·다방 등이었던 곳이다. 후세마을에서는 숙박객에게 마을 사람들의 생활을 직접 체험해보는 패키지를 제공한다. 조식은 동네 낡은 '끽차점(일본식 다방)'에서 주고, 석식은 동네 이자카야 또는 야키소바 가게에서 먹으며, 밤에는 60년째 운영 중인 동네 목욕탕에서 온천을 할 수도 있다. 숙박객은 생생한 지역 체험을 해볼 수 있어서 만족스럽고, 동네 영세 상인들도 손님을 받을 수 있어 상부상조다. 총 객실 수는 19개로 소규모인데 2023년 기준 5,438명이 이곳에 묵었다. 2018년 처음 '하나의 호텔'을 시작했을 때는 숙박객 수가 310명이었는데 5년 만에 18배나 증가한 것이다.[4]

이와 같이 파트너십으로 시너지 효과를 내기 위해서는 정부와 자치단체의 역할도 중요하다. 소상공인 생태계를 활성화시키기 위해서 다양한 아이디어가 시도됐는데, 서울 종로구나 서초구는 '소상공인 점포개선 프로젝트'를 통해 소상공인의 매장을 꾸미는 '아트테리어' 지원사업을 열어 예술가와 소상공인을 연결했다. 아트테리어는 아트art와 인테리어interior의 합성어로 매장 내·외부 디자인을 개선하고 상품·서비스 마케팅에 예술적 요소를 결합하는 사업으로서, 사업 대상지로 북촌과 삼청동, 서리풀 공원 일대에 위치한 소상공인 가게 총 100여 곳을 선정했으며 이곳을 꾸밀 지역 기반 예술가를 모집했다.

3단계: 개방적 협력망

한 기업이 제품 생산을 위한 공급망을 관리하고 꾸준히 서비스를 제공하기 위해서는 다른 기업들과 원활한 협력망을 구축할 필요가 있다. 공진화 패러다임에서는 이러한 공급망 관리 역시 매우 개방적으로 이뤄지는데, 이를 '개방적 협력망'이라고 부르고자 한다. 과거에도 탄탄한 공급망 구축이 중요했지만, 공진화 개념 안에서는 경쟁 관계에 있는 회사도 적극적으로 활용하고, 새로운 역할을 담당할 작은 스타트업과도 긴밀한 연계를 갖는다는 측면에서 예전과 다르다.

앞에서 삼성과 LG의 스마트홈 협업을 언급했지만, 2023년에 삼성전자가 4K OLED TV를 국내에 출시하면서 LG디스플레이의 OLED 패널을 사용한 것 역시 큰 화제가 됐다. 국내의 대기업 문화를 생각할 때, 경쟁사의 부품을 사용하고 그것을 공개하는 것은 매우 이례적인 일임에도 불구하고 삼성전자가 LG디스플레이로부터 OLED 패널을 향후 5년간 공급받기로 한 것이다. 시장조사업체 DSCC의 분석 결과에 따르면 5년 동안 약 500만 대의 OLED 패널을 공급받을 것으로 예상된다고 한다.[5] 이처럼 국내 대표 경쟁 전자업체의 공진화가 가능했던 것은, 공급망을 다변화하려는 삼성전자의 의도와 OLED 공급을 통해 수익을 증대하려는 LG디스플레이의 이해관계가 맞아떨어졌기 때문이다. LG디스플레이도 글로벌 판매 1위인 삼성전자를 고객사로 둘 경우 수익 개선에 큰 도움이 되고, 삼성전자의 입장에서도 QLED·OLED 등 전략 제품군으로 소비자 수요를 공략해 프리미엄 제품을 중심으로 실적 개선이 기대된다. 또한 중국 디스플레이 회사들이 OLED 시장에서 약진하며 한국 업체와 격차를 좁히고 있는 상황에서 적절한 견제가 필요하다는 인식이 두 회사의 동맹으로 이어진 것이다.

다양한 아이디어로 무장한 스타트업들이 늘어나면서, 스타트업도 중요한 협력망 역할을 수행한다. 예를 들어, SK에코플랜트는 한국산업기술시험원, 서울시, 태백시, 위드엠텍과 함께 탄소중립 자원순환 시스템 구축을 위한 'K-에코시멘트 연구개발' 업무협약을 맺었다. SK에코플랜트는 연구개발 추진 및 운영을 주관하고, 친환경 신소재 전문 스타트업 위드엠텍은 산업폐기물을 활용해 시멘트를 제조하는 K-에코시멘트 핵심 기술 제공 및 기술 지원 역할을 수행한다. K-에코시멘트는 제조 과정에서 이산화탄소 배출량을 기존보다 25% 이상 줄여 탄소중립 정책에 이바지할 것으로 기대된다. 이 과정에서 SK에코플랜트는 스타트업의 우수 기술을 발굴해 효과적으로 사업화를 추진할 수 있으며, 스타트업인 위드엠텍은 연구개발 비용을 마련할 수 있어 성공적인 공진화 전략이라고 할 수 있다.

롯데월드는 영상처리 인공지능 스타트업 메이아이와 AI로 롯데월드의 고객 대기열을 확인해 예상 대기 시간을 추정하고, 대기열 시작 구간을 추정하는 테마파크 분석 솔루션을 개발한다. 롯데월드는 디지털 전환을 위한 전사적인 노력에 큰 도움을 얻을 수 있고, 메이아이 측은 개발한 기술을 대기업이 운영하는 테마파크에 적용해볼 수 있어 이익이다.[6] 이처럼 대기업이 스타트업에게서 자사 상품이나 서비스 개선의 새로운 활로를 찾는 경우가 늘어나고 있다. 이에 중소벤처기업부도 대기업과 스타트업이 협업하여 새로운 사업 모델을 개발하도록 '민관 협력 오픈이노베이션 사업'을 운영하고 있으며, 2024년 8월 다수의 글로벌 기업들이 참여하는 'K-이노베이션 데이'라는 글로벌 투자 유치 행사를 개최했다.[7]

연구개발R&D에서도 개방적 협력망 개념이 적용된다. 원래 연구개발은 가장 폐쇄적인 영역이었다. 기업 미래의 사활이 걸려 있기 때문이다. 하지만 내부적으로만 추진할 경우 성공 확률은 그만큼 떨어져 투자 대비 효율이 부족한 것도 사실이다. 그래서 R&D Research and Development 개념에서 진일보해 외부의 기술과 지식을 흡수하는 인수개발, 즉 A&D Acquisition and Development 방식으로 변화했다. 내부 기술이 부족할 경우에 다른 기업의 기술이나 특허를 구매해 사용하는 방식이다. 최근에는 기업 간의 협력으로 동반성장을 꾀하는 연결개발, C&D Connect and Development가 강조되고 있다.

C&D란 기업이 기존에 가지고 있던 지식과 역량에 가치를 더할 수 있는 외부의 모든 지식·아이디어·기술을 가져오는 방식을 말한다. 예를 들어, P&G그룹의 Connect+Develop 팀은 스타트업·실험실·연구기관·금융기관·공급 업체·특허 보유자·학계 등의 외부 파트너를 적극적으로 발굴, 파악하고 참여시키면서 P&G 사업부 전반

의 요구를 충족하는 파괴적 혁신 제품이나 서비스와 솔루션을 창출한다. 이러한 협업은 단순한 아웃소싱을 넘어서 공동 창작의 실례로서, P&G의 혁신과 매출 증대에 큰 기여를 했다.

연구개발이 핵심인 제약 산업에서도 이 문제는 절실하다. 신약 개발에 막대한 시간과 비용이 드는 탓이다. 신약을 개발하는 데는 보통 10년이 넘는 기간이 걸리고, 개발 비용이 1조 원에 이르는 경우도 많다. 심지어 후보물질 탐색부터 신약 승인까지 성공 가능성이 평균적으로 불과 0.01%에 불과하다. 독일의 제약 회사 머크Merck는 2015년부터 자사 직원은 물론 스타트업과 외부 혁신가 등이 이용할 수 있는 머크 이노베이션 센터The Merck Innovation Center를 설립했다. 다양한 분야의 기업·인력·기술 등을 융합하여 현재의 사업을 뛰어넘는 새로운 수준의 기술을 개발하는 것이 목표다. 머크 이노베이션 센터에서는 머크의 임직원이나 액셀러레이터 프로그램을 통해 선발된 스타트업 등의 혁신 주체들이 새로운 아이디어를 내고 이를 개발하여 신사업으로 발전시킬 기회를 만든다. 공진화를 통해 개방적 협력망을 이루어내는 방식이다.

4단계: 공진화 생태계

자연의 모든 요소가 어우러져 하나의 생태계를 이루듯, 비즈니스의 다양한 주체가 참여해 하나의 '공진화 생태계'를 만들어가는 것이 공진화의 최종단계다. 공진화 생태계의 가장 대표적인 예는 '오픈소스'다. 앞에서 애플이 매우 폐쇄적인 정책을 펼치다 법적 제재에 직면했다는 점을 설명한 바 있다. 애플의 iOS에 맞서는 구글 안드로이드

OS 진영은 일찍부터 오픈 플랫폼 전략으로 대응해왔다. 구글 안드로이드 OS는 폐쇄적인 iOS와 달리 개방성을 특징으로 내세웠으며, 지식과 기술에 대해 누구나 참여하고 함께 발전시킬 수 있도록 접근성과 개방성을 강화하기 위해 '오픈 핸드셋 얼라이언스Open Handset Alliance'를 구성했다. 글자 그대로 '개방형 휴대폰 동맹'을 의미하며, 여러 기업과 사업자들이 모바일에서 사용 가능한 표준형 OS를 개발한다. 다소 출발이 늦은 후발 기업이라 하더라도 선두 주자와 차별되는 대안을 마련할 수 있도록 개방형 플랫폼을 강조한 것이다. 이 동맹에 참여한 업체는 구글·인텔·퀄컴·엔비디아·모토로라·삼성전자·LG전자 등 각국의 대표 기업들로, 안드로이드 개방성에 기반한 플랫폼의 공진화에 기여했다. 구글의 개방성 정책 덕분에 누구나 안드로이드 소스코드를 들여다볼 수 있게 되었으며, 이러한 개방성은 모든 사람이 공평하게 접근할 수 있게 하여 스마트폰의 진화에 기여했다고 볼 수 있다. 이것이 바로 오픈소스의 힘이다.

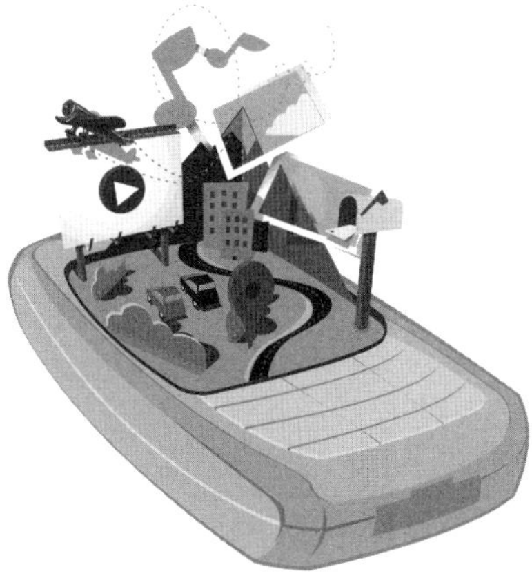

개방형 휴대폰 동맹인 구글의 오픈 핸드셋 얼라이언스. 각국 기업들이 참여하여 플랫폼 공진화에 기여했다.

최근에는 오픈소스를 넘어 '노코드, 로코드No code, Low code' 개념까지 등장하고 있다. 노코드는 말 그대로 코딩 없이, 로코드는 최소한의 코딩 지식만으로 개발자와 유사한 코딩이 가능하도록 작업을 간소화한 것을 의미한다. 복잡한 프로그래밍 대신 클릭이나 드래그 앤 드롭drag-and-drop 또는 음성 같은 보다 직관적인 명령 입력을 통해 개발자가 아닌 일반인들도 손쉽게 애플리케이션이나 프로그램을 만들 수 있게 된다. 코드 입력 과정을 최소화함으로써 개발 업무의 난이도를 낮추고 개발자들의 업무 효율을 높일 수 있다. 노코드·로코드 플랫폼이 보편화되면 공진화의 유연성과 신속성이 전반적으로 크게 높아질 것이다.

인공지능 시장에서도 개방형 생태계가 주요하게 자리 잡고 있다. AI 챗봇 챗GPT 개발사인 미국 오픈AI는 사용자가 필요에 따라 맞춤형 챗GPT를 만들어 타인과 공유할 수 있는 GPT 스토어를 오픈했다. 유료 가입자는 누구나 맞춤형 챗GPT를 만들어 올리거나 다른 사람의 챗GPT를 사용할 수 있다. 세계인이 참여하는 AI 장터에서 사람들의 생활과 산업을 바꿀 수많은 AI가 탄생할 것이라는 기대가 커지고 있다. 배타적이기로 이름난 애플도 2024년 챗GPT 통합을 기반으로 하는 오픈AI와의 파트너십 계획을 발표했다. 애플은 아이폰 내에서만 통제할 수 있는 온디바이스On device 형태인 음성비서 시리Siri를 고집해왔는데, 자체 데이터의 제한으로 인해 사용에 한계가 발생할 때는 챗GPT에 연결해 위임하여 정보처리를 할 수 있도록 하는 식이다. 이용자의 입장에서도 사용의 편리성을 극대화하는 한편, GPT 스토어도 애플 생태계에 진출하여 공진화하며 상호 간에 큰 이익을 거둘 수 있는 기회를 잡았다.[8] 최근 오픈소스 트렌드에 가장 적극적인 곳은 LG그룹이다. LG AI연구원은 최신 인공지능 모델 '엑사원 3.0EXAONE 3.0'을 오픈소스로 공개하기로 했다. 이를 통해 학계·연구기관·스타트업 등이 최신 생성형 AI 기술을 자유롭게 활용할 수 있게 됨으로써, 앞으로 개방형 AI 연구 생태계 조성 촉진에 기여할 것으로 전망된다.

이제 오픈 플랫폼은 새로운 생태계의 생성과 혁신을 위한 가장 중요한 조건이 되고 있다. 이러한 흐름에 맞추어 네이버 역시 자사 동영상 서비스 플랫폼 '네이버TV'를 유튜브처럼 누구나 채널을 개설해 활동할 수 있는 오픈 플랫폼 '클립Clip'으로 전환한다. 이전까지는 유튜브나 블로그 등 다른 플랫폼에서 구독자를 100명 이상 보유해야 네이버TV 내 채널 개설이 가능했는데, 이제 숏폼 클립 콘텐츠 창작자들의 참여 확대를 목표로 생태계를 개방하는 것이다. 나아가 클립은 2024년 안으로 네이버의 인터넷 방송 플랫폼 '치지직'과도 연동을 완료한다는 목표를 세웠다.[9]

지금까지 설명했듯이 공진화 전략은 IT 산업에서 특히 중요한 이슈지만, 전통적인 오프라인 산업에서도 점점 중요한 이슈가 되고 있다. 예를 들어, 의료 분야에서는 헬스케어 생태계-친환경 비즈니스 생태계-소상공인 생태계-로컬 비즈니스 생태계-스타트업 생태계 등의 상호 연결성을 강화하여 더욱 확장된 생태계를 조성하려는 시도가 주목된다. 의료 서비스의 공급자가 전통적인 의료기관에서 비의료기관으로 확장되고, 수요자가 환자에서 일반인으로 확대되면서 치료 서비스에 더해 사전 진단·건강 유지·모니터링 등의 서비스 영역이 부각되고 있다. '리터러시M' 같은 스타트업은 의료기관에 산재한 개인의료정보Personal Health Record를 환자들이 직접 관리할 수 있게 하고, 이를 매개로 정보통신기술ICT 인프라를 기반으로 융합된 의료 생태계를 조성하고자 한다. 앞으로 헬스케어 영역은 의료 분야를 넘어 다양한 비의료 분야로 생태계가 확장되면서, 패션(스마트의류), 유통(건기식 및 의약품 배송), 제약 바이오(유전자 진단 등), 금융(인슈어테크), 전자(웨어러블 디바이스) 등 이종 산업까지 공진화 생태계로 확장될 것으로 보인다.

전망 및 시사점

나와 상대를 구분말고 함께 성장하라

산업이 고도화되고 네트워크화할수록 기업 간 영향 관계는 더욱 긴밀하게 연결되고 복잡하게 얽히게 된다. 혁신을 위해서는 기업의 정체성과 능력 그리고 가치를 빠르게 파악하고 협력을 위한 세심한 준비와 실용적 관점을 갖추는 것이 중요하다. 즉 경쟁적인, 심지어는 적대적인 기업과도 상호 이익을 거둘 수 있는 실용적 방안이 무엇인지 모색하고 상호 협력을 위한 미래지향적 신뢰 관계를 맺는 것이 지혜로운 접근법이다. 앞으로 공진화 전략을 펼쳐나가면서 유의해야 할 점을 몇 가지 살펴보자.

먼저 혁신적인 생태계는 비즈니스 생태계와 지식 생태계가 효과적으로 접목돼야 한다. 지식 생태계가 지식과 기술 창출에 집중하는 반면, 비즈니스 생태계는 고객 가치 창출에 집중하기 때문에 이 두 영역이 효과적으로 연계됐을 때 혁신의 기반을 더욱 견고하게 만들어갈 수 있다. 지식 생태계가 연구자라면 비즈니스 생태계는 실행자 역할을 수행한다. 이 두 영역이 효과적으로 연계되고 구조화될 때 진정한 혁신이 일어날 수 있다.

예를 들어, IBM과 MIT는 긴밀한 협력을 통해 혁신 생태계를 구축하고자 노력하고 있다. 이들은 AI 기술 발전과 활용을 가속화하기 위해 장기적인 파트너십을 맺고 'MIT-IBM 왓슨 AI랩'을 설립했다. 이 파트너십을 통해 머신러닝·컴퓨터비전·자연어 처리·로보틱스 등 다양한 AI 분야에 대해서 지식을 공유하고, 공동으로 문제를 해결하기 위해 협력 모델을 구축하고 있다.[10]

혁신적인 비즈니스 생태계의 효과를 제대로 누리기 위해서는 주변부에 머물러서는 안 되며 공진화를 가능하게 하는 새로운 열린 생태계로 적극적으로 진입하고, 키스톤Keystone 기업이 되는 방법을 적극적으로 모색해야 한다. 키스톤은 아치형 벽돌 구조의 정가운데에 끼워서 구조물 전체를 지탱하는 부채꼴형의 '이맛돌'을 일컫는 말이다. 아치형 석조 구조물의 가장 중요한 돌로 이 돌 하나가 빠지면 구조물 전체가 붕괴되기 때문에, 비즈니스 생태계에서 키스톤으로서 핵심 기업이 된다면 구글이나 오픈AI처럼 생태계 전체를 호령할 수 있을 것이다.

생태계 관점의 공진화 전략은 비단 대기업에만 중요한 개념이 아니라, 지역경제와 소상공인 비즈니스에 접근할 때도 핵심적으로 고려해야 할 관점이다. 이제 성공의 관건은 생태계를 얼마나 독점적으로 구축하느냐가 아니라, 그것을 열고 플레이어들이 함께 성장할 수 있는 공진화의 가능성을 만들어갈 수 있느냐에 달려 있다. 공진화가 이뤄질 때 참여 기업의 성장과 소비자의 만족이라는 두 마리 토끼를 잡을 수 있기 때문이다. 고객·기술·가치의 급격한 변화의 파도가 몰아치는 비즈니스 현장에서 공진화 전략은 가장 강력한 무기 중 하나가 될 전망이다.

적자생존適者生存. 적응하는 자만이 살아남는다. 나약한 인류가 지구 전체를 호령할 수 있게 된 것은 환경 변화에 맞춰 끊임없이 진화해왔기 때문이었다. 비즈니스의 영역에서도 마찬가지다. 현대처럼 변화무쌍한 생태계에서 공진화는 필수적인 선택이다. 이제 경쟁 관계의 회사라고 해서 무조건 적대적으로 보는 이분법적 사고에 얽매이면 안 될 것이다. 서로 경쟁하면서도 과감하게 협력할 수 있는 열린 마인드가 무엇보다 필요하다.

"혼자만 잘 살믄 무슨 재민겨?"[11]

함께 성장하라.

E 원포인트업

SNAKE SENSE

"누구나 잘하는 게 분명히 있을 겁니다. 그걸 더 잘하면 돼요"라는 펭수의 말대로, 요즘 직장인들은 위대한 인물을 롤모델 삼아 장기적인 노력을 기울이는 것이 아니라, 자기가 잘할 수 있는 일을 찾아 실천하며 조금씩 성취감을 쌓아가고자 한다. 이처럼 지금 도달 가능한 한 가지 목표를 세워 실천함으로써, 나다움을 잃지 않는 자기계발의 새로운 패러다임을 '원포인트업'이라고 부르고자 한다.

원포인트업의 핵심 요소는 먼저 일반화된 성공 공식을 일률적으로 따르는 것이 아니라 각자 가장 '나다운 성공'을 찾는 것이다. 또한 혁신을 통해 자신을 완전히 바꾸는 것이 아니라, 오늘 실천 가능한 한 가지에 집중한다. 마지막으로 이러한 실천을 기록하고 공유하며 성취감을 고양시켜 서로에게 동기를 부여한다. 코로나 사태 이후 불확실성이 극에 달한 상황에서 사람들은 큰 리스크를 부담하기보다는 작은 개선에 만족하려고 한다. 안온하고 평안한 보통의 하루를 중시하는 시대적 분위기 속에서 놀라운 성장보다는 작은 루틴을 실천하는 것에 만족한다. 기업에서도 일반적인 기준에 의한 공채보다는 직무 중심의 특채가 자주 이루어지다 보니, 획일적인 스펙 쌓기보다는 자신의 장점을 명확히 찾아 발전시키는 것이 중요한 시대가 됐다.

작은 노력이라도 꾸준히 계속하면서, 실천 가능한 자신만의 밸류업을 시작하자.

Everyone Has Their Own Strengths: One-Point-Up

요즘 젊은 직장인들의 가장 큰 고민은 무엇일까? 결혼 생활? 자녀 양육? 재테크? 내 집 마련? 〈트렌드 코리아〉 시리즈의 트렌드헌터 '트렌더스날 2025'에게 물어보았다.

"너무 많은 기술들이 빠르게 발전 중이고, 따라가지 못한다는 느낌"

"앞으로 10년을 어떤 방향성으로 수립해야 할지, 방향성에 대한 고민"

"커리어 패스가 아니라 커리어 컬렉팅이 필요하다"

"하고 싶은 일과 해야 하는 일에 대한 고민"

– 트렌드헌터 트렌더스날 2025 보고서 중에서

〈트렌드 코리아〉는 트렌드 자료 수집을 위해 15년 넘게 트렌드헌터 그룹 '트렌더스날'을 운용하고 있다. 트렌더스날은 트렌드에 관심이 많은 다양한 산업의 30~40대 젊은 직장인들로 구성된다. 이들은 자신이 인지한 새로운 트렌드를 한 달에 한 번씩 보고하는데, 마지막 보고서에 '자신의 최근 걱정거리'를 적는 문항이 있다. 2024년 7월 초, 『트렌드 코리아 2025』 키워드 선정을 위한 트렌더스날 워크숍에서 이 문항을 집계했는데, 부동산, 내 집 마련, 부모님 은퇴, 인간관계, 재테크, 자녀 교육 등의 이슈가 없었던 것은 아니지만, '경력 개발'에 관련된 고민이 절반 이상을 차지해 압도적으로 많았다.

트렌더스날의 구성원들은 대부분 자신이 속한 조직이나 사업에서 중추적인 역할을 하고 있는 소위 '잘나가는' 직장인이다. 그럼에도 불구하고 이들의 가장 큰 고민은 커리어 관리와 개발이었다. 단순히 업무 능력 부족, 퇴사 욕구, 혹은 회사 생활의 어려움에서 비롯된 것은 아니었다. 그들의 이야기를 들어보면, '더 잘하고 싶은 마음', 즉 향상과 개선에 대한 갈망이 고민의 핵심에 자리 잡고 있다. 이러한 고민은 비단 '트렌더스날'만의 것만은 아니다. 잡코리아가 직장인 1,164명을 대상으로 진행한 '직장인 커리어 관리 현황' 설문조사에서, "현재 커리어에 대한 고민이 있는가?"라는 질문에 응답자 중 87.5%가 '그렇다'라고 답했다.[1] 연령대별로 살펴봤을 때도 20·30·40대 직장인 모두 85% 이상 '그렇다'라고 대답해, 연령대를 불문하고 대부분의 직장인들이 커리어에 관한 고민을 갖고 있는 것을 알 수 있다.

사실 할 수 있는 일을 하나라도 더 해내고, 그러한 노력들이 쌓여 조금씩이라도 발전하려는 욕구는 누구나 갖고 있다. 자아 성장에 대한 욕망은 본능적이다. 많은 사람들이 지금보다 더 발전하고 싶어 하며, 어제보다 나은 오늘, 오늘보다 나은 내일을 바란다. 이 문제는 10여 년 전부터 유독 더 중요한 이슈로 대두되고 있다. 경제구조와 사회 환경이 급격하게 변화하고 고령화가 빠르게 진행되면서, '평생직장'에서 '인생다모작'으로 커리어 관리의 패러다임이 바뀌었기 때문이다. 『트렌드 코리아 2020』에서 발표했던 '업글인간'이 바로 이러한 변화를 담아낸 키워드였다.

자기계발과 커리어 관리가 언제나 화두였다 하더라도, 자신을 '어떻게' 성장시켜 나갈 것인가는 또 다른 문제다. 이는 동시대의 트렌드와 구성원의 가치관을 반영한다. 코로나 사태 이후 근무 방식이 크게 변화하고, 인공지능 등장 이후 일자리 패러다임이 뿌리부터 흔들리면서 '업글인간'에서 진일보해, 또 한번 자기계발 트렌드가 요동치고 있다.

롤모델이 사라진 시대의 성장과 자기계발

과거에는 누구나 다 인정하는 성공의 공식 같은 것이 있었다. 학생은 열심히 공부해서 좋은 대학에 들어가고, 취업준비생은 전문직 자격증을 따거나 큰 회사에 취직하는 것을 당연한 목표로 세웠다. 취업 후에도 조직 안에서 동기보다 빨리 높이 승진하는 것이 성공이었다. 그래서 '롤모델'이 중요했다. 다들 성공했다고 인정하는 특정인을 롤모델 삼아 그의 성공 공식을 따르는 것이 트렌드였다. 취업준비생은 '국룰'로 여겨지는 출신 대학·영어 점수·공모전 수상 같은 공통의 스펙을 누가 더 잘 쌓았는지로 평가받았다. 이 시기에는 『공부가 가장 쉬웠어요』나 『성공하는 사람들의 7가지 습관』 같은 류의 책이 자기계발 분야의 베스트셀러를 차지하곤 했다.

요즘의 자기계발 코드는 다르다. 첫째, 성공의 기준이 사람마다 천차만별이다. 모두가 롤모델의 성공 공식을 일률적으로 따르는 것이 아니라, 가장 '나다운' 성공이 따로 있다. 예전의 성공이 답이 정해져 있는 객관식 문제의 정답을 찾는 것이었다면, 이제는 "자신이 생각하는 성공이란 무엇인가?"라는 주관식 문제의 답을 서술하는 일과 비슷해졌다. 이제 자기계발은 '정답'을 찾는 과정이 아니다. 나는 그저 '나의 답'을 낼 뿐이다.

둘째, 실천 가능한 한 가지에 집중한다. 예전에는 장기적이고 총체적인 삶의 변화를 목표로 했지만 요즘은 다르다. 예를 들어, 스티븐 코비가 제안하는 성공을 위한 7가지 습관은 "자신의 삶을 주도하라"로 시작해 "끊임없이 쇄신하라"로 끝난다.[2] 인생을 살면서 쌓아왔던 습관과 태도, 즉 '나'라는 존재를 전체적으로 바꿔나감으로써 성공한 삶에 가까워질 수 있다는 것이다. 하지만 요즘에는 다르다. 그렇게 '자기 삶을 주도하고 끊임없이 쇄신하여 나를 완전히 바꾸는 일'은 책 속 이론으로나 가능하며, 현실에서는 거의 불가능하다는 사실을 여러 번의 시행착오를 통해 깨달았기 때문이다. 이제 우리는 작더라도 단기간에 도달 가능한 목표를 선호한다. 단 하나라도 좋으니, 내가 이뤄낼 수 있는 자기계발을 하고자 하는 것이다.

마지막으로 일상의 노력을 기록하고 그것을 주변 사람과 공유한다. 소셜미디어에 나의 성취를 올려 과시하고 '좋아요'를 받기 위해서가 아니다. 오늘 실천한 작은 노력을 '내 눈으로' 확인하고, 같은 목표를 가진 사람들과 나누며 서로 응원하고 격려하는 과정이 중요하기 때문이다.

이러한 요즘 자기계발 트렌드의 세 가지 속성을 담아, 『트렌드 코

요즘 세대는 지금 도달 가능한 한 가지 목표를 세워 하나씩 쌓아나가며, 질적인 변화를 추구한다.

리아 2025』에서는 '원포인트업'이라는 트렌드 키워드를 제안한다. 원포인트업이란, '지금 도달 가능한 한 가지 목표를 세워 실천함으로써, 나다움을 잃지 않는 자기계발의 새로운 패러다임'을 말한다. 이제까지의 자기계발 담론이 '도약'이라는 양적 변화에 초점을 맞추었다면, 원포인트업은 현재에 충실하며 한 가지씩 바꿔가는 느린 진화를 추구함으로써 질적 변화에 방점을 찍는다. 식물처럼 그 자리에 있되, 그럼에도 불구하고 살아있는 생명체로서 끊임없이 햇볕을 쬐고 양분을 흡수하며 성장하고자 하는 노력이다.

지금부터 원포인트업의 세 가지 요소 ① 자기지향성, ② 도달 가능성, ③ 기록과 공유에 대해 구체적으로 살펴보자. 미리 언급해둘 것은 원포인트업은 전통적인 자기계발 노력뿐만 아니라, 미용·성형·피트니스 등 신체 및 외모와 관련된 노력도 포함한다는 점이다. 『트렌드 코리아 2024』의 '육각형인간' 키워드에서 언급했던 바와 같이, 최근 남녀노소를 불문하고 외모에 대한 관심이 커지면서 '외모 또한 경쟁력'이라는 인식이 일반화되고 있다. 이러한 상황에서 자기계발 영역에 외모 관리가 포함되는 것은 어쩌면 당연한 일이다.

가장 나다운 성장, 딱 하나만 레벨업

자기 지향성: 나에게 맞는 성장 포인트 찾기

"누구나 잘하는 게 분명히 있을 겁니다. 그걸 더 잘하면 돼요."

젊은 직장인들의 절대적인 지지를 받고 있는 EBS 캐릭터 '펭수'의 핵심을 찌르는 명언이다. 원포인트업의 첫째 요소는 나를 알고 '나다운' 성장의 목표를 모색하는 일이다. 격렬하게 변화하는 시대를 살며 '내가 누구인지 아는 것'은 삶의 방향을 잃지 않고 나답게 살아가기 위한 중요한 출발점이다. 세상은 빠르게 변하고 믿을 수 있는 것은 점점 줄어들지만, 유일하게 변하지 않는 것은 바로 나 자신이기 때문이다. 나를 알아가는 과정을 통해 우리는 흔들리지 않는 중심을 찾고 주체적인 삶을 살아갈 수 있다. 갤럽 프레스가 쓴 『위대한 나의 발견 강점혁명』에 따르면, 나를 발견하는 목적은 새로운 강점을 부여하는 것이 아니라, 잠재력이 가장 큰 영역을 찾는 것이라고 했다.

사람들이 누구에게나 적용되는 일반화된 성공의 법칙을 따르기보다 '나에게 맞는' 포인트를 찾으려는 것은, 개성을 중시하는 젊은이들의 성향 때문이기도 하지만, 채용 환경의 변화도 크게 작용했다. 과거에는 대기업마다 단일한 기준으로 많은 인재를 뽑는 '공채'를 진행했다면, 요즘에는 특정 업무에 맞는 소수의 인재를 뽑는 '특채'를 더 선호한다. 나아가 최근에는 각 기업의 조직문화와 맞는 인재를 채용하는 소위 '컬처핏culture fit'이 대세다.[3] 이제 취직도 나의 특성을 이해하지 못하면 어느 회사에 지원해야 합격 확률이 높아질지 예측하기 어려운 시대를 맞고 있는 것이다.

개인 스타일링 서비스가 성황을 이루고 있는 것도 같은 맥락이다. 연예인처럼 방송에 나가거나 대중 앞에 나설 일이 없는 일반인도 자기에게 어울리는 스타일을 컨설팅받는다. 엠브레인 트렌드모니터가 2024년 7월 실시한 조사에 따르면, 20대 응답자 중 46.5%가 본인의 체형과 피부색을 토대로 가장 잘 맞는 색상과 패션을 추천해주는 퍼스널 컨설팅을 이용한 적이 있다고 밝혔다. 30대는 36%, 40대도 30.5%에 달했다.[4] 특히 레어리Rarelee나 셜록뷰티slbt 같은 온라인 퍼스널 컨설팅 서비스가 인기다. 레어리는 평일 오전에만 예약을 받고, 셜록뷰티는 한 달에 한 번 예약을 받는데 신청자가 몰려 예약하기가 쉽지 않을 정도다. 예약에 성공한 후, 업체에서 제공하는 양식에 사진을 올리고 몇 가지 질문에 답하면 얼굴·체형·패션·헤어 등과 관련된 컨설팅을 받을 수 있다.

외모뿐만 아니라 일터에서의 자기 이해를 돕는 서비스도 등장했다. 직장인 커리어핏 진단 검사 서비스 '웨이마크waymark'는 자신의 심리 역량과 성장할 수 있는 조직문화, 직무 건강 상태, 심리 자원의 강점과 취약점, 일할 때 중요하게 여기는 핵심 가치 같은 기준을 통해 직장인으로서의 자신을 객관적으로 이해할 수 있는 조언을 제공한다. 다양한 분석이 실린 결과지를 검토하고 적용함으로써 업무 스트레스를 줄이고 직업 성취도도 올릴 수 있다.

기업 내 코칭이나 멘토링의 방향도 직원들에게 자신에 대해 알 수 있는 기회를 제공하는 식으로 바뀌고 있다. 직원들이 조직 내에서 '내'가 해야 할 일과 '나'의 장단점에 대해 듣고 싶어 하기 때문에, 부서 임원과 직원 간에 이루어지는 코칭도 일대일로 진행된다. 이제 코칭은 조직의 문제 해결보다는 개인의 발전을 돕는 촉매제 역할을 하고 있다. 개인별 코칭은 조직문화의 변화보다 인적 개발에 초점을 맞추고 있으므로, 기업의 입장에서는 조직 전체에 직접적인 효과를 가져다주지 않는다고 생각할 수도 있다. 그러나 요즘 젊은 세대에게는 평생직장이라는 개념이 없다. 이들은 조직이 자신의 미래를 보장해 줄 것이라고 기대하지 않으며, 다만 '현재' 업무에 최선을 다할 수 있도록 지원해주기만을 바란다. 그러므로 개인별 코칭을 통해 직원의 개인적 역량을 향상시켜, 조직의 성과로 연결시키는 것이 결국 모두에게 윈윈 전략이 될 수 있다.

커리어 개발은 때로 이직으로까지 확장된다. 요즘 직장인들은 이직을 단순한 '퇴사'가 아닌, 그동안 쌓아온 경험을 바탕으로 한 새로운 도약으로 인식한다. 이에 따라 기업 차원에서 이력서 및 자기소개서 컨설팅, 면접 준비 지원 등 다양한 방식으로 이직을 돕는가 하면, 금전적인 지원까지 제공하는 경우도 있다. 파타고니아Patagonia는 퇴사 인터뷰를 통해 퇴사자의 새로운 출발을 응원한다. 입사할 때의 인터뷰 영상을 함께 보기도 하고, 입사 이유, 회사에 기대했던 점, 회사가 제공한 경험, 회사가 충족시켜주지 못한 것 등을 묻는다.[5] 회사의 입장에서는 솔직한 피드백을 들을 수 있고, 퇴사자는 입사 초반의 마음가짐이나 열정 등을 되살릴 수 있다. 회사에 대한 좋은 기억을 갖고 떠날 수 있는 기회가 마련되는 셈이다. 퇴사 인터뷰를 통해 얻은 정보는 다른 직원들의 커리어 발전을 지원하고 역량 강화를 돕는 데 활용되며, 직원들이 커리어에 차별성을 더하고 싶어 하는 욕구를 세심하게 충족시켜줄 수도 있다.

회사 내에서 원포인트업 코칭 기회를 갖지 못하는 사람들은 외부에서 멘토를 찾는다. 이 경우에도 오랜 기간 큰 비용을 소모하는 본격적인 상담보다는 빠르고 효율적인 멘토링을 원한다. 예를 들어, 일대일 커리어 대화 연결 플랫폼 '커피챗'을 이용하면 20~30분 정도의

●●● 커피 한잔을 마시는 짧은 시간에 취업과 커리어 관련 컨설팅을 받는 커피챗이 유행이다. 이를 온라인으로 연결해주는 앱도 이용 가능하다.

통화로 커리어 상담이 가능하다. 커피를 마시며 일과 관련된 이야기를 나누는 문화를 온라인에 적용해, 모르는 사람과도 대화를 나눌 수 있게 연결해주는 서비스다. 파트너(상담을 해주는 사람)는 간단한 자기소개를 등록하고, 신청자(대화를 원하는 사람)는 주제와 산업 분야를 골라 대화하고 싶은 파트너를 선택할 수 있다. 통화는 정해진 시간 내에 비대면으로 이루어지므로 부담이 적다. 간단하게 한두 개 정도 질문을 할 수도 있고, 포트폴리오나 이력서를 검토받을 수도 있다. 큰 비용을 들이지 않고도, 실질적으로 도움이 되는 조언을 얻을 수 있는 기회이기에 많은 직장인들이 이용하고 있다.

도달 가능성: 작은 성취를 지속적으로 쌓아가기

원포인트업의 다음 요소는 작은 성취를 꾸준히 쌓아가는 것이다. 나에게 맞는 성장 포인트를 어느 정도 찾았다면, 이제 조금씩 변화를 줄 단계다. 거창한 목표를 향해 맹렬히 돌진하는 대신, 소소한 성공의 경험을 쌓아 조금씩 나아가는 것이 핵심이다. 천리 길 너머를 내다보는 대신 한 걸음 앞에 집중하며 앞으로 전진하듯, 불안정한 현실에 적응하며 조금씩 나아가는 것이다. 원포인트업에서 '원one', 즉 작은 하나가 강조된다.

원포인트업의 핵심에는 '효율성'이 자리한다. 시간과 노력은 한정돼 있고, 그 안에서 최대한 실현 가능한 결과를 얻고자 하는 욕구가 반영돼 있기 때문이다. 빠르게 변화하는 환경에서, 적은 투자로도 가시적인 성과를 얻을 수 있는 방법을 찾는 것은 어쩌면 당연한 흐름일지도 모른다. 여기서 주목할 것은 '작은' 목표와 함께 이뤄지는 '꾸준한' 실천이다. 지금 당장 눈에 띄는 변화가 없더라도 꾸준히 자신에게 집중하고 작은 성장을 이뤄나가는 과정에 집중해 루틴을 만들어 간다.

루틴은 삶을 매일 새롭게 하고 활력을 얻는 데 도움이 된다(『트렌드 코리아 2022』 '바른생활 루틴이', 본서 '전망편-#아보하' 참고). 나만의 루틴이 있다는 것은 멈춰있지 않는다는 증거이기도 하다. 신경과학자 앤드류 후버만Andrew Huberman 교수는 루틴을 통해 삶을 매일 새롭게 하고 활력을 얻는 것은 매우 중요한 일이라고 주장한다.[6] 그의 주장에 따르면 루틴의 최종 목표가 '보상'이 되면 유지하기 어려우며, 루틴 자체(과정)가 최종 목표가 돼야 한다. 작은 습관도 마찬가지다. 작은 습관이 반드시 큰 목표로 이어지지는 않더라도, 지금 당장 하나를 실천하고 그것을 통해 성취감을 얻는 것은 매우 중요하다. 성취감은 동기부여의 가장 중요한 요소이기 때문이다.

커리어를 만들어갈 때도 도달 가능한 작은 목표를 세운다. 교육을 받더라도 아카데미나 학원에 등록해 장기간에 걸친 시간과 많은 비용을 들여야 하는 정규 교육과정보다는, 꼭 필요한 작은 기술 하나를 빠른 시간 내에 익힐 수 있는 재능 거래 플랫폼을 이용한다. 해당 분야의 고수, 즉 선배나 '앞선 사람'으로부터 내 니즈에 맞는 작은 스킬을 빠르게 배울 수 있기 때문이다. 신한카드 빅데이터연구소에 따르면 2024년 상반기에 숨고·크몽·탈잉 등 주요 재능 거래 플랫폼 6곳의 이용 건수는 2022년 동기 대비 130% 증가하였다. 이 플랫폼들의 건당 결제액은 10만 원 정도로 비교적 소액이다. 사람들은 이들 플랫폼에서 영상 편집·헤어·메이크업·면접 등에 관련된 '일시적인' 도움을 요청하며, 짧은 시간을 투자해 자신의 커리어를 원포인트업하기를 바란다. 특히 20~30대들에게 재능 거래 플랫폼은 '내게 필요한 능력을 원포인트 레슨을 통해 전수받을 수 있는 수단'으로 인식되고 있다.

최근 자기계발 도서에서도 작은 담론이 대세다. 과거의 자기계발 도서는 '반드시, 빨리, 부자, 확실, 성공, 이기다, 승리' 같은 목표 지향적인 키워드들이 중심 주제였다. 이를 위해서는 강력한 의지와 노력이 필요하므로, 책에서 요구하는 능력도 그런 것들이었다. 또한 '부동산으로 100억 벌기', '주식으로 은퇴하기' 등 원대한 목표를 주제로 한 책들이 많았다. 그러나 요즘에는 본인의 경험에 중심을 둔 소소한 성취에 대한 책들이 늘어나는 추세다. 재테크 책도 '부업으로 100만 원 벌기', '투잡으로 월 80만 원 더 벌기' 같은, 지금 당장 시도해볼 수 있는 작은 금액을 목표로 제시한다.

> "최근 새로운 트렌드를 형성한 책들은 성공을 위한 지침이 아니라, 자신의 삶 자체를 문제 삼는다. 그렇기에 구체적 상황에서 내가 나의 삶을 어떻게 영위할 것인가가 핵심 문제로 등장한다."

서울여자대학교 문성훈 교수는 최근 베스트셀러 트렌드에서 '자기 배려'가 중요해졌다고 분석했다. 지금까지와 전혀 다른 삶을 바라지 않고 그동안의 노력으로 만들어진 현재의 삶을 충실히 살아가는 것이 중요하다는 것을 독자들이 깨달았기 때문에 자신의 삶을 배려하는 것에서부터 출발하는 책들이 인기를 끈다는 것이다.[7] 『남에게 보여주려고 인생을 낭비하지 마라』, 『나를 소모하지 않는 현명한 태도에 관하여』, 『나는 나의 스무 살을 가장 존중한다』 등이 대표적인 예다.

이와 같은 원포인트업 트렌드는 외모 관리에도 그대로 반영된다. 거창한 성형수술보다 칙칙한 피부 톤을 보정하고 잔주름을 제거하는 정도의 '간편 시술'이 보편화된 것도 시간과 비용은 적게 들면서도 바로 효과가 나타나 효율성이 높기 때문이다. 마취·입원·절개 등이 동반되는 부담스러운 '수술'보다는 레이저·고주파·초음파 등을 활용한 피부 시술 이용은 비교적 쉽게 접근할 수 있고 부작용도 적다. 보톡스나 필러 등을 이용한 자연스러운 피부 관리는 대세로 자리 잡은 지 오래다. 이에 따라 남성들의 피부과 이용도 늘어나고 있다. 한두 시간을 투자해 확실한 효과를 볼 수 있는 레이저 시술이나 최소침

일부러 시간을 내 체육관에 갈 필요 없다. 일상생활 중 틈틈이 신체활동을 하는 것만으로도 효과를 내는 운동이 대세다.

습형 주사제는 피부과 시술에 대한 남성들의 부담을 줄여주었다. 신한카드 빅데이터연구소에 따르면 전국 주요 피부과 약 1,300곳을 분석한 결과, 2024년 남성들의 피부과 신용카드 사용 금액이 2020년 대비 36% 증가했으며, 여성보다 큰 증가폭을 보였다고 한다. 요즘 남자들에게 외모 관리가 자기계발의 빠질 수 없는 요소가 된 것을 알 수 있다.

운동 역시 본격적으로 하지 않고 사소한 것을 반복하는 것만으로도 효과가 있다고 한다. 모두가 바쁜 분초사회에서 운동에 오랜 시간을 투자할 여력은 없다. 따라서 짧지만 효과가 확실한 운동이 인기다. 예를 들어, 자신이 줄 수 있는 최대한의 힘으로 아령을 하루 한 번만 들어도 근육이 강화되는 하루 3초 운동법이나[8], 식후 2~5분 정도의 짧은 걷기 운동을 통해 혈당 수치를 조절한다.[9] 또한 굳이 따로 시간을 내 운동하지 않아도 일상생활 중에 틈틈이 1~2분 정도 숨이 찰 정도의 신체 활동을 반복하는 것만으로도 암이나 심혈관 질환 관련 사망 위험이 크게 감소한다는 연구 결과도 발표됐다.[10]

일본에는 이처럼 짧은 시간 집중하여 운동할 수 있는 헬스장 '초코잡chocoZAP'이 화제를 모으고 있다. 초코잡은 마치 편의점처럼 주로 역 앞 건물 1층에 위치해 있다. 이곳에는 탈의실도 없다. 지나가다가 잠시 들러, 입고 있던 옷과 신고 있던 신발 그대로 하고 싶은 운동을 하고 싶은 만큼만 하고 가면 된다. 초기에는 '그런 식의 헬스장이 과연 성공할 수 있을까' 하는 부정적인 의견이 대다수였지만, 첫 번째 매장을 오픈한 지 2년 만인 2024년 여름, 초코잡 매장 수는 1,500개가 넘고, 등록 회원 수는 누적 120만 명을 돌파했다.[11] 일부러 시간을 내 체육관에 가는 것은 부담되지만, 5분이라도 매일 운동을 하고 싶은 사람들의 의지가 반영된 결과다.

기록과 공유: 꾸준히 기록하고 네트워크로 공유하기

'원포인트업'의 세 번째 요소는 기록과 공유다. 이는 단순히 다른 사람들에게 나의 노력을 자랑하거나 인정받기 위함이 아니다. 주변의 응원과 격려를 통해 스스로에게 동기를 부여하고자 하는 목적이 크다. 기록과 공유를 통해 자신의 목표와 이를 향한 작은 성취들을 다시 한번 '내 눈으로' 확인하고자 하는 것이다.

기록하고 공유하는 행위는 마치 거울을 보는 것과 같다. 우리는 거울을 통해 자신의 모습을 객관적으로 바라보며, 어제보다 조금이라도 달라진 나를 발견하고 앞으로 나아갈 방향을 설정할 수 있다. 또한 나태해지거나 포기하고 싶은 순간에도 다시금 의지를 불태울 수 있다. 눈에 보여야 변화를 실감하고, 마음으로 느껴야 성장을 지속할 수 있다. 무엇보다 매일매일 꾸준히 기록한다는 것은 삶을 잘 관리하고 있다는 증거이기도 하다. 기록과 공유는 바로 이러한 '눈에 보이는 변화'를 만들어내는 중요한 요소다.

기록을 위해 다이어리를 활용하는 사람이 많다. 예를 들어, 인디고 디자인문구의 '자문자답 질문일기' 시리즈는 질문을 통해 나에 대해 알아갈 수 있게 구성된 다이어리다. 다이어리를 펼쳐 질문을 읽고 답을 적는 과정에서 자신의 정체성에 대해 진지하게 생각할 시간을 갖게 한다. "나는 누구인가?"라는 거창한 질문에는 뭔가 거창한 답을 해야 할 것만 같아 쉽게 답하기 어렵다. 하지만 "요즘 어떤 얼굴/표정으로 살아가고 있나요?" 같은 작은 질문에 하나하나 답하다 보면, 자신에 대해 조금씩 더 알아갈 수 있는 것이다. 요즘 자신이 어떤 표정으로 살아가고 있는지 알기 위해서는, 거울을 봐야 한다. 내 얼굴이나 표정이 마음에 드는지에 대해 생각하면서 자신이 어떤 표정의 사람이 되고 싶은지도 떠올릴 수 있다. 현재의 진단을 통해 미래가 맞닿는 것이다. 미래의 나는 갑자기 나타나는 전혀 다른 존재가 아니라, 지금 이 순간의 나로부터 시작되는 연속선상에 있다.

출처: 인디고 디자인문구

●●● 구체적인 질문을 통해 하루에 하나씩 자신에 대해 생각해볼 수 있는 '자문자답 다이어리'. 현재의 자신을 진단하고 기록하여 조금씩 앞으로 나아갈 수 있다.

매일을 기록하고 다른 사람들과 공유하기 위해 블로그나 유튜브를 활용하기도 한다. 잡코리아와 알바몬이 2024년 8월 발표한 '인맥 관리 현황' 설문조사에 따르면 유튜브나 블로그 운영 같은 개인 브랜딩을 통해 인맥을 관리한다는 응답은 20대의 경우 18.3%로 다른 연령대보다 높은 비중을 차지했다.[12] 유튜브와 블로그의 공통점은 콘텐츠를 통해 자신을 표현하고 타인과 소통한다는 것이다. 블로그에 자신의 생각과 경험 그리고 재능을 글로 자유롭게 표현하거나, 유튜브에 영상을 올려 시각화하여 자신만의 개성과 스토리를 담아낸다. 또한 자신을 표현하는 데 그치지 않고, 이를 통해 다른 이들과 관계를 형성하며 나아가 새로운 기회를 창출하는 발판으로 삼을 수 있다. 인맥 관리를 위해 밴드에 가입하는 이들도 많다. 밴드에는 글쓰기, 1만 보 걷기, 그림 그리기 등 다양한 콘셉트의 '주제별 미션 밴드'가 있어서 같은 목표를 가진 이들과 자신의 하루치 목표를 기록하고 공유하며 응원할 수 있다.

주부 대상 온라인 다이어트 프로그램인 '안다챌'도 기록과 공유로 원포인트업을 실천한 좋은 사례다. 안다챌은 방송인 안선영과 전문 트레이너가 만든 4주간의 식단과 운동을 병행할 수 있는 다이어트 프로그램으로 참여자 수가 무려 5,400여 명에 달한다. 참여자들은 제안된 커리큘럼에 따라 운동이나 식단을 실행하고, 안다챌 공식 인스타그램 계정에 올라오는 동기부여 게시물을 보며, 매일의 몸무게나 변화된 모습 등을 카카오톡 오픈채팅방을 통해 공유한다. 비교적 짧은 챌린지 기간과 명확한 가이드, 특히 소통 중심의 운영 등으로 지속적인 참여가 이뤄지고 있다.

유튜브 채널 '요즘 것들의 사생활'은 나다운 삶의 가능성과 사례를 공유하는 것이 주요 콘텐츠다. 이 채널에서 제공하는 동영상에는 다양한 인터뷰이들이 등장한다. 청소 일을 하면서 그림을 그리는 사람, 대기업을 퇴사하고 재미있는 일을 찾아 아이스크림 가게를 연 사람, 여러 번의 퇴사와 이직을 반복하지만 그 모든 것을 경험으로 만들어가고 있는 사람 등, '요즘 것들의 사생활'에 등장하는 이들은 세상이 말하는 정답이 아닌 '나다운 삶'을 실천하고 있는 사람들이다. 이들은 '요즘 것들의 사생활'에 출연해 자신이 어떠한 상황에서 왜 그러한 선택을 했는지를 진솔하게 이야기한다. 이를 통해, 보는 이들이 '나라면 그런 상황에서 어떤 선택을 했을까'라는 화두를 얻을 수 있다는 점이 채널의 인기 비결이다.

원대함이 사라진 시대의 생존 전략

"오, 너는 계획이 다 있구나!"

2020년, 미국 아카데미 시상식에서 4관왕을 차지한 영화 〈기생충〉의 명대사 중 하나다. 〈기생충〉에는 많은 명대사가 나오지만, 그중에서도 가장 많이 인용되고 패러디된 대사일 것이다. 이 짧은 한 마디에 사람들이 그토록 열광한 이유는 무엇일까? 계획을 세우기 힘든 시대가 됐기 때문일까? 하루가 다르게 변하는 세상에서 계획을 세워봤자 그대로 될 리 없으니, 주인공 기택(송강호 분)의 대사대로 "절대 실패하지 않는 계획은 무계획"임에 많은 이들이 공감한 것이 아닐까?

불확실하다는 것은 예측이 쉽지 않고 통제가 불가능하다는 뜻이다. 사회·경제적으로 변화가 가속화되면서 예측과 통제가 점점 어려워지기도 했지만, 그 절정은 코로나 사태였다. 누구도 예상하지 못했고 제어하지 못했던 팬데믹 시기를 거치며, 먼 미래를 위한 원대한 계획을 세우는 것이 소용없는 일임을 깨닫게 됐다. 중요한 것은 하루하루 살아남는 것이며, 내가 통제할 수 있는 유일한 것은 '나'와 '나의 현재'뿐이라는 사실을 절감하게 된 것이다. 지금, 이곳에서, 내가, 달성할 수 있는 하나의 목표에 매진하고자 하는 원포인트업 트렌드가 확산하게 된 배경이다.

원포인트업은 『트렌드 코리아 2025』 10대 트렌드 키워드 중 하나인 #아보하와 그 배경 면에서 일맥상통하는 부분이 있다. 매일매일이 전쟁이다시피 한 현대사회에서, 오늘 하루를 무탈하게 넘기고 안온한 하루에 감사하는 정체사회에서, 원대한 꿈을 그리기는 쉽지 않다. 어쩌면 원포인트업은 #아보하 시대에 가장 잘 어울리는 자기계발 코드인지도 모른다. 이런 시기에는 '벅찬 감동'이나 '놀라운 성장'보다는 '안심'이 최우선 가치다. 내가 멈춰있지 않다는 데서 오는 마음의 안정감이면 족하다.

리스크를 피하려는 사람들의 성향도 원포인트업 트렌드 형성에 한몫했다. 우리는 그동안 아무리 인생의 목표를 완벽하게 계획하더라도 내가 어떻게 할 수 없는 사회·경제적인 변화로 계획이 틀어지는 상황을 경험해왔다. 인공지능 기술의 발전으로 업무 환경이 급변하는 상황에서 앞으로 얼마나 쓸모가 있을지 모를 스펙을 쌓는 일은 의미가 없어졌다. 많은 시간과 돈, 노력을 투자했다가 아무 쓸모가 없어질 수도 있는 리스크를 감수하느니, 지금 당장 이룰 수 있고 손에 닿을 수 있는 작은 목표가 훨씬 중요하다.

이러한 상황에서는 롤모델을 찾는 것 또한 쉽지 않다. 과거에는 나이가 많고 경험이 풍부한 사람들이 삶의 지혜를 전달하고, 성공적인 삶의 모델을 제시하면서 후배들의 길잡이 역할을 했다. 그러나 빠르게 변화하는 사회 속에서 기존의 경험과 지식은 더 이상 절대적인 가치를 지니지 못하게 됐다. 이제는 나이가 많거나 경험이 풍부하다고 해서 반드시 옳은 길을 알고 있다고 확신할 수 없다. 오히려 젊은 사람에게 기술과 지식을 배우자는 '역逆멘토링' 개념까지 나오는 시대다. 삶의 불확실성이 커지면서 사람들은 외부의 롤모델에 의존하기보다는 스스로의 길을 개척하고 자신만의 성취를 정의하려는 경향을 보인다. 닿을 수 없는 슈퍼스타가 아니라 같은 고민을 하는 동료들과 소통하며 내가 할 수 있는 일에 몰두할 수밖에 없는 것이다.

이러한 사회적 변화 외에도 원포인트업은 직장인들이 맞닥뜨리는 직장 문화의 변화와도 관계가 깊다. 독서모임 커뮤니티 '트레바리'의 윤수영 대표는 한 인터뷰에서, "2021년 무렵에는 재테크 붐이 일면서 부의 파이프라인을 다양하게 만들고자 하는 '부업'에 관심이 많았다면, 요즘에는 부업보다는 현업에서 자신의 역량을 강화하려는 측면이 강해졌다"는 점을 지적한다. 경기는 침체하고 투자 환경이 나빠지면서 부업으로 수익을 확보하는 것이 쉽지 않아졌기 때문이다.[13] 이와 같은 저성장 기조는 당분간 지속될 것으로 보이며, 이는 새로운 직업을 찾는 것보다는 지금 하는 일을 더 잘해야 한다는 생각을 강하게 만들었다. 한때 '대大퇴사시대'가 화두였는데, 이제는 '대잔류시대'라는 표현이 등장한다. 하지만 회사에 잔류한다고 해서 지금 모습 그대로 가만히 있어도 된다는 것을 의미하지는 않는다. 크고 거창한 목표를 세우지 않더라도 내가 지금 할 수 있는 '하나의' 포인트라도 성장해나가야 한다.

이루지 못하더라도 목표는 목표로서 중요하다는 것은 과거의 이야기다. 지금은 '이룰 수 없어도 꿈을 따르는 시대'가 아니다. '이루어질 수 있는 꿈만 꾸는 시대'다. 사람들은 그저 내 일을 조금 더 잘하고, 그렇게 현상을 유지하면서 어제보다 조금 더 나은 내가 되기를 바란다.

전망 및 시사점

어제보다 조금 더 나은 내가 되기를

그렇다면 원포인트업 시대에 우리는 어떻게 대응해야 하는가? 또한 이러한 흐름은 어떻게 발전할 것인가? 조직과 개인 차원에서 원포인트업 자기계발 트렌드를 어떻게 적용하고 대응할 것인지 살펴보자.

우선 조직마다 인재 육성 방식을 변화시켜야 한다. 개인 맞춤형 성장 지원이 그 어느 때보다 중요한 시대다. 획일적인 교육 프로그램보다는 개인의 역량과 목표에 맞는 맞춤형 멘토링 및 코칭 프로그램을 제공하고, 직원들이 스스로 성장할 수 있는 기회를 제공할 필요가 있다. 예를 들어, 쿠팡은 매 분기마다 엔지니어링 조직 내에서 '멘토십 프로그램' 지원자를 받는다. 개발자뿐만 아니라 기획자, 디자이너, 테크니컬 PM, 데이터 사이언티스트, 비즈니스 애널리스트 등 엔지니어링 조직을 구성하는 다양한 직군에서 지원 가능한데, 지원자는 멘토나 멘티 또는 필요시 두 역할 모두 지원할 수 있다. 멘토링을 받고 싶은 특정 직군이나 직급이 있다면 지정해 요청할 수도 있다. 참여자 전원에게 해당 프로그램이 유익한 경험이 되도록 멘토와 멘티 파트너를 구성하고, 3개월의 멘토십 운영 기간 동안 도움이 될 만한 각종 지침과 팁이 제공된다.[14]

아마존의 사례도 눈여겨볼 만하다. 아마존의 사내 멘토링 프로그램은 구성원들이 조직 내 다양한 전문가들을 선택해 원하는 시점에, 원하는 형태의 멘토링을 받을 수 있는 기회를 제공한다. 신입사원뿐만 아니라 아마존의 구성원이라면 누구나 멘토링을 받을 수 있고, 현재 하고 있는 업무와 직접적인 관계가 없더라도 특정한 전문 기술이나 직무 경험이 있는 사람들을 선택해 커리어에 도움이 될 만한 멘토링을 받을 수 있다. 자신이 원하는 멘토를 직접 선택할 수도 있지만 자신과 상대방의 경력·직무·직책·전문 분야 등에 따라 가장 적합한 멘토를 AI 알고리즘을 통해 매칭해주기도 한다.

앞서 언급한 바와 같이 최근 사내 인적 자원 개발의 초점은 조직의 원활한 운영보다는 '개인'의 성장에 맞춰지고 있다. 과거에는 노력해서 임원이 되는 것이 곧 성공이었으므로, 개인과 집단의 의욕을 북돋고 정해진 목표를 향해 이끄는 리더십이 중요했다. 그러나 원포인트업 시대에는 승진보다는 개인의 장점을 살릴 수 있는 정책과 지

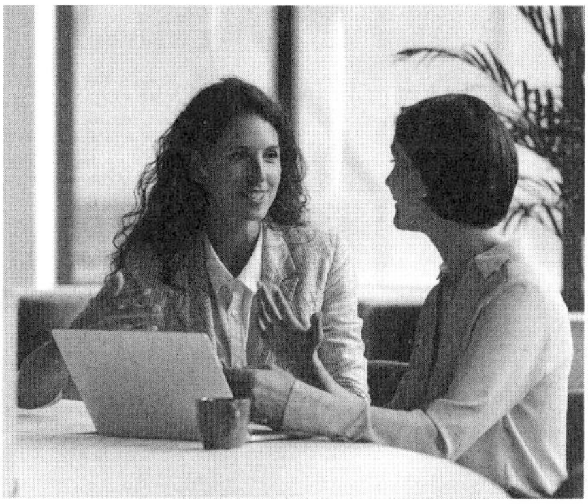

조직은 구성원을 위해 승진보다 개인의 장점을 살릴 수 있도록 도와주는 코칭과 멘토링을 제공해야 한다. 퇴사자의 순조로운 이직을 도와주는 코칭도 도입됐다.

원이 필요하다. 사회와 조직문화의 변화로 인해 과거의 지식과 경험이 더 이상 절대적인 기준이 되지 못하므로 새로운 방식의 성장이 필요하다. 이제 조직은 개인의 노력을 조직 전체의 동력으로 전환하는 역할을 해야 한다. 단순히 열심히 일하도록 독려하는 것이 아니라, 구성원들의 자발적인 동기부여를 이끌어내고 작은 변화들을 격려하며 한 단계 더 도약할 수 있도록 힘을 실어줘야 한다.

둘째로, 개인의 경험에 대한 공감이 중요하다. 위대한 성공 신화나 거창한 목표보다는 개인의 일상적인 노력과 성장 과정을 통해 실질적인 동기부여와 위로를 제공하는 콘텐츠가 필요하다. 시몬스는 임직원의 성장을 돕고 조직 성과 달성을 지원하는 '그로스 디자인growth design'팀을 만들어 개별 맞춤형 자기계발 프로그램을 제공한다. 구성원의 성장growth이 곧 조직의 미래라는 믿음을 보여주는 사례다. 원포인트업 시대에는 다양한 구성원들의 성장 욕구를 충족시키는 것이 곧 조직의 지속 가능성으로 이어진다.

큰 결과를 가져오는 1퍼센트의 변화

원포인트업 트렌드는 사실 성장을 꿈꾸는 개개인 모두의 문제다. 앞으로는 직장이 아니라 직업이 중요하다는 점을 인식해야 한다. 즉, 어디에서 일하느냐보다 어떤 일을 하고 있느냐가 중요한 시대다. 이직을 하든, 조기에 은퇴를 하든, 내가 하는 일의 '역량'을 지속적으로 발전시키는 것이 먹고 사는 데 가장 중요한 요소가 된 것이다. 그러기 위해서는 개인도 일종의 '강소기업' 전략을 벤치마킹할 필요가 있다. 강소기업은 규모를 키우고 마케팅에 집중하는 것이 아닌, 자신만의 확실한 기술이나 상품을 갖고 있으면서 스스로가 감당 가능한 크기로 지속가능한 비즈니스를 실행하는 기업을 지칭하는 표현이다. 요즘의 개인이 추구하는 바와 매우 유사하다. 어제보다 더 나아지려는 태도는 매우 중요하고 소중하지만, 무작정 남들이 하는 대로 스스로 감당하지 못할 정도로 큰 목표를 세워서는 안 된다. 그보다는 나만의 강점을 내세우고, 그것을 조금 더 진화하려는 노력이 필요하다.

원포인트업은 현실에 충실하고자 하는 일종의 자기 긍정 운동이기도 하다. 팽창에 초점을 두었던 과거와는 달리, 이제는 지금 현재의 나에게 초점을 맞추고 집중하며 나의 존재감을 잃지 않는 것이다. 미래만을 바라보며 준비하기에는, 사회는 너무 불안정하고 나의 현실도 녹록지 않다. 불확실성으로 가득한 세상 속에서, 우리는 끊임없이 앞만 보고 달려왔다. 하지만 이제는 잠시 멈춰 서서 나 자신에게 온전히 집중하는 시간이 필요하다. 원포인트업은 단순히 기술이나 지식을 쌓는 것이 아니라, 지금 이 순간의 나를 인정하는 과정이다. 작은 성공에도 기뻐하고, 실패에도 좌절하지 않으며, 있는 그대로의

$$1.00^{365}=1.00$$

$$0.99^{365}=0.03$$

$$1.01^{365}=37.8$$

1을 365제곱하면 그냥 1이지만, 1에 1퍼센트를 더한 1.01을 365제곱하면 37.8이다. 아주 작은 노력이라도 꾸준히 한다면, 그 결과는 천지 차이다.

나를 받아들이는 것, 이것이 바로 원포인트업이다.

원포인트업은 지금 현재 상태에 1퍼센트의 변화를 모색하는 일이다. 1퍼센트는 작은 숫자지만 꾸준히 1퍼센트의 노력을 쌓아간다면 그 결과물은 결코 작지 않을 것이다. 1을 365제곱하면 그냥 1이지만, 1에 1퍼센트를 더한 1.01을 365제곱하면 37.8이다. 아주 작은 노력이라도 꾸준히 계속한다면, 그 결과는 천지 차이인 것이다. 실천 가능한 나만의 밸류업을 지금 바로 시작하라.

주

서문

1 일본 잡고 또 잡고…한국 경제지표, 잇따라 일본 추월 / YTN, 2024.08.17.

2 작년 100만명이 가게 접었다…'나홀로 사장님'의 눈물 / 조선일보, 2024.07.16.

1 • 2024 대한민국

초효율주의

1 분초사회, '시[時]성비' 시대…선택의 실패가 두려워, 경험을 공유하다 / 매일경제, 2024.02.07.

2 시성비 시대에 환영받는 AI 요약 기술 / 한국디자인진흥원, 2024.07.10.

3 "1.5배 빨리 들으니 더 신나네" Z세대 음악 '스페드 업' 바람 / 동아일보, 2024.01.03.

4 13분·1000원짜리 영화 '밤낚시' 흥행 성공…이 영화 본 관객 5명중 1명은 / 매일경제, 2024.07.27.

5 분초사회 요즘 누가 줄 서니…가성비 아닌 시성비 앱이 뜬다 / 이투데이, 2024.01.18.

6 이런 것도 다 되네, 알수록 신박한 AI 앱 [스페셜리포트] / 매일경제, 2024.09.05.

7 전체 근로자 4명 중 3명, 직장에서 AI 활용 중 / BIkorea, 2024.05.16.

8 신한카드, AI로 업무 간소화…작년 76억원·14만시간 절약 / 파이낸셜뉴스, 2024.07.09.

9 "향수 카피 써봐" 10초만에 뚝딱…현대백화점 신입사원 정체 / 중앙일보, 2023.02.26.

10 우리 AI '김똑똑 사원'…회의록 쓰고 광고문구도 척척 / 조선일보, 2024.04.12.

11 숏폼으로 "팔아요"…이제는 숏핑 시대 / 한겨레, 2024.04.26.

12 위와 동일

13 시성비 시대에 환영받는 AI 요약 기술 / 한국디자인진흥원, 2024.07.10.

14 현대홈쇼핑, '현대H몰' 앱 개편…숏딜 신설 / ZDNet Korea, 2024.08.29.

15 CU, 두바이 초콜릿 초도 물량 20만개 품절 / 데일리안, 2024.07.08.

16 잘파세대는 AI로 쇼핑한다…이미지 검색서비스 '직잭렌즈'에 20대 열광 / 파이낸셜뉴스, 2024.09.04.

17 "한번 사봤는데, 믿을만하네"…맛있는 과일 골라주는 AI / 매일경제, 2024.06.06.

18 43조 중고 거래 시장…AI 옷 입고 똑똑해진다 / 조선일보, 2024.07.09.

19 거대한 가속의 시대 / 중앙일보, 2023.12.19.
20 드라이브 스루 대기시간 5초 줄이면 年 1100만원 더 번다 / 조선일보, 2023.10.19.
21 인공지능에 덤비지 말라고? 판단능력은 사람이 이긴다 / 매일경제, 2023.10.11.
22 의사·변호사…'비싼' 밥그릇 먼저 뺏는 AI / 매일경제, 2023.11.16.
23 AI 덕에 블루칼라 전성시대 온다…배관·용접공 등 대체 불가 / 중앙일보, 2023.12.21.
24 파스칼 브뤼크네르, 『우리 인생에 바람을 초대하려면』, 이세진 옮김, 인플루엔셜, 2023.

불황기 생존 전략

1 "편의점서도 더 싼 제품만 찾아"…장사 되는건 '떨이상품'뿐 / 매일경제, 2024.08.12.
2 가격 올렸더니 손님들 "오히려 좋아"…삼성동 카페의 비밀 / 동아일보, 2024.03.16.
3 여행자보험 '무사고 환급' 허용…손보 상품 활성화 기대 / 한국보험신문, 2024.08.18.
4 떨어질 기미 없는 외식물가…2030은 마트·편의점 마감런 / 매일일보, 2024.07.25.
5 카카오 "톡학생증 출시 1년, 누적 발급 수 100만명 돌파" / 조선비즈, 2024.05.20.
6 "대학생 모여라"…최대 30% ↓ '에듀몰' 오픈 / 국민일보, 2024.02.16.
7 "삼성 TV, 남들보다 70만원 싸게 산 비결이…" 관심 폭발 / 한국경제, 2024.06.19.
8 '파우치에 쏙' 소포장·파우더 뷰티 뜬다 / 헤럴드경제, 2024.08.28.
9 "우리 아들도 편장족인데, 반가운 소식"…고기도 쌀도 초밥도 '1인분' 포장 봇물 / 매일경제, 2024.06.12.
10 파리바게뜨, 대용량 커피 '빅아아' 출시 한 달 만에 100만 잔 판매 / 파이낸셜뉴스, 2024.06.27.
11 "고물가에 한잔으로 하루 종일"…스타벅스 대용량 라인업 확대 / 머니S, 2024.06.10.
12 "침대, 무이자로 할부부담 줄이세요"…시몬스페이 눈길 / 뉴시스, 2024.01.03.
13 판타지소설·드라마를 웹툰으로…장르 간 크로스오버 활발 / 뉴스핌, 2024.07.04.
14 추석 때 조카랑 대화하려면 '티니핑' 알아야 / 뉴시스, 2024.09.09.
15 잘 만든 웹소설·웹툰IP, 게임·OTT 흥행 보증수표…콘텐츠산업 '상생구조' / 이투데이, 2024.08.29.
16 넥슨에센셜 홈페이지(essential.nexon.com/kr).
17 IP 사업 힘주는 네이버웹툰, 굿즈 브랜드 내놓는다 / 아시아경제, 2024.06.13.
18 "벨리곰을 찾아라"…롯데홈쇼핑 '벨리곰 미스터리 맨션' 오픈 / 서울경제, 2024.08.13.
19 벨리곰은 복덩이…롯데 '벨리곰 미스터리 맨션' / 국민일보, 2024.08.22.
20 기업용 캐릭터는 성장 굿즈 수집 '팬덤'까지 / 한국경제, 2024.08.09.
21 LG유플러스, 日 도쿄 유명 쇼핑몰서 '무너' 팝업스토어 운영 / 조선비즈, 2024.08.26.
22 밥솥 만들던 '이 회사' 이젠 잡곡도 판다…식품으로 영역 넓힌 가전기업들 / 매일경제, 2024.08.08.
23 드라마·동물진단 수출…통신사 신사업 박차 / 매일경제, 2024.07.30.
24 LGU+가 키운 벤처, 투자 유치 100억 눈앞 / 서울경제, 2024.08.15.
25 저출산 고령화에…분유도 기저귀도 노인용으로 '공장 체인지' / 동아일보, 2024.03.06.

26 대교, 시니어 인지기능 향상 프로그램 '브레인 트레이닝' 론칭 / 신아일보, 2024.07.01.
27 재계 생존법은 "몸집 줄이되 사람 귀히 여겨라" / 시사저널, 2020.03.25.
28 트위터, 페이스북 사명 변경 메시지 모호…리브랜딩 성공 조건은 / 이코노미조선, 2024.06.03.

지리한 정체의 시간을 보내는 방법

1 "맵파민이 돈다"…불경기에 더 잘 팔리는 매운맛 열전 / 경향신문, 2024.04.16.
2 [신제품단독공개] NEW 타바스코핫소스 l 10배 매운 역대급중독성핫소스 / 와디즈 펀딩 페이지(wadiz.kr/web/campaign/detail/257677).
3 2만5000원짜리 8만원에 팔린다…중고거래서 난리 난 간식 / 한국경제, 2024.08.23.
4 두바이 초콜릿 · 라바삭…세븐일레븐, 중동 디저트 6종 출시 / 세계일보, 2024.08.20.
5 "글로벌 누적시청 3.7억시간"…눈물의 여왕, 전 세계 사로잡은 비결은 / 디지털데일리, 2024.05.06.
6 87분간 15개 에피소드…시청률 잡았지만 완성도 놓친 '눈물의 여왕' / 문화일보, 2024.04.15.
7 남자 신데렐라, 닭강정 된 딸… 개연성 없어도 재밌어서 보는 '뇌빼드' / 조선일보, 2024.03.18.
8 '파묘' 개봉 31일 만에 1천만 달성…장르적 한계 넘어선 쾌거 / 한겨레, 2024.03.24.
9 방송가 파고든 샤머니즘…'파묘' 흥행 효과 톡톡 / 한국일보, 2024.07.04.
10 '신들린 연애' 시즌2 가나…사랑+무속 시너지로 화제성 · 시청률 다 잡았다 / 조선일보, 2024.07.22.
11 펀슈머, 재밌어야 팔린다! '가잼비' 마케팅 열풍 / 오픈애즈(openads.co.kr/content/contentDetail?contsId=127172), 2024.03.11.
12 "탈퇴할까"…MZ세대에게 퍼진 'SNS 피로증후군' / 뉴시스, 2023.07.13.
13 페북 · 인스타 이용자 수 '뚝'…석 달째 감소한 이유는 '이것' / 서울경제, 2024.04.15.
14 "SNS는 다 거짓말 같아요"…20대 직장인 한숨 쉰 까닭 [이슈+] / 한국경제, 2023.07.12.
15 "휴대폰 압수합니다"…이 카페에 2030 줄선다 / 조선일보, 2024.02.26.
16 말 없이 리뷰하니 조회수↑…새로운 숏폼 트렌드는 '침묵' / 동아일보, 2024.01.22.
17 사찰에서 인연 만나니 연애 · 결혼 생각이 절로! / 불교신문, 2024.07.26.
18 낙산사 1박2일 소개팅 '나는 절로' 인기 폭발…커플 6쌍 탄생 / 한국경제, 2024.08.11.
19 [뉴스UP] 화제의 사찰 소개팅 '나는 절로'…인기 비결은? / YTN, 2024.08.16.
20 푹 쉬는 것도 자기 관리다, 베드로팅 트렌드 / 아이보스, 2024.07.08.
21 '의도적으로 아무것도 안 하기'가 좋은 이유 / BBC, 2024.08.11.
22 육각형인간, 4월 3주차 랭키파이 2024 트렌드 키워드 트렌드지수 1위…디토소비 · 도파밍 순 / 서울와이어, 2024.04.19.
23 MZ세대 98% '외모도 스펙'이다 / 어피티, 2024.06.21.
24 갈색 눈을 푸른색으로…'눈동자 색' 바꾸는 수술, 부작용은? / 헬스조선, 2024.01.16.
25 틱톡 'flaak_new_color'(tiktok.com/@flaak_new_color).
26 "각진 턱 만들어준다"…韓 시들한데 美 Z세대 사이에 유행 [이슈+] / 한국경제, 2024.08.25.

27 Every Single One of You is a Media Company, Gary Vaynerchuk 홈페이지(garyvaynerchuk.com/every-single-one-of-you-is-a-media-company), 2013.10.23.

시그니처의 힘

1 얇아진 가계 지갑…지난해 실질소득, 금융위기 이후 첫 감소 / 뉴스1, 2024.06.10.
2 '욜로'에서 '요노'로…허리띠 졸라맨 소비자는 "가치소비가 대세" / 헤럴드경제, 2024.08.11.
3 오이·쌈장이 전부…'호불호 끝판왕' GS25 통오이김밥 완판 비결? / 문화일보, 2024.08.03.
4 지금이 화양연화, 모두의 워너비 최화정 / 여성동아, 2024.07.23.
5 MZ의 '샤넬', '파르벵' 들어보셨어요? 모르면 안 되는 '인플루언서 브랜드' 리스트업 / 캐릿(careet.net/1422), 2024.07.18.
6 팬덤 업은 크리에이터 시장…"5000만명이 자체브랜드" / 서울경제, 2024.05.15.
7 "'티르티르' 1400억 회사로 대박"…이사배·잇섭도 주목받는 이유 / 머니투데이, 2024.08.07.
8 일반인이 앰버서더 되니 더 잘 팔리네…LF 헤지스 골프 3040 매출 증가 / 매일경제, 2024.06.07.
9 요아정·크루키·두바이초콜릿…인플루언서 따라 MZ들 '디토소비' / 더팩트, 2024.07.27.
10 에이블리, '인플루언서 콘텐츠' 효과로 거래액 4.5배 쑥 / 스포츠서울, 2024.01.30.
11 "걔가 입은 저거"…'클릭=매출' 공식에 패션 플랫폼 콘텐츠 전쟁 / 머니투데이, 2024.02.04.
12 '4050 중년여성' 패션플랫폼…대박 아니면 쪽박 / 아시아경제, 2024.01.25.
13 양평 산나물축제 13만명 방문 '대박'…지난해보다 3만명 늘었다 / 경기일보, 2024.04.29.
14 구미시, '꿀잼 도시'로 화려한 변신 시작 / 아시아경제, 2023.12.21.
15 캐럴 사라진 자리 크리스마스 마켓…벌써 1만 명 몰려간 이곳 / 중앙일보, 2023.12.05.
16 "빨리빨리 사게 만들어야"…쇼핑몰 전략 확 바뀌었다 / 한국경제, 2024.08.18.
17 다나카 데루미, 『관계인구의 사회학』, 김기홍 옮김, 한스하우스, 2024.

요즘가족

1 아빠 육아휴직, 한국은 28% 써 / 조선일보, 2024.03.16.
2 상반기 육아휴직자 3명 중 1명은 아빠…남성 비중 역대 최고 / MBC뉴스, 2024.08.04.
3 육아휴직 열 명 중 세 명은 남성…중소기업 사용 비율 '쑥' / 한국경제, 2024.02.25.
4 당신은 '요즘아빠'인가요? / 베이비뉴스, 2024.05.09.
5 요즘 남편·없던 아빠, 이젠 아기용품 시장 '큰 손'으로…CJ온스타일 男구매 비중 3배 '쑥' / 서울경제, 2024.03.20.
6 CJ온스타일, 베이비앤키즈페어 라방 남성 구매 비중 3배 증가 / 이투데이, 2024.03.20.
7 물건이 아니라 가족입니다. / 국민대신문, 2024.06.03.
8 '반려가전'이라고?…인공지능이 만들어낸 신조어 / AI타임스, 2022.10.27.
9 '반려인' 1,300만…애완용품 매출 고공행진, 가격도 강세 / 노컷뉴스, 2024.02.11.

10 국내 펫푸드 시장 규모 약 2조 원…동물병원 유통비율 단 7% / 데일리벳, 2024.06.24.
11 LG유플러스, 반려동물 동반 가능한 전세기 상품 선보여 / LG U+ 보도자료, 2024.03.25.
12 "반려견도 자식이다"…이혼 부부 소송서 '가족' 인정한 콜롬비아 법원 / 매일경제, 2023.11.10.
13 강아지 가족은 2명인데 1명만 등록해준다고? / 프레시안, 2024.06.01.
14 AI 가전…똑똑한 건 기본, 이젠 '공감 지능'도 갖췄다 / 조선일보, 2024.04.26.
15 "차별 없는 주거생활 제공"…이포스코이앤씨, '노인·장애인 특화 스마트홈 서비스' 개발 / 매일경제, 2024.04.22.
16 삼성·LG는 왜 귀여운 반려로봇을 냈을까?…스마트홈에 감성 더하기 / 메트로신문, 2024.01.18.
17 [Z시세] "10년 만에 숨통 트여요"…돌봄 받는 어르신의 미소 / 머니S, 2024.02.21.
18 케어닥, 지난해 매출 103억원 달성…전년대비 140% 성장 / 매일경제, 2024.02.22.
19 케어네이션, 지난해 매출 100억 돌파…"돌봄 서비스 시장 선도" / 서울신문, 2024.01.25.
20 맘편한세상, 2023년 매출액 전년 대비 4배 성장…첫 흑자전환 / 매일경제, 2024.03.01.
21 구인난에 간병비 치솟아…"가족이 돌보면 GDP 최대 3.6% 손실" / 매일경제, 2024.03.05.
22 늙어가는 세계…'케어 이코노미'가 일자리 1억5000만개 만든다 / 조선경제, 2023.11.19.
23 임대근, "문화콘텐츠의 기능과 '사회콘텐츠': '돌봄콘텐츠'의 가능성", 〈글로벌문화콘텐츠〉, 58호, 2024, pp.123~135. 2024년 2월 재인용.

〈트렌드 코리아〉 선정 2024년 대한민국 10대 트렌드 상품

1 유튜브 채널 '에버랜드 – EVERLAND'(youtube.com/shorts/lenW7–OrBVU).
2 "새벽 6시 오픈런·대기 400분" 푸바오 볼 마지막 주말, 에버랜드 상황 / 조선일보, 2024.03.01.
3 매년 해치운 대나무만 1억…'푸바오' 경제 효과 얼마길래 / 한국경제, 2024.04.05.
4 푸바오 덕에 웃은 삼성물산 / 한국경제, 2024.04.24.
5 푸바오 책 판매 역주행까지…서점가에도 푸바오 열풍 / 경향신문, 2024.03.02.
6 70만 명 머리 맞댔다…푸바오 쌍둥이 동생 이름 최종 결정 / 중앙일보, 2023.10.12.
7 온디바이스 AI 시대 열었다!…삼성전자, '갤럭시 S24' 시리즈 공개 "세상과 소통하는 AI폰의 시작" / 인공지능신문, 2024.01.18.
8 카운터포인트 "AI 스마트폰, 2027년 전체 시장의 43%까지 늘어날 것" / 비즈니스포스트, 2024.04.16.
9 서이브 '마라탕후루' 소셜미디어 음원차트 1위 올라 / 한국경제, 2024.05.07.
10 왜 이렇게 유행이야? '티라미수 케익' 밈 유래 총정리 / 캐릿(careet.net/1421), 2024.07.17.
11 "[산업 기술 현황] 1분의 힘, 숏폼 콘텐츠가 바꾸는 음악 시장" / 한국저작권위원회 블로그(blog.naver.com/kcc_press/223474427727), 2024.06.10.
12 1월 한국 찾은 전체 외국인 93만인데…일본 간 한국인 86만명 "맞먹네" / 조선일보, 2024.03.03.
13 너도나도 짐 싸서 일본 여행 가더니…'놀라운 기록' 나왔다 / 한국경제, 2024.07.19.
14 GS샵, "일본 여행 열풍에 '소도시 여행상품' 인기" / 글로벌금융신문, 2024.05.02.

15 대한항공, 수요 많은 중화권·일본 노선 확대 / 프라임경제, 2024.09.06.
16 한국인, 일본여행 많이 가더니…'韓공항서 사전 입국심사' 도입 검토하는 日 / 아시아경제, 2024.09.03.
17 C커머스 이용자 쿠팡 절반 육박, 1년 새 무서운 성장 / 매일신문, 2024.08.12.
18 알리 물류센터 설립 가시화…홈플러스 인수 가능성은? / 시사저널e, 2024.05.22.
19 테무, 국내법인 뒤늦게 공식설립…'웨일코코리아'로 韓진출 가속화 / 뉴시스, 2024.04.02.
20 [트렌드 경제] '알리깡'·'테무깡' 중국 이커머스 공습…K-이커머스 '긴장' / 매일신문, 2024.03.24.
21 유튜브 채널 '양산시 공식 유튜브'(youtube.com/@yangsancity).
22 "이게 진짜 공식영상?"…조회수 300만 터뜨린 코레일 '미스기관사' / 세계일보, 2024.06.08.
23 왜 '충주시 홍보맨' 김선태에 중앙부처 공무원들은 열광했을까…金 '미니' 인터뷰 / 서울신문, 2024.02.09.
24 3만원짜리를 3000원에?…품절템 난리난 다이소 '리들샷' 2차라인 떴다 / 매일경제, 2024.07.22.
25 "샤넬 저렴이"…'품질·가성비' 뷰티 맛집 된 다이소 / 머니S, 2024.05.28.
26 동네 빵집의 기적?…"성심당은 사랑입니다" [이슈크래커] / 이투데이, 2024.04.19.
27 빵빵런 홈페이지(bbangrun.com).
28 월드오브커피 부산 홈페이지(worldofcoffee.co.kr).
29 100여 개 로컬 브랜드를 한 곳에서 만난다…'로컬 크리에이티브 2024' 17일 개막 / 브리크 매거진, 2024.05.02.
30 한국프로야구 시즌 최다 847만 관중 신기록…천만 관중도 보인다 / 연합뉴스, 2024.08.18.
31 K리그 인기 미쳤다…1부, 2부 관중수 합계 200만 돌파→2013년 승강제 도입 후 가장 빠른 기록 / 포포투, 2024.07.21.
32 돌고 돌아 돌아온 '농구의 봄'…관중+수입+각종 기록 상승 인기 요인 / STN뉴스, 2024.04.03.
33 '정신병 리그' 말 나오더니…20대女 '야구'에 푹 빠진 까닭 [신현보의 딥데이터] / 한국경제, 2024.06.15.
34 프로축구 300만 관중 돌파…여성 팬들의 힘 / KBS뉴스, 2023.12.11.
35 내년부터 부부 모두 육아휴직 쓰면 6개월 최대 3천900만원 지원 / 연합뉴스, 2023.12.19.
36 2024년 변경되는 육아기 단축근무 알아보기 (+ 급여, 신청서) / 샤플, 2024.03.11.
37 최근 5년간 출생아 수 감소에도 일·육아지원제도 사용자는 증가 추세 / 고용노동부 보도자료, 2024.02.26.
38 합계출산율 0.7명 사회 한국은 정말 끝났는가 / 시사IN, 2024.01.10.

2 • 2025 트렌드

Savoring a Bit of Everything: Omnivores 옴니보어

1 "신입이 90년생?" 나보다 나이 많은 신입사원, '괜찮아' vs '불편해' / 한경비즈니스, 2023.09.13.

2 김웅철, 『초고령사회 일본이 사는 법: 10년 앞선 고령사회 리포트』, 매일경제신문사, 2024.
3 80대 부모–30대 자녀 다 돌본다…젊은노인 15%가 '독박 돌봄' / 중앙일보, 2024.08.26.
4 잘파, AI 이용액 압도적…'마라탕후루' 인기 여전 / 아시아경제, 2024.05.28.
5 "올영에 설화수라니"…2030 고객 대량 구매, 7억원어치 팔렸다 / 머니투데이, 2024.05.09.
6 "늙기 싫어, 엄마 60만원만"…안티에이징 빠진 초딩 소녀들 [세계 한잔] / 중앙일보, 2024.02.09.
7 인생에 지친 '어른이'들, 어릴 때로 "나 돌아갈래" / 조선일보, 2024.05.25.
8 요즘 미국 고교서 유행하는 '어린이 책가방' [틱톡 트렌드] / 케찹, 2024.09.04.
9 보노보노 · 뽀로로 · 명탐정 코난…IP 키우는 유통업계, 얼마나 잘 팔리길래? / 헤럴드경제, 2024.09.05.
10 "나이는 숫자에 불과" 日 평균연령 67세, '발로란트' e스포츠팀 화제 / 게임뷰, 2024.01.31.
11 데이터로 분석한 2024 액티브 시니어 트렌드 / 와이즈앱 · 리테일 · 굿즈, 2024.07.18.
12 '스포츠 판' 흔드는 2030 여성 / 한국경제, 2024.07.12.
13 야구장 티켓파워에 굿즈 구매력까지…K스포츠 '여풍당당' / 한국경제, 2024.07.12.
14 "2030 여성의 운동 트렌드 #득근 #젠더리스 1편", 한화손해보험 공식 블로그(blog.naver.com/hwgi01/223420275818), 2024.04.19.
15 운동복도, 프로틴바도 '여심저격' / 한국경제, 2024.07.12.
16 ['젠더리스'에 꽂힌 유통업계①] "남성속옷 · 여성향수 따로없다" / 이코노믹리뷰, 2024.01.21.
17 쇼핑업체 간 경계 사라지고…패션 성별 구분 없어진다 / 조선일보, 2024.08.26.
18 소비자 대신 '생활자'를 본다, 광고회사가 미래의 행방을 쫓는 법 / 시티호퍼스, 2024.05.13.
19 시장분석 와이즈앱 · 리테일 · 굿즈의 분석 자료.
20 [Interview]LG전자 HE사업본부 브랜드커뮤니케이션 담당 오혜원 상무 | 브랜딩은 중력의 중심을 찾는 일", 비마이비(bemyb.kr/contents/?q=YToxOntzOjEyOiJrZXl3b3JkX3R5cGUiO3M6MzoiYWxsIjt9&bmode=view&idx=10490994&t=board), 2022.02.24.
21 마우로 기옌, 『멀티제너레이션, 대전환의 시작』, 이충호 옮김, 리더스북, 2023.
22 MZ 직장인도 MZ세대 보면 세대차 느낀다 / ZDNet Korea, 2024.06.04.

Nothing Out of the Ordinary: Very Ordinary Day #아보하

1 구성환, "내가 제일 이상적" 보는 사람도 행복한 구씨 아저씨 / 싱글리스트, 2024.06.27.
2 최인철, 『아주 보통의 행복』, 21세기북스, 2021.
3 불황에 뜨는 작은 사치, 립스틱 대신 비싼 치약 산다 / 머니투데이, 2024.03.03.
4 '장보기런'부터 '수육런'까지 이색 러닝…MZ들 사로잡은 이유 / 중앙일보, 2024.05.26.
5 일기로 행복한 일상 만든다…섬세하고 똑똑해진 '일기 쓰기 앱' / 디지틀조선일보, 2022.01.15.
6 소비트렌드분석센터 자체 인터뷰 자료.
7 "대학원생이라기보다 아이돌연습생이라고 생각하면 심신에 좋다", 밤나무키우기 네이버블로그(blog.naver.com/vanillalalatte/223125110754), 2023.06.10.
8 Anne–Hyeyeon, 원영적 사고 변환기 웹사이트(lucky–vicky.vercel.app/wonyeong).

9 최인철, 『아주 보통의 행복』, 21세기북스, 2021.
10 네잎클로버 먹으면 [눈물의 여왕]의 사랑이 오나요? / GQ, 2024.05.23.
11 '중후한' 빵–과자, '밈' 업고 회춘한다는데… / 동아일보, 2024.08.21.
12 "희망적인 기사가 구독 유지에 도움된다" / 더피알, 2024.07.02.
13 긍정의 속삭임에 속지 마라 / 〈동아비즈니스리뷰〉 397호, 2024.07.
14 MZ아빠가 '인사이드 아웃 2' 찡한 이유…"마음속 '이것' 있어" / 뉴스1, 2024.07.13.
15 Happiness Isn't the Absence of Negative Feelings / Harvard Business Review, 2015.08.20.
16 '이매진'에 평화 찾은 선수들 / 아주경제, 2024.08.10.

All About the Toppings 토핑경제

1 Z세대가 의외로 많이 찾는 동네, 요즘 동대문 어때요? / 캐릿(careet.net/1447), 2024.08.27.
2 "아이유 가죽 케이스 사러 이곳 몰려간다"…MZ 성지로 떠올랐다는데 / 매일경제, 2024.07.17.
3 퍼스널 아이웨어 '브리즘' 미국 뉴욕 진출 성공 / 패션비즈, 2024.04.03.
4 LG전자, 첫 캡슐 커피머신 '듀오보' 공개…"우주선 닮았다"[CES 2024] / 뉴시스, 2024.01.11.
5 저출산에도 '국민템'은 품절 사태…한샘·스토케·일룸 이유있는 '1등' 비결은 / 한스경제, 2024.07.26.
6 퍼시스, 모듈형 소파 '에어리'…워크 라운지 위한 신제품 내놔 / 한국경제, 2024.01.09.
7 [성유창의 그랑프리] 車 산업 대격변 머지않아…2025년 PBV 양산 시작 / e4ds뉴스, 2024.03.22.
8 Turn Your SUV Into A Camper With This $2,000 Conversion Kit / MOTOR1.com, 2024.03.06.
9 '이렇게 먹어야 5억?'…라이즈 성찬픽 '요아정' 먹어보니[먹어보고서] / 이데일리, 2024.07.21.
10 '뉴진스부터 존윅까지' 크래프톤 '인조이', 캐릭터 커스터마이징 눈길…창작물 10만 개 돌파 [엑's 이슈] / 엑스포츠뉴스, 2024.08.24.
11 [MMM] "패피…그거 어떻게 하는건데" 죽지 않은 '패션의 도시' 대구 MZ의 스트릿패션 / 매일신문, 2023.05.16.
12 지속가능한 스마트폰, 모듈러디자인으로 가능할까? / 그리니엄, 2022.09.26.
13 [마니아] "스피커야? 인테리어 소품이야?"…삼성 '뮤직 프레임' 써보니 / 아시아경제, 2024.06.14.
14 [돈글돈글] "라떼 메뉴만 3880억개"…스타벅스 대기줄의 속사정 / 아시아경제, 2023.09.23.
15 [리얼푸드] 미국에서 매출 올리는 '맞춤형 제작 음료' / 헤럴드경제, 2024.06.30.
16 전 세계에서 가장 인기 있는 패션브랜드 1위는 '크록스' / 한국섬유신문, 2024.05.11.
17 이제 별걸 다 꾸미네…크록스·운동화·가방 '별다꾸' 열풍 / 국민일보, 2024.05.23.
18 "1분기 1500억원어치 팔렸다"…中서 난리난 '동동신' 정체 / 중앙일보, 2024.06.19.

Keeping It Human: Face Tech 페이스테크

1 클레온 홈페이지(klleon.io).

2 M.G. Frank, 〈International Encyclopedia of the Social & Behavioral Sciences〉, 2001.

3 'Smart Door Lock Statistics 2024 By Market Size, Usage, Brands And Trends', COOLEST GADGET 홈페이지(coolest-gadgets.com/smart-door-lock-statistics).

4 정식 회사명은 일본전기(니폰전기) 주식회사로, 주로 NEC라는 약칭으로 잘 알려져 있다.

5 ADI, 싱머신과 운전자모니터링시스템(DMS) 솔루션 고도화 '맞손' / IT비즈뉴스, 2023.01.04.

6 보쉬, 카메라와 인공지능으로 탑승자 보호 개선 위한 실내 모니터링 시스템 선보인다 / 인공지능신문, 2021.08.11.

7 Snap Patent Brings Emotion Detection to Workplace Surveillance / The Daily Upside, 2024.04.18.

8 This App Matches You to Your Perfect IRL Foundation Shade / PAPER, 2019.11.08. Estée Lauder launches virtual try-on tool to support omnichannel business / GLOSSY, 2019.12.10.

9 Estée Lauder Launches Virtual Try-on Tool to Support Omnichannel Business / WindowsWear, 2019.12.19.

10 미국 '뷰티 디바이스' 수요 증가, 뷰티 테크까지도 / KOTRA, 2022.09.15.

11 "표정 · 눈깜빡임이 거짓말입니다"…AI 등 첨단 수사 '성큼' / MBN, 2023.11.28.

12 Kim, Donghoon; Pan, Yigang; Park, Heung Soo (1998). "High-versus low-Context culture: A comparison of Chinese, Korean, and American cultures". 〈Psychology & Marketing〉 (영어) 15 (6): 507 – 521. doi:10.1002 / (SICI)1520-6793(199809)15:63.0.CO;2-A. ISSN 1520-6793.

13 Godé, C., & Brion, S. (2024). The affordance-actualization process of predictive analytics: Towards a configurational framework of a predictive policing system. Technological Forecasting and Social Change, 204, 123452.

14 김세원, 『문화코드로 읽는 지구』, 인물과사상사, 2019.

Embracing Harmlessness 무해력

1 "나 여기 사장인데"…극중 마동석의 '그 회사' 매출 2,000억 돌파 / 매일경제, 2024.04.04.

2 "순식간에 6만 원 썼네요"…2030女 '캡슐 뽑기'에 푹 빠졌다 / 한국경제, 2024.02.15.

3 인기 끄는 레서판다 스토리…에버랜드 SNS 조회수 400만 돌파 / 아시아경제, 2024.03.12.

4 카트 위 송아지 태우고 쇼핑…미국서 반려동물로 인기 / SBS뉴스, 2024.04.12.

5 아이 둘만 있어도 공짜 서울대공원 이용객 24배 늘었다…식물원도 2배↑ / 머니투데이, 2024.06.20.

6 제27회 무주반딧불축제 '3無 축제'로 전국적 관심…방문객들도 엄지 척 / 전북일보, 2023.11.05.

7 케빈 더튼, 『극한의 협상, 찰나의 설득』, 최정숙 옮김, 미래의창, 2010.
8 Gary Genosko, "Natures and Cultures of Cuteness", 〈Invisible Culture〉, Issue 9, 2005.
9 권유리야, "귀여움과 장애, 기형적인 것의 향유", 〈한국문학논총〉, 제79집, 2018, pp.35~66.
10 귀여운 걸 보면 기분이 좋아지는 이유 4 / 더블유 코리아, 2024.01.22.
11 "대선? 전혀 생각없다"…해리스 사로잡은 '무해한 2인자' 월즈 / 중앙일보, 2024.08.07.

Shifting Gradation of Korean Culture 그라데이션K

1 JYP 글로벌 걸그룹 비춰, 오늘 정식 데뷔…'걸스 오브 더 이어' / 뉴시스, 2024.01.26.
2 JYP, 라틴아메리카 현지법인 설립…오디션 'L2K'로 걸그룹 제작 / 연합뉴스, 2024.07.18.
3 "스리랑카에선 서울만큼 유명" 외국인 비율 16%인 충북 농촌 / 조선일보, 2024.03.31.
4 "다문화 학생 30% 이상인 학교, 전국에 350곳…최고는 97%" / 연합뉴스, 2024.08.02.
5 위와 동일
6 대구시교육청, 다문화 학부모 대상으로 가정통신문 서비스 / 매일신문, 2021.03.29.
7 "국내 거주 외국인만 뽑습니다"…불닭 삼양식품의 '실험적 채용' / 머니투데이, 2024.08.25.
8 현대차그룹 '외국인 사단'…정의선 회장의 글로벌 시장공략 지원군 / 인사이트코리아, 2024.06.25.
9 국적의 벽 없는 테크기업, 비자의 벽은 여전히 높다 / 한겨레, 2024.05.23.
10 직장인 10명중 6명 "외국인 인재 채용 활발해질 것" / 매일일보, 2024.08.29.
11 위와 동일
12 "한국말 모르는 외국인 근로자 늘어나는데…이렇게 하면 다 통한다"[건설in] / 아시아경제, 2024.09.02.
13 한국외대 통번역대학원, 쿠팡과 산학협력 협약 / 대학저널, 2024.05.20.
14 한국식 아파트·편의점 줄줄이…여기는 동탄 아닌 '몽탄 신도시' / 조선일보, 2023.12.15.
15 베트남에 한국형 '신도시 수출' 길 열려…79조 고속철 수주도 나서 / 동아일보, 2024.07.17.
16 세계 각국에 선진 치안기법 전수하는 한국 경찰…'치안한류' 주목받는 이유 / 아시아경제, 2021.09.21.
17 "'나는 솔로' 미국서 만든다면 수위는?"…K예능 포맷 수출길 개척한 '이 남자' [신기자 톡톡] / 매일경제, 2024.06.27.
18 외국인 비율 5%…은행의 VIP 손님 된 '외국인 근로자' [비즈니스 포커스] / 한경비즈니스, 2024.04.18.
19 위와 동일
20 국내 외국인 250만, 소비파워 커졌다…가장 '큰손'은 누구? / 조선경제, 2024.02.01.
21 "한국서 고생해 번 돈인데…" MZ 외국인 근로자들 '돌변' / 한국경제, 2024.07.22.
22 'K뷰티 성지' 올리브영, 관광객 10명 중 7명 찾아…공항서 명동까지 직행 버스 운영 / 매일경제, 2024.08.04.
23 [K관광 회복]K-브랜드 러브콜…올영서 팩 사고 백화점서 화장수업 / 한국경제, 2024.06.13.

24 국내 디자이너 브랜드 인기, 해외까지 이어질 수 있을까? / 디토앤디토, 2024.01.05.
25 외국인만 월 1000명 방문?…'퍼스널컬러 진단' 뭐길래 [신기방기 사업모델] / 매일경제, 2024.04.14.
26 "성형하러 왔어요" 한국 방문 외국인 환자 60만명 넘었다…역대 최고 / 서울신문, 2024.04.29.
27 위와 동일
28 시장 규모 2600兆, 年 6.3% 성장…K-푸드, '할랄' 정조준 / EBN 산업경제, 2024.02.19.
29 한국 온 유학생 첫 20만명 돌파 / 조선일보, 2024.09.05.
30 [웰컴 투 코리아] ① '선택' 아닌 '필수' 된 이민 사회…팬데믹 극복한 경제 성장 원동력 / 이투데이, 2024.05.13.
31 이종인, 『영어의 탄생』, 책과함께, 2005.
32 조지은, 『미래 언어가 온다』, 미래의창, 2024.

Experiencing the Physical: the Appeal of Materiality 물성매력

1 플레이브, 4세대 남자 아이돌 그룹 트렌드지수 순위 1위…투모로우바이투게더 · 나우어데이즈 뒤이어 / 텐아시아, 2024.04.14.
2 버추얼 아이돌 '플레이브', 현실 팬덤 어마어마하네 / 경향신문, 2024.03.23.
3 〈인사이드 아웃 2〉 개봉 맞아 감정 컨트롤 본부에서 '핵심 기억' 만들 수 있는 기회 선사 / 에어비앤비 뉴스룸, 2024.06.12.
4 에버랜드, 넷플릭스와 함께 올 가을 '블러드시티' 만든다 / 문화일보, 2024.08.06.
5 "[오사카/USJ]2024 유니버설 스튜디오 재팬 '귀멸의 칼날' 새로운 VR & 스토리 라이드 어트랙션", 포포의 일상 여행 티스토리(hst123.tistory.com/entry), 2024.05.19.
6 코엑스 아쿠아리움에서 '모동숲'팝업을 해? 이주의 유행템 5 / 캐릿(careet.net/1434), 2024.08.02.
7 팝업스토어에서 배를 탈 수 있다? 역대급 스케일로 주목받은 이주의 일 잘한 브랜드 / 캐릿(careet.net/1233), 2023.11.27.
8 [르포] 도심 한복판에 '강화섬'… 미샤 아일랜드 가보니 / 서울파이낸스, 2024.01.11.
9 이토록 다채로운 블랙, 누아르 마르디 메크르디 ① / 헤이팝 (heypop.kr/cabinet/103455), 2024.08.08.
10 복합문화공간 시몬스 테라스 방문객, 5년 만에 100만명 넘어 / 한국경제, 2023.10.17.
11 진심을 전하는 방법, 유한락스 〈더 화이트 북〉 ① / 헤이팝(heypop.kr/n/48421), 2023.01.30.
12 LGU+, 삼성전자와 갤럭시S24 팝업 전시 / ZDNet korea, 2024.01.21.
13 우리집에도 '로봇집사' 들여볼까…5년뒤엔 車 한대값 / 매일경제, 2024.05.20.
14 새로운 시스템의 업무 공간, '하이브' / SPACE, 2021.07.05.
15 JYP 신사옥 건립 설계공모, 유현준건축사사무소 당선 / SPACE, 2024.06.12.
16 재택근무 시대 '배민'은 왜 사무실에 '수영장'을 만들었을까 / 중앙일보, 2022.03.24.
17 MZ는 건설현장도 다르네…유행템 '항공점퍼'로 작업복 만들어 입는다 / 아시아경제, 2024.08.15.

18 한병철, 『사물의 소멸』, 전대호 옮김, 김영사, 2022.

19 [전문기자의 窓] '록 없는 록페'인데, 왜 사람 몰리나 / 조선일보, 2024.08.07.

20 "브랜드경험디자인 정의, bxd:체험, 터치, 무의식", 명재영 브런치스토리(brunch.co.kr/@alalalqq/26), 2019.11.28.

21 '무어의 법칙'에서 '황의 법칙'으로 엔비디아가 AI 제약사에 손대는 이유는? / 매일경제, 2023.07.25.

22 김규림: 뉴믹스커피 디렉터, 위트있는 생각을 물성화하다 / 롱블랙(longblack.co/note/1036), 2024.04.08.

23 식물과 함께하는 삶 위한 '선데이플래닛47'의 이야기 / 헤이팝(heypop.kr/n/52600), 2023.04.05.

24 핫플 '팝업 스토어'와 장소 경험_공간 인문학 산책_김근영 / 세상의 모든 문화, 2023.06.09.

25 Feinberg, Richard A., "Credit Cards as Speinding Fascilitating Stimuli", 〈Journal of Consumer Research〉, 13:3, 1986, pp.348~356.

Need for Climate Sensitivity 기후감수성

1 지구 역사상 가장 더운 날, 하루 만에 경신 / 아시아경제, 2024.07.24.

2 오승근 · 김미옥 · 강선미 · 조안나 · 김선경 · 이응택, "지속가능발전 도시를 위한 청소년 기후감수성 향상 프로그램 개발", 〈도시연구〉, 19호, 2021, pp.269~308.

3 세계 기후재난 총 손실 지난해 330조원…"올해 더 커질 가능성" / ESG경제, 2024.01.10.

4 "언제까지 이렇게 덥나"…기상청 대신 인기 폭발한 날씨앱 / 머니투데이, 2024.08.05.

5 기후위기가 바꾼 한반도 과일지도 / 헤럴드경제, 2023.08.14.

6 세네갈 갈치 · 러 명태 이어…오징어는 케냐서 잡아온다 / 조선일보, 2024.01.29.

7 비 와도 해 떠도 입는다…'실용 장마템'으로 여름 견딘다 / 한국일보, 2024.07.10.

8 기내식 먹다 난기류 만난 비행기…복도에 식기 · 음식 나뒹굴어 / 한국경제, 2024.08.06.

9 동남아 살인 폭염에 반사이익…휴가지로 뜨는 '이곳' / 뉴시스, 2024.05.15.

10 "도쿄 더운데 누가 가요"…요즘 확 뜨는 인기 여행지 / 한국경제, 2024.07.11.

11 국민 10명 중 7명 "기후변화가 가장 중요한 환경문제" / 세계일보, 2024.07.09.

12 역대급 폭염…고단열 창호 '자동환기창 Pro'와 에어컨 · 서큘레이터로 더위 탈출하자 / 아주경제, 2024.06.25.

13 As Climate Shocks Multiply, Designers Seek Holy Grail: Disaster-Proof Homes / The NewYork Times, 2023.07.18.

14 '아이언맨'도 지었다, 폭염 · 태풍 맞서는 돔 주택 인기 / 조선일보, 2023.08.13.

15 차 온도 10℃ '뚝'…현대차, 나노 쿨링 필름 공개 / 한국경제, 2024.06.23.

16 한국 양궁의 든든한 힘, 현대차그룹의 혁신기술 지원은? / 이코노뉴스, 2024.08.05.

17 삼성전기, 車카메라모듈 신제품 연내 양산…'IT→전장' 속도 / 아주경제, 2024.03.17.

18 "40도 폭염이면 여행비 전액 보상"…美서 보험 상품 나온다 / 연합뉴스, 2023.07.31.

19 심화되는 이상기후…지수형 보험이 해답될까 / 라이센스뉴스, 2024.07.25.

20 올해 장마 왜 이래? '장마 아닌 우기' 검토 중 / 조선일보, 2024.07.09.
21 나무 심기엔 너무 더운 4월…'3월 식목일' 논쟁은 진행형 / 세계일보, 2024.04.04.
22 한국수자원공사 물관리 초격차 기술, 세계 기후테크 무대 중심으로 / 한국수자원공사 뉴스룸, 2024.05.21.
23 올해 유독 잠잠했던 산불…AI는 미리 알고 있었다. / 머니투데이, 2024.7.30.
24 취약계층 어린이·청소년 76% "기후위기로 불안해요"…"폭염·한파, 유해환경 증가" / 경향신문, 2024.03.12.
25 경기도, 전 도민 '기후보험' 가입 추진 / YTN, 2024.07.16.
26 가마솥 무더위에 온열질환자 속출…작년보다 2배 많아 / 제주일보, 2024.08.04.
27 '아열대 코리아'… 서울이 방콕보다 덥다 / 조선일보, 2024.07.30.
28 지구종말용 밀키트?…'유통기한 25년' 비상식량 내놓은 미국 마트 / 한겨레, 2024.07.24.
29 "美, 기업 보고서에 재난 잠재 피해 규모 넣어라" / 한국경제, 2024.08.04.
30 폭우·폭염 견뎌라…산업계, 여름나기 분주 / 전자신문, 2024.07.14.
31 네이버 제2 데이터센터 '각 세종' 본격 가동 / YTN, 2023.11.08.
32 더워도 비 와도 "배달해드릴게요"…편의점서 이걸 많이 시켰다 / 중앙일보, 2024.07.07.
33 오세훈표 '기후동행카드'…7월 1일 본사업 시작 / 국토일보, 2024.06.26.

Strategy of Coevolution 공진화 전략

1 [검색폭발 이슈키워드] 공진화 / 머니투데이, 2023.04.06.
2 "국내 최고 기업 간의 협업, 삼성전자와 현대자동차그룹의 시너지는?", Blast Experience 티스토리(blast-experience99.tistory.com), 2024.01.04.
3 한복판에 스타벅스…120년 광장시장, 새판 짠다 / 조선일보, 2024.07.22.
4 마을 전체가 호텔로 변신…쇠락하던 마을이 살아났다 / 조선일보, 2024.08.10.
5 LG디스플레이, 올해 삼성에 TV용 OLED 80만 대 공급 / 데일리안, 2024.03.13.
6 대기업 기술개발 돕는 스타트업…동반성장 모델 뜬다 [긱스] / 한국경제, 2023.12.20.
7 한국 스타트업에 3억 달러 투자 유치한다…'K-이노베이션 데이' / 아시아경제, 2024.08.26.
8 "애플 만난 GPT스토어의 미래는?" / 요즘IT(yozm.wishket.com/magazine/detail/2672), 2024.07.15.
또 하나의 거대 플랫폼 탄생하나…'GPT 스토어' / AI타임스, 2024.01.20.
오픈AI 'GPT 스토어', 전격 무료 개방…맞춤형 챗봇 생성 가능 / 디지털데일리, 2024.05.14.
앱처럼 'GPT 스토어' 오픈…누구나 AI 사고파는 시대 / 조선일보, 2024.01.12.
9 [단독] 숏폼 강화하는 네이버…'네이버TV' 유튜브처럼 오픈 플랫폼 전환 / 조선일보, 2024.07.15.
10 [Insight #001] 당신은 오픈이노베이션을 모른다 / 이마켓, 2024.04.05.
11 전우익, 『혼자만 잘 살믄 무슨 재민겨』, 현암사, 2017. 책의 제목을 인용.

Everyone Has Their Own Strengths: One-Point-Up 원포인트업

1 잡코리아 조사, 직장인 70.4% "수시로 커리어 체크해" / 잡코리아 블로그(blog.naver.com/jobkorea1), 2023.12.26.

2 스티븐 코비, 『성공하는 사람들의 7가지 습관』, 김경섭 옮김, 김영사, 2017.

3 [KB굿잡 우수기업 취업박람회(3)] 방현배 히든스카우트 대표, "개별 기업 문화에 최적화된 '컬처핏(Culture fit) 인재' 추천 원해" / 뉴스투데이, 2024.06.10.

4 "스트레이트 체형에 봄 웜톤"…퍼스널 컨설팅 푹 빠진 MZ세대 / 아시아경제, 2024.08.06.

5 ESG Social의 핵심은 직원들의 인권 / 패션인사이트, 2023.06.16.

6 "삶이 무조건 나아진다" 미국에서 난리난 스탠퍼드 교수의 모닝 루틴 / 가지뉴스, 2023.10.23.

7 '자기계발'에서 '자기배려'로…베스트셀러가 달라진 이유 / 한겨레, 2024.06.10.

8 하루 단 3초! 이두박근 '아령 운동' 실험해봤다 / 한겨레, 2024.06.29.

9 식후 2분만 걸어도 좋아요…혈당 조절에 놀라운 효과 / 한겨레, 2024.06.29.

10 '운동할 시간 없어=핑계' 과학이 증명…수명 늘리는 1분의 힘 / 한겨레, 2024.06.29.

11 「2年で会員120万人超」チョコザップの快進撃はどこまで続くのか…既存ジムとの収益モデルの決定的な違い / PRESIDENT Online, 2024.05.27.

12 20대 인맥 관리 신박하네…유튜브·블로그로 개인 브랜딩 / 한국경제, 2024.08.14.

13 윤수영 트레바리 대표 – 외로움과의 정면 승부 / 포브스코리아, 2024.04.23.

14 "쿠팡 엔지니어링의 멘토십 프로그램", 쿠팡 엔지니어링 블로그(medium.com/coupang-engineering), 2022.10.24.

『트렌드 코리아 2025』 집필진

Trenders날 2025

강민수 주식회사 알체라, **강민지** 스타벅스코리아, **강정룡** 부산국제영화제, **강현주** (주)강원랜드, **곽수림** 소비트렌드분석센터, **권대헌** 넥슨코리아, **권도형** 아모레퍼시픽, **권은빈** 삼성웰스토리, **권혜림** 이화여자대학교 데이터사이언스대학원, **김기홍** kt alpha, **김다영** 오비맥주, **김도형** (주)투이컨설팅, **김동규** 소비트렌드분석센터, **김동우** 한국재정정보원, **김민교** 사회적가치연구원, **김민석** 마스턴투자운용, **김민지** CJ ENM, **김병주** 동서식품(주), **김보미** 나녹, **김서영** 서울대학교, **김성은** 농심엔지니어링, **김성은** 농협경제지주, **김수영** 천재교과서, **김승호** SK D&D, **김원호** 믿고보는탐포드, **김유림** 전북현대모터스FC, **김인진** (주)웰코스, **김재훈** 두산, **김정현** (주)티맥스티베로, **김정훈** 솔루엠, **김준배** EMBRACE, **김준수** (주)한섬, **김진훈** BGF리테일, **김태근** 하나투어, **김태욱** 언더에디션, **김하영** 코리아세븐, **김현웅** 티맵모빌리티, **김현일** LG생활건강, **김혜영** AK PLAZA, **나영석** (주)코리아세븐, **남창임** 파프리카스토리, **노승아** KB증권, **노영훈** BGF리테일, **노우현** AK PLAZA, **류주현** 단국대학교 LINC 3.0, **류지희** LVMH beauty Korea, **마수미** 호반프라퍼티(주), **문부열** 동의대학교, **문정희** LG전자 하이케어솔루션, **민영신** 포스코이앤씨, **박도경** 롯데홈쇼핑, **박설아** 경기도교육청, **박성진** 웹투게더, **박성현** 이마트, **박슬기** 오늘의집, **박일석** 현대백화점, **박재현** 한국교통대학교, **박재형** IBK시스템, **박준서** 국립한국해양대학교, **박준형** 신세계프라퍼티, **박채연** 닐슨 미디어 코리아, **박해림** 컬리, **방준철** 전남신용보증재단, **배영국** SK이노베이션, **배주현** BUP, **백정순** 한국수력원자력, **변성업** 아모레퍼시픽, **손정아** GS리테일, **송헌** 롯데마트, **신경은** 소비트렌드분석센터, **신봄** GS칼텍스, **신언동** 소비트렌드분석센터, **심소연** 간삼기획, **심예영** 소비트렌드분석센터, **안도은** 준오뷰티, **안진웅** GS리테일, **안현진** 소비트렌드분석센터, **양형조** 비씨카드, **엄인영** (주)베가스, **원슬기** DELL technologies, **유소연** 소비트렌드분석센터, **유효림** 소비트렌드분석센터, **윤소영** 아반토 퍼포먼스 머터리얼즈 코리아, **윤재영** 한국수자원조사기술원, **윤지운** 티맥스티베로, **윤하영** 경기도교육청, **이경화** 홍익대학교 문화예술경영대학원, **이나현** 포항공과대학교, **이남형** 현대자동차, **이동규** 롯데마트, **이동형** 계명대학교, **이문규** 현대자동차, **이수복** 서울주택도시공사, **이승호** 한국인터넷진흥원, **이예진** 세종시문화관광재단, **이원정** SK하이닉스, **이재현** 세라젬, **이정은** 태나다주식회사, **이주왕** 연세대 MBA, **이주형** LG전자 고객가치혁신부문, **이진선** 국토교통과학기술진흥원, **이충현** 현대자동차(주), **이현엽** 한국콘텐츠진흥원, **이혜림** 국민연금공단, **이희정** 삼성전기, **임경진** 현대자동차, **장동민** 소비트렌드분석센터, **전영주** 한국중소벤처기업유통원, **전현경** 솔브레인, **전현수** KT 기술혁신부문, **정강우** 한살림, **정다울** 롯데중앙연구소, **정미경** 삼성SDS, **정영주** 한국과학영재학교, **정은혜** 롯데쇼핑, **정인욱** 강원특별자치도 강원FC 프로축구단, **정지영** 소비트렌드분석센터, **정창용** KB증권, **조동주** 써브웨이, **조성훈** 골프존커머스, **조승연** 주식회사 하나푸디스트, **주선미** 롯데백화점, **주힘찬** 닥터튜브, **채송아** 아성HMP, **채희은** 광주중앙고등학교, **최병길** (주)신세계아이앤씨, **최시온** 머크, **최원영** LX하우시스, **최유정** 롯데백화점, **최은정** 신한은행, **최정은** 롯데홈쇼핑, **최종철** 충북도청, **최지연** 메가존클라우드, **최형민** 네이버(주), **최혜림** 매일유업, **하단비** 중소벤처기업진흥공단, **하정수** 삼성전자, **한다연** 롯데쇼핑(주)롯데마트사업본부, **한동헌** 스튜디오 나무, **한미선** 고객중심경영연구소, **한소영** BGF리테일, **허재훈** 현대L&C 디자인기획팀, **홍수경** BNK부산은행, **홍영기** 티알엔_쇼핑엔티, **황세원** 삼성전자, **황하영** CJ올리브영

진행

총괄 전미영 **행정·교정** 김영미 **프레젠테이션 제작** 문지수

10대 트렌드 상품 조사 전다현, 김나은 **자료 조사** 백지훈, 문지수

영문 키워드 감수 미셸 램블린Michel Lamblin, 나유리, 윤효원 **중국 자료 조사** 고정

전미영

소비트렌드분석센터 연구위원. 서울대 소비자학 학사·석사·박사. 다수의 기업과 트렌드 기반 신제품개발 및 미래전략 기획 업무를 수행하며, 서울대에서 소비자조사방법과 신상품개발론 과목을 강의하고 있다. 삼성경제연구소 리서치애널리스트와 서울대 소비자학과 연구교수를 역임했으며, 한국소비자학회 최우수논문상을 수상했다. 2009년부터 〈트렌드 코리아〉 시리즈 공저자로 참여하고 있으며, 『트렌드 차이나』, 〈대한민국 외식업 트렌드〉 시리즈, 『나를 돌파하는 힘』 등을 공저했다. 롯데쇼핑 ESG 위원회 위원장, 하나은행 경영자문위원, 교보문고 북멘토, 서울시·통계청·프로축구연맹 자문위원을 맡고 있으며, 《동아일보》에 '트렌드 NOW' 칼럼을 연재하고 있다.

최지혜

소비트렌드분석센터 연구위원. 서울대 소비자학 석사·박사. 소비자의 신제품 수용, 세대별 라이프스타일 분석, 제품과 사용자 간의 관계 및 처분행동 등의 주제를 연구하며, 서울대에서 소비트렌드분석 과목을 강의하고 있다. 워싱턴주립대학교Washington State University에서 공동연구자 자격으로 연수했으며, 『더현대 서울 인사이트』, 〈대한민국 외식업 트렌드〉 시리즈를 공저했다. 삼성·LG·아모레·SK·코웨이·CJ 등 다수의 기업과 소비자 트렌드 발굴 및 신제품 개발 프로젝트를 수행했으며, 현재 인천시 상징물 위원회 자문위원을 맡고 있다. 현대백화점 유튜브에서 브랜드 콘텐츠 '미팅룸'을 진행하고, KBS 1라디오 〈생방송 주말 저녁입니다〉에 고정 출연하며, 《한국경제》에 '최지혜의 트렌드 인사이트', 《아시아경제》에 '최지혜의 트렌드와치'를 연재하고 있다.

권정윤

소비트렌드분석센터 연구위원. 서울대 소비자학 학사·석사·박사. 세대 간 소비성향 전이, 물질소비와 경험소비 등의 주제를 연구하며, 성균관대학교에서 소비자와 시장 과목을 강의하고 있다. 〈대한민국 외식업 트렌드〉 시리즈를 공저했으며 《국방일보》·《섬유신문》에 트렌드 칼럼을 연재하고 있다. SBS 러브FM 〈목돈연구소〉의 '트렌드 연구소' 고정 패널, 용산공원조성추진위원회 및 국가스마트도시위원회 민간위원으로 활동 중이다. 가전·유통·식품·금융 등 여러 산업군의 기업과 소비자 조사 및 소비트렌드 발굴 업무를 수행하고 있다.

한다혜

소비트렌드분석센터 연구위원. 서울대 심리학 학사, 서울대 소비자학 석사·박사. 소비자가 구매 시 느끼는 소비감정과 소비행태를 다양한 데이터와 실험설계를 통해 분석하며, 소비를 심리학적 관점으로 바라보는 데에 관심이 많다. 서울대학교 학문후속세대로 선발된 바 있고, 한국소비문화학회 우수논문상을 수상했으며, 〈대한민국 외식업 트렌드〉 시리즈를 공저했다. KBS1 〈사사건건〉, SBS 〈모닝와이드〉 등에 출연했으며, 현재는 KBS 1라디오 〈성공예감〉의 '트렌드팔로우'에 고정 출연하고 있다. 삼성·LG·SK·GS 등 다수의 기업과 소비트렌드 기반 신제품 개발 및 미래전략 발굴 업무를 수행하고 있다.

이혜원

소비트렌드분석센터 연구위원. 서울대 소비자학 학사·석사·박사. 대한출판문화협회·다산북스·리더스북·카카오페이지 등에 재직하며 얻은 인사이트를 바탕으로, 연령·시기·코호트에 따른 소비자들의 서로 다른 행동과 태도 등에 입각한 트렌드 예측, 기술 변화로 인한 소비자 행태 변화를 주로 연구하고, 최근에는 경제자본만으로는 설명할 수 없는 소비트렌드의 동인을 살펴보기 위해 확장된 문화자본에 관한 연구를 진행했다. 2020 kobaco 혁신 공모전에서 장려상을 수상했으며, 〈대한민국 외식업 트렌드〉 시리즈를 공저했다. LG전자·삼성전자·SKT·CJ오쇼핑·GS홈쇼핑·한국공항공사·한국토지주택공사·파리바게뜨·배달의민족 등의 다수의 소비자 트렌드 프로젝트를 수행하고 있다. 대구TBN 'Trend A to Z' 코너에 고정 출연 중이며, 일본 소비트렌드로 영역을 확장하고 있다.

이준영

상명대학교 경제금융학부 교수. 서울대 소비자학 학사·석사·박사. 현재 한국소비문화학회 회장과 상명대학교 소비자분석연구소 소장을 맡고 있으며, 리테일·커머스 소비자행동 및 고객경험 고도화 전략에 관심이 많다. LG전자 LSR연구소에서 글로벌트렌드분석, 신제품개발 등의 업무를 수행했으며, 한국소비자학회, 한국소비자정책교육학회에서 최우수논문상을 수상했다. 저서로는 『코로나가 시장을 바꾼다』, 『1코노미』, 『케미컬 라이프』, 『소비트렌드의 이해와 분석』 등이 있고, JTBC 〈차이나는 클라스〉, EBS 〈내일을 여는 인문학〉, KBS 1라디오 〈빅데이터로 보는 세상〉 등에 출연했다.

이향은

LG전자 생활가전&공조H&A 사업본부 상무. 영국 센트럴 세인트 마틴Central Saint Martins 석사, 서울대 디자인학 박사. LG전자에서 고객경험CX혁신과 관련된 상품기획을 담당하며 혁신상품 출시, 신사업모델 발굴 및 오퍼레이션, CX에 기반한 경영전략수립, 제품/공간 서비스디자인 등 융합적 통찰력을 발휘하고 있다. 성신여대 서비스·디자인공학과 교수로서 학계와 업계를 오가며 다수의 기업 고객경험 및 프로젝트를 수행했으며, Q1(상위 25%) SSCI 및 SCIE 국제 저명 학술지에 논문들을 게재하는 등 연구활동도 왕성하다. 이론과 실무를 아우르는 전문가로서 2021년부터 《중앙일보》에 '이향은의 트렌드터치'를 연재하고 있다.

추예린

소비트렌드분석센터 책임연구원. 서울대학교 소비자학과 석사, 박사과정 수료. 반소비주의 관점에서 자발적으로 구매와 지출을 줄이는 소비절제행동에 관심이 많다. 2021년 한국생활과학회 우수포스터논문상과 2024년 한국소비자학회 우수논문상을 수상했다. 〈대한민국 외식업 트렌드〉 시리즈를 공저했으며, 삼성전자·LG U+·SK·배달의민족 등 다수의 기업과 소비트렌드 분석 프로젝트를 수행하고 있다.

전다현

소비트렌드분석센터 책임연구원. 서울대학교 소비자학과 석사, 박사과정 수료. 패션산업에 대한 전문성을 바탕으로 리테일 환경에서의 소비자 행동에 관심이 많다. 최근 디지털 리테일 환경에서의 자극과 소비자 정보처리를 주제로 연구를 수행했으며, 2019 한국의류학회KSCT 공모전에서 VMD 기획으로 1위를 수상했다. 〈대한민국 외식업 트렌드〉 시리즈를 공저했으며, 현재 삼성·현대·SK 등 다수 기업과 소비자 트렌드 발굴 및 신제품 개발 업무를 수행하고 있다.

〈Trenders날 2026〉 모집

2026년 소비트렌드 예측과 『트렌드 코리아 2026』 발간을 위한 트렌드헌터그룹 'Trenders날 2026'을 모집합니다. 소비트렌드에 관심 있는 성인이라면 누구나 'Trenders날'이 될 수 있습니다. 'Trenders날'의 멤버로 활동하면서 소비트렌드 예측의 생생한 경험과 개인적인 경력뿐만 아니라, 트렌드헌터 간의 즐겁고 따뜻한 인간관계까지 덤으로 얻을 수 있습니다. 아래의 요령에 따라 응모하시면, 소정의 심사와 절차를 거쳐 선정 여부를 개별적으로 알려드립니다.

1. 모집개요

가. 모집대상 우리 사회의 최신 트렌드에 관심 있는 20세 이상 성인

나. 모집분야 정치, 경제, 대중문화, 라이프스타일, 과학기술, 패션, 뉴스, 소비문화, 유통, 건강, 통계, 해외 DB 조사 등 사회 전반

다. 모집기간 2025년 1월 31일까지

라. 지원방법 이름과 소속이 포함된 간단한 자기소개서를 pdf 또는 doc 파일로 첨부하여 trendersnal@gmail.com으로 보내주십시오.

마. 전형 및 발표 선정되신 분에 한하여 2025년 2월 28일까지 이메일로 개별 통지해드립니다.

2. 활동내용

가. 활동기간 2025년 3월 ~ 2025년 9월

나. 활동내용 트렌드 및 트렌다이어리 작성법 관련 교육 이수, 트렌다이어리 제출, 2026년 트렌드 키워드 도출 워크숍

다. 활동조건 소정의 훈련 과정 이수 후, 트렌다이어리 제출, 트렌드 키워드 도출 워크숍 참여

라. 혜　　택 각종 정보 제공
소비트렌드분석센터 주최 트렌드 관련 세미나 · 워크숍 무료 참여
『트렌드 코리아 2026』에 트렌드헌터로 이름 등재
『트렌드 코리아 2026』 트렌드 발표회에 우선 초청
활동증명서 발급 등

(위의 활동내용은 소비트렌드분석센터 사정에 따라 추후 조정될 수 있습니다.)

『트렌드 코리아 2026』 사례 모집

2026년 한국의 소비트렌드를 전망하게 될 책, 『트렌드 코리아 2026』에 게재될 사례에 대한 제보를 받습니다. 본서 『트렌드 코리아 2025』의 10대 키워드인 'SNAKE SENSE'에서 아이디어를 얻었거나 해당 키워드에 부합하는 상품 · 정책 · 서비스 등을 알고 계신 분은 간략한 내용을 보내주시면 감사하겠습니다. 특히 본인이 속한 기업이나 조직에서 선보인 새로운 상품, 마케팅, 홍보, PR, 캠페인, 정책, 서비스, 프로그램 등의 소개를 희망하시는 경우에는 해당 자료를 첨부하여 보내주셔도 좋습니다.

1. 제보내용

- 『트렌드 코리아 2025』의 'SNAKE SENSE' 키워드와 관련 있는 새로운 사례
- 2026년의 트렌드를 선도하게 될 것이라고 여겨지는 새로운 사례
- 위의 사례는 상품뿐만 아니라 마케팅, 홍보, PR, 캠페인, 정책, 서비스, 대중매체의 프로그램, 영화, 도서, 음반 등 모든 산출물을 포함합니다.

2. 제보방법 example.ctc@gmail.com으로 이메일을 보내주십시오.

3. 제보기간 2025년 7월 31일까지

4. 혜　　택 채택되신 제보자 중에서 추첨을 통해 『트렌드 코리아 2026』 도서를 보내드립니다.

5. 제보해주신 내용은 소비트렌드분석센터의 세미나와 집필진의 회의를 거쳐 채택 여부가 결정되며, 제보해주신 내용이 책에 게재되지 않거나 수정될 수 있습니다.

트렌드 코리아 2025

초판 1쇄 발행 2024년 9월 25일
초판 26쇄 발행 2025년 2월 3일

지은이 김난도 · 전미영 · 최지혜 · 권정윤 · 한다혜 ·
이혜원 · 이준영 · 이향은 · 추예린 · 전다현
펴낸이 성의현
펴낸곳 미래의창

편집주간 김성옥
편집진행 정보라 · 조소희
디자인 공미향
마케팅 연상희 · 이보경 · 제민정 · 이건효

등록 제10-1962호(2000년 5월 3일)
주소 서울시 마포구 잔다리로 62-1 미래의창빌딩(서교동 376-15)
전화 02-325-7556(대표) **팩스** 02-338-5140
홈페이지 www.miraebook.co.kr
ISBN 978-89-5989-722-3 13320

※ 책값은 뒤표지에 있습니다.

생각이 글이 되고, 글이 책이 되는 놀라운 경험. 미래의창과 함께라면 가능합니다.
책을 통해 여러분의 생각과 아이디어를 더 많은 사람들과 공유하시기 바랍니다.
투고메일 togo@miraebook.co.kr (홈페이지와 블로그에서 양식을 다운로드하세요)
제휴 및 기타 문의 ask@miraebook.co.kr